COMENTARIOS BÍBLICOS CON APLICACIÓN

GÁLATAS

del texto bíblico
a una aplicación
contemporánea

COMENTARIOS BÍBLICOS CON APLICACIÓN

GÁLATAS

del texto bíblico
a una aplicación
contemporánea

SCOT MCKNIGHT

NVI

Vida

La misión de Editorial Vida es ser la compañía líder en satisfacer las necesidades de las personas, con recursos cuyo contenido glorifique al Señor Jesucristo y promueva principios bíblicos.

COMENTARIO BÍBLICO CON APLICACIÓN NVI: GÁLATAS
Editorial Vida–©2015
Publicado en Nashville, Tennessee, Estados Unidos de América.

Este título también está disponible en formato electrónico

Originally published in the U.S.A. under the title:
The NIV Application Commentary: Galatians
Copyright © 1995 by Scot McKnight
Published by permission of Zondervan, Grand Rapids, Michigan.
All rights reserved.

Editor de la serie: *Dr. Matt Williams*
Traducción: *Pedro L. Gómez Flores*
Edición: *Juan Carlos Martín Cobano y Loida Viegas Fernández*
Diseño interior: *José Luis López González*

Reservados todos los derechos. A menos que se indique lo contrario, el texto bíblico se tomó de la Santa Biblia, Nueva Versión Internacional® NVI © 1999 por Bíblica, Inc.® Usado con permiso. Todos los derechos reservados mundialmente.

Esta publicación no podrá ser reproducida, grabada o transmitida de manera completa o parcial, en ningún formato o a través de ninguna forma electrónica, fotocopia u otro medio, excepto como citas breves, sin el consentimiento previo del publicador.

CATEGORÍA: Comentario bíblico/Nuevo Testamento

Contenido

7
Introducción a la serie CBA NVI

11
Prefacio del editor

13
Prefacio del autor

17
Obras Consultadas

19
Abreviaturas

21
Introducción: Legalismo hoy y ayer

54
Texto y comentario de Gálatas

Introducción a la serie CBA NVI

Los *Comentarios bíblicos con aplicación: serie NVI* son únicos. La mayoría de los comentarios bíblicos nos ayudan a recorrer el trecho que va desde el siglo XXI, al siglo I. Nos permiten cruzar las barreras temporales, culturales, idiomáticas, y geográficas que nos separan del mundo bíblico. Sin embargo, solo nos ofrecen un billete de ida al pasado y asumen que nosotros mismos podemos, de algún modo, hacer el viaje de regreso por nuestra cuenta. Una vez nos han explicado el *sentido original* de un libro o pasaje, estos comentarios nos brindan poca o ninguna ayuda para explorar su *significado contemporáneo*. La información que nos ofrecen es sin duda valiosa, pero la tarea ha quedado a medias.

Recientemente, algunos comentarios han incluido un poco de aplicación contemporánea como *una* de sus metas. No obstante, las aplicaciones son a menudo imprecisas o moralizadoras, y algunos volúmenes parecen más sermones escritos que comentarios.

La meta principal de los *Comentarios bíblicos con aplicación: serie NVI* es ayudarte con la tarea, difícil pero vital, de trasladar un mensaje antiguo a un contexto moderno. La serie no se centra en la aplicación solamente como un producto acabado, sino que te ayuda también a pensar detenidamente en el *proceso* por el que se pasa del sentido original de un pasaje a su significado contemporáneo. Son verdaderos comentarios, no exposiciones populares. Se trata de obras de referencia, no de literatura devocional.

El formato de la serie ha sido concebido para conseguir la meta propuesta. El tratamiento de cada pasaje se lleva a cabo en tres secciones: *Sentido original*, *Construyendo puentes* y *Significado contemporáneo*.

Sentido Original Esta sección te ayuda a entender el significado del texto bíblico en su contexto del siglo I. En este apartado se tratan de manera concisa todos los elementos de la exégesis tradicional, a saber, el contexto histórico, literario, y cultural del pasaje. Los autores analizan cuestiones relacionadas con la gramática, la sintaxis, y el significado de las palabras bíblicas. Se esfuerzan asimismo en explorar las principales ideas del pasaje y el modo en que el autor bíblico desarrolla tales ideas.

Tras leer esta sección el lector entenderá los problemas, preguntas y preocupaciones de los *primeros receptores* y el modo en que el autor bíblico trató tales cuestiones. Esta comprensión es fundamental para cualquier aplicación legítima del texto en nuestros días.

Como indica el título, en esta sección se construye un puente entre el mundo de la Biblia y el de nuestros días, entre el contexto original y el moderno, analizando tanto los aspectos circunstanciales del texto como los intemporales.

La Palabra de Dios tiene un aspecto *circunstancial*. Los autores de la Escritura dirigieron sus palabras a situaciones, problemas, y cuestiones específicas. Pablo advirtió a los gálatas sobre las consecuencias de circuncidarse y los peligros de intentar justificarse por la ley (Gá 5:2-5). El autor de Hebreos se esforzó en convencer a sus lectores de que Cristo es superior a Moisés, a los sacerdotes aarónicos, y a los sacrificios veterotestamentarios. Juan instó a sus lectores a "probar los espíritus" de quienes enseñaban una forma de gnosticismo incipiente (1 Jn 4:1-6). En cada uno de estos casos, la naturaleza circunstancial de la Escritura nos capacita para escuchar la Palabra de Dios en situaciones que fueron *concretas* y no abstractas.

No obstante, esta misma naturaleza circunstancial de la Escritura también crea problemas. Nuestras situaciones, dificultades, y preguntas no siempre están relacionadas directamente con las que afrontaban los primeros receptores de la Biblia. Por tanto, la Palabra de Dios para ellos no siempre nos parece pertinente a nosotros. Por ejemplo, ¿cuándo fue la última vez que alguien te instó a circuncidarte, afirmando que era una parte necesaria de la justificación? ¿A cuántas personas de nuestros días les inquieta la cuestión de si Cristo es o no superior a los sacerdotes aarónicos? ¿Y hasta qué punto puede una "prueba" diseñada para detectar el gnosticismo incipiente, ser de algún valor en una cultura moderna?

Afortunadamente, las Escrituras no son únicamente documentos circunstanciales, sino también *intemporales*. Del mismo modo que Dios habló a los primeros receptores, sigue hablándonos a nosotros a través de las páginas de la Escritura. Puesto que compartimos la común condición de humanos con las gentes de la Biblia, descubrimos una *dimensión universal* en los problemas a los que tenían que hacer frente y en las soluciones que Dios les dio. La naturaleza intemporal de la Escritura hace posible que nos hable con poder en cualquier momento histórico y en cualquier cultura.

Quienes dejan de reconocer que la Escritura tiene una dimensión circunstancial y otra intemporal se acarrean muchos problemas. Por ejemplo, los que se sienten apabullados por la naturaleza circunstancial de libros como Hebreos o Gálatas pueden soslayar su lectura por su aparente falta de sentido para nuestros días. Por otra parte, quienes están convencidos de la naturaleza intemporal de la Escritura, pero no consiguen percibir su aspecto circunstancial, pueden "disertar elocuentemente" sobre el sacerdocio de Melquisedec ante una congregación muerta de aburrimiento.

El propósito de esta sección es, por tanto, ayudarte a discernir lo intemporal (y lo que no lo es) en las páginas del Nuevo Testamento dirigidas a situaciones temporales. Por ejemplo, si la principal preocupación de Pablo no es la circuncisión (como se nos dice en Gá 5:6), ¿cuál *es* entonces? Si las exposiciones sobre el sacerdocio aarónico o sobre Melquisedec nos parecen hoy irrelevantes, ¿cuáles son los elementos de valor permanente en estos pasajes? Si en nuestros días los creyentes intentan "probar los espíritus" con una prueba diseñada para una herejía específica del siglo I, ¿existe alguna otra comprobación bíblica más apropiada para que podamos cumplir hoy este propósito?

No obstante, esta sección no solo descubre lo intemporal de un pasaje concreto, sino que también nos ayuda a ver *cómo* lo hace. El autor del comentario se esfuerza en tornar explícito lo que en el texto está implícito; toma un proceso normalmente intuitivo y lo explica de un modo lógico y ordenado. ¿Cómo sabemos que la circuncisión no es la principal preocupación de Pablo? ¿Qué claves del texto o del contexto nos ayudan a darnos cuenta de que la verdadera preocupación de Pablo se halla a un nivel más profundo?

Lógicamente, aquellos pasajes en que la distancia histórica entre nosotros y los primeros lectores es mayor, requieren un tratamiento más extenso. Por el contrario, aquellos textos en que la distancia histórica es más reducida o casi inexistente demandan menos atención.

Una clarificación final. Puesto que esta sección prepara el camino para tratar el significado contemporáneo del pasaje, no siempre existe una distinción precisa o una clara división entre esta y la siguiente. No obstante, cuando ambos bloques se leen juntos, tendremos la fuerte sensación de haber pasado del mundo de la Biblia al de nuestros días.

Esta sección permite que el mensaje bíblico nos hable hoy con el mismo poder que cuando fue escrito. ¿Cómo podemos aplicar lo que hemos aprendido sobre Jerusalén, Éfeso, o Corinto a nuestras necesidades contemporáneas en Los Ángeles, Lima o Barcelona? ¿Cómo podemos tomar un mensaje, que se expresó inicialmente en griego y arameo, y comunicarlo con claridad en nuestro idioma? ¿Cómo podemos tomar las eternas verdades que en su origen se plasmaron en un tiempo y una cultura distintos, y aplicarlos a las parecidas pero diferentes necesidades de nuestra cultura?

Para conseguir estas metas, la presente sección nos ayuda en varias cuestiones clave.

En primer lugar, nos permite identificar situaciones, problemas, o preguntas contemporáneas verdaderamente comparables a las que la audiencia original hubo de hacer frente. Puesto que las situaciones de hoy rara vez son idénticas a las que se dieron en el siglo primero, hemos de buscar escenarios semejantes para que nuestras aplicaciones sean relevantes.

En segundo lugar, esta sección explora toda una serie de contextos en los que el pasaje en cuestión puede aplicarse en nuestro tiempo. Buscaremos aplicaciones personales, pero también nos veremos estimulados a pensar más allá de nuestra situación personal, considerando cuestiones que afectan a la sociedad y la cultura en general.

En tercer lugar, en esta sección tomaremos conciencia de los problemas o dificultades que pueden surgir en nuestro deseo de aplicar el pasaje. En caso de que existan varias maneras legítimas de aplicar un pasaje (cuestiones en las que no exista acuerdo entre los cristianos), el autor llamará nuestra atención al respecto y nos ayudará a analizar a fondo las implicaciones.

En la consecución de estas metas, los colaboradores de esta serie intentan evitar dos extremos. El primero, plantear aplicaciones tan específicas que el comentario se convierta rápidamente en un texto arcaico. El segundo, evitar un tratamiento tan general del sentido del pasaje que deje de conectar con la vida y cultura contemporáneas.

Por encima de todo, los colaboradores de esta serie han realizado un diligente esfuerzo para que sus observaciones no suenen a perorata moralizadora. Los comentarios bíblicos con aplicación: serie NVI no pretenden ofrecerte materiales listos para ser utilizados en sermones, sino herramientas, ideas, y reflexiones que te ayuden a comunicar la Palabra de Dios con poder. Si conseguimos ayudarte en esta meta se habrá cumplido el propósito de esta serie.

Los editores

Prefacio del editor

¿Por qué razón deberían los cristianos del siglo XXI leer la Epístola a los Gálatas? ¿Qué aplicación puede tener para una iglesia alejada casi dos mil años de sus primeros receptores? Esta es la pregunta que me he hecho una y otra vez mientras leía el excelente comentario de Scot McKnight sobre esta carta de Pablo. Una persistente pregunta que me llevaba también, una y otra vez, a una misma respuesta: el libro de Gálatas habla de un asunto crucial para la iglesia de nuestro tiempo, la cuestión de cómo desarrollar un liderazgo con visión de futuro. Permítanme explicarme.

Como editor durante diez años de la revista *Christianity Today* y de la publicación *Leadership Journal*, visité cientos de iglesias por todo el país y conocí a miles de pastores y dirigentes laicos. Entre las muchas cosas que aprendí en este periodo, hay una que se destaca especialmente: ¡Qué difícil es dirigir una iglesia local en nuestro tiempo!

¡Entiéndanme! No hay una especial dificultad en hacer *crecer* una iglesia, *gestionar* los asuntos diarios que se suscitan o *dirigir* comités y equipos de trabajo. El verdadero liderazgo, sin embargo, es otra cosa. La dificultad de liderar estriba principalmente en que a las personas no les gusta ser dirigidas. Si las congregaciones no quieren seguir, ¿qué deben hacer quienes las dirigen?

Hay dos acercamientos que posiblemente no sirvan de mucho. No podemos convertir a los miembros de la iglesia en buenos seguidores de la noche a la mañana; lleva su tiempo cambiar unos patrones de conducta que están profundamente arraigados. Y es cuestionable que la solución esté en desarrollar más capacidades de liderazgo o programas de formación. En nuestro tiempo tan abocado a la gestión, hemos agotado a los dirigentes de la iglesia en una frenética convocatoria de conferencias y seminarios. ¿Qué, pues, podemos hacer?

Escuchemos a Pablo y su Epístola a los Gálatas.

Uno de los principales asuntos que Pablo hubo de enfrentar en su relación con las iglesias de Galacia era el manejo de una facción de la iglesia que cuestionaba su autoridad. Tenía tensiones con un grupo de personas que no querían ser guiados. En esta situación, el apóstol hizo lo que hubiéramos hecho la mayoría de nosotros: defenderse (ver caps. 1-2). A fin de cuentas, Pablo era humano. No obstante, es instructivo observar el *modo* en que lo hace.

La mayoría de nosotros arremeteríamos airadamente contra nuestros opositores y, a continuación, explicaríamos nuestros logros y las razones para validar nuestra autoridad. Pablo también respondió a sus oponentes, pero no lo hizo airadamente; enumeró algunas razones para validar su autoridad, ¡pero qué enumeración tan extraña! Y presentó sus "logros", por llamarlos de algún modo. El apóstol mencionó aquellas cosas de su vida de las que se sentía sin duda avergonzado, especialmente su antigua actividad como perseguidor de los cristianos. Su propósito fue mostrar la maravillosa transformación que se produjo cuando Dios tocó su vida. Utilizó su debilidad para mostrar la fortaleza de Dios.

Por tanto, al defender su autoridad, Pablo admitió que no tenía ninguna que le fuera propia. Afirmó que su posición venía solo de Dios, no de otros seres humanos. Y cuando defendió el contenido de su predicación, no citó su coherencia y honradez teológicas. De hecho, Pablo no habló de "doctrinas". Se limitó a decir: "Lo que hace correcto mi evangelio es su procedencia: Jesucristo".

Pablo terminó su defensa con una mención de su llamamiento. Lo de convertirse en apóstol de los gentiles no había sido idea suya; fue Dios quien le llamó a desarrollar esta tarea, y él no pudo sino obedecer.

En resumen, Pablo argumentaba que su efectividad era fruto de su inutilidad; su autoridad, de su sumisión a Dios; el contenido de su predicación se debía únicamente a su dependencia de Jesucristo; y su mayor mérito era haber sido pecador y ser ahora salvo.

Fue este visionario acercamiento al liderazgo lo que le permitió a Pablo afrontar la candente cuestión que subyace tras la epístola a los Gálatas: la relación de la ley mosaica con el evangelio de Jesucristo. Como detalla con maestría Scot McKnight, Pablo rebate la equivocada comprensión de la ley que tienen los gálatas. Estaban, de hecho, creando un nuevo evangelio. Si Pablo se hubiera limitado a centrarse en cuestiones de técnica y estilo de liderazgo y se hubiera puesto a enumerar sus logros, habría utilizado implícitamente la misma metodología que los "judaizantes". Pero en lugar de ello, el apóstol desvió, en lo posible, la atención de sí mismo para señalar a Jesucristo. Esta es la esencia de un liderazgo visionario, y la del "nuevo" acercamiento de Scot McKnight al libro de Gálatas.

Terry Muck

Prefacio del autor

Una fría y lluviosa tarde de noviembre de 1971, entré con una amiga a la librería cristiana de Freeport, Illinois, para echar un vistazo. A los pocos minutos, tropecé con un comentario de Gálatas encuadernado en amarillo y negro de William Hendriksen. Lo compré sin saber que la carta a los Gálatas acabaría ejerciendo sobre mí una poderosa fascinación durante los siguientes veinte años; una pasión que llegaría a su clímax con el libro que tienes entre las manos. Aquella noche comencé a trabajar en el texto de Gálatas, versículo por versículo y pasaje por pasaje, hasta que, aproximadamente un año más tarde, acabé mi primer estudio inductivo de un libro bíblico. Desde entonces he predicado y enseñado mucho sobre esta carta, y he leído muchos libros que la comentan y aluden a ella. Sigue siendo mi preferida entre las cartas paulinas. Doy gracias a Jack Kuhatschek y Terry Muck por darme la oportunidad de escribir un comentario sobre esta carta; ellos me han dado su confianza para que transite un camino que sale fuera de mi área de especialidad (Jesús y los Evangelios).

Aquella noche tampoco era consciente de que la amiga que entró conmigo a la librería llegaría a ser mi esposa y que, a día de hoy, también ella me habría acompañado durante más de veinte años. De Kristen he aprendido más de lo que puede expresarse en muchos libros, pero quiero mencionar dos cosas. Más que cualquier otra persona, Kris me ha enseñado lo que significa vivir en Cristo y por medio del Espíritu, los dos principales temas de Gálatas. Como muestra de mi amor y gratitud por todo lo que me ha enseñado, le dedico este libro. Desde la publicación de mi primer libro he estado esperando la oportunidad de dedicarle uno a ella, y le prometí que sería una obra tan práctica como ella misma. También esperaba que este comentario estuviera más tiempo en venta que mis anteriores obras académicas.

Otras varias personas merecen mención por su ayuda en varias etapas del desarrollo de este libro. David Paul King, que goza ya de su recompensa eterna, era nuestro pastor de jóvenes cuando comencé a estudiar Gálatas; David sugirió que Gálatas era un libro adecuado para mi estudio personal. George Stiekes era mi pastor en la universidad y me recomendó que enseñara sistemáticamente la carta a los Gálatas a un grupo de estudiantes de secundaria. Aquel primer esfuerzo por explicar Gálatas a otras personas ha influenciado este libro más de lo que nunca sabré. Estoy profundamente en deuda con mis estudiantes de la Trinity Evangelical Divinity School, especialmente los de la clase 741 de Gálatas, que me han estimulado a reflexionar más (especialmente sobre mi idea de la relación entre Gálatas y Romanos) y me han forzado frecuentemente a reconsiderar otras opciones.

En nuestra congregación actual, la Iglesia Evangélica Libre de Libertyville, he enseñado dos cursos de escuela dominical sobre Gálatas; las preguntas de los alumnos de estas clases me han sido de ánimo y me han ayudado a precisar los perfiles de mi pensamiento. Estoy particularmente agradecido a Roger Scott y Bob Dudley por sus invitaciones a enseñar en sus clases. Nuestra buena amiga y vecina, Willa Williams, leyó el manuscrito y planteó preguntas que se han respondido en las revisiones.

Dos eruditos merecen una mención especial por el modo en que han influenciado mi pensamiento durante la última década: el profesor James D. G. Dunn y E. P. Sanders. El primero, mi director de tesis, ha escrito a fondo sobre Gálatas en diferentes publicaciones académicas y merece mi sincera gratitud por sus estimulantes estudios y dirección personal sobre cuestiones relativas a esta epístola. E. P. Sanders, con quien solo he desayunado en una ocasión, ha influenciado enormemente mi trabajo mediante sus importantes publicaciones. He seguido la luz que estos dos eruditos han arrojado sobre los problemas y teología de la carta a los Gálatas hasta el punto de que se han convertido en mis mentores.

Durante la primera redacción de este libro disfuté también de un maravilloso verano entrenando a un equipo de catorce muchachos que formaban el equipo AllStar (para jóvenes de doce años) de la liga de Libertyville. No hubo entrenamiento en que no me preguntaran si había acabado mi libro. En una sesión les prometí que, si se clasificaban para el Campeonato del Estado de Illinois en Taylorville, mencionaría todos sus nombres. Y no solo se clasificaron, sino que quedaron terceros. Como tributo a cada uno de estos valientes muchachos que cumplieron parte de sus sueños de participar en la Little League World Series, y por "liberarme" del ordenador en aquellas calurosas tardes, quiero mencionar todos sus nombres: Justin Anderson, Jason Berngard, Scott Carberry, Brad Fiore, Matt Hansen, Mike Lowry, Lukas McKnight, Barth Morreale, Tim Nied, Jim Oboikowitch, John Paraszczak, George Poulos, Jamie Ronin, Mike Ronin y Mike Ward. Me gusta entrenar a estos muchachos por la experiencia de compañerismo que me aporta esta actividad.

Por último, quiero dar las gracias a los editores de esta serie que han explorado conmigo el delicado traslado de los principios de un mundo (la diáspora del siglo primero), que se esforzaba por establecer las diferencias entre el cristianismo y el judaísmo, a una moderna sociedad occidental a la que me esfuerzo por comprender. Doy gracias a Jack Kuhatschek, Marianne Meye Thompson y Terry Muck, y quiero mencionar el ánimo que recibí de Eugene Peterson, Klyne Snodgrass y Stan Gundry. Estoy también agradecido a Verlyn Verbrugge quien se ocupó del libro, de principio a fin, y cuyas reflexiones como editor y teólogo han mejorado sin duda mis ideas.

Retroceder en el tiempo hasta la gestación y nacimiento de este libro me lleva a dar gracias a Dios por el don de la comunión cristiana. Sin todas las personas y comunidades cristianas que se mencionan, este libro nunca se hubiera escrito.

Scot McKnight

Obras Consultadas

Los siguientes estudios bíblicos resultaron útiles en la elaboración de este comentario. Aunque, naturalmente, podrían citarse otras muchas obras, espero ofrecer a los lectores interesados una breve bibliografía, mientras que las obras de referencia de carácter general solo las cito en las abreviaturas que siguen. Los comentarios que se enumeran a continuación se mencionan con un breve título en el texto.

Bibliografía Selecta

Tomás de Aquino, *Comentario a la Epístola de los Gálatas*. México: Tradición, 1982.

Barclay, J. M. G. *Obeying the Truth: A Study of Paul's Ethics in Galatians*. Edimburgo: T & T Clark, 1988.

Barrett, C. K. *Freedom and Obligation: A Study of the Epistle to the Galatians*. Filadelfia: Westminster, 1985.

Betz, H. D. *Galatians*. Hermeneia. Filadelfia: Fortress, 1979.

Boice, J. M. "Galatians". En *The Expositor's Bible Commentary*, ed. F. E. Gaebelein. Vol. 10. Grand Rapids: Zondervan, 1976, pp. 407-508.

Bruce, F. F. *Un comentario de la Epístola a los Gálatas*. Terrassa: Clie, 2004.

Burton, E. De Witt. *The Epistle to the Galatians*. ICC. Edimburgo: T & T Clark,1921.

Dunn, J. D. G. *Jesus, Paul and the Law: Studies in Mark and Galatians*. Louisville, Kentucky: Westminster/John Knox, 1990.

Fung, R. Y. K. *The Epistle to the Galatians*. NIC. Grand Rapids: Eerdmans, 1988.

Guthrie, D. *Galatians*. NCB. Greenwood, South Carolina: Attic Press, 1974.

Hendriksen, W. *Exposición de Gálatas*. Grand Rapids: T.E.L.L, 1984.

Lightfoot, J. B. *The Epistle of St. Paul to the Galatians*. Grand Rapids: Zondervan, 1971 (reimp. de la ed. 1865).

Longenecker, R. N. *Galatians*. WBC 41. Dallas: Word, 1990.

Sanders, E. P. *Jewish Law from Jesus to the Mishnah. Five Studies*. Filadelfia: Trinity Press International, 1990.

Sanders, E. P. *Judaism: Practice and Belief*. 63 BCE-66 CE. Filadelfia: Trinity Press International, 1992.

Sanders, E. P. *Paul*. New York: Oxford University Press, 1991.

Sanders, E. P. *Paul and Palestinian Judaism: A Comparison of Patterns of Religion*. Filadelfia: Fortress, 1977.

Stott, J. R. W. *Only One Way: The Message of Galatians*. BST. Downers Grove, Illinois: InterVarsity, 1968.

Nota: El comentario de J. D. G. Dunn (*Galatians*; Peabody, Mass.: Hendrickson, 1993) apareció demasiado tarde para que pudiera utilizarlo en este comentario. Quiero decir, no obstante, que me encantan las líneas que Dunn traza en este comentario. Tampoco pude utilizar el excelente nuevo compendio sobre Pablo (*Dictionary of Paul and His Churches*; ed. R. P. Martin, G. F. Hawthorne, y D. K. Reid; Downers Grove, Ill.: InterVarsity Press, 1993).

Abreviaturas

ABD *The Anchor Bible Dictionary.* Ed. David N. Freedman. 6 volúmenes. Nueva York: Doubleday, 1992.

DJG *Dictionary of Jesus and the Gospels.* Ed. J. B. Green, S. McKnight, y I. H. Marshall. Downers Grove, Ill.: InterVarsity Press, 1992.

EDNT *Exegetical Dictionary of the New Testament.* Ed. H. Balz, G. Schneider. 3 volúmenes. Grand Rapids: Eerdmans, 1990-1993.

NIDNTT *New International Dictionary of New Testament Theology.* Ed. Colin Brown. 3 volúmenes. Grand Rapids: Zondervan, 1975-1978.

NISBE *The International Standard Bible Encyclopedia, new edition.* Ed. G. W. Bromiley, et al. 4 volúmenes. Grand Rapids: Eerdmans, 1979-1988.

TDNT *Theological Dictionary of the New Testament.* Ed. G. Kittel, G. Friedrich; trad. ing. G. W. Bromiley. 9 volúmenes. Grand Rapids: Eerdmans, 1964-1974.

Introducción: Legalismo hoy y ayer

El moderno lector occidental siempre choca con el contexto cultural de la Biblia. Esta colisión es una experiencia rutinaria para quien no solo quiere entender bien el texto, sino llevar a cabo la tarea más importante de trasladar su mensaje a nuestro mundo de manera pertinente. Pensar que la Biblia y nosotros habitamos el mismo ámbito cultural, intelectual y social no funcionará. Nos separan demasiadas diferencias, años, kilómetros y cambios sociales.

Escucha las palabras de un moderno pastor y célebre cristiano a quien, quizá más que a ningún otro contemporáneo, Dios ha utilizado para mostrar a los estudiantes de la Biblia de todas partes cómo nos habla desde su antigua Palabra a nuestro mundo moderno:

> Cada vez que tomamos un ejemplar de la Biblia y lo leemos, incluso en alguna traducción contemporánea tal como la versión popular denominada *Dios llega al hombre*, somos conscientes de que retrocedemos dos milenios o (en el caso del Antiguo Testamento) más todavía. Viajamos hacia atrás en el tiempo, más allá de la revolución del *microchip*, la revolución electrónica, la revolución científica y la revolución industrial, hasta que nos encontramos en un mundo extraño que dejó de existir hace mucho tiempo. En consecuencia, la Biblia nos resulta rara, suena arcaica, parece obsoleta y despide olor a humedad.[1]

Estos comentarios de John Stott, sensatos y completamente acertados, expresan el fundamento sobre el que se construye este comentario: interpretar la Biblia requiere la capacidad de estudiar dos horizontes, el antiguo y el moderno. Por otra parte, requiere también personas que deseen cruzar tales contextos y hacer que el antiguo hable vigorosamente al moderno. Este proceso se lleva a cabo cada vez que un cristiano afirma que Dios le ha hablado por medio de su Palabra. Y yo creo que esto le sucede diariamente a cualquiera que escucha la Palabra de Dios. Pero creo también que este acontecimiento requiere la paciente observación de los textos bíblicos y el discernimiento crítico de nuestro tiempo. Sé también que los cristianos llevan a cabo esta operación sin reflexionar casi nunca

---

1. J. R. W. Stott, *El cristiano contemporáneo* (Grand Rapids: Nueva Creación, 1995), 179.

en lo que sucede. Este proceso, tanto cuando es consciente como cuando se desarrolla inconscientemente, se mencionará en las páginas que siguen.

En el mismo libro que acabo de citar, Stott describe todo este proceso en los siguientes términos:

> ...creo que hemos sido llamados a la difícil y penosa tarea de "escuchar con ambos oídos". Vale decir que hemos de prestar cuidadosa atención (aunque por supuesto con diferentes grados de respeto) tanto a la antigua Palabra como al mundo moderno, con el fin de relacionarlos entre sí mediante una combinación de fidelidad y sensibilidad [...] sólo si podemos desarrollar esta capacidad, podremos evitar los peligros opuestos de la infidelidad y la falta de pertinencia, y podremos hablar la Palabra de Dios al mundo de Dios eficazmente en el día de hoy.[2]

En esta doble escucha hay al menos tres conversaciones activas. En primer lugar, hemos de conversar con el mundo antiguo, especialmente con el judío, para entender lo que Dios estaba diciendo en aquel tiempo. En segundo lugar, hemos de dialogar con nuestra cultura: con el mundo económico, político, moral, emocional y psicológico, intelectual, etc. Y en tercer lugar, hemos de estar familiarizados con los cambios de nuestra cultura. Lo que Dios le dijo a tus padres y a los míos es probablemente distinto de lo que está diciéndonos hoy a nosotros y a nuestros descendientes. No estoy sugiriendo con ello que, de algún modo, el evangelio haya cambiado. No, el evangelio nos dice que Dios trae su amor a nuestra vida por su gracia y mediante Jesucristo, y para encontrar esta gracia solo hemos de responder a él. No obstante, puesto que nuestras percepciones sociales cambian de generación en generación también lo hacen las cristalizaciones de este evangelio.[3] Y el intérprete sensible, que quiere hacer la Palabra de Dios pertinente para nuestro mundo, estará en esta conversación de cambio cultural al tiempo que interpreta el texto antiguo y nuestro mundo moderno.

Se ha dicho que Karl Barth creía que el pastor era aquel que tenía la Biblia en una mano y el periódico en la otra, y huelga decir que la Biblia nunca cambia pero los periódicos sí. Esto significa que necesitamos sensibilidad cultural si queremos hablarle a nuestro mundo de las buenas

---

2. *Ibíd.*, 13. Quienes deseen explorar sus ideas con más detalle pueden ver pp. 179-198.
3. Un libro muy sofisticado, pero que teólogos y pastores han utilizado con gran provecho para entender la importancia de la cultura y la sociedad en nuestras percepciones del mundo, es el de P. Berger y T. Luckmann, *La construcción social de la realidad* (Buenos Aires: Amorrortu, 1968).

Introducción: Legalismo hoy y ayer 23

nuevas de Jesucristo. En las páginas que siguen intentaré, pues, delinear constantemente tanto el contexto antiguo como la trascendencia moderna de la Palabra de Dios. No obstante, en el desarrollo de esta tarea intentaré también explicar cómo pasamos de una cosa a la otra. Esta introducción intenta trasladar todo el mensaje de Gálatas desde la antigua Turquía a nuestra sociedad moderna.

Sentido Original

El *origen* de la carta de Pablo a los Gálatas es muy conocido: Tras evangelizar con éxito las zonas meridionales de Galacia[4] y establecer algunas iglesias durante su primer viaje misionero, Pablo regresó a Jerusalén (*cf.* Hch 13-14). Durante su estancia en la ciudad supo que ciertos maestros cristianos de origen judío se habían infiltrado en estas iglesias gálatas con un mensaje erróneo que estaba, según Pablo, poniendo en peligro la integridad del evangelio. Durante dos milenios nos hemos referido a estos intrusos como los "judaizantes". A lo largo de este comentario se utilizará este término para aludir, no a los judíos en general, sino a un movimiento específico dentro del cristianismo primitivo que creía que la conversión a Cristo implicaba también una conversión posterior a su forma (farisaica) de judaísmo.

Antes de que Pablo pudiera emprender su segundo viaje misionero (*cf.* Hch 15:36-18:23) y de que se celebrara el concilio apostólico de Hechos 15, el apóstol envió esta urgente y emocionada misiva a Galacia, con la oración y esperanza de que sirviera para fortalecer a las congregaciones de esta región. No sabemos lo que sucedió ni cómo recibieron los gálatas la apasionada carta de Pablo. Lo que sí sabemos es que esta carta, redactada posiblemente a finales de la década 40-50 del siglo I, ha servido para transmitir instrucciones transformadoras y sincera amonestación a la iglesia durante casi dos milenios.

El *problema* que subyace en Gálatas es también muy conocido, al menos en general, y podemos calificarlo en pocas palabras como *legalismo judaizante*. Pero el término legalismo es un poco complicado y suscita

---

4. Más exactamente, Pablo trabajó en las áreas del sur de la provincia de Galacia, muy probablemente en las ciudades de Antioquía de Pisidia, Iconio, Listra, Derbe y sus inmediaciones. Los eruditos han debatido si la Epístola a los Gálatas iba inicialmente dirigida a las áreas del sur (hipótesis de Galacia del sur) o a los del norte (hipótesis de Galacia del norte). Hay un resumen práctico y legible de estas cuestiones y evidencias en F. F. Bruce, *Gálatas*, 39-60. Ver también la sección "Sentido Original" de 2:1-10.

novedosas aplicaciones que se ajustan, qué duda cabe, a nuestras iglesias de hoy, y es aquí donde encontramos la primera necesidad de ser sensibles tanto al contexto del mundo antiguo como al nuestro. A fin de mostrar la perspectiva concreta de este comentario, entraré inmediatamente en el problema de la aplicación. Por ejemplo, para algunas personas el legalismo de nuestro tiempo es la legislación institucional de cualquier praxis cristiana: preceptiva asistencia semanal (¡o cada dos semanas!) a la iglesia, total prohibición de fumar o consumir alcohol por placer, abierta afiliación a un partido político específico, compromiso con determinadas actividades políticas, o la obligatoriedad de separarse de las personas incrédulas y de utilizar una determinada traducción de la Biblia. Aunque es evidente que el Nuevo Testamento contiene mandamientos para los cristianos, algunos creyentes piensan que la legislación de cualquier cosa es legalismo moderno; no olvidemos, se argumenta, que los cristianos hemos de ser guiados por el Espíritu Santo.

Otros tienen la percepción de que, aunque ciertas costumbres y convenciones cristianas son saludables y vale la pena legislarlas, hay otras que quedan a discreción de cada creyente, con toda la ambigüedad que puede crear este tipo de libertad. Esta "libertad cristiana" ha dado lugar, especialmente entre las iglesias protestantes libres de los Estados Unidos, a multitud de acentos e interpretaciones distintas. No es necesario mencionar (porque es bien conocida) la triste situación producida por las facciones locales en la iglesia, unas facciones que muchas veces parecen arraigadas en el llamamiento a la libertad individual expresada en la vida y legado de Martín Lutero.

Pero nos estamos adelantando, porque antes de determinar lo que es el legalismo *en nuestro tiempo*, hemos de precisar lo que era *entonces*. La aplicación ha de seguir siempre a la exégesis y a la exposición de la Biblia. Adelantarse a los acontecimientos en esta carta —es decir, encontrar aplicaciones de legalismo judaizante en nuestro entorno cristiano moderno antes de descubrir lo que Pablo tenía en mente— ha llevado a una triste preocupación de los dirigentes cristianos con la Iglesia Católica como objeto principal de la aplicación de Gálatas.[5]

---

5. En su obra magistral, *Paul and Palestinian Judaism: A Comparison of Patterns of Religion* (Filadelfia: Fortress, 1977) E. P. Sanders ha puesto en evidencia esta errónea comprensión de Gálatas y de Pablo. Sanders ofrece una presentación más popular en su *Paul* (Past Masters series; Nueva York: Oxford University Press, 1991). Ver también, "Significado Contemporáneo" en 6:11-18.

En lo que sigue defenderé que esta frecuente interpretación y aplicación protestante es, casi siempre, una grave malinterpretación, tanto de Gálatas como del modo en que deberíamos aplicar hoy esta carta. De modo que, aquí hemos de recorrer atentamente Gálatas para ver lo que Pablo tiene en mente cuando critica a los judaizantes. Como se verá, el problema que Pablo ve en los judaizantes es más que legalismo y, en este sentido, el término no es completamente satisfactorio para describir el problema. No obstante, en vista de su extenso uso en la iglesia, seguiré utilizando el término *legalismo*, aunque intentando ofrecer una idea más exacta de lo que Pablo tiene en mente. ¿Qué nos enseña Gálatas aquí?

El legalismo de entonces; ¿o era realmente legalismo?

Interpretar debidamente un libro bíblico significa investigar el texto en su contexto. Es decir, si queremos entender el libro de Gálatas hemos de conocer algunos acontecimientos de la vida de Pablo (*cf.* Hch; Gá 1-2), ciertas cosas acerca de sus oponentes y del impacto que tuvo su mundo (tanto judío como gentil) sobre sus ideas y su modo de expresarlas. Por tanto, es bueno que aprendamos algo sobre el contexto cultural religioso y social de Pablo, porque estas realidades se relacionan con la totalidad. Lo mismo vale para nosotros. Si le dijera a alguien "vete a hacer gárgaras" el contexto determinará si estoy recomendando una práctica terapéutica a alguien afectado por una infección o irritación laríngea, o si le estoy pidiendo a alguien, coloquialmente, que me deje en paz. En otras palabras, para poder entender Gálatas hemos de saber a qué se está enfrentando Pablo. En el pasado, se ha considerado que el apóstol estaba respondiendo a una religión de obras, muy parecida al catolicismo al que se enfrentó Martín Lutero en los siglos XV y XVI. "Según este punto de vista, lo que se dirime entre Pablo y sus oponentes es un asunto puramente teológico y teórico: debaten los méritos de dos respuestas a la pregunta, ¿cómo puede ser el hombre aceptado por Dios?".[6] Este acercamiento presupone que el asunto es estrictamente teórico: se trata de un problema teológico. Otros, hoy más numerosos, sostienen que el debate teológico representa solo una de las dimensiones de una discusión más extensa que implica también cuestiones sociales, teóricas y prácticas, religiosas y culturales. Hemos de subrayar que la única forma de interpretar correctamente la carta es entenderla en su contexto. Hemos, por tanto, de analizar lo que Pablo

---

6. F. Watson, *Paul, Judaism and the Gentiles: A Sociological Approach* (SNTSMS 56; Cambridge: Cambridge University Press, 1986), 1.

estaba criticando antes de comenzar a aplicarlo a varios grupos de nuestro tiempo.

Antes de examinar los datos, quiero presentar una definición de legalismo según lo que encontramos en Gálatas: *el legalismo era un sistema religioso que combinaba el cristianismo con el mosaísmo de un modo que demandaba un total compromiso con la ley de Israel como clímax de la propia conversión a Cristo. Para Pablo, este "compromiso más profundo con la ley", era una subversión de la suficiencia de la obra de Cristo y un abandono del Espíritu Santo como guía divina de la ética cristiana. En otras palabras, el legalismo de los judaizantes es más que un problema: se ha convertido en un nuevo mensaje, en un evangelio distinto.* Como mostraré más adelante, es esta implicación —que es un evangelio distinto— lo que fuerza a Pablo a la acción.

Es fácil entender que la preocupación de los judaizantes era principalmente la *ley*. Por ello, en un pasaje central de su argumento, Pablo pregunta: "¿Recibieron el Espíritu [la segura señal de la conversión] por las obras que demanda la ley, o por la fe con que aceptaron el mensaje?" (3:2). La respuesta es clara: los gálatas sabían que habían recibido el Espíritu Santo por haber creído, no por obedecer la ley. Un poco más adelante, en esta misma sección, Pablo pregunta: "Al darles [obsérvese el cambio a su experiencia actual] Dios su Espíritu y hacer milagros entre ustedes, ¿lo hace por las obras que demanda la ley o por la fe con que han aceptado el mensaje?" (3:5).

De nuevo, la respuesta es clara: los gálatas saben por experiencia que Dios hace milagros como consecuencia de la fe, no de ciertas prácticas legales. Pero en su descripción de la idea esencial de los judaizantes Pablo va más allá: "Aquellos de entre ustedes que tratan de ser justificados por la ley, han roto con Cristo; han caído de la gracia" (5:4). De hecho, "Todos los que viven por las obras que demanda la ley están bajo maldición" (3:10). No cabe duda de que los judaizantes eran un movimiento centrado en la ley en el sentido de que esta era el meollo de su orientación religiosa.

También hemos de señalar que los judaizantes a quienes Pablo se dirige no eran oponentes del cristianismo (o al menos no se veían a sí mismos de este modo). Mediante el uso de un sutil término en Gálatas 3:3, Pablo dice que los judaizantes pretendían complementar el cristianismo —más aún, perfeccionarlo o consumarlo— añadiendo las específicas leyes de Moisés. Pablo dice: "Después de haber comenzado con el Espíritu, ¿pretenden ahora *perfeccionarse* con esfuerzos humanos? (cursivas del autor)". Los judaizantes veían su mensaje como una combinación de Jesucristo *más*

Moisés, no solo Moisés, ni solo Jesucristo. Es como decirle a alguien que acaba de convertirse en una campaña de Billy Graham que, para que el proceso de conversión sea verdaderamente completo y aceptable ante Dios, ha de hacerse también luterano, metodista, presbiteriano, etc. Cuando se produce algo así, el mensaje ha cambiado; ya no es "entrégate a Cristo", sino "únete a nuestro grupo". El foco de la salvación deja de ser Cristo y pasa a ser un determinado movimiento.

Pero este interés de los judaizantes por la ley adopta una forma real y específica: estos estaban principalmente interesados en la circuncisión (2:3; 5:6; 6:12) y las leyes judías sobre los alimentos que regulaba, no solo lo que era *kosher*, sino también con quién se podía o no comer (2:11-14). Estas son las dos principales preocupaciones de los judaizantes a juzgar por los datos de Gálatas.[7]

Cabe también añadir aquí que la preocupación de los judaizantes no solo estaba centrada en la ley sino que sus intereses legales tenían un fundamento nacionalista y racial; esto estaba en la base de todo lo que sucedía entre Pablo y los judaizantes. Sus preocupaciones no eran únicamente de orden teórico o ético: ¡Obedezcan la ley! Al contrario, sus intereses eran nacionalistas, altamente pragmáticos y tenían una dimensión social: obedezcan las leyes especiales que distinguen a los judíos de los gentiles. En otras palabras, estamos buscando una forma de imperialismo cultural. Una lectura completa de Gálatas nos mostrará que siempre que Pablo habla específicamente de la ley que los judaizantes fomentaban, no lo hace de manera teórica. Su actitud no era simplemente: "Han de sujetarse a Moisés", en general, sino instruirles en la práctica de determinadas leyes judías: "Como convertidos, deben regular su vida mediante aquellos preceptos especiales que guardamos los judíos y que nos separan del mundo gentil". Es cierto que, para los judíos, observar estos mandamientos, equivalía a guardar toda la ley, puesto que su compromiso con la ley lo expresaban por medio de estas leyes de carácter social (algo parecido a la idea que tienen algunos cristianos de su práctica del diezmo en la iglesia local como un vibrante testimonio de su completa sumisión a Dios y lo convierten, por ello, en un mandamiento de enormes consecuencias; tanto

---

7. Es posible que estuvieran también preocupados con la observancia de los calendarios judíos (*cf.* 4:10). Sin embargo, esta cuestión aparece solo una vez en la carta y por ello no la comentaremos en detalle. Debe observarse que este asunto era tan social como los otros dos, puesto que los calendarios regulan las cuestiones esenciales de la propia vida y ofrecen una identidad social a las personas.

es así que quienes no dan el diezmo son considerados espiritualmente inferiores o hasta apóstatas).

Dos de estas leyes judías que los gentiles conocían bien eran la circuncisión y las regulaciones sobre la pureza alimentaria, dos reglamentaciones religiosas que casi no tienen relevancia en nuestras sociedades occidentales contemporáneas. Es cierto que los occidentales estamos obsesionados con cierto tipo de restricciones alimentarias (bajos índices de colesterol y de grasas), pero no son estas las cuestiones que los judíos tenían en mente. Su preocupación era vivir según la ley mosaica para, de este modo, honrar a Dios. La contaminación de la comida no tenía nada que ver con la dieta, sino con estar en buena forma delante de Dios. Lo que nosotros vemos en términos de salud, para ellos era devoción y espiritualidad. Naturalmente, a la inmensa mayoría de los niños nacidos en los Estados Unidos se les practica la circuncisión, pero este acto no tiene ninguna dimensión religiosa: se lleva a cabo por sus beneficios para la salud. Por tanto, si queremos entender las directrices de Pablo con respecto a estas leyes hemos de comprender tanto su dimensión religiosa (se entiende que estas cosas son ordenadas por Dios) como la social (reflejan el propio compromiso con la herencia judía). Los judaizantes sentían que toda su religión y sociedad estaba amenazada por el supuesto evangelio sin ley de Pablo, porque este permitía que las personas encontraran la gracia de Dios sin conformarse a la ley desde una óptica social.

Estas observaciones tienen muchas implicaciones para nuestra interpretación de Gálatas. En primer lugar, el argumento de Pablo adquiere un matiz no solo teológico, sino también de carácter racial y social. En su impugnación de los judaizantes, Pablo no solo se opone a una variación teológica, sino a una teología que sirve a intereses de orden social y racial. Los judaizantes no se limitaban a convertir a las personas, sino que las nacionalizaban. Esto es algo que hay que analizar cuando leemos Gálatas. Pablo se oponía también a lo que hoy llamamos imperialismo cultural (la idea de que una cultura es superior a otra), y este imperialismo cultural se había entretejido en la urdimbre de un sistema religioso.

Además de hacer un mal uso de la ley, Pablo declara que el sistema de los judaizantes estaba *orientado desde una perspectiva humana y era carnal*. Ya sea que Pablo tenga en mente a Moisés (lo cual es posible) o únicamente las tradiciones de los fariseos (lo cual considero más probable), hay algo profundo en el fondo de su argumento: el sistema religioso de los judaizantes no procede de Dios, no se basa en la revelación de Jesucristo y no depende del Espíritu Santo. En este sentido, la propia carta arranca con una nota polémica: "Pablo, apóstol, no por investidura ni mediación humanas, sino por Jesucristo" (1:1). El apóstol da a entender ya en este primer versículo que los judaizantes son enviados "por hombres" (sin duda los líderes de Jerusalén). Por otra parte, mientras que Pablo afirma no buscar la aprobación humana (1:10) considera, hemos de suponer, que los judaizantes sí desean esta fuente de aprobación (6:12). Más radicalmente, Pablo identifica este mensaje humano de los judaizantes con la *carne*, un término que no tiene implicaciones positivas. "Después de haber comenzado con el Espíritu, ¿pretenden ahora perfeccionarse *con esfuerzos humanos* [lit. '*la carne*']?" (3:3; ver también, 6:8).[8] El regreso a Moisés (i.e., a las leyes judías) no es una mera añadidura sino una sustracción de todo aquello que es importante: Cristo y el Espíritu. Vivir ante Dios aparte de Cristo y sin el Espíritu es vivir en la carne. Por tanto, los judaizantes se mueven dentro de un sistema carnal, que actúa por una especie de "suma por sustracción": añadir algo al evangelio sustrayendo la suficiencia de Cristo y el Espíritu.

Normalmente se entiende que Pablo está hablando aquí de esfuerzo, de "justicia por medio de obras". Dicho de otro modo, cuando Pablo pregunta: "¿pretenden ahora perfeccionarse con esfuerzos humanos [lit. 'la carne']?" (3:3), está hablando de un persistente problema religioso, a saber, los intentos humanos de complacer a Dios por medio de sus propios esfuerzos, sinceridad y obras. Ernst Käsemann, un famoso erudito alemán, pregunta: "¿Qué representa, de hecho, el nomismo judío al que Pablo se enfrentó? Y nuestra respuesta ha de ser que este personifica a la comunidad de 'buenas' personas que convierte las promesas de Dios en sus propios privilegios y sus mandamientos en instrumentos de autosantificación".[9]

Este punto de vista conlleva toda una serie de suposiciones sobre el judaísmo que rara vez se han verificado con los datos que aporta el propio judaísmo. Estas suposiciones son: que, para los judíos, la voluntad de Dios se encontraba en la ley de Moisés; que para poder ser aceptados por él había que guardarla completamente; que el sistema de sacrificios no

---

8. La NVI traduce *sarki* (lit., "por medio de la carne") "con esfuerzos humanos". Aunque esta traducción recoge algo de la idea, se centra demasiado en el esfuerzo (¡el esfuerzo también forma parte del sistema de Cristo!) y pierde de vista las cruciales ideas relacionadas con la "carne". Para Pablo, la carne es la existencia sin depender del Espíritu y confiar en Cristo. Ver notas sobre Gálatas 2:15-21; 3:3; 5:19-21.

9. Así lo entiende E. Käsemann, "Justification and Salvation-History in the Epistle to the Romans", en *Perspectives on Paul* (Filadelfia: Fortress, 1971), 72.

era muy útil cuando se trataba del perdón de los pecados; que esto creaba una crisis o carga de conciencia delante de Dios; que este hecho llevó a desarrollar una idea de méritos en que las buenas obras superarían a los pecados y conseguirían, por tanto, la aceptación de Dios; que este sistema no contribuía a la salud emocional y psicológica de las personas; y que, por consiguiente, un sector de los judíos se entusiasmó cuando escuchó el mensaje de la salvación por gracia predicado por Jesús y por Pablo. En otras palabras, estas personas piensan que Dios les aceptará si sus buenas obras sobrepasan a sus pecados. Por otra parte, muchos de quienes defienden este punto de vista sobre el problema que afronta Pablo son los primeros en argumentar que la mayoría de estos judaizantes legalistas ni siquiera sabían que esto era lo que defendían. La pregunta que hemos de plantearnos es si esta es una descripción cabal del judaísmo o los judaizantes.

Personalmente, creo que casi todas las suposiciones del párrafo anterior son erróneas. Es más, considero que son un retrato burdo e inexacto, y un notable erudito, E. P. Sanders, ha explicado con buenos argumentos que este punto de vista sobre el judaísmo y los judaizantes se debe más a nuestra percepción de la tensión que tuvo Lutero con la Iglesia Católica medieval que a nuestro conocimiento del judaísmo. He leído una enorme cantidad de literatura del judaísmo, la mayor parte del material publicado de Qumrán (los Rollos del Mar Muerto), los apócrifos del Antiguo Testamento y los escritos seudoepigráficos, cientos de papiros publicados y muchas secciones de los escritos rabínicos y estoy más que nunca convencido de que el judaísmo no era esencialmente una religión de "justicia por obras" en el sentido que acabo de explicar. Los cristianos pueden sacar mucho provecho de la literatura judía, especialmente del Talmud Babilónico. Lo que encontramos en esta obra es que, a lo largo de los siglos, los judíos han estado siempre convencidos de ser el pueblo escogido de Dios, que por serlo eran "salvos", que tenían que esforzarse por vivir según la ley (y la mayoría lo procuraba), y que el sacrificio expiatorio que Dios estableció por medio de Moisés remediaba la presencia del pecado en sus vidas; por otra parte, creían también que el juicio final era un juicio de obras. Creían, pues, en una salvación por participar del pacto, sabían que Dios les había impuesto la obligación de guardar sus leyes y estaban convencidos de que Dios les juzgaría según sus obras.[10] La razón por la que

---

10. Hay una erudita defensa de este punto de vista en E. P. Sanders, *Paul and Palestinian Judaism*, 33-428; su famoso resumen está en 422-23. Ver ahora su estudio posterior, *Judaism: Practice and Belief. 63 BCE 66 CE* (Filadelfia: Trinity Press International, 1992), 241-78.

los documentos judíos subrayan asuntos de moralidad es que, para ellos, la aceptación de Dios no era el asunto esencial; dicha aceptación había sido prometida al pueblo de Israel desde los días de Abraham. Lo que les importaba era cómo debían vivir *como pueblo de Dios,* y había mucho debate al respecto.

Lo importante aquí es darnos cuenta de que tanto Jesús como Pablo y demás escritores del Nuevo Testamento enseñaban casi lo mismo: (1) que la salvación es por la gracia de Dios (*pero en Cristo*) y fruto de su elección, (2) que la salvación implica la obligación de vivir conforme a la voluntad de Dios o en el Espíritu o en sumisión a los mandamientos de Jesús (Mt 28:20), y (3) que el juicio final será un juicio de obras (*cf.* Mt 25:31-46; 2Co 5:1-10; Ap 20:11-15). El polémico lenguaje que utilizamos sobre el judaísmo como un sistema religioso basado en la "justicia por obras" sería sorprendentemente extraño para Pablo. En Gálatas, cuando Pablo habla de perfeccionarse por "la carne" no se está refiriendo a "esfuerzos para conseguir la salvación" sino a intentar vivir ante Dios sin depender del Espíritu. Dicho de otro modo, alude al modo en que hemos (o no) de *vivir ante Dios como cristianos*, no de cómo *somos* (o no) *aceptos a Dios como seres humanos*. Es inexacto, por no decir insensible, referirse al judaísmo como una religión de obras.[11] Por ello, la cuestión que subyace en Gálatas no es la de la justicia por obras frente a la justicia por gracia, sino la relación entre el cristianismo y el judaísmo, entre el mundo más amplio de los creyentes y el más cerrado de la nación judía. Francis Watson lo expresa acertadamente: "El asunto que se trata en Gálatas es, pues, esencialmente si la iglesia ha de ser un movimiento de reforma dentro del judaísmo o una secta fuera de él."[12]

El último punto sobre el legalismo que vamos a considerar es que este se convierte en un *sistema* (5:3) que acaba *haciendo nula la gracia de Dios en Cristo y su poder en el Espíritu* (2:21; 5:2, 4, 16-25). Se convierte, de hecho, en otro evangelio (1:6-9); un "evangelio", no obstante, que no puede salvar. Pablo sostiene que, al optar por Jesús más Moisés, los judaizantes están destruyendo la necesidad de Cristo. Pablo afirma claramente que "si la justicia se obtuviera mediante la ley, Cristo habría muerto en

---

11. No estoy diciendo que el judaísmo no haya sido nunca presentado como una religión de justicia por obras en ciertos lugares y por determinados escritores. Pero esto sucede también en el cristianismo. He conocido amplios sectores del cristianismo tan orientados, o más, hacia una justicia por obras como lo que pueda estarlo cualquier escrito del judaísmo incluyendo 4 Esdras, un insólito documento pseudoepigráfico judío.
12. F. Watson, Paul, *Judaism and the Gentiles*, 49.

vano" (2:21), y "si se hacen circuncidar, Cristo no les servirá de nada" (5:2). Sobre negar el poder de Dios en el Espíritu, Pablo dice: "Si los guía el Espíritu, no están bajo la ley" (5:18). Es decir, aquellos que optan por el Espíritu toman una decisión en contra de Moisés; aquellos que optan por Jesús se sitúan contra la ley. No se pueden tener ambas cosas. El mensaje de Pablo es inflexible: solo Cristo.

Vemos, pues, que el legalismo judaizante al que Pablo se enfrentó en Galacia era un sistema religioso que combinaba cristianismo y mosaísmo de un modo que demandaba un total compromiso con la ley, especialmente como clímax de la conversión a Cristo. Pablo muestra que este "compromiso más profundo con la ley" menoscaba la obra de Cristo y rechaza la suficiencia del Espíritu para determinar la praxis cristiana. Por tanto, es ilícito que nos concentremos únicamente en los aspectos "legales" de los judaizantes. Estos maestros habían creado un evangelio distinto, un evangelio que añadía algo más a Cristo. En nuestro intento, pues, de trasladar a nuestra sociedad el mensaje de esta carta de Pablo podemos pasar por alto muchas aplicaciones si limitamos su mensaje al tema del antilegalismo tal como frecuentemente se describe y aplica en nuestro entorno. Pablo se oponía a la perversión del evangelio expresada por los judaizantes en su mensaje de Cristo más algo. Los rasgos de la ley eran simplemente las aportaciones específicas que los judaizantes añadieron cuando alteraron el evangelio; pero Pablo se oponía, no tanto a la añadidura de elementos de la ley, sino a la alteración del evangelio.

El argumento de Pablo

¿Cómo veían los judíos la ley, y cómo responde Pablo a su perspectiva? En sus debates, la iglesia ha respondido a esta multifacética cuestión, principalmente de tres maneras. La primera perspectiva, la del *principio de la salvación*, sostiene que los judíos y los judaizantes veían la ley como medio de salvación y que Pablo se oponía a ella como principio de salvación, porque, se asume, los judaizantes no entendían la inherente naturaleza pecaminosa del ser humano. Por tanto, según este punto de vista, los judaizantes pretendían que los convertidos de Galacia aceptaran la ley *para ser aceptados por Dios*. Creo que esta idea de los *judaizantes* es solo parcialmente correcta. Después se argumenta que Pablo respondió a este punto de vista arguyendo que los seres humanos no pueden obedecer la ley, porque son pecaminosos y débiles en la carne. De modo que si abrazan la ley como principio de salvación no tienen otra salida que la condenación. Creo, sin embargo, que este punto de vista de *la respuesta de Pablo* confunde esencialmente las ideas si hacemos énfasis en ella.

El problema es que hay una lista de suposiciones implícitas en esta perspectiva que no forman parte del judaísmo ni las enseña Pablo (y si lo hace, es en ocasiones tan contadas que deben considerarse secundarias a su argumento). Las principales (y erróneas) suposiciones son que el judaísmo pensaba que uno tenía que cumplir perfectamente la ley para ser aceptado por Dios y que el sistema de sacrificios no trataba el problema de los pecados. De hecho, ningún judío pensaba que la ley fuera imposible de cumplir, porque sabían que podía guardarse; y cuando esta se quebrantaba, la expiación conseguía devolver a la persona al estatus de cumplidora de la ley. Pablo no está mintiendo en Filipenses 3:6 cuando dice que él guardaba la ley: lo hacía, y cuando pecaba iba al templo a resolver el problema de su transgresión.

El problema más importante con el punto de vista del "principio de la salvación" es que, en Gálatas, no se ve que Pablo ataque esta clase de problema. Las cuestiones que aquí se dirimen son mucho más prácticas: son de carácter social y teológico. Lo que vemos es que Pablo adopta una actitud defensiva contra quienes pensaban que debían hacerse judíos para ser aceptados por Dios. Por ello, los judaizantes pensaban que tenían que sujetarse a la ley para ser completamente aceptos para Dios; pero la respuesta de Pablo no sigue la línea de que el problema esté en buscar méritos. De nuevo, Pablo no trata el problema de la motivación: lo que pregunta no es: "¿Acaso cumplen la ley para salvarse?", para luego atacar a quienes piensan arrogantemente que son lo suficientemente buenos como para agradar Dios.

Naturalmente, Pablo creía que los judaizantes pensaban que la ley era necesaria para la salvación y sabía que la añadían a su mensaje. Pero su argumento no es: "Están malinterpretando la naturaleza humana", sino: "Entienden erróneamente el propósito de la ley". Por tanto, para rebatir la idea de los judaizantes, Pablo no apela al punto de vista bíblico de la naturaleza humana sino al de la ley. Lo que habían malentendido era el propósito de la ley, no la capacidad de los hombres. Eran igual de realistas con respecto a la naturaleza humana que lo que hemos sido los cristianos a lo largo de la historia: las personas pecan y necesitan el perdón de Dios. ¿Cómo hemos de entender, pues, el sentido del templo sino como el reconocimiento implícito de que los seres humanos son incapaces de obedecer perfectamente la ley? Si esta es la orientación del templo, entonces Pablo nunca convencería con su argumento si su idea era hacer ver a los judaizantes que nadie podía estar libre de pecado.

Un segundo punto de vista, el de la *salvación histórica*, sostiene que los judíos veían la ley como una permanente revelación de la voluntad de Dios, que Pablo consideraba ahora eclipsada por la venida de Cristo. Esta perspectiva se enseña claramente en 3:19-25, donde Pablo muestra que la ley tenía un propósito limitado (revelar el pecado) y un periodo de vigencia limitado (hasta que viniera Cristo). Por tanto, Pablo argumenta contra los judaizantes que no deberían imponer la ley a estos convertidos puesto que el tiempo en que la voluntad de Dios era revelada por medio de la ley había terminado. En nuestro tiempo, el principio rector es el Espíritu de Dios. Creo que este punto de vista es correcto, pero no totalmente. Así, los judíos pensaban que la ley era la voluntad de Dios (con lo cual Pablo mostraría irónicamente su acuerdo) pero Pablo creía que el periodo de "la ley como voluntad de Dios" había sido eclipsado por medio de Cristo y en el Espíritu. Esta segunda perspectiva tiene que ser, no obstante, complementada con la tercera.

El tercer punto de vista contempla la ley como *un delimitador social y nacionalista*. Este punto de vista sostiene que los judaizantes veían la ley como el don de Dios para los judíos (y lo era), que Dios había obrado siempre por medio de los judíos (lo cual también era cierto), y que esto significaba que ahora seguía obrando solo a través de ellos (lo cual era erróneo). Su argumento es, pues, que hay que aceptar la ley como necesaria para ser aceptado por Dios. Y las leyes que estos subrayan especialmente son los principales delimitadores sociales entre judíos y gentiles, a saber, la circuncisión y las leyes alimentarias. Este punto de vista de lo que subyace en Gálatas es también parcialmente correcto y nos ayuda a medida que avanzamos por la epístola. Para estos judíos, la ley era esencialmente un contrato especial entre Dios e Israel que hacía de los judíos un grupo especial; por lo cual, habrían argumentado, para ser aceptable ante Dios había que hacerse judío.

Por tanto, lo que está sucediendo en Gálatas es que los judaizantes no habían cambiado con los tiempos; no habían visto que, cuando Cristo vino, la era de la ley terminó. No podían aceptar esto, porque pensaban que Dios obraba por medio de la nación judía para dispensar las promesas de Abraham (tercera perspectiva). El argumento de Pablo es histórico salvífico (segunda perspectiva): en el plan de Dios para la historia, la ley ya ha cumplido sus propósitos, y es por tanto erróneo seguirla y pedir que lo

Introducción: Legalismo hoy y ayer

hagan también los gentiles. Esto lleva a su argumento sociológico: es un error pensar que Dios sigue actuando con criterios nacionalistas. El pueblo de Dios está ahora formado por personas de todas clases y naciones.

La carta de Pablo a los Gálatas es una misiva polémica diseñada de principio a fin para ser tanto una refutación de los judaizantes como una positiva afirmación del evangelio apostólico. Su argumento se desarrolla en tres niveles: un relato autobiográfico sobre el origen de su llamamiento y evangelio (1:10-2:21), un argumento teológico sobre el carácter definitivo de la ley en Cristo y de la idoneidad del evangelio de la gracia en Cristo (3:1-4:31), y la aplicación práctica de su carta para mostrar que la nueva vida de Dios se encuentra viviendo en el Espíritu (5:1-6:10).

Por tanto, lo que Pablo encontraba erróneo en los judaizantes era (1) que no entendían la suficiencia y universalidad de la obra de Cristo, (2) que no entendían lo que Cristo y el Espíritu habían hecho a la ley mosaica y a su carácter nacional, y (3) estos no percibían que Dios había concedido el Espíritu Santo a todos los creyentes (judíos y gentiles por igual), con lo cual los cristianos no deben ser ya dirigidos por la ley ni vivir en la carne; ahora tienen al Espíritu que les guía de maneras que se conforman a la ley, la cumplen y la transforman.

Hay dos opciones: puede escogerse a Cristo o a Moisés.[13] Una tabla ilustra las opciones:

Cristo	Moisés
Espíritu	Ley
Espíritu	Carne
Fe	Obras de la ley
Promesa	Ley
Bendición	Maldición
Libertad	Esclavitud
Filiación madura	Esclavitud; infancia
Nueva creación	Circuncisión/ Incircuncisión
Gracia	Ley
Iglesia cristiana	Nación judía

---

13. F. Watson, Paul, *Judaism and the Gentiles*, 46, dice (en categorías sociológicas): "La función de estos contrastes antitéticos es expresar la distinción esencial entre el grupo religioso (en el que encontramos salvación) y la comunidad de origen (donde solo hay condenación)". En la misma página Watson elabora una enumeración más completa de las antítesis en las cartas de Pablo.

Bosquejo

I. Introducción (1:1-9)
   A. Salutación (1:1-5)
   B. Ocasión de la carta (1:6-9)

II. Vindicación personal de su mensaje por parte de Pablo (1:10-2:21)
   A. Declaración de su independencia (1:10-12)
   B. Demostración de su independencia (1:13-2:21)
      1. De la enseñanza humana (1:13-17)
      2. De las principales iglesias (1:18-24)
      3. De las columnas de Jerusalén (2:1-10)
      4. Del apóstol Pedro (2:11-21)

III. Vindicación teológica de su mensaje por parte de Pablo (3:1-4:31)
   A. Declaración de la tesis (3:1-5)
   B. Presentación de la evidencia (3:6-4:31)
      1. A partir del Antiguo Testamento (3:6-14)
      2. A partir de los pactos (3:15-18; excurso 3:19-25)
      3. A partir de la filiación (3:26-4:20)
      4. A partir de la ley (4:21-31)

IV. Aplicación práctica de su mensaje (5:1-6:10)
   A. Tesis (5:1)
   B. Aplicaciones (5:2-6:10)

V. Conclusión (6:11-18)

Antes de ver cómo podemos trasladar a nuestro tiempo el mensaje de Pablo, será útil proporcionar al lector un breve esbozo del contexto social de Gálatas.

Reconstrucción histórica

En Jerusalén había varias corrientes de cristianismo. Las dos principales eran una helenista progresista (de la que procedía Pablo) y una conservadora hebrea (de la que procedían los judaizantes). No hay duda de que el sector conservador presionaba al progresista para que se conformara a la ley judía, y de que esta presión era ejercida por un contexto judío común. Y tampoco hay duda de que, por su parte, el grupo progresista helenista tenía proponentes de una forma más liberalizada de cristianismo judío donde el culto del templo y las leyes ceremoniales no se consideraran cruciales.

Como ya he dicho, Pablo procedía de los progresistas. Puesto que el apóstol comenzó su misión en la diáspora, descubrió inmediatamente que el evangelio era poderoso y que numerosos judíos y gentiles se convertían a Jesús como Mesías. Por otra parte, estos judíos eran menos convencionales desde un punto de vista social que los cristianos de origen hebreo y que los judíos normales de Jerusalén. Este contexto social distinto permitía que los nuevos convertidos aceptaran y desarrollaran un estilo de vida cristiano menos centrado en la ley. Y lo hicieron, de maneras completamente inaceptables para los judíos de Jerusalén. La tensión comenzó aquí: los judíos de Jerusalén más apegados a la ley oyeron hablar de los "impíos" convertidos cristianos de la diáspora, de origen tanto judío como gentil, y comenzaron a presionar al sector conservador de los cristianos de Jerusalén. Hemos de entender que, probablemente, estos judíos de Jerusalén no estaban preocupados por la ley en sí, sino por los delimitadores culturales que estos nuevos convertidos estaban dispuestos a abandonar. Llegaron a la conclusión de que los nuevos convertidos al cristianismo no tenían nada de judíos si no estaban dispuestos a vivir según los distintivos judíos básicos. Tomaron la resolución de presionar al partido conservador para que se enzarzara en un activo proselitismo de estos nuevos convertidos a fin de que se ajustaran a la ley. De modo que el partido conservador (al que en 2:12 se alude como "algunos de parte de Jacobo") envió a algunos judaizantes para que hicieran un seguimiento de la evangelización de Pablo.

Es también posible que los convertidos gálatas se sintieran un poco inseguros sobre las directrices morales de Pablo: vivir en el Espíritu, vivir en libertad, etc. En la mayoría de los casos su conversión les había llevado desde la anarquía pagana a lo que se percibía como anarquía cristiana. Creo probable que estos comenzaran a sentir la necesidad de leyes y reglamentaciones, especialmente si algunos de sus miembros estaban comenzando a dejarse llevar por la carne. Los judaizantes habrían encontrado en esto una entrada perfecta a los convertidos gálatas.[14] No hay duda de que los esfuerzos de los judaizantes habían sido parcialmente fructíferos. Está probablemente justificado entender que Pablo estaba preocupado por la posibilidad de que las actividades de los judaizantes produjeran divisiones

---

14. Ver J. M. G. Barclay, *Obeying the Truth*, 68-72.

en las iglesias (5:15, 20-21, 26; 6:12-13). Algunos de los nuevos cristianos se estaban convirtiendo al judaísmo ahora y otros no; en un contexto como este habría habido mucho debate y acalorada retórica. Pablo temía que se crearan dos denominaciones: un cristianismo judío y otro gentil.

El apóstol, que de entrada era ya más progresista, reaccionó con fuertes sentimientos contra la misión de estos judaizantes puesto que en sus intentos veía: (1) un ataque a la suficiencia de Cristo (2:21), (2) un entendimiento erróneo del plan de Dios para la ley (3:19-25), y (3) un secuestro del evangelio por parte de un mensaje nacional y racial (una rejudaización del evangelio; ver exposición anterior al respecto). A partir de Hechos 15:36-41, deduzco que la carta de Pablo tuvo un cierto éxito.[15]

Antes he indicado que pasar inmediatamente de la palabra *legalismo* a las prácticas cristianas modernas es una aplicación potencialmente equívoca del mensaje de Pablo. Aunque normalmente el legalismo pueda expresarse mediante reglas morales, no es a las reglas morales en sí a lo que Pablo se opone, sino a la transformación del evangelio en un mensaje que añade algo más a Cristo.

Las cuestiones legales específicas que eran evidentes en Galacia han de ponerse a un lado si deseamos avanzar en las aplicaciones. Huelga decir que posiblemente no existen grupos, iglesias o movimientos cristianos que demanden explícitamente la circuncisión como un requisito necesario para la conversión o que limiten la comunión de mesa basándose en una interpretación de las instrucciones levíticas del Antiguo Testamento. Esto significa que nuestra intención es aplicar Gálatas solo a situaciones semejantes de nuestro tiempo. Pero al pasar a tales aplicaciones hemos de estar seguros de que estas desarrollan las mismas funciones que desempeñaban las prácticas legalistas en Galacia.

Hay que recordar que en la misma carta en que Pablo se opone con vehemencia al legalismo dice también que "en Cristo Jesús de nada vale estar o no estar circuncidados" (5:6). Pablo no se limita aquí a negar el valor de la circuncisión, sino que rechaza el inherente valor de estar o no circuncidado. Hemos también de recordar que fue el mismo Pablo quien hizo circuncidar a Timoteo cuando le necesitó para ministrar entre los judíos (Hch 16:3). Pablo pensaba, al parecer, que a veces la circuncisión

---

15. Ver F. F. Bruce, *Galatians*, 277-78.

podía ser valiosa para el ministerio, mientras que otras veces podía ser perjudicial. No obstante, está definitivamente en contra de *la necesidad de la circuncisión para la conversión y la identidad social.* De manera que, antes de llegar a la aplicación, hemos de reflexionar sobre el papel que la circuncisión y las leyes alimentarias desempeñaban en Galacia. Y aquí encontramos el fundamento para nuestras aplicaciones.

Pablo no estaba en contra de cosas que eran buenas. Él pensaba que la ley era buena, que lo era la circuncisión y posiblemente tenía una buena opinión de la comida *kosher*. El Nuevo Testamento nos muestra que el propio apóstol vivía según el calendario judío (*cf.* Hch 20:16) y que, de vez en cuando, hacía votos judíos (ver Hch 18:18). Si podía practicar estas cosas sin ser causa de ofensa, o si tenía que hacerlas para alcanzar a los judíos, Pablo estaba a favor de ellas. Pero, si estas cosas se entendían como un complemento necesario a la fe en Cristo, Pablo estaba entonces diametralmente opuesto a su práctica. El apóstol estaba contra el legalismo de los judaizantes, *porque usurpaba el valor de la obra de Cristo y el poder del Espíritu Santo y forzaba a todos los convertidos a hacerse judíos.* Lo que provocó la airada respuesta de Pablo no eran las cosas en sí que se hacían, sino *la razón que las motivaba.*

Aquí tenemos el principal argumento de Pablo contra el legalismo judaizante: cualquier práctica que reste valor a la suficiencia de Cristo y al ministerio capacitador del Espíritu ha de ser combatida; cualquier práctica que levante muros entre quienes creen en Jesucristo ha de ser derribada; cualquier práctica que pretenda complementar a la fe en Cristo y a la dependencia del Espíritu Santo ha de ser abandonada. Hay que oponerse a toda persona que pretenda introducir cualquiera de estas cosas. De hecho, cualquier mensaje que no sea únicamente Cristo y el Espíritu es una perversión y ha de ser radicalmente denunciado.

Por otra parte, este punto requiere una declaración positiva, porque Pablo prosigue explicando también sus puntos de vista de manera positiva (5:1). Pablo está a favor de cualquier práctica que fomente la libertad del Espíritu para obrar entre los cristianos (5:13), y de cualquier ética caracterizada por el amor: "lo que vale es la fe que actúa mediante el amor" (5:6; *cf.* 5:14). Si se le preguntara cuál es la esencia de la vida cristiana Pablo diría: "Así que les digo: vivan por el Espíritu, y no seguirán los deseos de la naturaleza pecaminosa" (5:16). La clave de Pablo para la santidad cristiana no era la mortificación (aunque él creía también en estas cosas) o leer más los libros sagrados: él sabía que la santidad solo venía por medio del Espíritu *Santo* de Dios. Y esta es la esencia de la vida cristiana para Pablo: vivir en Cristo en el poder del Espíritu Santo. Cuando una persona vive en el Espíritu (es decir, bajo la completa dirección del Espíritu de Dios), esta persona hace todo lo que Dios quiere, y por ello la ley no puede condenarla. Cuando una persona vive bajo la dirección del Espíritu, esta cumplirá siempre la plenitud de la voluntad de Dios, de la cual la ley de Moisés no era sino un destello preliminar.[16]

La esencia del cristianismo es, pues, fácil de entender: no es guardar la ley, sino vivir confiadamente en Cristo y dependiendo del Espíritu Santo. Los judaizantes estaban equivocados, porque sacrificaban a Cristo y al Espíritu sobre el altar del legalismo judaizante.

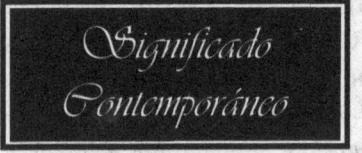

Significado Contemporáneo

Para encontrar analogías contemporáneas del legalismo de los judaizantes hemos de encontrar algo más que rasgos idénticos (la circuncisión, las restricciones alimentarias, los calendarios) de regulaciones de la conducta entre los cristianos.

Hemos de buscar prácticas y aspectos del cristianismo moderno que desacrediten la suficiencia de Cristo y releguen el papel del Espíritu Santo a un lugar secundario de la vida cristiana. Hemos de actuar como analistas de sistemas, examinando lo que enseñamos para ver si todo está firmemente arraigado en Cristo o si hay algún rasgo de un sistema que añade algo a Cristo.

Voy a comenzar indagando un poco entre las principales posiciones protestantes que, aunque no se han consignado en forma de credo, para muchos grupos parecen representativas de lo que se entiende como cristiano. Hace poco una amiga me contó una desafortunada experiencia que tuvo en una iglesia. Ella se considera —uso sus propias palabras— "una moderada evangélica con raíces fundamentalistas". Comenzó a reunirse en una iglesia de una denominación tradicional y fue inmediatamente aceptada. Le gustaba el clima social, el nivel educativo y la calidez de las relaciones personales. Con el tiempo se le pidió que diera un estudio bíblico para adultos que se reunían una vez a la semana, y fue en el marco de este ministerio cuando comenzó a sentirse incómoda. La presión que ejercía el pastor —quien no asistía a sus clases, pero estaba al corriente de lo que

---

16. Este punto de vista sobre la relación del cristiano con la ley se explicará de manera más completa en 3:19-25.

enseñaba por otras personas— la llevó a descubrir que ella "no formaba parte" de aquella iglesia. Se enteró de que en el evangelio de su pastor había dos pilares fundamentales: (1) el amor, definido ambiguamente como "Dios ama a todos", pero sin referencia a la cruz de Cristo; y (2) los fundamentalistas norteamericanos están equivocados, son peligrosos y hay que evitar cualquier trato con ellos. Puesto que ella era completamente abierta respecto a su idea de la Biblia (y conociéndola, sé que expresaba esta convicción con sensibilidad y tacto) y puesto que desafiaba a los miembros de su clase a tomar con absoluta seriedad el mensaje de la Biblia, el pastor la catalogó de "fundamentalista".

Durante los dos años siguientes mi amiga experimentó el ostracismo de la congregación y se vetó el ejercicio de sus dones en un contexto en que ella y su ministerio eran necesarios. Llegó a la conclusión de que incluso en el protestantismo liberal había una forma de "fundamentalismo" que generaba presión social hacia cualquier cristiano que se tomara en serio las enseñanzas bíblicas de Cristo y Pablo. Se dio cuenta de que, para poder ser miembro activo de aquella iglesia, tenía que estar de acuerdo con toda clase de cuestiones políticas, económicas e ideológicas; cuestiones que, aunque respetaba, le resultaban problemáticas. Dicho de otro modo, mi amiga sentía que para que la vieran como una auténtica cristiana, tenía que pensar como ellos, independientemente de si dicha imagen estaba o no en conformidad con Cristo o las Escrituras. Lo que la sorprendió, cuando más adelante reflexionó al respecto, fue la negligencia de esta iglesia en su enseñanza sobre Jesucristo y sobre el hecho de que la vida cristiana era vida en el Espíritu. Para ellos, Jesús era una persona difícil de comprender y el Espíritu una rareza mística. Sugiero que este ejemplo no es esencialmente distinto de la controversia judaizante de Galacia, donde la conformidad a las peculiaridades del propio grupo era más importante que cualquier revelación de Dios sobre Jesucristo o el Espíritu Santo. Al criticar esta denominación tradicional no estoy sugiriendo que todas las iglesias protestantes tradicionales padezcan de la misma debilidad; tampoco estoy sugiriendo que los evangélicos no deban reunirse en las iglesias liberales. Lo que quiero señalar es que el fundamentalismo o el evangelicalismo no son los únicos que pueden caer en los mismos pecados que encontramos en los legalistas judaizantes de Galacia. Lo que buscamos al aplicar la enseñanza de Gálatas son aquellas corrientes de cristianismo en las que otras ideas y movimientos sociales frenan la suficiencia de Cristo y del Espíritu.

Podemos seguir observando que, en todo el mundo occidental, la Iglesia Evangélica vive ahora en una era postlegalista.[17] Desde finales de la década de los sesenta y principios de la siguiente no es solo nuestra sociedad la que ha cambiado; junto a este evidente cambio social, la estructura moral del movimiento evangélico se ha visto alterada de forma muy significativa. Antes de ese tiempo, la iglesia vivía confortablemente en una sociedad bien establecida y uniforme que tenía como su directriz moral, al menos externamente, una ética cristiana. Tras las revueltas sociales de los años sesenta y setenta, la moralidad bíblica y las normas sociales se han distanciado considerablemente entre sí. Antes de estas revueltas el movimiento evangélico seguía expresándose mayoritariamente en el fundamentalismo protestante, y este movimiento era una reacción al crecimiento del liberalismo dentro de la sociedad, cultura y denominaciones tradicionales norteamericanas. Por otra parte, la ética de grandes sectores del fundamentalismo protestante era sin duda legalista, rigurosa, socialmente restrictiva y acomplejada. Esta ética se ha visto considerablemente afectada por los cambios sociales y por algunas reflexiones serias sobre la naturaleza de la vida cristiana. El propio movimiento evangélico es un intento de librarse de las legalistas y antagónicas amarras del fundamentalismo.

---

17. Este capítulo depende de manera indirecta de la historia del movimiento fundamentalista protestante en Estados Unidos tal como lo presenta G. M. Marsden, *Fundamentalism and American Culture: The Shaping of Twentieth-Century Evangelicalism, 1870-1925* (Nueva York: Oxford, 1980), y la descripción de la situación moderna presentada en J. D. Hunter, *Evangelicalism: The Coming Generation* (Chicago: University of Chicago, 1987). El legalismo, tal como se define normalmente, no ha sido un elemento tan distintivo de las iglesias protestantes tradicionales de Estados Unidos o de las estatales de Europa como de las iglesias fundamentalistas-evangélicas norteamericanas y europeas. Hay un análisis de por qué el legalismo no aparece con tanta frecuencia dentro de la Iglesia Luterana alemana en H. Thielicke, "The Freedom of Decision: The Impossibility of Casuistry in Ethical Christianity", en su obra, *The Freedom of the Christian Man*, trad. de J. W. Doberstein (Grand Rapids: Baker, 1975), 148-66. Quienes estén interesados en un estudio sobre el distanciamiento entre los evangélicos conservadores y liberales en Gran Bretaña, pueden ver el trabajo de D. Bebbington, *Evangelicalism in Modern Britain* (Grand Rapids: Baker, 1989), 181-228, quien entresaca de la historia de la iglesia británica algunos claros ejemplos de legalismo dentro del movimiento evangélico. Para muchos es evidente que las Convenciones de Keswick de Gran Bretaña, que se inciaron en 1875, con sus distintas influencias evangélicas, han ejercido una enorme influencia sobre el fundamentalismo protestante y su ética a veces legalista (sobre este asunto ver Bebbington, 151-80). Pero, como ha señalado Marsden, han sido igual de cruciales para el desarrollo de la ética legalista los cambios sociales que se han producido en Estados Unidos, que fueron diseñados como un ariete contra dichas prácticas legalistas.

Introducción: Legalismo hoy y ayer

Mi propia biografía espiritual refleja este movimiento. Crecí en un hogar e iglesia fundamentalistas protestantes donde se subrayaba una ética legalista. Por diversas razones (y aquí solo puedo mencionar una de ellas), mis convicciones personales sobre cómo han de vivir los cristianos cambiaron con el desarrollo del movimiento evangélico. Estoy convencido de que el principal agente que impulsó mi desarrollo personal fue la carta de Pablo a los Gálatas. Este paso en la iglesia de una era legalista a otra postlegalista hace que la interpretación y aplicación de Gálatas sea más difícil en nuestro tiempo. Hoy no es ya adecuado hablar de fumar, ir al cine y beber alcohol pensando que al abordar estas cosas estamos hablando de cómo enfrentarnos al legalismo. Estas cuestiones no se ven ya como rasgos distintivos del movimiento evangélico (en otro tiempo sí lo fueron), y ello nos deja con preguntas sobre cómo aplicar la carta a los Gálatas. De hecho, el moderno movimiento evangélico está tan fascinado con la cuestión de la libertad cristiana, y tan atrapado en el individualismo y la falta de responsabilidad que cualquier mención del legalismo puede sonar completamente extraña.

Sin embargo, si mi percepción de la idea esencial de Pablo es correcta, es decir, que lo que hacía erróneo el legalismo judaizante era que debilitaba la centralidad y la suficiencia de Cristo y del Espíritu, se abren, entonces, toda clase de aplicaciones, en todos los contextos de la iglesia del mundo occidental. Cristo y el Espíritu han sido relegados y descuidados tanto en el ámbito del evangelicalismo como en la Iglesia Estatal Alemana, la Comunión Anglicana de Gran Bretaña y las denominaciones tradicionales de los Estados Unidos.

Además de revisar el modo en que hemos considerado el "legalismo" de Gálatas, hemos también de vérnoslas con enormes cambios en la sociedad. Antes de aplicar Gálatas hemos de trabajar con el texto de la carta en su contexto histórico a fin de entender el mensaje de Dios, y con nuestra cultura moderna y la iglesia para explorar su aplicación. Antes de proceder al comentario del texto hemos de esbozar las esenciales manifestaciones actuales del "legalismo judaizante". Nos interesa, pues, aquí examinar los rasgos esenciales de la aplicación.

En primer lugar, en nuestro intento de aplicar Gálatas buscamos principalmente prácticas, actitudes y perspectivas teológicas que *añaden al evangelio de tal manera que*: (1) *se pone en entredicho la suficiencia de Cristo,* y (2) *compromete la centralidad que desempeña el Espíritu Santo en la libertad espiritual.* Como ya se ha dicho, lo que buscamos para nuestras iglesias no son irritantes reglas o reglamentaciones vinculantes. Las reglas pueden, de hecho, ser buenas para el desarrollo espiritual. El problema en las iglesias de Galacia era que, al añadir a la conversión el requisito de la obediencia a Moisés, el sacrificio de Cristo se hacía innecesario o, cuando menos, insuficiente. En otras palabras, el legalismo de Galacia era más una "herejía" que la mera añadidura de reglas de obligatorio cumplimiento. Esta forma de legalismo era una contaminación del evangelio, y lo que buscamos hoy son influencias y perversiones que contaminan la suficiencia del evangelio. El "legalismo" se expresará en estas distorsiones del evangelio.

Es necesario subrayar el valor de las normas, reglamentaciones y disciplinas en el desarrollo espiritual. Algunos señalan que tales reglas son los signos identificadores del "legalismo judaizante". Pocos cristianos cuestionarán el hecho de que la oración consistente, la lectura bíblica, la meditación y la comunión habitual con otros cristianos sean disciplinas de esencial importancia para el crecimiento espiritual. Una de mis mayores bendiciones como profesor de un seminario es el contacto que tengo con estudiantes que han sido dirigentes de InterVarsity en universidades e instituciones de estudios superiores en Estados Unidos. En mis conversaciones con estos estudiantes hay algo coincidente que les he oído decir reiteradamente: nuestra mayor lucha con los universitarios recién convertidos es conseguir que desarrollen hábitos espirituales consistentes. Y los pastores serán los primeros en afirmar la necesidad de que todos los cristianos, jóvenes y mayores, practiquen las disciplinas espirituales. Lo que estoy diciendo, pues, no es que las disciplinas, reglas o reglamentaciones sean erróneas, sino más bien que en nuestra aplicación de Gálatas hemos de encontrar perversiones del evangelio, y que, a veces, estas se harán evidentes (como en Galacia) en reglas y reglamentaciones.

¿De qué, pues, estamos hablando cuando nos referimos a estas "añadiduras"? ¿Qué ejemplos de "reglas y reglamentaciones" podríamos señalar semejantes al legalismo judaizante de Galacia? Quiero mencionar cuatro de lo que podría ser una lista muy larga. (1) En ocasiones las *leyes y reglamentaciones* se presentan de tal manera que distorsionan el evangelio relegando a Cristo y al Espíritu a la periferia. Por ejemplo, cuando un creyente que vive un ritmo de vida frenético por las múltiples exigencias familiares y laborales, y le resulta imposible leer la Biblia por la mañana (o por la noche, ¡o en ambos casos!) considera por ello que Dios no le ama, o se siente distante de él o necesitado de perdón, ha desvirtuado el evangelio. En Cristo Dios, nos ama, nos perdona, nos ha hecho cercanos a él; la lectura bíblica no *nos* acerca más a Dios, en lo que respecta a nuestra posición. Por importante que pueda ser la disciplina de la lectura bíblica, esta no nos hace aceptables a él. Si pensamos que no podemos vivir espiritualmente sin leer la Biblia cada día, hemos comprometido a Cristo y sacrificado el poder del Espíritu sobre el altar de una disciplina. En los círculos cristianos somos proclives a desarrollar "leyes" de este tipo.

(2) En vez de basar nuestra relación con Dios en la confianza en Cristo y la vida en el Espíritu, en ocasiones hacemos de las *experiencias* su esencia. Para algunos es la experiencia de hablar en lenguas, para otros puede ser una visión o una vivencia mística de la oración, y para otro grupo podría ser la protesta contra un cementerio nuclear o el compromiso con una determinada agenda política. Una vez más, aunque todas estas experiencias han desempeñado un importante papel en la historia de la iglesia, y aunque todas ellas puedan ser espiritualmente transformadoras para algunos, cuando se convierten en el centro de la propia relación con Dios —y sin ellas la persona en cuestión se siente distante de Dios o fuera de sintonía con su voluntad— se está comprometiendo a Cristo y al Espíritu de Dios. Neguémonos a predicar, enseñar o a insinuar siquiera que somos más aceptables a Dios por medio de ciertas experiencias espirituales. En su extenso estudio sobre el Espíritu Santo, Dale Bruner afirma que el pentecostalismo tiene la tendencia de situar una determinada experiencia como la "plenitud" del evangelio cristiano, una plenitud que acaba desbancando a Cristo. Bruner declara:

> Una de las ironías de la nomenclatura entre quienes hablan de "pleno evangelio" (y hasta, en ocasiones entre quienes usan el término "evangélico") es que no se considera que el propio evangelio sea suficientemente completo como para cubrir toda la vida del cristiano sino que este ha de unirse a otros medios, condiciones, pasos o leyes de la vida espiritual para ser pleno.[18]

(3) A veces la propia *educación* se ve como algo esencialmente importante para la aceptación de Dios, con lo cual se desplaza a Cristo y al Espíritu como los verdaderos indicadores de identidad. No estoy aquí hablando

---

18. F. D. Bruner, *A Theology of the Holy Spirit: The Pentecostal Experience and the New Testament Witness* (Grand Rapids: Eerdmans, 1970), 240.

simplemente de títulos académicos, sean de universidades, escuelas técnicas o seminarios, sino del mensaje que a veces se da en círculos cristianos sobre la necesidad de educación y capacidades mentales para poder estar realmente en sintonía con la voluntad de Dios. Una vez oí decir a un pastor que "el campesino más obtuso cultiva las mejores patatas". Aunque dudo que este principio pueda ser demostrado en todos los casos, esta cita ilustra lo que quiero decir, a saber, que la educación no es la necesaria ruta para el éxito o para vivir la voluntad de Dios. ¿Cómo se manifiesta este "legalismo"? Con frecuencia se acusa a nuestros graduados de querer convertir las iglesias en aulas de seminario. Aunque el esfuerzo de un joven ministro para transmitir su entusiasmo por el estudio y la teología puede ser encomiable, hemos también de señalar lo que con frecuencia se convierte en un lamentable error: la teología puede ser importante, pero la educación no es el único camino para vivir con integridad delante de Dios. Aunque las iglesias locales educan, estas son más que meras instituciones educativas, y cuando la educación se convierte en un ingrediente necesario para la verdadera espiritualidad se compromete la aceptación de Dios por medio de Cristo y la vida en el Espíritu.

Quiero subrayar una vez más la adecuada validez de las disciplinas, las experiencias y la formación. Sin embargo, cuando estas cosas usurpan los roles de Cristo y del Espíritu, pasan a ser esencialmente erróneas, porque distorsionan el evangelio.

(4) *En ocasiones* lo que llega al corazón, ojos y oídos de quienes escuchan nuestro mensaje es un cierto tipo de *imperialismo cultural*. Sea por racismo (especialmente en lugares como Estados Unidos y Sudáfrica), o por simple esnobismo cultural, a veces las personas tienen la sensación de que lo que se predicó no es Cristo, ni la vida en el Espíritu, sino una existencia según nuestras costumbres y herencia cultural. Rara vez es esta la idea que el predicador o el evangelista quieren transmitir; sin embargo, sí es muchas veces la percepción del que oye el evangelio. En ocasiones, la impresión que se transmite es que uno ha de adoptar la cultura de los blancos o convertirse en norteamericano o europeo para ser completamente aceptable a Dios.

Si pensamos en estas cuatro importantes ideas que se introducen en nuestra presentación del evangelio y acaban siendo "añadiduras" —y por tanto formas de legalismo que suplantan a Cristo y al Espíritu— no es de extrañar que el catolicismo romano no sea el foco principal de nuestra atención. Las distorsiones del evangelio que se han dado en este movimiento son solo una posibilidad. Hay otras muchas áreas susceptibles de aplicaciones. Por supuesto, los católicos han añadido cosas al evangelio, pero, de otras maneras, también lo han hecho los protestantes. Es injusto que solo veamos la aplicación de Gálatas en nuestros hermanos y hermanas católicos. Una lectura más detenida de la carta muestra que las cuestiones que se tratan en ella son mucho más normales y mucho más complejas que esta aplicación.

En este punto hay que introducir una segunda manifestación del legalismo gálata. Creo que este tipo de añadiduras llevan inevitablemente a *subrayar excesivamente lo que hacemos nosotros* como medios para la aceptación de Dios y el mantenimiento de nuestra relación con él. No estoy hablando ahora de una "justicia por obras" en la forma que acabamos de presentar, sino de que aquellas cosas que añadimos al evangelio se convierten en fundamentales como distinciones sociales y personales. Si un grupo se centra, por ejemplo, en las experiencias, pronto es definido por estas y quienes quieren formar parte de tales grupos buscan tales experiencias. El resultado es inevitablemente un excesivo acento en estas cosas. Con mucha frecuencia, estas experiencias se relacionan con ciertas cosas que se llevan a cabo, que pronto se convierten en el criterio para la aceptación del grupo y, por tanto, de Dios. Esto significa que la vida en Cristo y en el Espíritu dejan de ser las normas de aceptación de Dios y la comunidad; cuando esto se produce, vemos una muestra de "legalismo judaizante" en nuestro mundo. La principal pregunta (y socialmente definitoria) para quienes se mueven en este tipo de grupos es: "¿Alguna vez has hecho tal o cual cosa?" o, "¿Te ha sucedido tal cosa alguna vez?". Aunque lo que hacemos y experimentamos es importante en nuestra relación con Dios, *no* es el medio de su aceptación. Cristo ha hecho todo lo que necesitamos para ella. Sugiero que este acento en lo que hacemos desdibuja nuestra visión de la obra de Dios a nuestro favor en Cristo por medio del Espíritu.

He visto producirse estas "dinámicas de grupo" en la iglesia por diferentes razones: por la actividad política de evangélicos conservadores boicoteando obstinadamente una clínica abortista o por la participación en manifestaciones contra los centros de reclutamiento militar; y he estado en pequeños grupos en que, si uno no había hablado en lenguas, se sentía "ciudadano de segunda". Esta clase de presión sobre las personas hace que quieran experimentar o hacer aquello que les brindará la aceptación del grupo porque tal aceptación se percibe como lo que Dios quiere que uno haga para serle aceptable. Por tanto, en los ejemplos de legalismo judaizante de nuestro tiempo encontramos un inevitable hincapié en lo que las personas hacen con su correspondiente falta de confianza en Cristo y dependencia del Espíritu.

En tercer lugar, el legalismo gálata levanta normalmente *barreras entre distintos grupos de personas, razas, denominaciones y opiniones*. Estas barreras no son simplemente "opciones cristianas" sino verdaderas barreras para la comunión. Se trata de construcciones humanas que particularizan lo que cree un determinado grupo como la expresa voluntad de Dios para todas las personas. Estas cosas se convierten en reglas sociales que regulan la conducta de todas las personas del grupo. En Galacia, los judaizantes creían (¡con total sinceridad, estoy seguro!) que Dios quería que los nuevos convertidos se integraran socialmente en el judaísmo, y con ello se aliviaría la presión ejercida por el partido conservador en Jerusalén. Pero Pablo veía estas reglas sociales (comunión de mesa, circuncisión, etc.) como barreras para tener comunión y como estructuras humanas contrarias a la voluntad de Dios. Hemos de recordar que las reglas sociales que creamos no son meras opciones. Mediante nuestras convenciones sociales estamos transmitiendo un mensaje, a saber, que esta es la voluntad de Dios para todos. Lo que sucede en esta manifestación de legalismo es que el mensaje esencial se convierte en "únete a nuestro grupo" y no "vive en Cristo". El requisito necesario para la plena conversión es "únete a nuestra iglesia" y no "ríndete a Cristo". La actual fractura y división de la iglesia es una clara prueba de la presencia de una innecesaria mentalidad de grupo en segmentos de ella. Mientras que en Galacia era la antigua (para nosotros) distinción entre judíos y gentiles, en nuestro tiempo esta misma mentalidad de grupo se manifiesta en líneas que se trazan entre razas (p. ej., negros y blancos), sexos (mujeres y hombres) y denominaciones (p. ej., metodistas y bautistas del sur).

En cuarto lugar, el legalismo gálata contemporáneo desarrolla inevitablemente una *mentalidad juzgadora* que se basa en sus propios intereses. Aunque la intención que subyace tras una determinada práctica pueda haber sido sana en un principio (la circuncisión no ofenderá a mucha gente; la asistencia a la iglesia el miércoles por la noche es buena para el desarrollo espiritual; protestar contra instalaciones nucleares muestra nuestro compromiso con el evangelio de Jesús, el Rey de paz), es inevitable que otros sean juzgados en virtud de si practican o no estas reglas sociales que ahora un determinado grupo considera como expresiones de la voluntad de Dios (y si lo son para nosotros, ¿por qué no entonces para los demás?). Las actitudes de juicio son un seguro indicador de legalismo judaizante y parece crecer de manera natural en sus rincones oscuros. Pero juzgar a los demás sin tener en cuenta a Cristo y al Espíritu conduce a serios errores y a una distorsión del evangelio. Nuestra primera pregunta podría ser más bien: "Podemos participar juntos de la Cena del Señor?". En caso afirmativo, quizá podamos borrar algunas de nuestras líneas.

En quinto lugar —y esto debe ser subrayado tanto por Pablo como por nosotros—, las expresiones del *legalismo gálata casi nunca son erróneas y nunca son malas*. ¿Qué hay que sea intrínsecamente erróneo en la circuncisión? Nada, dice Pablo (5:6). ¿Qué hay de malo con comer solo alimentos *kosher*? Nada. Después de todo, Dios prescribe especialmente este tipo de comida para los sacerdotes, y no puede ser malo que todos nos esforcemos por vivir en este grado de pureza. ¿Qué hay de malo en limitar o prohibir el consumo de alcohol? Nada. No cabe duda de que el mundo sería un lugar mejor si el alcoholismo fuera erradicado y los conductores ebrios dejaran de cobrarse vidas de víctimas inocentes. Por otra parte, hay ciertos precedentes en la Biblia que sugieren que el compromiso con una total abstinencia de bebidas alcohólicas es una, al menos, de las opciones de la sabiduría. Hay que destacar, por tanto, que las preocupaciones del legalismo judaizante no son malas. Los cristianos han de ser los primeros en ver esto: vistas de un modo neutral, las prácticas que impone el legalismo no son casi nunca nocivas y pueden convertirse en un bien positivo. El problema, no obstante, es que estos "buenos (pero completamente neutrales) intereses" suplantan al mayor de los intereses: la vida en Cristo y el gozo del Espíritu.

En sexto lugar, una característica habitual del legalismo judaizante es que *se sitúa fuera de las prescripciones bíblicas*. Pensemos por un momento en el asunto de la pureza de mesa que tanto preocupaba a los judaizantes gálatas. No cabe duda de que esta cuestión,[19] en cierto modo, se enseñaba en el Antiguo Testamento. Tras detallar los alimentos que el pueblo del pacto no puede consumir, Dios les dice a los israelitas que no pueden comer estas cosas por una razón: "Yo soy el Señor, que los sacó de la tierra de Egipto, para ser su Dios. Sean, pues, santos, porque yo soy santo" (Lv 11:45). La pureza que se demandaba de los sacerdotes es

---

19. La expresión "pureza de mesa" alude a la práctica de comer solo alimentos permisibles, haciéndolo de acuerdo con ciertas prácticas rituales, como lavarse las manos (así se explica en Mr 7:3).

incluso más intensa (Lv 21-22). Algunos devotos judíos del siglo primero no solo obedecían las leyes del Antiguo Testamento sino también sus interpretaciones y aplicaciones, especialmente las desarrolladas por los fariseos. En general, los judíos no comían alimentos impuros (Hch 10:14) y se negaban a compartir mesa con los gentiles (Hch 10:28). De hecho, los eruditos bíblicos de nuestro tiempo están de acuerdo que el movimiento fariseo era, en cierto sentido, una corriente de pureza: un grupo de celosos israelitas que se esforzaban por aplicar algunas de las ordenanzas sacerdotales veterotestamentarias y otras ampliaciones de la ley a la vida cotidiana de la gente normal para que el pueblo de Israel fuera santo ante Dios.[20]

Es este celo el que nos lleva de vuelta a lo que estamos explicando: en su celo por obedecer la ley, estos fariseos iban muchas veces más allá de ella. De hecho, *los fariseos pensaban que al hacer esto estaban protegiendo la ley, guardándola de ser quebrantada*. Los fariseos desarrollaron la idea de "construir una cerca alrededor de la ley". Si la ley dice: "Dentro del recinto del templo coman con total pureza", entonces la construcción de su cerca les llevaría a decir: "Coman siempre en un estado de pureza". Al prescribir esto, se aplica la lógica siguiente: si siempre guardan las leyes alimentarias y de mesa (la cerca), no quebrantarán la ley de la pureza cuando estén en el templo. Es decir, si se obedecía la interpretación, nunca se quebrantaría la norma.

Es precisamente en esto donde se hace evidente el legalismo: yendo más allá de la ley, el legalismo desarrolla otras leyes que llegan a ser igual de vinculantes (todo con el deseo de que la ley no sea quebrantada y de facilitar la obediencia a los miembros del pacto). Pero si la ley de Dios es "pureza en el templo", nos estaremos equivocando si promulgamos una ley más rigurosa. Si consideramos que la Biblia es la Palabra de Dios, podemos confiar en que él sabía lo que hacía. Hemos de hacer nuestra su moderación. Aunque antes he defendido que los intereses legalistas no son casi nunca intrínsecamente malos, mi argumento aquí es que las normas legalistas llegan a ser instintivamente perversas (aunque no necesariamente malas en su motivación) cuando van más allá de la ley tratando de protegerla. Si Dios en su infinita sabiduría no creyó adecuado que el

---

20. Quienes deseen considerar una excelente exposición sobre la pureza, pueden ver S. Westerholm, "Clean and Unclean", en *DJG*, 125-32, esp. 125-28. Que la pureza, especialmente la sacerdotal, sea el rasgo fundamental del fariseísmo ha sido claramente refutado por E. P. Sanders, *Jewish Law from Jesus to the Mishnah* (Filadelfia: Trinity Press International, 1990), esp. 131-308; ver también, el estudio más breve en su obra *Judaism: Practice and Belief*. 63 BCE-66 CE, 431-40.

creyente practicara una total separación de quienes no creen es, entonces, erróneo que pensemos que tal separación es la voluntad de Dios (como ha sucedido lamentablemente en ciertos movimientos sectarios). Lo que sucede aquí es una seria distorsión: el deseo de desarrollar una cierta conducta lleva al legalista a retener el amor de Dios por las personas.

Finalmente, quiero describir algo que he calificado de *legalismo inverso*. A muchos legalistas les parece indudable que se está obedeciendo la ley cuando no se la quebranta. Se dicen cosas como: "No he incumplido las reglas, así que las he guardado". Del mismo modo que amar a mi esposa es más que "no abandonarla u odiarla", así obedecer la voluntad de Dios es mucho más que "no quebrantar sus leyes". Obedecer a Dios es un asunto del corazón y conlleva una total orientación del propio ser hacia él; no incumplir la ley es algo que puede hacerse de manera fortuita, con un corazón amargado y sin ningún deseo de dar gloria a Dios. Sin embargo, el legalismo desarrolla con demasiada frecuencia esta suposición de que quienes no incumplen la ley la guardan.

Quiero hacer algunas observaciones para la aplicación de este principio a nuestro tiempo. Pensemos, por ejemplo, en un movimiento muy estricto (que probablemente hoy sea ya difícil de encontrar), un grupo que tenga un pastor singularmente autoritario y una serie de reglas como: ofrendar un diez por ciento de los ingresos brutos, no ir al cine (ampliada a la prohibición de ver películas para mayores de dieciocho años en casa), no consumir alcohol, asistir a todas las reuniones de la iglesia, lectura de la Biblia solo en una determinada versión, activa implicación en el movimiento provida, separación religiosa y teológica de las denominaciones tradicionales de la propia ciudad y prohibición de divorcio para los dirigentes de la iglesia (entre ellos, maestros de la escuela dominical y miembros del coro). Lo importante aquí es ver que una persona podría estar activamente comprometida con todas estas prácticas (ninguna de las cuales es mala por lo que respecta a sus motivos esenciales) y, al final del año, hacer balance y concluir que no ha incumplido ninguna de las "leyes sociales" de la iglesia. Personalmente, estoy convencido de que la persona que se evalúa a sí misma según estos criterios pensará también, inevitablemente, que ha sido piadosa y obediente a la voluntad de Dios durante todo el año. Lo que quiero decir es que una persona podría vivir de acuerdo con estas prácticas y *pasar completamente por alto la voluntad de Dios,* porque se puede vivir sin incumplir ninguna de estas reglas y sin experimentar ni un ápice la libertad del Espíritu. Estoy asimismo convencido de que una persona puede vivir según estas reglas y, al mismo tiempo, dentro de la voluntad de Dios,[21] aunque en ocasiones tal persona tendrá que ser flexible con respecto a estas reglas para poder seguir la dirección del Señor. Lo que quiero decir es muy sencillo: no incumplir las leyes no es lo mismo que obedecer la voluntad de Dios.

El sincero deseo de este libro es aplicar la carta a los Gálatas a nuestro mundo de hoy, y su impulso es hacerlo de manera adecuada. Mi opinión es que Pablo está contra las prácticas de los cristianos que restan valor a la obra de Cristo, que descuidan la absoluta necesidad del Espíritu Santo, y que trazan fronteras completamente innecesarias entre las personas. Pablo se opone a aquellas ideas que amenazan la pureza del evangelio. El comentario que sigue pretende aplicar esta preocupación de Pablo a nuestro tiempo. Que Dios nos guíe, por su gracia, en el ministerio de su Palabra.

Ahora lee esto

En este estudio del mensaje de Gálatas y de las esferas para su aplicación en nuestro mundo moderno, he introducido varias ideas nuevas y deseo presentarlas al lector de un modo más conciso (a modo de definición). Quiero considerar tres de estos términos o expresiones.

Legalismo. En este estudio, el legalismo es legalismo judaizante, es decir, adhesión a la ley de Moisés como un paso necesario para agradar a Dios. Pero el legalismo no es mera adhesión a ciertas reglas e insistencia en guardarlas. Lo malo del legalismo judaizante es que suplanta a Cristo y al Espíritu. El legalismo judaizante se equivoca porque (1) no entiende que Cristo y el Espíritu son el cumplimiento de la ley mosaica y que, por tanto, la ley de Moisés pertenece ahora a la antigua era, y porque (2) los judaizantes que promueven esta clase de legalismo están forzando a los gentiles a hacerse judíos. Estos dos elementos conforman el argumento esencial de Pablo contra los judaizantes. Estos no entienden el mensaje de la Biblia ni la universalidad del evangelio. Al definir de este modo el legalismo, y la respuesta de Pablo a esta perversión, quiero dejar claro que el apóstol no se opone a la simple añadidura de reglas al evangelio como algo motivado por una tendencia humana a la autojustificación delante

---

21. Sin entrar en todas las cuestiones implicadas, soy, no obstante, de la opinión de que las iglesias locales no deben construir este tipo de reglas. Estas tienden a endurecerse y a convertirse en arcaicas (aunque vinculantes) cuando deberían abandonarse a medida que cambian las costumbres y convenciones sociales. A medida que la sociedad va cambiando, los cristianos deben adaptar sus estrategias y preocupaciones.

de Dios. Pablo no está atacando motivos (búsqueda de méritos, egoísmo, etc.), sino más bien una percepción contraria a la enseñanza bíblica del papel que desempeñó la ley en la historia y los impulsos nacionalistas de estos judaizantes.

Obras de la ley. Hay que decir de nuevo, que estamos tratando unas prácticas que los judaizantes llevaban a cabo conforme a la ley de Moisés; son erróneas, porque quienes las realizan las hacen como pretendiendo que la obra de Cristo y la guía del Espíritu son insuficientes para la vida diaria. Pero con la venida de Cristo y el don del Espíritu se cumple lo prometido a Moisés y esta deja de ser ya la principal revelación de Dios para su pueblo. La expresión "obras de la ley" subraya más la palabra *"ley"* que *"obras"* (especialmente si con el término "obras" se quiere destacar la búsqueda de méritos y egocentrismo que las motiva). Una de las cosas que hace que las "obras de la ley" sean erróneas es, pues, que son acciones dictadas por una ley que ha sido ahora reemplazada por Cristo y el Espíritu. Se trata por ello de una ética "anticuada". Por otra parte, la expresión "obras de la ley" es una descripción de determinadas prácticas judías que trazan fronteras entre judíos y no judíos; es una descripción de "justicia nacionalista". Por tanto, son también erróneas en tanto que instrumentos sociales para la separación, y que no revelan la voluntad de Dios para todos los pueblos, judíos o gentiles.

Carne. La palabra "carne" vinculada a la frase "obras de la ley" se entiende frecuentemente como la "expresión de una persona que pretende justificarse ante Dios basándose en lo que consigue hacer". Pero, para nuestro propósito, a esta definición le falta precisión. Lo que Pablo quiere decir con "carne" es una vida vivida ante Dios sin depender del Espíritu. Define, pues, más una vida "no espiritual" que una vida "buscadora de méritos". La carne se alinea, pues, de manera natural con la ley porque el que quiere ser gobernado por esta es aquel que se niega a vivir en el Espíritu y a depender de Cristo.

Gálatas 1:1-9

Pablo, apóstol, no por investidura ni mediación humanas, sino por Jesucristo y por Dios Padre, que lo levantó de entre los muertos; ² y todos los hermanos que están conmigo, a las iglesias de Galacia:

³ Que Dios nuestro Padre y el Señor Jesucristo les concedan gracia y paz. ⁴ Jesucristo dio su vida por nuestros pecados para rescatarnos de este mundo malvado, según la voluntad de nuestro Dios y Padre, ⁵ a quien sea la gloria por los siglos de los siglos. Amén.

⁶ Me asombra que tan pronto estén dejando ustedes a quien los llamó por la gracia de Cristo, para pasarse a otro evangelio. ⁷ No es que haya otro evangelio, sino que ciertos individuos están sembrando confusión entre ustedes y quieren tergiversar el evangelio de Cristo. ⁸ Pero aun si alguno de nosotros o un ángel del cielo les predicara un evangelio distinto del que les hemos predicado, ¡que caiga bajo maldición! ⁹ Como ya lo hemos dicho, ahora lo repito: si alguien les anda predicando un evangelio distinto del que recibieron, ¡que caiga bajo maldición!

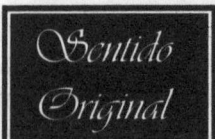

Aunque esta carta parece comenzar como las típicas misivas de la antigüedad (autor, destinatario, saludos etc.),[1] el lector avezado observará no solo ciertas variaciones, sino también los temas que motivan la carta. En general, las introducciones de Pablo suelen ser más largas y sus cartas son más extensas que las normales de la antigüedad. Por otra parte, sus saludos subrayan su condición apostólica (*cf.* Ro 1:1; 1Co 1:1; 2Co 1:1; Ef 1:1) y el origen divino de la salvación. Y lo que es más importante, los saludos iniciales del apóstol son verdaderas introducciones: en ellos comienza a expresar las cuestiones que luego desarrollará a lo largo de la carta. En Gálatas, Pablo comienza a hablar de su incuestionable apostolado (v. 1, la expresión "no por investidura ni mediación humanas" es una crítica inicial

---

1. Hay una hermosa recopilación de cartas de la antigüedad en J. L. White, *Light From Ancient Letters* (Filadelfia: Fortress, 1986). Ver también S. K. Stowers, *Letter Writing in Greco-Roman Antiquity* (Library of Early Christianity 5; Filadelfia: Westminster, 1986); W. G. Doty, *Letters in Primitive Christianity* (Filadelfia: Fortress, 1973); por mi parte, yo escribí una popular introducción a las cartas de Pablo: "More Than Mere Mail", *Moody Monthly* 88/9 (mayo 1988): 36-38.

de la posición de los judaizantes) y una indicación de la salvación por gracia (1:4); naturalmente, ambos temas dominan esta carta.

Esta introducción comprende dos secciones: (1) la salutación (vv. 1-5) y (2) la ocasión de la carta (vv. 6-9). La salutación consigna la condición de Pablo (v. 1), los destinatarios (v. 1), aquellos que están con Pablo (v. 2), y el saludo de gracia y paz (v. 3). Pablo extiende largamente el saludo explicando el verdadero origen de la gracia y la paz (vv. 4-5). La ocasión de la carta comienza con una afirmación que expresa la estupefacción de Pablo por la veleidad de las iglesias gálatas (v. 6). Pablo clarifica esto en el versículo 7 cuando afirma que, de hecho, el mensaje al que los gálatas estaban siendo atraídos no era en absoluto el evangelio. Las convicciones de Pablo sobre su alejamiento del puro evangelio son tan intensas que invoca una maldición eterna sobre aquellos que distorsionan el evangelio de Cristo que él recibió y les predicó (vv. 8-9).

La *salutación* de Pablo tiene algunos interesantes rasgos que hemos de examinar, como por ejemplo el significado del título de "apóstol" (v. 1) y el significado de "este mundo malvado" (v. 4). Utilizar el título "apóstol" como segunda palabra de la carta es reivindicar autoridad y esperar la aquiescencia de las iglesias de Galacia. Mientras que la nuestra es una cultura de orientación esencialmente dialogante, el mundo de Pablo era más jerárquico y autoritario. Para entender esto hemos de esbozar lo que era un apóstol en el mundo judío y cristiano en el comienzo de la era cristiana.[2] El término griego para "apóstol" (*apostolos*) es paralelo a la palabra hebrea *shaliach*. Este término hebreo se utilizaba para aludir a un agente personal, representante o embajador. De hecho, una definición posterior a este periodo se ha convertido en la idea normativa de lo que era un apóstol también en el siglo I. Cito la Mishná (una obra judía del siglo III): "Si uno recita la oración y comete un error es una mala señal para él, ya que parece que su rezo no fue aceptado [...]. Si él es el *oficiante* enviado por la comunidad, [y ora en nombre de ella] es un mal presagio para los que le dieron el cargo, ya que el *representante* de una persona es como si fuera ella misma" (*Mishná Berajot* 5:5).[3] Obsérvese que en esta

---

2. Sobre el término apóstol, ver K. Rengstorf, "ἀπόστολος" *TDNT* 1:401-7; E. von Eicken, et al., "Apostle", en *NIDNTT* 1:126-37; J.A. Bühner, "ἀπόστολος", *EDNT* 1:142-46; N. Turner, *Christian Words*, 23-25; H. D. Betz, "Apostle", *ABD* 1:309-11.
3. Todas las citas de la Mishná son de la traducción inglesa de Jacob Neusner. Ver, *The Mishnah: A New Translation* (New Haven y Londres: Yale University Press, 1988). Las palabras entre corchetes están implícitas. En Orígenes, *Comentario sobre San Juan* 32.17, se puede encontrar una definición similar.

definición las personas sacan conclusiones sobre una determinada autoridad en virtud de su representante. (El término "representante" es una traducción del hebreo *shaliach*.) Es decir, los representantes de alguien se convierten en figura de la persona que les envía, en el mismo sentido que los embajadores internacionales son representantes oficiales del propio dirigente nacional. Con esto en mente, podemos ver claramente que Pablo se veía a sí mismo como *representante oficial de Jesucristo*; se sabía llamado por él y designado como su apóstol representativo, y era consciente de las implicaciones de esta vocación.

Pablo desarrolló esto en varias direcciones. Aunque sabía que había una clase especial de apóstoles, los Doce (*cf.* 1Co 15:7; Gá 1:17, 19), sabía que él también lo era en un sentido análogo, aunque fuera "el último de todos" (1Co 15:8; *cf.* Ro 1:1; Gá 1:1; etc.).[4] Aunque está claro que en ocasiones Pablo hubo de defender su posición ante algunos opositores (p. ej., en Galacia y Corinto), sus convicciones eran firmes. Pablo sabía que había sido llamado por el Jesús resucitado (1Co 9:1; 15:7-8; Gá 1:15-16) y que en aquel llamamiento el Señor le había revelado los pormenores de su ministerio: Pablo tenía que ir a los gentiles (Gá 1:16; 2:7). Dios confirmó el llamamiento de Pablo con éxitos misioneros y milagros (*cf.* Ro 1:5; 11:13-16; 15:19; 1Co 3:5-6; 4:15). De hecho, Pablo les dice a los corintios: "... ustedes mismos son el sello de mi apostolado en el Señor" (1Co 9:2). Cabe también observar que Pablo, en consonancia con el testimonio de la iglesia, entendía que los apóstoles desempeñaban un papel especial en la historia; sabía que llevaron a cabo una función crucial en el periodo inmediatamente posterior a la resurrección de Cristo (1Co 4:9; Ef 2:20; 3:5-6; Col 1:24-27).

Pablo escribe, pues, como apóstol, es decir, como alguien que ha sido llamado personalmente por Jesucristo y que, por tanto, le representa y desempeña un papel crucial en la historia de la iglesia. Al menos, todo esto es lo que reivindica en la segunda palabra de esta carta. Espera que los gálatas escuchen; sabe que el desacuerdo ya no es diálogo; el desacuerdo se convierte en herejía cuando se trata de los puntos esenciales del evangelio dado a conocer por medio de los apóstoles y los profetas. Aun el propio Pablo ha de sujetarse a su evangelio (1:8, 10).

---

4. Aparte de para sí mismo, Pablo utiliza el término "apóstol" para aludir también a personas que están fuera del círculo de los Doce: ver Ro 16:7; 2Co 8:23; Gá 1:19 (ver notas); Fil 2:25; 1Ts 2:7.

El saludo de Pablo es la mezcla de saludos griegos y judíos tan característica a comienzos de la era cristiana ("gracia y paz"). Sin embargo, la salutación del apóstol no es el mero saludo de un mortal a otro; la gracia y la paz que Pablo invoca sobre los gálatas son las que proceden de "Dios nuestro Padre y el Señor Jesucristo". Al añadir la fuente de sus saludos, Pablo se distancia del mundo secular y confiere a su salutación una dimensión sagrada y religiosa. Se trata de un saludo que solo comparten los cristianos.

Al consignar el origen de su salutación, Pablo prosigue comentando sobre Jesús, diciendo que Jesucristo "dio su vida por nuestros pecados para rescatarnos de esta era malvada [la NVI traduce 'mundo malvado'. N. del T.]" (v. 4). El perdón de los pecados es importante en Gálatas, pero su papel es solo mediador. En esta carta, el perdón implica que la obra de Cristo es suficiente (2:21). Sacar a colación el perdón supone, pues, que los gálatas no han profundizado todavía en la potencia de la obra de Cristo. Dicho de otro modo, aunque los gálatas entendieran que habían sido perdonados por Cristo (2:15-21; 3:10-14), todavía no se daban cuenta de que este perdón era también suficiente para rescatarles de "de esta era malvada [NVI 'mundo malvado']". Lo que preocupaba a Pablo era este mundo malvado, puesto que el apóstol creía que quienes vivían en Cristo de manera consistente no sucumbirían a él.

¿Qué es "esta era malvada"[5] de la que uno es rescatado por medio de la cruz (*cf.* 3:13)? ¿Cómo se nos rescata de un "periodo de tiempo"? Aunque podría ser correcto decir que, por comparación, el presente para Pablo es malo y el futuro, bueno (*cf.* 2Co 5:1-10), lo que el apóstol quiere decir requiere más matices. El judaísmo distinguía frecuentemente "esta era" de "la era venidera", aludiendo esta última al establecimiento de la justicia y paz de Dios. Pero la revolución que se produjo en la concepción paulina de la historia cuando el apóstol tuvo un encuentro con Jesucristo añade una nueva dimensión a "esta era". Probablemente, lo mejor es considerar esta expresión como la descripción de "una vida dictada por la ley". Puesto que Cristo ha eclipsado la época de la ley y ha llevado la historia a una nueva era (ver notas al respecto en 3:19-25), la vida bajo la ley, vivida ahora o en el pasado, se considera una "era/mundo malvada/o" (*cf.* 4:3, 9; 5:1; ver también, 5:16-26). El que confía en Cristo es rescatado de esta era de maldad: "... dio su vida por nuestros pecados para rescatar*nos*" (1:4).

---

5. Para un tratamiento más amplio, ver R. N. Longenecker, *Galatians*, 8-9; F. F. Bruce, *Galatians*, 76-77; W. D. Davies, *Paul and Rabbinic Judaism* (4ª ed.; Filadelfia: Fortress, 1980), 285-320; E. P. Sanders, *Judaism: Practice and Belief*, 279-303.

Así, esta expresión refleja posiblemente la polémica situación de Gálatas: los cristianos gálatas están siendo encandilados para que vivan según esta era de maldad, y la vida en Cristo es una vida de libertad (5:1-12).

La introducción de Pablo da paso a una descripción de la *ocasión* para la carta (vv. 6-9). Se ha observado a menudo que esta es la única carta de Pablo que no contiene una acción de gracias por la iglesia a la que se dirige, y de este hecho suele inferirse que el apóstol o no está agradecido a Dios por ellos o está tan indignado con la situación que se ha producido que no puede expresar su gratitud. Es probable que estas observaciones sean, en cierto modo, acertadas. Sin embargo, cabe también observar que muchos consideran esta la primera carta canónica escrita por Pablo y que, por tanto, es difícil sostener que se ha producido un alejamiento de su práctica habitual, ya que tal práctica todavía no había comenzado. Es posible que la práctica de Pablo de expresar gratitud en sus cartas se desarrollara más adelante o que fuera suscitada por su dura experiencia en Galacia.

La razón por la que Pablo escribió esta carta y la tenemos es porque los gálatas habían cambiado su posición en un tema crucial: el medio por el que Dios nos acepta y el papel que desempeña Cristo en dicha aceptación.

Pablo está asombrado de que este cambio se hubiera producido "de manera tan rápida" (v. 6). En 5:4 Pablo declara que este cambio significaba optar por un sistema en el que la gracia no era esencial y la obra de Cristo resultaba insuficiente. El apóstol declara aquí que estaban abandonando "a quien los llamó" (v. 6); es decir, su cambio de dirección no había sido meramente intelectual, sino una deserción de Dios en la forma en que él se daba a conocer en Cristo; era realmente el abandono de su relación personal con Dios. Si utilizamos las categorías de 3:19-25 (ver notas en este pasaje), su alejamiento era la decisión de vivir en un periodo a.C. cuando había llegado el tiempo d.C. Era la decisión de retroceder a los días de Moisés y rechazar la transformadora revelación en Cristo. Aunque Pablo da a entender que esto era moverse hacia "un evangelio distinto", prosigue en el versículo 7 clarificando que en realidad "no hay otro evangelio".[6] El cambio de los gálatas no estaba dentro del ámbito de legítimas diferencias cristianas, sino que era completo y devastador. Pablo rebate aquí cualquier sugerencia de que se trata de sencillas diferencias cristianas. Cuando el

---

6. Algunos eruditos ven un juego de palabras intencionado por parte de Pablo cuando habla de pasarse a "otro [*heteron*] evangelio. No es que haya otro [*allo*]". Se dice que el primer término significa "de una clase distinta" y el segundo "otro de la misma clase". Ver exposición en Burton, *Galatians*, 22-24, 420-22.

evangelio de la gracia en Cristo se complementa con el sistema de Moisés, el resultado no es un evangelio perfeccionado y completamente maduro, sino una burda perversión y un mensaje completamente distinto.

Las perversiones del evangelio son herejías. Las últimas palabras de Pablo aquí son muy fuertes. El apóstol invoca una maldición sobre cualquiera (¡y él mismo se incluye!) que deforme el evangelio. Las frases de Pablo en los versículos 8-9 son en gran parte paralelas y sinónimas con una interesante variación. La expresión del versículo 8 "del que les hemos predicado" tiene su paralelismo en el versículo 9 "del que recibieron". La última expresión se relaciona con su llamamiento apostólico. Pablo utiliza aquí el lenguaje técnico de la transmisión de las tradiciones sagradas ("del que recibieron"; gr. *parelabete*) para garantizar autenticidad y herencia. Es el mismo lenguaje utilizado por los rabinos para aludir a sus tradiciones sagradas y la misma palabra que Pablo usa para aludir a la tradición de la Cena del Señor (1Co 11:23). El mensaje que predicaba Pablo deriva en última instancia del Señor, por cuanto ha sido transmitido por medio de sus apóstoles.

Aquellos que distorsionan este mensaje están rechazando la autoridad de Cristo y son por tanto malditos (*anathema*). Esta palabra se utiliza en el Antiguo Testamento para aludir a algo consagrado a Dios para su destrucción (*cf.* Dt 7:26; Jos 6:17-18). Pablo no está hablando aquí de disciplina en la iglesia; su lenguaje es mucho más fuerte. El apóstol está invocando la condenación final y la ira de Dios sobre quienes distorsionan el evangelio de la gracia en Cristo y ponen en su lugar la ley de Moisés como principal forma de revelación. Tales personas son como quienes rechazan el mensaje de los profetas (1R 11:30-31) o los apóstoles (Mt 10:14).

La introducción de Pablo cubre un espacio muy amplio: en ella pasa de expresar su deseo de gracia y paz para los creyentes a maldecir a quienes rechazan esta gracia; del noble título que describe la posición de Pablo (apóstol) a la forma más severa de dicha posición (maldición). Nos introduce al corazón del problema gálata: un evangelio de la gracia en guerra con un evangelio que minimiza a Cristo.

Cualquiera que lea la Biblia sabe que de la reflexión y meditación sobre sus palabras y frases, aun de las más insignificantes, surgen

aplicaciones para la vida. El ámbito de este comentario no permite sugerir aplicaciones para todo lo que dice Pablo en estos primeros nueve versículos. Hemos de examinar el terreno y encontrar aquellos aspectos más significativos para la aplicación. Esto lo hacemos, por regla general, buscando las palabras lógicamente más importantes, las ideas teológicamente más significativas y los asuntos más relevantes desde un punto de vista práctico. Aun haciendo esto omitiremos algunas cosas importantes. Por ejemplo, la resurrección de Cristo es un asunto crucial tanto para la vida cristiana como para la apologética.[7] Pablo menciona la resurrección en el versículo 1, sin embargo esta no desempeña un papel fundamental en la teología de Gálatas. Puesto que este no es un comentario del texto palabra por palabra, no podemos proponer aplicaciones de cada expresión. En esta sección en particular (1:1-9), quiero señalar tres elementos para la "construcción de puentes" hasta nuestro contexto.

(1) Está claro que Pablo se enfrentaba a problemas distintos de los nuestros. Él era un judío de la diáspora, que posiblemente creció en Jerusalén y se encontró con misioneros itinerantes que desvirtuaban el evangelio apostólico de Cristo añadiéndole la ley de Moisés para hacer que la vida en Jerusalén (y en otros lugares) fuera más fácil desde una óptica social. Muy pocas veces he oído de cristianos que se hayan convertido al judaísmo pensando que de este modo estuvieran llevando el cristianismo a su forma más perfecta. Sí he oído, tristemente, de algunos que han rechazado a Cristo y han optado por el judaísmo (o por alguna otra fe). Dicho de otro modo, cuando aplicamos esta introducción hemos de ser conscientes tanto de las diferencias como de las similitudes. Hemos de ser conscientes asimismo del contexto social de los judaizantes como una potencial clave para la aplicación. Es posible que encontremos grupos de cristianos profundamente influenciados por dirigentes que busquen la aceptación de un determinado grupo social. Es posible que estos, al igual que los judaizantes, estén imponiendo un mensaje a los demás para eludir algún tipo de persecución.

Lo importante es entender bien lo que Pablo quiere decir con la expresión "No es que haya otro evangelio" (v. 7) y cuáles son las corrientes e ideas que han alterado el evangelio en nuestro tiempo. Esto es lo que pretende la carta a los Gálatas. No entenderemos correctamente esta carta si nos centramos en el legalismo como principal aplicación. El legalismo

---

7. P. ej., ver J. W. Stott, *El cristiano contemporáneo*, 67-81.

estaba fuera de lugar, no porque las leyes sean de algún modo erróneas, sino porque este suplantaba a Jesucristo y al Espíritu Santo. Como señalamos en la Introducción, necesitamos la gracia de Dios para discernir aquellas situaciones en las que se ha empequeñecido o desplazado a Cristo y eliminado el importante papel que el Espíritu ha de desempeñar en nuestra vida cristiana. La idea general de toda la carta a los Gálatas lo deja claro. Si hacemos un traslado directo del contexto de Pablo al nuestro, podemos pensar únicamente en términos de herejías que distorsionan el evangelio de la gracia complementándolo con la ley mosaica. Podemos incluso ampliar esto e incluir cualquier forma que complemente el evangelio con legalismo. Pero esto pierde de vista la esencia de Gálatas. Pablo nos insta aquí a reconocer la centralidad de Cristo y la importancia crucial del Espíritu Santo. La específica clase de distorsión es mucho menos importante que lo que en ella les sucede a Cristo y al Espíritu. Al aplicar Gálatas hemos de buscar ideas, prácticas y personas que suplantan la suficiencia de Cristo y el poder que el Espíritu desempeña en nuestra vida.

Una vez más, hemos de ponernos en guardia contra la idea de que cualquier norma o regla en la vida cristiana es necesariamente una forma de legalismo gálata. De hecho, estoy convencido de que las reglas pueden ser muy útiles desde el punto de vista educativo para el desarrollo cristiano. Cuando nos esforzamos en aplicar el mensaje de Gálatas, lo que buscamos son aquellas normas o reglamentaciones que *distorsionan* el evangelio. Buscamos análisis de sistemas, la capacidad de discernir los resultados de los distintos mensajes para poder ver cada una de las partes desde la panorámica del todo.

Las herejías son transformaciones de la verdad original. Al buscar paralelismos en nuestro mundo actual hemos de ver lo que sucede cuando se complementa, aumenta, altera o cambia el evangelio. ¿Qué sucede, por ejemplo, cuando subrayamos que la salvación es únicamente por gracia? ¿Desarrollan acaso las personas una forma de autocomplacencia? ¿Comienzan los cristianos a percibir que la santidad es solo una opción entre otras? En este caso hemos de preguntarnos si esto es consistente con el evangelio de la gracia. Naturalmente que no lo es. En otras palabras, hemos de explorar en qué aspectos deja nuestro evangelio esta impresión y alterar nuestras afirmaciones originales. ¿Qué sucede cuando recalcamos las demandas del evangelio? ¿Comienzan acaso los cristianos a desarrollar una falta de confianza en la suficiencia de Cristo? ¿Comienzan a tener la sensación de que el evangelio es una carga? ¿Qué sucede cuando subrayamos la disciplina de la vida cristiana? ¿Lleva quizá este acento a los cristianos, especialmente a los jóvenes, a descuidar la dinámica que el Espíritu trae a nuestra vida? Lo que necesitamos, en todo esto, es un equilibrio que solo nos imparte la gracia de Dios, una proporcionada apreciación tanto de la gracia como de las demandas que esta impone a nuestras vidas. Hemos de predicar tanto la gracia de Dios como los poderes transformadores del evangelio. Es posible que podamos llegar a nuestros problemas desde el otro extremo, es decir, si vemos que aquellos a quienes ministramos están en una actitud de complacencia, autónomos del Espíritu Santo, o que no parecen vivir en una total dependencia de Cristo, entonces hemos de examinar el evangelio que predicamos y ver si este aparta a las personas de estas realidades centrales.

(2) Con bastante frecuencia recibo cartas de potenciales estudiantes que comienzan con una salutación casi paulina. Imitar a Pablo no está mal, sin embargo no estoy seguro de que el apóstol nos esté enseñando aquí a escribir cartas. No está instituyendo un formato para la comunicación cristiana. Nuestra forma de redactar cartas es distinta: "Querido David, etc.". Comenzar una carta diciendo, por ejemplo, "Scot McKnight, predicador y maestro de la Biblia, etc.", suena cursi y raro en nuestro tiempo. Lo que he de subrayar aquí es más bien que la conexión integral entre Pablo y sus iglesias en Galacia sigue siendo la misma: se nos saluda como a los gálatas, porque, como ellos, hemos sido rescatados de la presente era de maldad (con sus perversiones del evangelio) por medio de la confianza en Cristo. Aunque aquí aprendemos algo sobre la relación que tienen los cristianos unos con otros (y, de manera indirecta, cómo tienen que conducirse quienes ejercen autoridad con aquellos que están bajo su responsabilidad), la lección principal no tiene que ver con la redacción de cartas sino con la unidad espiritual que nos ha traído Cristo y con el modo en que podemos acercarnos unos a otros en el marco de esta unidad.

(3) ¿Qué significa para nosotros que Pablo fuera un apóstol? ¿Tiene algún sentido especial? ¿Hemos de tener apóstoles hoy? La mayoría de nosotros diríamos que hoy no hay apóstoles que puedan dirigir nuestra mente con autoridad hacia la ortodoxia teológica y señalar aquellas herejías que afectan a la iglesia. ¿Qué relación tenemos con apóstoles como Pablo y cómo afecta esta a nuestra relación con las autoridades de la iglesia de nuestro tiempo? Aunque quienes creemos en la Biblia, y particularmente en la carta de Pablo a los Gálatas, somos los más deseosos de sujetarnos a la autoridad de Pablo conservada en sus cartas, queremos hacerlo tras

reflexionar sobre su contenido. Esta clase de reflexión demanda tanto la investigación del texto antiguo y su sentido original, como el análisis de nuestra sociedad e iglesias contemporáneas.

Pero no hay duda de que hoy hemos de acercarnos a esta carta reconociendo que sigue aportándonos dirección apostólica y que puede encauzar nuestra vida de manera consistente con el evangelio. Aunque a veces podamos necesitar pastores y maestros cristianos que nos dirijan en nuestra sociedad moderna de un modo más preciso, estoy convencido de que esta carta, cuando se lee debidamente y se aplica con discernimiento, puede señalarnos el camino en un tiempo de desviaciones heréticas y distorsiones doctrinales como el nuestro.

Significado Contemporáneo

Tras estudiar brevemente el texto en su contexto antiguo y mencionar algunos de los pasos que se dan cuando un lector traslada el texto antiguo a nuestro mundo moderno, quiero llamar ahora la atención del lector destacando algunas posibles aplicaciones. A veces, el material que se presenta en esta sección puede ser útil para quienes están implicados en la enseñanza o la predicación del evangelio, pero mi intención es que las aplicaciones sean útiles para la vida de todos los cristianos.

En primer lugar, nuestra respuesta a la carta de Pablo es una indicación de nuestra actitud hacia Cristo. Jesús dijo: "El que os recibe a vosotros, a mí me recibe; y el que me recibe a mí, recibe al que me envió" (Mt 10:40). Si es cierto que un apóstol es un agente de Jesucristo y que un agente es un representante personal, se sigue que el mensaje de Pablo es el de Jesucristo. Reconocer esto implica que todos los cristianos han de aceptar las cartas apostólicas como documentos autoritativos, puesto que su mensaje es el de Jesucristo. Naturalmente, esto se aplica de distintas maneras. Por ejemplo, puede que nos sintamos inclinados a añadir algo al evangelio; toparnos con Gálatas será un desafío a abandonar esta idea. Puede que nos haya seducido el pluralismo radical de nuestro tiempo con su atractiva sugerencia de que, finalmente, todas las personas se salvarán. Pero si aceptamos las definiciones más antiguas de qué es un apóstol, hemos de aceptar también el mensaje de Pablo en el sentido de que añadir algo al evangelio suscita la ira de Dios, no su aceptación.

La sumisión al mensaje apostólico como mensaje de Cristo es la razón por la que los creyentes de nuestro tiempo nos ocupamos de estudiar la Biblia y de sustentar en ella nuestros puntos de vista. Por ejemplo, cuando hablamos de "estudios bíblicos en hogares", no importa si estos se desarrollan en Sudamérica, Europa, Rumanía o Estados Unidos, estamos hablando de algo fundamentalmente necesario para el cristiano: sumisión a la Biblia. Una rápida mirada a casi todas las fotografías publicadas de Billy Graham predicando le muestran con la Biblia en la mano, indicando que ella es su fuente. La arquitectura eclesial confirma la autoridad que ejerce la Biblia en la iglesia: la mayoría de nuestras salas de reunión tienen un estrado (púlpito, etc.) en la parte frontal, ya sea en el centro o en uno de los lados, y esta ubicación del púlpito simboliza el lugar que ocupa la Biblia en el ministerio de la iglesia.

La vida de Dietrich Bonhoeffer nos ofrece otro ejemplo más de esto: como parte de la Iglesia Confesante, Bonhoeffer era el único maestro de un seminario clandestino (en Finkenwalde). A los estudiantes se les enseñaba la autoridad de la Palabra de Dios y la importancia fundamental de meditar sobre la base de ella. Se dice, incluso, que Bonhoeffer no permitía que sus estudiantes criticaran otros sermones, porque la Palabra proclamada era para ser oída y atendida, no evaluada y debatida.[8] John Stott dice acertadamente:

> Este es, pues, nuestro dilema. ¿Hemos de aceptar el relato que Pablo hace del origen de su mensaje, apoyado como está por sólidas pruebas históricas? ¿O preferimos quedarnos con nuestra propia teoría, aunque no tenga ninguna evidencia fehaciente que la sostenga? Si Pablo estaba en lo cierto al afirmar que su evangelio no le había sido transmitido por ningún hombre sino por Dios (*cf.* Ro 1:1), entonces rechazar a Pablo es lo mismo que rechazar a Dios.[9]

Sin embargo, hay que subrayar también que esta clase de sumisión implica la interpretación del texto. Aunque puede que algunos digan que esta es una peligrosa huida de cualquier sumisión al texto, estoy convencido de que todas las lecturas de un texto son interpretaciones del mismo y que la responsabilidad del cristiano es interpretar la Palabra de Dios con la

---

8. Ver E. Bethge, *Dietrich Bonhoeffer: Man of Vision, Man of Courage* (Nueva York: Harper & Row, 1970), 361-63; E. Robertson, *The Shame and the Sacrifice: The Life and Martyrdom of Dietrich Bonhoeffer* (Nueva York: Collier, 1988), 123-26.
9. J. R. W. *Stott, Only One Way*, 37.

mayor fidelidad y precisión posible. Mi postura es que debo someterme a cualquier cosa que diga el texto, independientemente de lo que ello signifique para nuestro pensamiento y estilo de vida. Nuestra interpretación se convierte en peligrosa huida cuando la distorsionamos para que encaje en nuestras predisposiciones, pero no lo es cuando aceptamos plenamente el texto tal como es, con sus respectivas implicaciones para la vida. Cualquier intérprete honesto puede dar testimonio de numerosas ocasiones en que ha sido consciente de estar equivocado y necesitado de la gracia de Dios al leer la Biblia con el propósito de escuchar su Palabra.

En segundo lugar, Pablo hace sonar una nota crucial en el versículo 1 cuando dice: "... no de parte de hombres ni mediante hombre alguno". Hay una aplicación de este versículo que es tan simple como profunda. Dicho sencillamente, hemos de guardar nuestras ideas y definir nuestras prácticas para discernir si proceden de seres humanos o si su propósito es agradar a los hombres. Hemos de estar reformando continuamente nuestra teología y nuestra praxis analizándolas en vista de la revelación de Dios en Cristo y en su palabra escrita. Pablo sabía que la herejía del legalismo gálata había tomado forma en un grupo que pretendía la aprobación de otros. Sabía también que la idea de perfeccionar a Jesús añadiendo a Moisés no era de Dios, sino que pertenecía a un sistema religioso humanamente fundamentado y orientado. Rastrear nuestra interpretación de la Palabra de Dios es difícil y simple a la vez: difícil por la complejidad de los sistemas cristianos de nuestro tiempo y simple porque, en última instancia, solo hemos de analizar nuestras ideas y prácticas con base en la revelación bíblica; creo que hemos de hacerlo asimismo considerando también aquellos credos y confesiones de la iglesia que a lo largo de la historia han superado la prueba del tiempo. En última instancia, no obstante, el criterio final para analizar todas las cosas es la Palabra de Dios.

Personalmente, he vivido en mis carnes la presión de distintos grupos que, ahora me doy cuenta, era casi con toda seguridad el reflejo de un mensaje orientado desde un punto de vista humano. Pasé por un periodo en que, en mi entorno, la única traducción de la Biblia permitida era la *King James*. Un pastor de jóvenes me dijo una vez que podía leer la NASB en casa, pero bajo ningún concepto llevarla a la iglesia. Ahora creo que esto era fruto de la presión social de ciertas autoridades superiores que no querían que su apreciada traducción se viera desplazada por versiones más recientes (y mejores). He oído a predicadores despotricar sobre el cine, el baile, la televisión, la guerra nuclear y cosas de este tipo. Tengo también la certeza de que, aunque lo que les motivaba era, por regla general, el deseo de ser cristianos coherentes, había mucha más presión social y grupal de lo que cualquiera de estos dirigentes estaría dispuesto a reconocer. He visto lo mismo en otros dirigentes que se niegan a relacionarse con cristianos de distinta persuasión política. Por un lado están los que creen que el gobierno debería incidir más en los asuntos de tipo moral y económico que enfrentamos, y por otro los que consideran que su implicación en estos asuntos debería ser menor. He visto a cristianos de ambas posiciones limitar drásticamente su relación con los otros para no quedar mal con su propio grupo. Tristemente, tales actitudes están frecuentemente motivadas por un "temor de las personas" y no por el "temor de Dios".

Otra área para la consideración es que nuestra unidad como cristianos transforma nuestro acercamiento mutuo. Quizá podemos aprender una lección de la salutación de Pablo. Aunque en el mundo de Pablo era habitual saludarse unos a otros con "gracias" y "paces", la gracia y la paz que el apóstol invoca sobre las congregaciones de Galacia son las que proceden de Dios Padre y del Señor Jesucristo. Nuestra conexión con otros cristianos trasciende a nuestras relaciones sociales; nuestra conexión tiene sus orígenes en la graciosa obra de Dios por nosotros en Cristo, y a la operación del Espíritu Santo. Posiblemente sería una buena idea que los cristianos de todas las tendencias aprendieran a saludarse entre sí con esta fórmula: "Que la paz y la gracia del Señor sean contigo". Esto podría ser incómodo para algunos que se mueven fuera de contextos litúrgicos, pero también es posible que sea mucho más efectivo y una fuente de dinámica espiritual en nuestras vidas.

Como en la situación que vivían los gálatas, el tiempo de la gracia puede ser un tiempo de redención, pero puede también convertirse en una "era malvada [NVI, 'mundo malvado']" si distorsionamos el evangelio. Según Pablo, la gracia de Dios en la cruz de Cristo nos ha rescatado de esta era de maldad. Como veremos en los capítulos 5 y 6, este rescate trae el perdón, el amor y la libertad que proceden del Espíritu. Esta es la vida cristiana normal. No obstante, antes he defendido que en Gálatas esta presente era de maldad describe una vida bajo la ley después de que Cristo haya venido a liberarnos de ella. Y lo que Pablo dice es que, si distorsionamos el evangelio minimizando la centralidad de Cristo o del Espíritu, estamos volviendo atrás a un periodo en que Cristo no es el redentor y el Espíritu no nos trae una vida de libertad y amor.[10] Pablo nos insta a estar pendientes de nuestro evangelio para que no se convierta en un "evangelio distinto" que impida nuestra aceptación ante Dios.

Entendamos que manipular el evangelio no es una legítima experimentación cristiana con nuevas ideas. El evangelio es un depósito sagrado que, como Jesucristo, sigue siendo el mismo ayer, hoy y mañana. Las sociedades y las culturas cambian, las aplicaciones también, así como los estilos de vida cristianos e incluso determinadas formulaciones doctrinales; pero el evangelio de Jesucristo no cambia. Se nos da toda libertad para explorar los extensos ámbitos de la vida y la realidad que nos siguen siendo desconocidas,[11] o para sondear las implicaciones del evangelio para nuestro mundo, pero no para alterar el evangelio original de la gracia de Dios en Cristo.

El resultado de pervertir el evangelio es la ira de Dios, y esta verdad hemos de tenerla siempre presente cuando discernimos nuestro mensaje y el de otros. Esta es quizá la dimensión más desagradable del evangelio tal como se revela en las páginas del Nuevo Testamento. Nuestra sociedad es inherentemente pluralista y encuentra su capacidad para sobrellevar la inmensa diversidad de nuestro mundo apelando al pluralismo. En Estados Unidos, la Constitución consagra la libertad religiosa como una de las virtudes cardinales. Sin embargo, aunque los cristianos podemos creer que la libertad de religión es una ley necesaria para que una sociedad diversa pueda vivir en paz, no podemos inferir que todas las religiones sean verdaderas simplemente porque la tolerancia sea necesaria en una sociedad diversa. En este asunto, nuestro cristianismo actual se ha extraviado, hemos sucumbido a las fuerzas de nuestro tiempo. Aunque podamos defender el derecho de los demás a practicar libremente su religión, no podemos, por otra parte, minimizar la verdad del evangelio sugiriendo que estas otras creencias son también *la* verdad.[12] Lo que Pablo enseña

---

10. Sobre la cuestión de si esto significa o no "pérdida de la salvación", ver notas en 5:1-12.
11. Un libro que me ha sido útil en este sentido es A. F. Holmes, *All Truth Is God's Truth* (Grand Rapids: Eerdmans, 1977).
12. No asumo, sin embargo, que todos los aspectos de todas las demás religiones sean falsos. Sobre este asunto, ver Sir N. Anderson, *The World's Religions* (4ª ed.; Downers Grove, Ill.: InterVarsity Press, 1975) y *Christianity and Comparative Religions* (Downers Grove, Ill.: Inter-Varsity Press, 1970). Una obra provocativa de reciente publicación en este sentido es C. H. Pinnock's *A Wideness in God's Mercy: The Finality of Jesus Christ in a World of Religions* (Grand Rapids: Zondervan, 1992); este autor distingue entre "exclusivismo", "inclusivismo" y "pluralismo".

—y en este versículo aparece de nuevo su autoridad apostólica— es que las distorsiones del evangelio, estén o no protegidas por derechos constitucionales, son contrarias a la voluntad de Dios y serán finalmente objeto de su desaprobación.

En nuestra cultura los ejemplos son abundantes.[13] El siguiente caso es, naturalmente, un tanto excepcional, pero precisamente por su carácter excepcional se hace más perentorio. En mis años universitarios participé en una campaña de Billy Graham en Bruselas (Bélgica). La primera parte del verano la había pasado, junto a muchos otros estudiantes norteamericanos, ayudando a distintos misioneros de la *Greater Europe Mission*. Cada día teníamos un tiempo de adoración por la mañana (que dirigían distinguidos maestros y predicadores como John Stott, Festo Kivengere y Luis Palau) seguido de un estudio bíblico en pequeños grupos de intercambio. En el mío había dos chicas que formaban parte de un grupo llamado "Los niños de Dios". Nunca había oído hablar de ellos, pero uno de los misioneros que ministraba en Austria me dijo que era un grupo "en el límite de lo sectario". Ambas nos parecieron sinceras en sus deseos de seguir al Señor y daban la impresión de conocer muy bien la Biblia; sus oraciones eran bastante normales, y nada en ellas reflejaba sino algunas extrañas ideas. Aunque en aquel momento no conocía gran cosa sobre este grupo, después he llegado a saber mucho más.[14] Tucker dice que los niños de Dios "son una gráfica ilustración de como un movimiento religioso puede pasar de la ortodoxia a unas creencias y prácticas aberrantes, cosas que a veces desbordan la imaginación".[15] "Moisés" David Berg, fundador de este movimiento, comenzó sus ministerios evangelísticos en Huntington Beach, California, intentando alcanzar a la generación *hippie*; no obstante, como sucede muchas veces con los dirigentes sectarios,[16] Berg fue actuando de

---

13. Ruth A. Tucker ha realizado un lúcido resumen, cuyo título procede del texto de Gálatas: *Another Gospel: Alternative Religions and the New Age Movement* (Grand Rapids: Zondervan, 1989); ver especialmente pp. 15-48 para entender las definiciones y categorías fundamentales utilizadas para analizar "los movimientos heréticos".
14. Hay un estudio de este asunto en *ibíd.*, 231-43; en lo que viene a continuación voy a seguir de cerca su análisis.
15. *Ibíd.*, 231.
16. David Koresh, dirigente de la secta de los davidianos en Waco, Texas, es un reciente personaje de este tipo. Mientras se edita este capítulo, los fuegos del grupo que él lideraba siguen sin apaciguarse. Es importante que veamos que los comienzos del liderazgo de Koresh fueron dramáticamente distintos de los de su final. Aunque de haberle visto al comienzo de su movimiento nos sería difícil entender que alguien pudiera relacionarse con un dirigente tan lunático, ello nos ayudará a entender este proceso.

un modo cada vez más independiente hasta que prácticamente formó una secta que giraba alrededor de su figura. Berg degeneró hacia la poligamia y el ocultismo y fue finalmente perseguido en Estados Unidos; se estableció en Inglaterra en 1972 (la campaña Eurofest en la que yo participé fue en 1975). Por abreviar una larga y trágica historia, Berg acabó combinando la prostitución religiosa con la evangelización en lo que se dio en llamar *flirty fishing* [pesca con flirteo], y se trasladó a la isla española de Tenerife (frente a las costas africanas), donde cambió el nombre de su grupo por el de *Familia del Amor*. Aunque el movimiento todavía existe (bajo distintos nombres), el magnetismo de Berg ha declinado considerablemente.

Tenemos aquí el clásico ejemplo de una herejía, que llega a extremos absurdos en su orientación final y esencial, pero que comenzó siendo poco más que un ministerio evangelizador que pretendía alcanzar a una generación moderna con métodos relevantes para ella. No sabemos si aquellas jóvenes de nuestro grupo de estudio bíblico se implicaron en la depravación de Berg, pero lo cierto es que fueron atraídas a su base de operaciones y formaron parte de una trágica secta. Las distorsiones del evangelio, por leves que sean en un principio, pueden llegar a convertirse en detestables perversiones de las buenas nuevas.

¿Pero cómo hablamos de estas perversiones? ¿Utilizamos la misma clase de lenguaje severo que Pablo? Una vez más, nuestra cultura es distinta de la de Pablo. Es posible que lo que entonces se veía como una aceptable forma de desacuerdo no se considere tan aceptable en nuestro tiempo. Leyendo literatura de la antigüedad he visto esta diferencia. El mundo antiguo era proclive al uso de lenguaje incendiario para expresar las diferencias. Puedo documentar una gran cantidad de este tipo de lenguaje en su literatura, pero no he encontrado ningún dato fehaciente que permita pensar que este lenguaje fuera sesgado y fuera de lugar. Las gentes de la antigüedad se deleitaban en lo hiperbólico, y las exageraciones se respondían con exageraciones parecidas. En nuestro tiempo, no obstante, hemos desarrollado una desmedida sensibilidad en lo que respecta a ofender los intereses especiales de ciertos colectivos. Tenemos editores que revisan admirablemente nuestros textos para asegurarse de que estos no ofenden a ninguna colectividad racial, religiosa o sensible a las cuestiones de género. El nuestro no es el mundo antiguo. Solo por esta razón creo que debemos expresar nuestras determinaciones de un modo más cuidadoso y menos vehemente que Pablo en Gálatas 1.[17]

Creo, pues, que en Gálatas podemos aprender ciertas cosas acerca del modo en que hemos de hablar sobre las severas consecuencias de distorsionar el evangelio. Pablo habla de la condenación de los herejes clarificando que su desacuerdo no era con él sino con el evangelio (v. 8). En otras palabras, Pablo expresó con claridad que él mismo estaba tan sujeto a aquel evangelio como ellos y que corría el mismo peligro que ellos si lo desvirtuaba. En nuestras advertencias sobre las herejías hemos quizá de hablar en tercera persona ("Esto es lo que sucedería en este caso...") más que en segunda ("Si distorsionas el evangelio serás condenado"). Por otra parte, Pablo deja muy claro lo que estaba mal; el apóstol no se limitó a lanzar una dogmática diatriba contra algunas personas. La carta a los Gálatas es un argumento cuidadosamente planteado contra la distorsión de los judaizantes y por la expresión del evangelio de la gracia. Lo que hoy necesitamos es menos diatriba, menos explosiones emocionales y muchos más argumentos bien elaborados que vindiquen la veracidad del evangelio de Jesucristo. Por último, toda la carta de Pablo trata de la libertad y el amor que proceden del Espíritu. Si en nuestra predicación, enseñanza y apologética nos expresamos de un modo que oscurece la gloriosa libertad del evangelio u oculta el amor de Dios hacia las personas estaremos, entonces, fracasando desde el principio en la transmisión de la esencia del evangelio. Sí, hemos de estar dispuestos a enfrentarnos a las desviaciones, pero hemos de hacerlo de manera coherente con el propio evangelio. Cuando defienden con claridad y espíritu compasivo el evangelio de Cristo, los cristianos están mostrando la realidad de dicho evangelio.

---

17. L. T. Johnson, "The New Testament's Anti-Jewish Slander and the Conventions of Ancient Polemic", *Journal of Biblical Literature* 108 (1989): 419-41, nos ofrece un estudio técnico donde Johnson analiza la aceptación que alcanzaba la retórica incendiaria en la antigüedad.

Gálatas 1:10-12

¿Qué busco con esto: ganarme la aprobación humana o la de Dios? ¿Piensan que procuro agradar a los demás? Si yo buscara agradar a otros, no sería siervo de Cristo.

11 Quiero que sepan, hermanos, que el evangelio que yo predico no es invención humana. **12** No lo recibí ni lo aprendí de ningún ser humano, sino que me llegó por revelación de Jesucristo.

Tras una introducción, las cartas de Pablo dan paso a su cuerpo de texto propiamente dicho. En Gálatas este cuerpo comienza en 1:10 y se extiende técnicamente hasta 6:10. Gálatas 1:10-2:21 se ocupa de demostrar la independencia del evangelio de Pablo. En esta extensa sección, llamada a veces "la sección autobiográfica" Pablo sostiene que su evangelio es independiente de la enseñanza humana (1:13-17), de las principales iglesias de Judea (1:18-24), de los llamados "columnas" de Jerusalén (2:1-10), y especialmente del apóstol Pedro (2:11-21). Al eliminar todas estas fuentes como origen de su evangelio, Pablo consigue al menos dos cosas: (1) crea la probabilidad de que su evangelio sea una revelación directa de Jesucristo, y (2) destruye por completo los argumentos de sus oponentes en el sentido de que el evangelio que predicaba Pablo no era independiente sino que procedía de la iglesia de Jerusalén o al menos de personas relacionadas con ella. Deducimos que sostenían, por tanto, que estos nuevos convertidos al cristianismo tenían también que ser plenamente convertidos al judaísmo.

Mediante una "lectura en espejo"[1] podemos inferir legítimamente, a partir del enfoque y tono de Pablo en 1:10-2:21, que los oponentes de Pablo

---

1. La "lectura en espejo" es aquí un proceso deductivo que va desde una declaración negativa de Pablo (p. ej., "mi evangelio no procede de los líderes de Jerusalén") hasta la positiva afirmación hecha por sus oponentes ("el evangelio que predica Pablo ha de proceder de Jerusalén puesto que todas las cosas buenas se originan en esa ciudad"). Se trata de un proceso normal en exégesis y asume sencillamente que el tono y enfoque de un determinado autor se relacionan directamente con el contexto al que dirige su escrito. En este caso asumimos que la necesidad por parte de Pablo de afirmar su independencia se hizo necesaria porque estaba siendo negada. Sobre este asunto, ver J. M. G. Barclay, *Obeying the Truth*, 40-41. Barclay encuentra cuatro criterios para ayudar al lector en esta

estaban empeñados en demostrar que el evangelio que este predicaba procedía en última instancia de Jerusalén y de los primeros apóstoles judíos que operaban fuera de esta ciudad. Al demostrar que todas las presentaciones del evangelio procedían de Jerusalén, incluida la de Pablo, los judaizantes podían argumentar que también ellos representaban al cristianismo de esta ciudad. Es incluso posible que consideraran su mensaje como la última expresión del evangelio de Jerusalén. Estaban, pues, en condiciones de corregir, modificar y complementar el evangelio de Pablo con lo que, según ellos, era la tradición correcta. De hecho, su argumento podía ser que el evangelio que predicaba el apóstol era una forma abreviada del verdadero y que esta reducción de las auténticas Buenas Nuevas pretendía hacerlas más atractivas para los gentiles de Galacia.[2]

Aunque a nosotros todo esto puede parecernos irrelevante, lo que tenemos una vez más es una crisis sociológica. En la política norteamericana, lo que sucede en Washington D.C. es crucial (en Washington se dice la última palabra); el cristianismo del mundo occidental no tiene una sede que equivalga a lo que Washington significa en el ámbito político (aunque Wheaton, Illinois; Grand Rapids, Michigan; Nashville, Tennessee; y Fort Worth, Texas, han presentado buenas razones para sus respectivas candidaturas). Para el cristianismo primitivo del primer siglo, Jerusalén era su sede, y se suponía que de esta ciudad procedían toda clase de cosas buenas. Estaremos sin duda al corriente del crucial papel que la ciudad de Jerusalén desempeñaba en el judaísmo antiguo, y lo mismo sucedía con el cristianismo primitivo. En esta población residían todas las autoridades y todo el conocimiento necesario para el desarrollo del pensamiento cristiano. Los apóstoles pasaban en Jerusalén la mayor parte de su tiempo y en ella se estudiaba a fondo la Biblia. La crisis era simple: ¿era Jerusalén la iglesia madre o no? ¿Eran o no los líderes de Jerusalén la autoridades de la iglesia? ¿Quién establecía el programa para el movimiento cristiano, los cristianos gentiles de la diáspora o los dirigentes tradicionales de la tierra donde nació la iglesia? ¿Se desprendería el evangelio de Jesucristo de su herencia judaica o permanecería fiel al pacto establecido con Abraham?

---

lectura en espejo: (1) el tono de los comentarios; (2) su frecuencia; (3) su claridad; (4) su falta de familiaridad. Barclay tiene un estudio más completo de esto en "Mirror Reading a Polemical Letter: Galatians as a Test Case", *JSNT* 31 (1987): 73-93. La utilización de estos criterios a lo largo de Gálatas, cuando se hace de un modo correcto, permitirá al lector desarrollar una imagen consistente de los judaizantes. Tal procedimiento puede aplicarse al propio estudio personal o a un grupo de estudio bíblico.

2. Ver además en J. C. Beker, *Paul the Apostle: The Triumph of God in Life and Thought* (Filadelfia: Fortress, 1980), 43-44.

El meollo de la crisis era la cuestión de si Israel ocuparía o no una posición privilegiada dentro del nuevo movimiento. El asunto había llegado, pues, a ser una vida eclesial marcada por distintivos judíos en contraposición con una realidad de la diáspora heterogénea y, muchas veces, nada judía. Pablo contestó a esto demostrando que su evangelio no era meramente judío, sino que procedía de Jesucristo y abarcaba a todas las personas. Por tanto, su proclamación no demandaba la nacionalización de los gentiles. A lo que Pablo se oponía era a un imperialismo cultural que se vestía con atuendo religioso.

La primera parte de 1:10-2:21 declara esto de manera explícita. Pablo sostiene que su evangelio no depende de Jerusalén y de sus dirigentes, sino que es una expresión independiente. Lo hace, en primer lugar, por medio de una serie de preguntas (1:10) que implican su voluntad de agradar a Dios y no a los hombres. Acto seguido, declara su independencia de un modo negativo (vv. 11-12a: su mensaje no le fue dado por seres humanos) y continua con una declaración positiva (v. 12b: le fue revelado por Jesucristo).

Las preguntas de Pablo son importantes en este punto. Es razonable entender que cada pregunta contiene su propia respuesta. "¿Qué busco con esto: ganarme la aprobación humana [...]?" Su respuesta: "No, al esforzarme por demostrar que los judaizantes están equivocados y que el evangelio de la gracia no es en esencia nacionalista, yo [Pablo] solo pretendo ser fiel a Dios". La segunda pregunta es, pues: "¿O pretendo acaso ganarme la aprobación [...] de Dios?". Su respuesta a esta cuestión podría ser una de dos: "Sí, me esfuerzo al máximo por vivir con la aprobación de Dios en lo que hago"; o: "No, no pretendo ganarme la aprobación de Dios; la tengo en Jesucristo". La primera respuesta parece preferible. La siguiente pregunta de Pablo es: "¿Piensan que procuro agradar a los demás?" La respuesta: "No, a quien intento agradar es a Dios".[3] Si este fuera el caso, puede asumirse que los judaizantes habían intentado convencer a los gálatas de que Pablo había reducido su evangelio a los puntos esenciales para conseguir su aprobación (lo mismo que un vendedor de ordenadores que recorta todos los accesorios extras para que su producto sea asequible a un cliente tacaño). Pablo responde: "No pretendo ganar su aprobación; estoy predicando lo que Dios me ha revelado". A lo cual ellos responden a su

---

3. F. F. Bruce sostiene que la clave está en los verbos de las dos preguntas: "ganarme la aprobación" y "agradar". A continuación, afirma que la respuesta a la primera pregunta es "el hombre" (Pablo pretende persuadir a los seres humanos) y a la segunda, "Dios" (Pablo busca la aprobación de Dios). Ver *Galatians*, 84-86.

vez: "Pablo predica una gracia barata, una gracia sin ley, una aceptación de Dios sin sumisión a él. Pablo predica un evangelio que no incluye el coste del judaísmo y de la ley".

Para Pablo hay una diferencia radical entre "querer agradar a los hombres" y ser un "siervo de Cristo". Para él, aceptar el título de siervo de Cristo (parecido al sentido del término "apóstol" en 1:1) significaba eliminar definitivamente el deseo de agradar a las personas. Su autoridad era ahora distinta.

¿Qué es "el evangelio que yo predico" (v. 11)?[4] En el evangelio "de Pablo" hay al menos tres dimensiones: (1) que la salvación está solo en Jesucristo, conforme a la revelación dada por medio de Moisés en el pasado milenio; (2) que Dios nos acepta únicamente por la fe, independientemente de si vivimos de acuerdo con la ley de Moisés; y (3) que esta aceptación y la participación en la iglesia están tan abiertas a los gentiles como a los judíos. Aunque, desde la Reforma, los teólogos se han centrado especialmente en los dos primeros elementos, el principal en el tiempo de Pablo era el tercero. La manzana de la discordia entre Pablo y los judaizantes de Jerusalén era la inclusión de los gentiles en la justificación por la fe en Cristo aparte de la ley. La justificación en Cristo era aceptable para los judaizantes (no hay que olvidar que estos pretendían ser cristianos). Podían también tolerar que los gentiles fueran justificados (había muchos precedentes de conversiones de gentiles al judaísmo). Lo que se hacía intolerable era la justificación *sin obediencia a la ley de Moisés*. Este punto de vista amenazaba la existencia misma del judaísmo y creaba la crisis social que subyace tras la carta.

Como se ha mencionado anteriormente, Pablo demuestra que está en lo cierto mediante dos afirmaciones negativas: (1) su evangelio no es "algo fabricado por el hombre",[5] y (2) él "no lo recibió de ningún hombre",[6] como un aprendiz aprende un oficio, ni le fue enseñado. Sino que, afirmándolo de manera positiva: "... me llegó por revelación de Jesucristo". No cabe duda de que Pablo está aquí describiendo su encuentro con el Señor resucitado en el camino de Damasco, en el que experimentó su

---

4. Sobre el evangelio de Pablo, ver G. E. Ladd, *A Theology of the New Testament* (Grand Rapids: Eerdmans, 1974), 359-568.
5. La expresión griega es *kata anthropon*: "según los hombres", "de manera coherente con el modo en que actúa el hombre", "humanamente", "derivado de los seres humanos". Está en directo contraste con lo divino y lo revelado (1:12). Ver también, Gá 3:15, 29; 4:23, 28-29; Col 2:8.
6. La expresión "recibir" (*parelabon*) es idéntica a la del v. 9; Pablo afirma que no recibió su evangelio por el sagrado proceso de la transmisión de tradiciones.

conversión y recibió su llamamiento para evangelizar al mundo gentil (cf. Hch 9:1-19). El origen, pues, del evangelio de Pablo está en una revelación *de* Jesucristo. "La reinvindicación de Pablo [...] es esta: su mensaje, que estaba siendo cuestionado por los judaizantes y abandonado por los Gálatas, no era ni una invención (concebida por él), ni una tradición (que le hubiera sido transmitida por la iglesia), sino una revelación (porque Dios se la había dado a conocer)".[7]

El término *revelación* describe algo que Dios da a conocer a los hombres, en este caso a Pablo, que de otro modo no podría conocerse.[8] La idea de la revelación se sitúa, por tanto, en marcado contraste con la transmisión de las tradiciones sagradas. De hecho, hemos de ver aquí, sin duda, una crítica de los judaizantes, cuya base de conocimiento era la tradición. Pablo sostiene que aunque su evangelio puede representar a algunos de los dirigentes de Jerusalén, este es una revelación directa de Jesucristo.

Que el evangelio que predicaba Pablo fuera independiente de Jerusalén es algo que, probablemente, preocupa poco a la mayoría de los cristianos de hoy, que suelen aceptar de buen grado el mensaje apostólico de Pablo como la Palabra viva de Dios. No obstante, antes de poder aplicar la veracidad del evangelio de Pablo, hemos de entender por qué era necesario que el apóstol afirmara y demostrara su independencia. Es decir, antes de entrar en la aplicación, hemos de ponderar lo que subyace tras la búsqueda de Pablo para demostrar la independencia de su evangelio.

Hemos de afirmar de entrada que lo que describe esencialmente el evangelio de Pablo no es su *independencia* y no deberíamos centrar nuestra atención en este asunto. Nuestra atención se desplaza fácilmente hacia esta independencia por nuestras ideologías políticas occidentales en las que la libertad de expresión y otras libertades son cosas esenciales para la felicidad personal. No obstante, el elemento más importante del evangelio de Pablo es que se trata de *una revelación directa de Jesucristo* y que, por tanto, no es un mensaje indirecto que le había llegado por medio de las autoridades de Jerusalén. Si el evangelio le hubiera llegado a Pablo de un modo indirecto (de Jerusalén, por ejemplo), este podía, aun así, ser objeto

---

7. Stott, *Only One Way*, 30.
8. Véase T. Holtz, "ἀποκάλυψις", *EDNT* 1:130-32; W. Mundle, et al., "Revelation", *NIDNTT* 3:309-40, esp. 314-16.

de correcciones, pero estas deberían ser confirmadas por las autoridades de Jerusalén; siendo, sin embargo, una revelación directa, no necesitaba confirmación alguna de los dirigentes eclesiásticos de esta ciudad. De hecho, era el evangelio que se predicaba en Jerusalén el que podía ser erróneo y, en un giro inesperado, necesitado de la confirmación de Pablo. El apóstol solo argumenta que su evangelio es independiente tras explicar que es una revelación directa de Jesucristo.

Mediante este análisis del argumento de Pablo llegamos a nuestra primera reflexión para la aplicación: el evangelio que predicamos, cuando es fiel al mensaje paulino, es una revelación directa de Jesucristo. Esto significa que deberíamos preocuparnos menos de que las iglesias y los dirigentes sean "independientes" que de su fidelidad a la revelación directa que recibió Pablo. Hemos, pues, de centrar nuestras aplicaciones en el fundamento del pensamiento de Pablo (una revelación directa de Jesucristo).

Antes de aplicar el texto bíblico a nuestro mundo es siempre útil recopilar toda la información posible sobre su contexto histórico. En este caso, es esencialmente importante que discernamos la naturaleza social de la crisis de Galacia. Hemos de aprender todo lo que podamos sobre los oponentes de Pablo (y no tratarlos forzosamente como judaizantes egocéntricos, perversos y buscadores de méritos) y lo que les motivaba. Nuestro propio contexto nos enseña la importante lección de que cuando surgen los antagonismos, los desacuerdos no suelen girar alrededor de cuestiones simplistas. Al contrario, por regla general se debaten complejos enredos de cuestiones teológicas, prejuicios personales e importantes implicaciones para cada grupo social involucrado.

Estoy convencido de que seríamos mucho más amables con los judaizantes (y daríamos respuestas menos estereotipadas) si nos tomáramos un momento para esclarecer sus argumentos en vista de sus situaciones. Era probablemente difícil para los cristianos de origen judío temerosos de Dios —que habían crecido en el judaísmo de Judea y que luego se habían convertido a Jesucristo como cumplimiento de las esperanzas de Israel, y luchado a brazo partido por la conversión de Jerusalén a este Mesías— imaginar, no digamos aceptar, una forma de judaísmo mesiánico que, aparentemente, estaba tomando un rumbo completamente opuesto al del judaísmo y la ley de Moisés. Esto es indudable y este tipo de observaciones deberían convertirse en un aspecto fundamental de nuestro pensamiento. Nuestra primera respuesta a los judíos (no cristianos) del siglo primero no debe ser: "¿Cómo pudieron permanecer como estaban?"; sino: "¿Cuál es la razón por la que siguieron como estaban?".

Por utilizar una analogía moderna, es difícil para unos padres cristianos ver como sus hijos, que han crecido en hogares piadosos, abandonan la universidad y se unen a una iglesia separatista de tipo fundamentalista. Aunque estos jóvenes suelen sentirse muy contentos y entusiasmados en su recién hallada comunidad, sus padres están estupefactos y turbados. Saben lo que les sucede a quienes toman este rumbo: se forman dentro de estos grupos, desarrollan todas sus amistades con personas que forman parte de ellos, crían a "sus" nietos en tales valores y acaban rompiendo cualquier conexión con la fe de su infancia. De igual modo, también los cristianos de Jerusalén tenían miedo de que estos convertidos gentiles perdieran todo contacto con la fuente de sus creencias (el judaísmo, la Torá, Israel, la Tierra, un único Dios)[9] y que la fe que pretendían expresar colapsara; se convertirían en un pequeño grupo sin futuro.

Por otra parte, aunque comprender las dificultades de los judaizantes puede hacernos más compasivos, hemos también de seguir la fuerza del argumento de Pablo si queremos mantener la autoridad e integridad apostólica. En cuanto a Pablo, por muy vinculados que estuvieran los argumentos de los judaizantes a su contexto social y cuestiones personales, el producto que comercializaban estaba deteriorado. Pablo sabía que el evangelio de ellos y el suyo eran incompatibles, y que el de ellos era demasiado restrictivo desde un punto de vista social. No permitía la plena expresión de un evangelio interracial y era, por tanto, incompatible con la salvación por gracia, por medio de la fe en Jesucristo.

Por último, hemos de reflexionar brevemente sobre si nuestra expresión del evangelio es "nuestro evangelio" del mismo modo que era "suyo" el de Pablo. Creo que no. Pablo era apóstol y le fue dada una revelación directa del evangelio por medio de un encuentro personal con Jesucristo. Él era un fundador de la iglesia. Nosotros no somos apóstoles y en nuestro tiempo no hay sucesores de los apóstoles que tengan una autoridad infalible en cuestiones de doctrina y práctica. Por ello, aunque podamos estar decididos a conformar nuestro evangelio lo más posible a las expresiones

---

9. A aquellos lectores que deseen considerar una presentación nueva y estimulante de la relación entre el cristianismo primitivo y el judaísmo, con atención especial en los conflictos internos de ambos movimientos, les recomiendo el libro de J. D. G. Dunn, *The Partings of the Ways: Between Christianity and Judaism and Their Significance for the Character of Christianity* (Filadelfia: Trinity Press International, 1991); desde una perspectiva judía, ver S. J. D. Cohen, *From the Maccabees to the Mishnah* (Library of Early Christianity; Filadelfia: Westminster, 1987). Quienes estén interesados en un estudio más popular de la historia de este periodo, pueden ver P. Barnett, *Behind the Scences of the New Testament* (Downers Grove, Ill.: InterVarsity Press, 1990).

apostólicas, no debemos configurar un nuevo evangelio para nuestra generación. En la expresión "[yo] no lo recibí ni lo aprendí de ningún ser humano, sino que me llegó por revelación de Jesucristo" (1:12), el "yo" no es un elemento que podamos intercambiar por nuestro "yo". Aunque podamos haber sido llamados a un ministerio específico (como lo fue Pablo), con este llamamiento no se nos ha dado una revelación independiente del evangelio.

Significado Contemporáneo

Quiero subrayar, una vez más, que el asunto más importante de este pasaje no es la independencia de Pablo, sino el hecho de que recibió una revelación directa del evangelio por medio de Jesucristo. Tengo la sospecha de que la piedra de toque de nuestro tiempo es si estamos o no dispuestos a escuchar a aquellos a quienes Dios confió la sagrada tarea de transmitir el evangelio de Jesús a las primeras y diversas iglesias de la era cristiana, en su fase emergente y expansiva (es decir, los apóstoles).

Comenzamos, pues, con la observación de que el evangelio de Pablo es una revelación directa de Jesucristo y que esto debe, por tanto, reforzar nuestra confianza en el mensaje que Pablo proclama y enseña. En la historia de la iglesia, ha sido la Iglesia Católica la que ha subrayado el asunto de la autoridad apostólica. Las polémicas protestantes contra los católicos romanos han llevado a los primeros no solo a restar importancia al papel de los primeros apóstoles, sino también a debilitar el propio mensaje bíblico. Los apóstoles, dice Pablo, forman parte del fundamento de la iglesia (Ef 2:20) y, por ello, conservan su autoridad y merecen nuestro respeto.[10] Aunque neguemos acertadamente que se haya producido una sucesión apostólica, hemos, no obstante, de conservar la autoridad apostólica; y esto lo hacemos cuando consideramos los escritos de los apóstoles como documentos autoritativos y canónicos. Podemos, pues, tener la confianza de que el mensaje que estos transmiten es el que Dios envía a su pueblo.

Cuando leemos Gálatas, estamos leyendo la carta de un representante personal de Jesucristo, el apóstol Pablo, cuyo mensaje para nosotros es el mensaje de Dios. Él lo recibió de Jesucristo. Por ello, las implicaciones del evangelio que él detalló son vinculantes para nosotros: el evangelio

---

10. Hay un útil compendio del mensaje bíblico sobre la autoridad de la iglesia y los apóstoles en el Capítulo VIII del Libro IV de la *Institución* de Juan Calvino (Grand Rapids: Libros Desafío, 2012), 987-1000.

no puede limitarse a una sola nación (sea a Israel o a los Estados Unidos). Significa también que el evangelio implica libertad en el Espíritu para todos los que invocan a Jesucristo.

Una segunda esfera de aplicación importante es que, junto con Pablo, hemos de examinarnos a nosotros mismos para ver si pretendemos ganarnos "la aprobación humana" o estamos sucumbiendo a alguna forma de presión social (v. 10). Uno de los aspectos más difíciles de la vida es posiblemente discernir por dónde va, de hecho, nuestra línea de aprobación. ¿Va en la dirección de Dios o está siendo desviada por la aprobación de dirigentes humanos, cónyuges, y amigos? ¿Estamos haciendo lo que creemos correcto o pretendemos ser diplomáticos y quedar bien con los demás? Este desvío puede ser muy sutil: desde la mirada de un cónyuge durante una conversación hasta una carta dirigida a un amigo cristiano. Cuando la convicción de nuestra fidelidad a la verdad y al evangelio apostólico da paso al deseo de aprobación de un amigo, nos hemos situado entre aquellos a quienes ataca Pablo.

Hay que decir también que la aprobación de los amigos, el cónyuge y los dirigentes no son cosas intrínsecamente malas. La Biblia consigna ejemplos en que algunas personas aprueban a otras de un modo que se percibe positivamente (*cf.* p. ej., Pr 3:3-4; Lc 2:52; Ro 14:18; Gá 2:1-10). Hay una línea muy delgada entre ser aprobados por otros y buscar esta aprobación como estímulo esencial de nuestra conducta. Nuestra motivación ha de ser siempre agradar a Dios y solo a él; cuando estamos seguros de que Dios aprueba lo que hacemos, hemos de ignorar la desaprobación de otras personas. Hemos de temer a Dios, no a los hombres. Por supuesto, en ocasiones la desaprobación de otras personas (los padres, por ejemplo) puede ser tenida en cuenta más adelante si descubrimos que lo que creíamos ser la voluntad de Dios para una determinada situación resultó no serlo. De este tipo de decisiones podemos aprender o bien a estar más atentos al Espíritu de Dios o bien a escuchar la sabiduría de otras personas; no obstante, es importante que cada cristiano aprenda a vivir en vista de la voluntad de Dios. Aun cuando se experimentan estas lecciones difíciles, el principio de buscar la aprobación de Dios sigue vigente. La oposición que a lo largo de la historia de la iglesia han soportado y soportan hoy muchos cristianos es un vivo ejemplo de la orientación fundamental de la vida del creyente: vivir para agradar a Dios.

Martín Lutero, la principal voz de la Reforma, descubrió en su celda monacal que la gracia de Dios había sido tan enturbiada por la oscuridad de los dogmas eclesiásticos y las obras humanas que no podía verse el sol.

Cuando anunció sus descubrimientos e implicaciones, las autoridades católicas le hicieron llamar y le preguntaron si estaba dispuesto a retractarse de sus ideas y salvar su relación con la Iglesia Romana (y la unidad del mundo católico). La historia es bien conocida, y cito sus famosas palabras:

> Puesto que Su Majestad imperial y sus altezas piden de mí una respuesta sencilla, clara y precisa, voy a darla tal que no tenga ni dientes ni cuernos, de este modo: el Papa y los Concilios han caído muchas veces en el error y en muchas contradicciones consigo mismos. Por lo tanto, si no me convencen con testimonios sacados de la Sagrada Escritura, o con razones evidentes y claras, de manera que quedase convencido y mi conciencia sujeta a esta Palabra de Dios, yo no quiero ni puedo retractarme de nada, por no ser bueno ni digno de un cristiano obrar contra lo que dicta su conciencia. Heme aquí; no puedo hacer otra cosa; que Dios me ayude. Amén.[11]

Lutero es uno de los muchos que estuvieron dispuestos a desafiar a la autoridad humana, las presiones grupales y la tensión social y siguieron su conciencia como Dios les guiaba. Los resultados han sido un don de Dios.

En tercer lugar, hemos de examinar sin cesar nuestras formulaciones del evangelio para ver si coinciden con el testimonio apostólico. Este es el principio de la Reforma, el avivamiento de la iglesia bajo Lutero, Zwinglio y Calvino, un movimiento en que la iglesia se esforzó en fortalecerse encomendándose radicalmente al evangelio apostólico y a los escritos bíblicos. Ha de ser también el principio de nuestro tiempo. Y no solo hemos de examinar nuestras formulaciones del evangelio, sino también el modo en que estas se escuchan y se viven. Es importante analizar tanto el evangelio como el estilo de vida para ver si este se escucha correctamente.

Quiero dar un ejemplo de esto último. Cuando era joven, un bienintencionado maestro de escuela dominical me dijo que no importaba cómo vivía desde un punto de vista moral. Si era cristiano (definido como alguien que había aceptado a Jesucristo como Salvador pronunciando una determinada oración), estaba eternamente seguro y podía vivir como qui-

---

11. Esta cita procede del maravilloso estudio de James Atkinson sobre este periodo de la historia de la iglesia en el manual de Eerdmans, *Handbook to the History of Christianity*, ed. T. Dowley (Grand Rapids: Eerdmans, 1977), 364; ver la sección sobre la Reforma en las pp. 360-403, donde se analiza a otros importantes reformadores, entre ellos William Tyndale, Juan Calvino, Ulrico Zwinglio, los puritanos, Thomas Cranmer, John Bunyan y los anabaptistas. Quienes deseen profundizar más sobre Lutero pueden ver la obra de O. Chadwick, *The Reformation* (Baltimore: Penguin Books, 1968), 40-75.

siera. Este maestro, que era una persona piadosa, se apresuró a añadir que no era la voluntad de Dios que yo viviera una vida disoluta y que hacerlo me hundiría en el caos y la destrucción. Sin embargo, es la idea inicial de este maestro lo que quiero cuestionar. Mi convicción personal es que la implicación planteada por este hombre (la posibilidad de que un cristiano viva una vida disoluta sin poner en peligro su condición eterna) es inconsistente con el evangelio y con el modo en que el Nuevo Testamento describe los efectos de la salvación. El evangelio trae transformación (ver 5:16-26). En otras palabras, es posible que la formulación del evangelio sea acertada, a saber, que la salvación es por gracia por medio de la fe, no por obras, pero puede suceder que las implicaciones que se coligen a partir de esa formulación no sean las apostólicas: puedes vivir como quieras. Los apóstoles nunca sacaron la conclusión a la que llegan algunos cristianos de nuestro tiempo, en el sentido de que el estilo de vida no tiene ninguna relación con la fe y la salvación.

Otra cuestión es que las declaraciones de independencia del apóstol han de explicarse de tal manera que no choquen con sus otras afirmaciones de dependencia (1Co 11:23-26; 15:3-11) o confirmación (Gá 2:9). En nuestro estudio de la Biblia hemos de examinar siempre las conclusiones que sacamos de determinados pasajes para ver si estas coinciden con las que colegimos de otros textos bíblicos. Está claro que en Gálatas Pablo afirma su independencia. Pero en su primera carta a los corintios muestra que, en su evangelio, el apóstol veía alguna forma de dependencia. En lugar de ver en esto una clara contradicción (algo que creen pocos autores), es mejor buscar alguna forma de síntesis de las dos posiciones en vista de distintas circunstancias y propósitos. La solución más atractiva es fácil de entender: en Galacia, donde a Pablo se le acusaba de reducir el evangelio de Jerusalén (y por tanto de proclamar un mensaje erróneo), Pablo afirma que su evangelio no procede de Jerusalén, sino de Jesucristo. En otras palabras, a los gálatas Pablo les habla de la *fuente* de su evangelio. Por otra parte, en Corinto el apóstol se esfuerza por demostrar la *continuidad* esencial de su evangelio en relación con otras expresiones apostólicas de las Buenas Nuevas y su *herencia*. Por mucho que Pablo quisiera afirmar que su evangelio era independiente en cuanto a su fuente, no duda en observar, al mismo tiempo, que los líderes de Jerusalén le "dieron la mano [...] en señal de compañerismo" (ver comentarios en 2:9); en otras palabras, estos aprobaron su evangelio, que él había recibido de manera independiente. El evangelio que Pablo predicaba era consistente con el de sus predecesores, pero, no lo aprendió de ellos, sino mediante una revelación directa.

Gálatas 1:13-24

Ustedes ya están enterados de mi conducta cuando pertenecía al judaísmo, de la furia con que perseguía a la iglesia de Dios, tratando de destruirla. ¹⁴ En la práctica del judaísmo, yo aventajaba a muchos de mis contemporáneos en mi celo exagerado por las tradiciones de mis antepasados. ¹⁵ Sin embargo, Dios me había apartado desde el vientre de mi madre y me llamó por su gracia. Cuando él tuvo a bien ¹⁶ revelarme a su Hijo para que yo lo predicara entre los gentiles, no consulté con nadie. ¹⁷ Tampoco subí a Jerusalén para ver a los que eran apóstoles antes que yo, sino que fui de inmediato a Arabia, de donde luego regresé a Damasco.

¹⁸ Después de tres años, subí a Jerusalén para visitar a Pedro, y me quedé con él quince días. ¹⁹ No vi a ningún otro de los apóstoles; sólo vi a Jacobo, el hermano del Señor. ²⁰ Dios me es testigo que en esto que les escribo no miento. ²¹ Más tarde fui a las regiones de Siria y Cilicia. ²² Pero en Judea las iglesias de Cristo no me conocían personalmente. ²³ Sólo habían oído decir: «El que antes nos perseguía ahora predica la fe que procuraba destruir». ²⁴ Y por causa mía glorificaban a Dios.

Sentido Original

Pablo ofrece a sus lectores un rápido resumen de su vida, una miniautobiografía. Pero este relato es más que un familiar recuerdo de acontecimientos pasados. Como hemos estado defendiendo, la primera sección de Gálatas es la vindicación que Pablo hace de su evangelio, orígenes, validez y autoridad. Esta sección narrativa está dispuesta alrededor de una serie de adverbios temporales: "cuando" (v. 15), "después" (v. 18), "más tarde" (v. 21), "catorce años después" (2:1) y "cuando" (2:11). Estos son los hitos cronológicos que enmarcan sus argumentos. Pablo se detiene en cada encrucijada para demostrar lo que dice.

En 1:13-24, el apóstol desarrolla en dos direcciones el argumento de su independencia de las autoridades humanas: (1) es independiente de la enseñanza humana (vv. 13-17), y (2) es independiente de las principales comunidades locales de Judea (vv. 18-24). El segundo capítulo desarrollará la independencia de Pablo de las autoridades de Jerusalén, los llamados "columnas" (2:1-10) y del propio Pedro (2:11-21). El argumento de Pablo se va reduciendo y estrechando a medida que se dirige a Jerusalén: va desde la enseñanza humana a las iglesias de Judea, hasta las columnas y finalmente a Pedro, a quien probablemente hay que considerar como el apóstol más distinguido de aquel tiempo (aunque con el tiempo Jacobo acabaría asumiendo esta posición).

El primer argumento de nuestra sección (vv. 13-17) tiene que ver con la independencia de Pablo de la enseñanza humana. A Pablo el llamamiento de Dios le llegó directamente, tras lo cual el apóstol afirma: "no consulté con nadie" (v. 16). Su historia precristiana no le había preparado en absoluto para ser apóstol, ya que su pasado se caracterizaba por dos rasgos: (1) Pablo era un perseguidor de la iglesia (*cf.* Hch 9:1-2; 1Co 15:9), y (2) era sumamente celoso de la ley y sus distintivos nacionales (1:13-14; cf. Hch 22:3; 26:4; 2Co 11:22; Fil 3:4-6). La descripción de su pasado que hace Pablo habla de las tradiciones sagradas transmitidas dentro del judaísmo ("celo exagerado por las tradiciones de mis antepasados"),[1] el mismo elemento contra el que el apóstol argumenta en este capítulo.

Cuando Dios decidió darse a conocer a Pablo en Cristo, su persecución de la iglesia y sus progresos en el judaísmo se detuvieron bruscamente.[2] En vista del llamamiento divino tenía dos opciones: o bien ir a Jerusalén para conseguir una autorizada interpretación de su visión y llamamiento,[3] o ser instruido en otro lugar. Pablo se decidió por lo segundo y se marchó inmediatamente a Arabia y a Damasco (v. 17). Por ello, sus experiencias anteriores y posteriores a la conversión no le habían preparado para entender que el evangelio de la gracia tenía que proclamarse a los gentiles,[4] ni era tampoco uno más de los apóstoles radicados en Jerusalén. Pablo se

---

1. Un libro excelente, aunque técnico, sobre el pasado de Pablo es el de M. Hengel, *The Pre-Christian Paul* (Filadelfia: Trinity Press International, 1991). Para una lectura más popular, ver R. N. Longenecker, *The Ministry and Message of Paul* (Grand Rapids: Zondervan, 1976), 21-30.
2. Esto se ve en los tiempos verbales de los verbos griegos: mientras que los tres verbos de los vv. 13-14 están en tiempo imperfecto (describiendo una acción remota e incompleta), los de los vv. 15-17, que describen el abrupto cambio de Pablo, están en aoristo (explicando la acción en su conjunto).
3. La palabra griega que utiliza Pablo es *prosanatithemi* ("consultar"); se utiliza frecuentemente para el acto de consultar a un experto para la interpretación de un cierto sueño o visión. Pablo sabía que el encuentro con Cristo, una experiencia "en mí" (v. 16), llevaba consigo una infalible interpretación, de modo que no era necesario consultar a otras personas o recibir consejo para percibir su significado. Acerca de este verbo, ver J. D. G. Dunn, *Jesus, Paul, and the Law*, 109-10.
4. Es posible que las expresiones del versículo 14 deban entenderse con una fuerza antigentil: Pablo era ducho "en la práctica del judaísmo, [no del universalismo]" y "aventajaba a muchos de mis contemporáneos en mi celo exagerado por las tradiciones

dirige a menudo a los receptores gentiles de su apostolado (Ro 15:14-21; Ef 3:1-13; Col 1:24-2:3), y sabe que solo por la gracia de un Dios soberano tiene un ministerio tan glorioso (Jer 1:5; 1Co 15:9-11; Ef 3:7-13).

El segundo argumento es el mismo en esencia, pero interesa a otro grupo de autoridades. Pablo pasa ahora de la enseñanza humana a las iglesias de Judea (vv. 18:24). En nuestro comentario de los versículos 10-12 hemos subrayado la importancia de las iglesias de Judea y no es necesario repetir aquí esta cuestión. Cabe simplemente recordar que Judea, y especialmente Jerusalén, fue la madre del cristianismo primitivo. Aunque Galilea fue central durante el ministerio terrenal de Jesús, Judea y Jerusalén eclipsaron casi inmediatamente a la región de Galilea como sede del cristianismo primitivo.

Pablo aprendió algo de Pedro, pero solo pasó unos días con él y, añade, esto ocurrió "después de tres años" (v. 18).[5] Los demás apóstoles no estaban presentes, por eso Pablo no recibió nada de ellos; sí contactó, afirma el apóstol, con Jacobo el hermano de Jesús. Su falta de contacto con los apóstoles es tan crucial que Pablo hace una declaración: "Dios me es testigo que en esto que les escribo [la falta de contacto con los apóstoles] no miento" (v. 20). Hemos de inferir por la seriedad del tono de Pablo en este texto que los judaizantes argumentaban que la primera visita de Pablo a Jerusalén se produjo para ser instruido por los apóstoles en los rudimentos del evangelio. Pablo responde: ¡esto sucedió tres años después de mi conversión, fue algo breve y prácticamente no tuve contacto con los apóstoles! ¡No es un fundamento muy sólido que digamos, argumenta, para ser considerado un apóstol de Jerusalén!

Después de esta breve visita, el apóstol volvió a su región de origen (Siria y Cilicia), donde no cabe duda de que estuvo atareado debatiendo

---

de mis antepasados [en su protección de los privilegios judíos y de los distintivos nacionales]".

5. El verbo que Pablo utiliza es *historesai* (NVI: "visitar"). Este verbo se utiliza normalmente para denotar el deseo de obtener información y, muy probablemente, aquí significa esto. Por ello, la traducción de la NVI ganaría probablemente precisión si dijera: "... subí a Jerusalén para pedirle información [a Pedro]". ¿Pero no entraría en conflicto esta lectura con el argumento general de Pablo en este pasaje? Podemos asumir que no, o que Pablo había cambiado de opinión o que no lo mencionó. En lugar de ello, podemos entender que Pablo considera que recabar información de Pedro era compatible con la independencia de la fuente de su evangelio. Aunque Pablo defiende enérgicamente la independencia de su evangelio en lo que respecta a su fuente, sostiene también que este es compatible con el evangelio predicado por los apóstoles de Jerusalén. Pasaron, por tanto, tres largos años antes de conocer por boca de Pedro algunos de los hechos sobre Jesús o los comienzos de la iglesia. Ver además J. D. G. Dunn, *Jesus, Paul, and the Law*, 110-13.

con los judíos sobre el Mesías (v. 21). Pablo afirma, como algo importante para su argumento, que en aquel tiempo "en Judea las iglesias de Cristo no me conocían personalmente" (v. 22). Lo único que sabían de Pablo era que en otro tiempo había sido perseguidor pero ahora predicaba el evangelio. Esto le hizo objeto de elogios por su parte (vv. 23-24).

Pablo sostiene, pues, en el contexto, que su evangelio le llegó directamente de Jesucristo y no de ninguna enseñanza humana ni de las iglesias de Jerusalén y Judea. Su argumento, pues, sobre la necesidad de escucharle y no aceptar la corrección de los judaizantes se sostiene. Antes de proceder a ver otros de los acontecimientos que consigna en su argumento del capítulo 2, hemos de reflexionar sobre el modo en que podemos aplicar este pasaje a nuestra sociedad contemporánea.

Siempre que un autor del Nuevo Testamento reflexiona sobre su llamamiento o conversión a Cristo, es natural que, siendo todos pecadores necesitados de la gracia y el llamamiento de Dios, reflexionemos sobre nuestra propia vida a partir de la experiencia de la persona en cuestión. Esto me parece del todo razonable y hace que la aplicación sea relativamente fácil, incluso, en ocasiones, variada. Las biografías son una forma especialmente útil y efectiva de educar y de ilustrar verdades. Una breve visita a una librería cristiana ofrecerá a cualquier visitante una amplia selección de biografías de cristianos.

Pero en nuestro apresuramiento por encontrar aplicaciones, no hemos de olvidar lo que Pablo pretende en este texto. El apóstol no está contándonos una mera historia de su vida, sino relatándonos ciertos acontecimientos biográficos desde un determinado enfoque y perspectiva, que remarcan su independencia de Jerusalén en aquel primer periodo después de su conversión. Esta misma historia podría presentarse desde la perspectiva de cómo su pasado en el judaísmo le había preparado para su ministerio cristiano. Él podría, pues, señalar cosas como su conocimiento de la ley, su temor de Dios, y su celoso sentido del compromiso, además de su educación, como cosas que le facultaron para debatir con sus oponentes judíos y gentiles. Por regla general, las biografías tienen enfoques determinados, y esta breve narración del pasado de Pablo tiene una perspectiva que hemos de respetar. No es toda la historia de su vida (hay otro enfoque en los retratos de Lucas en Hch 9; 22 y 26).

Para aplicar esta biografía de Pablo hemos de percibir primero su propósito esencial (y si este propósito es subrayar la independencia de Pablo de Jerusalén y su revelación directa de Jesucristo, entonces su biografía no es tan directamente relevante como podríamos haber pensado en un principio). De hecho, hemos de reconocer que frecuentemente aplicamos los significados secundarios de los textos en lugar de trasladar a nuestros días su sentido principal. En este texto, por ejemplo, nuestra tendencia en el mundo occidental es centrarnos en la esencia de los llamamientos de Dios o la naturaleza de la conversión. Por legítimas que puedan ser este tipo de aplicaciones (y pienso que lo son, como veremos más adelante), la primera responsabilidad del intérprete es encontrar el principal significado del texto y esforzarse en aplicarlo. En este caso, el principal sentido del texto es la independencia de Jerusalén del mensaje de Pablo y su importancia para (1) la justificación de los gentiles y (2) una vida cristiana vivida bajo la dirección del Espíritu Santo.

No obstante, tenemos aquí una descripción de la conversión y llamamiento de Pablo que nos ofrece categorías para las percepciones de nuestra propia conversión y llamamiento. Lo que hemos de ver es que esta es solo la conversión de una persona; no hay justificación para la idea de que todas las conversiones o llamamientos han de producirse como la de Pablo. Conozco a pocas personas que hayan tenido visiones parecidas en su conversión o su llamamiento. No todo aquel que siente que ha sido llamado por Dios a un cierto ministerio tiene la misma experiencia impresionante y cegadora. Y no todas las conversiones o llamamientos son tan repentinos como el que vivió Pablo. Algunas personas se convierten, como Pedro, tras varios años y por medio de distintas experiencias. ¿Cuándo, concretamente, se convirtió Pedro? ¿En Lucas 5? ¿Marcos 8? ¿Juan 21? ¿Hechos 2:1-19? A diferencia de Pablo, algunas personas son llamadas, mediante una serie de acontecimientos y experiencias educativas. Otros han tenido conversiones y llamamientos hasta cuyo origen no pueden remontarse exactamente.

Algunos de mis estudiantes, por ejemplo, han llegado al Trinity sin un definido sentido de haber sido llamados al ministerio, mientras que otros lo han tenido desde que eran niños. Y sin embargo, tras varios años en el seminario y después de analizar seriamente el llamamiento divino de sus vidas, la mayor parte de estos estudiantes acaban sus estudios con una clara percepción de lo que Dios quiere que hagan. Lo que estoy diciendo es esto: no todos tienen la misma experiencia que Pablo. Por consiguiente, al aplicar este texto hemos de tener cuidado de no imponer este llamamiento a la conversión de Pablo a todas las personas. De hecho, he conocido a pocos estudiantes que se estuvieran preparando para el ministerio y hubieran recibido su llamamiento al mismo en el momento de la conversión.[6] En el caso de la mayoría de ellos ha sido el crecimiento en la gracia de Dios, en el conocimiento de su Palabra y en el discernimiento de sus dones lo que les ha llevado a una más completa apreciación de la guía de Dios en su vida.

Y quizá deberíamos decir, incluso, que Pablo no enseña que todos los cristianos deban experimentar un llamamiento antes de comenzar a servir a Cristo o a participar en los ministerios de la iglesia. Independientemente de si uno ha tenido o no tal idea, esta no es la idea fundamental de este versículo. Pablo nos habla de *su* experiencia de la gracia de Dios (y esta experiencia se caracterizaba por una dramática conversión y un llamamiento específico). Lo que sostengo es que, bajo la óptica de la narración de Pablo, podemos ver ciertos matices y colores en los llamamientos y conversiones de las personas, no que podamos aprender de todas estas conversiones o llamamientos.

Como se ha mencionado en la sección anterior (vv. 10-12), la principal cuestión que trata este pasaje es la independencia del evangelio de Pablo de las autoridades de Jerusalén. Puesto que allí ya hemos tratado este asunto, aquí dejaremos a un lado las aplicaciones similares. Sugiero que el estudiante de la Biblia lea de nuevo esta sección sobre la aplicación antes de pasar a aplicaciones de carácter secundario. Lo que haré aquí es reflexionar sobre la "biografía" de Pablo, respecto a cómo relaciona su conversión y llamamiento con sus lectores y cómo puede su historia sernos provechosa a nosotros.

Podemos comenzar observando que Pablo ha reescrito su biografía. La preeminente señal de la conversión, según los sociólogos (y cualquiera que lea la Escritura con atención), es la *reconstrucción biográfica*. Lo primero que hace un convertido es un nuevo relato de su biografía.[7] Una

---

6. Algunos eruditos han defendido, de hecho, que los relatos de la experiencia del camino de Damasco solo ofrecen información sobre el *llamamiento* de Pablo, no acerca de su conversión. No obstante, estoy convencido de que la información del texto se entiende mejor cuando se ve como la descripción de una conversión y un llamamiento. El fascinante libro de A. F. Segal, *Paul the Convert* (New Haven: Yale University Press, 1990), esp. pp. 3-33, 72-114, se acerca a Pablo desde una óptica judía y sociológica.
7. Dos importantes obras de consulta procedentes del mundo de la sociología, son D. A. Snow y R. Machalek, "The Convert as a Social Type", en *Sociological Theory* 1983 (ed.

reorientación básica sería: las cosas que antes eran más importantes para mí han dejado de serlo, y las que antes no contaban para nada son ahora fundamentales. Como dirá el propio apóstol más adelante: "Sin embargo, todo aquello que para mí era ganancia, ahora lo considero pérdida por causa de Cristo" (Fil 3:7). La perspectiva de Pablo sobre su vida gira ahora completamente alrededor de su encuentro con Cristo. De hecho, el apóstol reelaboró su percepción de sí mismo. Sabía que era una persona distinta. Hubo, pues, también una autotransformación. Esto es lo que les sucede a todos los que se convierten a Jesucristo.[8]

El nuevo creyente se percibe ahora completamente a sí mismo dentro de las categorías de una relación con Jesucristo. En un pequeño grupo que tengo con mis estudiantes todos los jueves, muchos de ellos aluden a su "vida a.C.", en referencia al tiempo en que vivían sin conocer a Cristo. Puede ser provechoso que los lectores de Gálatas escriban un breve relato de sus vidas tratando de orientarlo alrededor de su conversión a Cristo. Este relato podría tener tres secciones: (1) "Anterior forma de vida", (2) "Conversión" y (3) "Llamamiento Presente". Así es como Pablo reconstruyó su vida, y es un paradigma característico, ya que la conversión es el cambio decisivo que se produce en la vida de cada cristiano. (Debo añadir, sin embargo, que al hablar de un "cambio decisivo" no pretendo decir que todas las conversiones sean iguales, como ya he afirmado antes. No obstante, la Biblia enseña que todos los cristianos han experimentado la conversión, sea de una forma súbita o progresiva.)

Pero puedes explorar tu pasado desde distintas perspectivas. Puedes también escribir tu biografía desde la óptica de cómo tu pasado, sea el que sea, te preparó para tu vida y ministerio actuales; desde el punto de vista de tu desarrollo espiritual, de tus encuentros con el Espíritu Santo o de los decisivos cambios que han hecho impactos significativos sobre tu vida. En cada uno de estos enfoques, has de orientar el relato de tal manera que tu encuentro con Cristo sea preeminente. Este tipo de disciplina, aunque requiere una gran inversión de tiempo, nos fuerza a quitar a nuestro ego del centro de nuestra vida y a poner a Cristo en él. Nos enseña a ver nuestra vida como la ve Dios, es decir como una vida que ha sido transformada

---

R. Collins; San Francisco: Jossey-Bass, 1983), 259-89; C. L. Staples y A. L. Mauss, "Conversion or Commitment? A Reassessment of the Snow and Machalek Approach to the Study of Conversion", *Journal for the Scientific Study of Religion* 26 (1987): 133-47.

8. Mi autobiografía cristiana preferida es la de C. S. Lewis, *Cautivado por la alegría* (Nueva York: Rayo, 2006), quien claramente reorienta toda su vida alrededor de la vida que encontró en Cristo.

por Jesucristo y por el Espíritu Santo. Nos enseña a configurarla conforme a categorías bíblicas.

Un seguro resultado de esta disciplina es que nos será mucho más fácil dar nuestro testimonio. Cuando era niño, tuve un pastor que en la reunión del miércoles por la noche pedía a menudo si alguien tenía un "testimonio" de algo que hubiera sucedido durante la semana. También esperaba (pero por lo que sé no lo requería) que, en este contexto, todos los nuevos convertidos dieran su "biografía reconstruida". Recuerdo la alegría que esto generaba en toda la iglesia cuando diferentes hermanos y hermanas declaraban su lealtad a Jesucristo y explicaban su conversión. Es posible que si incidimos en la necesidad de aprender a contar nuestra propia historia eso pueda llevar nuevamente a las iglesias a este tipo de reuniones.[9]

Obsérvese asimismo que la conversión de Pablo supuso una *completa* reordenación de la vida del apóstol. Notemos con cuánto celo perseguía Pablo a la iglesia: "Ustedes ya están enterados de mi conducta cuando pertenecía al judaísmo, de la furia con que perseguía a la iglesia de Dios" (v. 13); o con cuánta pasión se esforzaba por tener una reputación piadosa dentro del judaísmo: "En la práctica del judaísmo, yo aventajaba a muchos de mis contemporáneos en mi celo exagerado por las tradiciones de mis antepasados" (v. 14); o lo completa que fue su conversión: "Cuando él tuvo a bien revelarme a su Hijo para que yo lo predicara entre los gentiles" (v. 16). Pablo pasó de un vehemente compromiso con el judaísmo a uno más vehemente si cabe con Cristo y la tarea apostólica que él le encomendó. Los compromisos de Pablo eran totales.

> Antes de su conversión, Saulo de Tarso era un hombre intolerante y fanático, incondicional en su devoción al judaísmo y en su persecución de Cristo y de la iglesia. Una persona que se encuentra en este estado mental y emocional no tiene ninguna disposición a cambiar de opinión, ni a que ningún hombre se la cambie. Ningún reflejo condicionado ni cualquier otro recurso psicológico pueden convertir a un hombre que se encuentra en este estado. ¡Solo Dios podía alcanzarle, y lo hizo![10]

---

9. Naturalmente, el marco natural de este tipo de "historias" son los servicios de bautismos. Aparte de la obvia división en las iglesias acerca del bautismo de adultos frente al bautismo de infantes, pocos servicios ofrecen el tiempo necesario para este tipo de biografías. Ver también, mis comentarios sobre 3:1-5 ("Significado Contemporáneo").
10. J. R. W. Stott, *Only One Way*, 31-32.

La conversión de este hombre puede llegar a ser un modelo mediante el cual evaluar nuestros compromisos. ¿Estamos tan comprometidos con Cristo, con su derecho sobre nuestras vidas y con su llamamiento, como lo estábamos con nuestra vocación y actividades anteriores a nuestra conversión?

Aunque está claro que no es a Pablo a quien hemos de seguir (seguimos a Cristo), es también evidente que el apóstol fue un siervo obediente cuya vida nos muestra un resplandeciente ejemplo de devoción. De hecho, Pablo desafió frecuentemente a sus iglesias a que fueran imitadores de él como él seguía a Cristo (Gá 4:12; 1Co 3:5-6; 4:15. 4:16; 11:1; Fil 3:17; 4:8-9). El compromiso de Pablo nos permite aprender lo que significa para nosotros estar comprometidos. El rasgo que más se destaca de su vida es el carácter total de su compromiso.

Una triste realidad de la iglesia de nuestro tiempo es que muchos de quienes profesan ser cristianos viven un compromiso mediocre con Cristo, su evangelio y su estilo de vida; el compromiso de algunas de estas personas no es mucho más profundo que la percepción que tenían de Cristo y de la vida cristiana cuando hicieron alguna forma de decisión en su infancia. Algunos dirigentes cristianos enseñan que la obediencia no es un resultado inevitable de la verdadera fe, y quienes les siguen acaban pensando que su compromiso con Cristo no tiene que ser total. Están también los que confían en una doctrina de la seguridad eterna que les protege aunque vivan una vida de pecado. ¿Qué piensan, me pregunto, de nuestro "evangelio sin demandas" los mártires de la fe (desde Jacobo y Esteban hasta Bonhoeffer y los modernos misioneros en América Latina)? ¿Y cómo podemos mirar a la cara a estos mártires y sostener que no es necesario exponer nuestra vida por Dios? Así, en contraposición a toda esta orientación (aunque no sea dominante) de la iglesia del mundo occidental, tenemos el ejemplo de Pablo. El apóstol nos plantea un duro desafío: entregarnos completamente a Cristo y a cumplir su llamamiento para nuestra vida. Como en los días de Pablo, las iglesias alabarán a Dios por una vida así (v. 24).

Sin embargo, otra implicación de este pasaje es que Pablo recibió un llamamiento muy *específico*. No es infrecuente oír a personas afirmar que Dios los ha llamado a una determinada tarea. Pablo tenía la misma clara percepción de la dirección de Dios en su vida: "para que yo lo predicara entre los gentiles" (v. 16). Se nos ha enseñado que si no tenemos objetivos no conseguiremos nada. Lo mismo se aplica en la vida cristiana: si en nuestra vida cristiana nos dejamos llevar sin establecer un claro rumbo, nos moveremos a la deriva como una botella que flota en el océano. Aunque iremos de aquí para allá en diferentes actividades no conseguiremos nada.

Es de capital importancia que los cristianos disciernan sus dones y los utilicen, y asimismo que no cedan a las presiones de enredarse en todas las buenas causas que se crucen en su camino. Puede que algunos cristianos se impliquen en toda una serie de causas buenas como ideales políticos, problemas sociales y eventos de orden cultural, pero estas actividades no son para todo el mundo. Otros cristianos pueden ejercer influencia en el ámbito de los deportes, los medios de comunicación o la educación pública, y otros tal vez se orienten a áreas como la educación cristiana, los ministerios de la iglesia local o el trabajo misionero. Sea cual sea la esfera de nuestro llamamiento, es importante que cada uno de nosotros entienda lo que Dios le ha llamado a hacer y que lo haga sin querer hacer otras cosas. Lo que quiero decir es que, cuando conocemos el llamamiento de Dios para nuestras vidas, hemos de ceñirnos a él y no permitir que ninguna distracción nos impida llevarlo plenamente a cabo.

¿Cómo discernimos la voluntad de Dios para nuestra vida? Puede que muchos lectores de este libro sean conscientes de que recientemente ha habido bastante debate sobre el discernimiento de la voluntad de Dios por parte de los cristianos.[11] Mi propósito no es debatir estas ideas y llegar a una conclusión definitiva. Soy de la opinión de que la voluntad de Dios abarca una amplia gama de opciones para los cristianos, pero creo que para algunas personas, su voluntad puede implicar una determinada vocación. He conocido recientemente a un hombre convencido de que la voluntad de Dios para su vida es un ministerio con drogadictos adolescentes a través de una empresa náutica de recreo. Me pareció algo muy específico (¡de hecho, me sorprendió que pudiera saber tanto sobre la voluntad de Dios!). Otras personas no encuentran la voluntad de Dios para ellos con tanta concreción. Considero temerario imponer un único modelo a todos los cristianos. Para algunos, Dios no define su voluntad de manera tan específica, sino de un modo más general: vivir en obediencia como cónyuge, servir en distintos ámbitos de la iglesia local y luchar por la justicia social en las oportunidades que se presentan. Para otros puede

---

11. Uno de los textos que más ha avivado este fuego fue la obra de G. Friesen, con J. R. Maxson, *Tus decisiones y la voluntad de Dios* (Miami: Vida, 2006). Friesen protesta acertadamente contra la idea de que Dios tiene una voluntad específica para todos los aspectos de la vida de cada ser humano y de que es responsabilidad de cada persona encontrar dicha voluntad (Friesen habla de "dar en el centro del blanco", o en el "punto") o quedarse para siempre "fuera de la voluntad de Dios".

ser sencillamente ser fiel como cristiano trabajando en una gran empresa, compatibilizando esta profesión con una vida obediente y temerosa de Dios en casa y en la iglesia. Y para otros podría ser algo tan específico como enseñar principios de salubridad a refugiados haitianos.

¿Pero cómo discernimos este llamamiento?[12] Creo que en la comprensión de la voluntad de Dios para nuestra vida hay tres dimensiones. (1) Necesitamos una convicción interior de que la ocupación o ministerio en cuestión es lo que Dios quiere para nosotros. Esto lo vemos en Pablo cuando expresa su convicción de que Dios revelaba a su Hijo por medio de él (v. 16). (2) Necesitamos la sabiduría de nuestros dirigentes y ancianos. Quien piensa que puede anunciar que Dios le ha dado un ministerio especial sin tratar el asunto con sus dirigentes y mentores cristianos no está demostrando ser un cristiano responsable, sino más bien actuar de un modo independiente e inmaduro. En estos casos, el consejo de los dirigentes será a menudo positivo; puede que otras veces cuestionen ciertos aspectos, adviertan sobre ciertos peligros y ofrezcan consejos que ayudarán a la persona a responder a este llamamiento de un modo más responsable. (3) Necesitamos la opinión y evaluación de personas experimentadas y que nos observan en el desarrollo de los ministerios a los que creemos haber sido llamados. Al menos una vez al año he de hablar con alguno de mis estudiantes para expresarle mi preocupación por sus ideas sobre su ministerio futuro. Esta ha sido una de las tareas más difíciles de mi ministerio; sin embargo, creo que es muy importante. Es un acto de irresponsabilidad por parte de los dirigentes cristianos permitir que alguien desarrolle un ministerio para el que no está preparado o dotado. Es bastante frecuente que los miembros de la facultad del seminario donde enseño tengamos que decir a alguno de los jóvenes que Dios no les ha dado los dones de la predicación y la enseñanza. Mi experiencia personal ha sido también que tales estudiantes suelen estar muy agradecidos de que alguien estuviera dispuesto a pasar tiempo orando con ellos por sus planes futuros. Saber ahora que no hemos sido llamados a una determinada actividad o ministerio nos ahorra un futuro de aflicción. (¡Sé también que, en ocasiones, nuestras ideas sobre el futuro ministerio de un estudiante han resultado erróneas y, a pesar de nuestro consejo, tales estudiantes han desarrollado un ministerio fructífero!).

---

12. De nuevo, ver J. R. W. Stott, *El cristiano contemporáneo*, 123-39, quien distingue entre un sentido general de dirección, vocación y ministerio y otro específico, y que da sabios consejos sobre el tema que nos ocupa. Stott sugiere que, para discernir la voluntad de Dios, los cristianos han de ceder, orar, hablar (con otras personas dentro de la comunidad y con sus padres), pensar y esperar (pp. 125-26).

Finalmente, la descripción que hace Pablo de su propia vida es honesta e incluso potencialmente perjudicial para él. Pablo sabía que los judaizantes leerían su carta y analizarían cada detalle de sus palabras sobre su relación con la iglesia de Jerusalén y sus dirigentes. Si Pablo desvirtuaba los hechos, estos reaccionarían inmediatamente y dirían que era un mentiroso; y esta distorsión pondría para siempre en peligro la integridad del evangelio de Pablo. Pablo sabía que tenía que ser honesto. Y esta es la razón por la que plantea el asunto de su viaje a Jerusalén y su entrevista con Pedro y Jacobo. Es fácil imaginar que en este preciso punto de la carta los judaizantes habrían dicho en tono triunfal: "Esta es la información que necesitamos. Pablo estuvo en Jerusalén y fue entonces cuando los dirigentes de la iglesia le instruyeron en el evangelio que predica". Hubiera sido mejor que, tras su conversión, Pablo nunca hubiera estado en Jerusalén ni hubiera conocido personalmente a ningún apóstol. Pero Pablo cuenta lo que sucedió con sinceridad y veracidad, aunque ello implicara un gran esfuerzo para que los gálatas se dieran cuenta de que, aunque estuvo en Jerusalén, no recibió su evangelio de los dirigentes de esta ciudad.

¿Cuántas veces, al narrar algo o describir ciertos hechos, nos sentimos tentados a presentar las cosas de tal manera que nos situamos en los límites extremos de la verdad? Pablo rechazaba la falta de honradez y dijo la verdad sobre su relación con la iglesia de Jerusalén. En este sentido podemos aprender mucho de él sobre cómo contamos nuestras biografías y narramos los relatos. Hemos de ser lo más honestos posible.

Esta "biografía angular" de Pablo puede, pues, marcarnos la pauta para contemplar nuestra propia conversión y llamamiento a diferentes vocaciones y ministerios en nuestro mundo. Naturalmente, este pasaje permite otras aplicaciones, pero mi sincera preocupación es subrayar la importancia que tuvo para Pablo su propia conversión para evaluar su vida en sus esfuerzos por servir a Dios.

Gálatas 2:1-10

Catorce años después subí de nuevo a Jerusalén, esta vez con Bernabé, llevando también a Tito. ² Fui en obediencia a una revelación, y me reuní en privado con los que eran reconocidos como dirigentes, y les expliqué el evangelio que predico entre los gentiles, para que todo mi esfuerzo no fuera en vano. ³ Ahora bien, ni siquiera Tito, que me acompañaba, fue obligado a circuncidarse, aunque era griego. ⁴ El problema era que algunos falsos hermanos se habían infiltrado entre nosotros para coartar la libertad que tenemos en Cristo Jesús a fin de esclavizarnos. ⁵ Ni por un momento accedimos a someternos a ellos, pues queríamos que se preservara entre ustedes la integridad del evangelio.

⁶ En cuanto a los que eran reconocidos como personas importantes —aunque no me interesa lo que fueran, porque Dios no juzga por las apariencias—, no me impusieron nada nuevo. ⁷ Al contrario, reconocieron que a mí se me había encomendado predicar el evangelio a los gentiles, de la misma manera que se le había encomendado a Pedro predicarlo a los judíos. ⁸ El mismo Dios que facultó a Pedro como apóstol de los judíos me facultó también a mí como apóstol de los gentiles. ⁹ En efecto, Jacobo, Pedro y Juan, que eran considerados columnas, al reconocer la gracia que yo había recibido, nos dieron la mano a Bernabé y a mí en señal de compañerismo, de modo que nosotros fuéramos a los gentiles y ellos a los judíos. ¹⁰ Sólo nos pidieron que nos acordáramos de los pobres, y eso es precisamente lo que he venido haciendo con esmero.

Sentido Original

Para demostrar que su evangelio era una revelación directa de Jesucristo, Pablo ha intentado mostrar que este no dependía de la enseñanza humana (1:13-17) o de las iglesias de Judea (1:18-24). El siguiente paso de su argumento (2:1-10) consiste en demostrar que su evangelio era también independiente de aquellos que eran considerados columnas de la iglesia en Jerusalén. En 2:11-21 Pablo procede a remachar el argumento de su independencia mostrando que tampoco recibió su evangelio de Pedro, el archiapóstol.

En la autobiografía de Pablo, el siguiente contacto importante con Jerusalén llegó "catorce años después" (2:1).[1] Durante esta visita se produjo un importante diálogo entre un evangelio judaico y nacionalista y otro que, aunque también judaico, era más gentil y universalista. Pablo abanderaba este último y (al parecer) los principales apóstoles el primero. Según Pablo, se alcanzó un consenso: que Pablo había sido llamado a predicar lo que predicaba y que el ámbito de su ministerio era los gentiles y que Pedro había sido llamado a predicar lo que predicaba y su ámbito era el mundo judío. No obstante, el contenido de lo que ambos predicaban era el mismo; las diferencias estaban en los receptores de su mensaje.

El primer bloque de esta sección tiene que ver con la *presentación que Pablo hace de su mensaje* (vv. 1-3). Catorce años después de su conversión, Pablo hizo un segundo viaje a la ciudad santa,[2] llevando consigo a dos de sus amigos: Bernabé y Tito. Bernabé, que se llamaba José, era un levita que se había criado en Chipre y a quien, por su ministerio, los apóstoles llamaban "Hijo de consolación" (es decir, Bernabé, Hch 4:36).[3] Más adelante se nos dirá que era "primo" de Juan Marcos (Col 4:10). Su obediencia (Hch 4:36-37), actitud conciliadora y temperamento afable y bondadoso (9:26-30), unido a su dependencia del Espíritu Santo, le llevaron a desarrollar un importante ministerio junto a Pablo (*cf.* 11:22-26). Si el orden de los nombres dice algo, parece probable que Bernabé hubiera ejercido el liderazgo al comienzo de su ministerio con Pablo, pero que, finalmente, por sus dones apostólicos, acabara asumiéndolo este último (*cf.* 13:1-15:41; pero ver también, 14:14; 15:12, 25). Pablo tuvo, que se sepa, dos desacuerdos con Bernabé: (1) sobre Pedro en Antioquía (Gá 2:11-21) y (2) sobre Juan Marcos a comienzos de su segundo viaje misionero (Hch 15:39-40). Es más que probable que estas tensiones se resolvieran de manera completa y satisfactoria ya que, más adelante, Pablo considera a Bernabé como un igual (1Co 9:6). Bernabé acompañó a Pablo a Jerusalén en Gálatas 2:1 porque era un hombre importante y respetado

---

1. Es probable que esto sucediera catorce años después de su conversión (1:13-17), o que aluda a catorce años después de su primera visita que se menciona en 1:18, o a catorce años después de su visita a Siria y Cilicia (1:21). Si datamos su conversión en el año 33 d.C., esta visita a Jerusalén (la segunda), se habría producido posiblemente en el año 46 d.C. Para más información sobre la situación histórica, ver más adelante, al final de la sección Sentido Original (p. 101).
2. Esta segunda visita se produjo por una "revelación" (v. 2). Hechos 11:27-30 describe una instrucción profética dada por Agabo; Gá 2:2 bien podría describir esta palabra profética como una revelación. Ver R. N. Longenecker, *Galatians*, 47.
3. Técnicamente, este nombre arameo significa "hijo de profecía"; la "profecía" tiene al menos dos dimensiones: (1) predicción y (2) consuelo/ánimo.

en el ámbito de las iglesias de Jerusalén. Su historial como pacificador y mediador entre diferentes facciones hacía de él un adecuado colaborador.

El segundo compañero de viaje de Pablo era Tito, y aunque no estemos seguros de por qué acompañó a Pablo y Bernabé, su rasgo característico (y la razón por la que se le menciona) es que era gentil. Es posible que Pablo llevara a Tito, probablemente uno de sus primeros convertidos (cf. Tit 1:4) y fiel amigo (2Co 2:13), como "precedente legal", en cuyo caso Tito habría sido un gentil que mostraba un inconfundible e impecable carácter cristiano.[4] Esto forzaría a los creyentes judíos de Jerusalén a reconocer que Dios estaba tan activo entre los gentiles como entre los judíos. Por otra parte, el hecho de que fuera tan claro que Dios le había escogido suscitaría la cuestión de no haber sido circuncidado. El argumento de Pablo no podía ser más claro: si Dios había escogido a este gentil incircunciso y lo estaba utilizando, era, pues, evidente que la circuncisión no era un requisito necesario para formar parte del pueblo de Dios.[5] Dos versículos más adelante se nos informa que aunque Tito era griego no fue "obligado" a circuncidarse.[6] La importancia de Tito se hace, pues, evidente: durante la segunda visita de Pablo a Jerusalén los dirigentes habían tenido toda oportunidad de plantear el asunto de la circuncisión si ello fuera un requisito para formar parte del pueblo de Dios. Pero no lo hicieron. El argumento de Pablo tiene un elemento decisivo: puesto que aquellos que eran considerados "columnas" de la iglesia de Jerusalén no pidieron la circuncisión de Tito, puede asumirse que para ellos la circuncisión no era necesaria para la salvación, ni tampoco lo era unirse al judaísmo; los gentiles solo tenían que volverse a Jesús y confiar en él para ser salvos.

El argumento de Pablo contra los judaizantes a partir de este incidente se sostiene sobre otra prueba: durante su visita a Jerusalén se reunió "en privado" con los dirigentes (posiblemente las columnas de los vv. 6, 9) y "les explicó el evangelio" que predicaba a los gentiles. Este evangelio era, sin duda, el de la salvación a través de la obra de Cristo simplemente confiando en la gracia de Dios en Cristo. Su evangelio no exigía la adopción de una forma de vida judía ni la sumisión a la ley. Pablo afirma incluso que esto lo hizo humildemente: "para que todo mi esfuerzo no fuera en vano"

---

4. Es posible que Pablo hubiera comenzado a entender el significado del estatus gentil de Tito durante esta visita después de reflexionar más. Pero esto es menos probable, en mi opinión, sencillamente porque los judíos piadosos del siglo primero sabían inmediatamente quiénes eran judíos y quiénes gentiles. Creo, por tanto, que Pablo llevó consigo a Tito para sentar un precedente.
5. Para otros detalles sobre Tito, ver G. F. Hawthorne, "Titus", *NISBE*, 4:864-65.
6. Esta es una palabra fuerte. Ver además las notas de 2:14.

(v. 3). Esta fue una gran concesión por parte de Pablo. Por confiado que estuviera en la revelación que él creía de Jesucristo, seguía dispuesto a someter su revelación a la evaluación de los dirigentes de Jerusalén. Creo que Pablo no tiene aquí un acercamiento retórico, sino esencialmente honesto. Por otra parte, esto le daba al apóstol un argumento incluso más profundo (esencialmente el de los vv. 1-10): su evangelio era independiente de Jerusalén y, al mismo tiempo, confirmado por los dirigentes de esta ciudad. Esto no les dejaba salida ni a los judaizantes ni a los gálatas.[7]

El segundo bloque trata de la *oposición al mensaje de Pablo* (vv. 4-5). "El problema [es decir, el relativo a la circuncisión] era que "algunos judaizantes, a quienes Pablo llama aquí "falsos hermanos", pretendían infiltrarse en las filas de quienes habían entendido bien el evangelio para propagar su mensaje basado en la ley de Moisés. Su propósito era "esclavizarnos". Esto ha de entenderse como una vida bajo la ley de Moisés junto a la gracia en Cristo y sin la libertad del Espíritu (3:10-14, 23-25), con lo cual se eliminan en realidad la gracia y la libertad. Es adolescencia en comparación con liberadora filiación y madurez, como Pablo lo describe en 3:26-4:7. Pablo sostiene que la experiencia que en aquel momento tienen él y los gálatas con los judaizantes era la misma que la que él había tenido en Jerusalén durante su segunda visita o en Antioquía en una fecha anterior,[8] y es que, a personas que se habían convertido a una simple fe en Jesucristo se les imponía un evangelio que combinaba a Jesús con Moisés. En vista de los comentarios de Pablo en 1:6-9, no debe sorprendernos que el apóstol los llame "falsos hermanos". Esta es la herejía a la que Pablo está haciendo frente: un "evangelio" que minimiza la obra de Cristo y menoscaba el ministerio del Espíritu.

La respuesta de Pablo a los infiltrados es el tema de toda la carta: "Ni por un momento accedimos a someternos a ellos, pues queríamos que se

---

7. Algunos eruditos han argumentado que la sumisión de Pablo no se debía a la validez o veracidad de su mensaje, sino a su carácter práctico y efectividad (ver F. F. Bruce, *Gálatas*, p. 111 de la edición en inglés). Bruce afirma: "Su comisión no procedía de Jerusalén, pero no podía ser ejecutada de manera efectiva excepto en comunión con Jerusalén". Me inclino a pensar que esto es trazar una línea de distinción demasiado fina. Es fácil imaginar que Pablo, aunque confiado, podría haber sometido sus ideas a la consideración de ellos. Puesto que estos habían estado de acuerdo con él, Pablo tenía un argumento más profundo. Creo que, posiblemente, de haber estado en desacuerdo con Pablo, este se habría separado de ellos.
8. F. F. Bruce ha ofrecido una ingeniosa sugerencia sobre el momento de esta infiltración, argumentando que tuvo lugar después de que Pablo y Bernabé partieran de Antioquía y que se produjo en Antioquía y no en Jerusalén. Esto, sostiene a continuación, ayuda a explicar el silencio acerca de la circuncisión en Hechos 11:30; 12:25 (ver su comentario *Gálatas*, pp. 115-17 de la edición en inglés).

preservara entre ustedes la integridad del evangelio" (v. 5). En 5:1 Pablo escoge palabras distintas: "Por lo tanto, manténganse firmes y no se sometan nuevamente al yugo de esclavitud". Después de encontrar a Cristo, y a diferencia de la liberación que encontramos en el Espíritu de Cristo, Pablo describe la vida bajo la ley (aparte de Cristo) como una vida de esclavitud.

El propósito de Pablo era que "se preservara entre ustedes la integridad del evangelio". Su motivación no era personal e individualista, aunque él experimentaba sin duda los beneficios del evangelio de Cristo. Lo que quería no era preservar una reputación de persona independiente o rebelde, sino más bien distanciar su evangelio de la ley de Moisés, consciente de las nefastas implicaciones de imponer la ley a los nuevos convertidos. Quería estar seguro de que estos nuevos convertidos experimentaban el gozo (y la emoción) de la plenitud del tiempo (4:4). El propio Pablo podía vivir en ambos mundos, asumiendo unas veces la ley y otras no. Pero el apóstol sabía que cualquier deriva por su parte hacia un evangelio *inevitablemente* vinculado a la ley sembraría la muerte entre las nuevas iglesias. Significaría su nacionalización. Implicaría unirse al judaísmo en los mismos términos que cualquier otro convertido a la religión mosaica, y bloquearía la entrada a la vida en Cristo. Y por ello Pablo continúa desarrollando su narración aportando importantes datos a su argumento.

La tercera sección alude a *la unidad expresada por los principales dirigentes de Jerusalén y Pablo acerca del mensaje que proclamaba el apóstol* (vv. 6-10). Es posible que los contactos de Pablo con Jerusalén fueran pocos y sus diálogos breves. Pero una cosa está clara: los dirigentes de Jerusalén refrendaron su evangelio. Aquí llegamos al quid de la cuestión: si en el capítulo 1 Pablo estaba tan interesado en defender la independencia de su evangelio, ¿por qué se esfuerza ahora por mostrar que los dirigentes de Jerusalén lo refrendaron? ¿No menoscaba esto su argumento anterior? ¿Acaso no le hace nuevamente vulnerable a la acusación de que su evangelio procedía, al fin y al cabo, de Jerusalén?

Creo que no. Lo que tenemos es, más bien, la disposición del apóstol a utilizar las dos partes de un mismo argumento para apoyar su posición. En el capítulo 1, Pablo defendió que la *fuente* de su evangelio era independiente de Jerusalén, ya que recibió su evangelio directamente de Jesucristo. Los judaizantes no podían, por tanto, argumentar que tenía que someterlo todo a Jerusalén. En el capítulo 2 argumenta que, aunque su evangelio era independiente en cuanto a su fuente, había sido también *refrendado* por los principales dirigentes de Jerusalén. Aunque este respaldo no era necesario para Pablo, sin embargo, puesto que le servía para su argumento contra los judaizantes, decide utilizarlo.

En nuestra tarea de esclarecer el significado de los versículos 6-10, es importante determinar quiénes eran los principales dirigentes a los que alude el apóstol. Este menciona a los dirigentes y, posiblemente, en todos sus comentarios está haciendo referencia a un solo grupo: "los que eran reconocidos como personas importantes" (v. 6), los "que eran considerados columnas" (v. 9), y "Jacobo, Pedro y Juan", (v. 9). Es muy probable que este grupo sea el mismo que el del versículo 2 ("los que eran reconocidos como dirigentes").[9] El evangelio de Pablo estaba ahora afrontando una prueba crucial: ¿cómo respondieron a esta situación aquellos a quienes todos respetaban como autoridades en Jerusalén?

En primer lugar, "no me impusieron nada nuevo" (v. 6). La expresión "nada nuevo" significa claramente que no pensaban que el mensaje de Pablo fuera una versión abreviada que pretendía hacer el evangelio más atractivo para los gentiles. No creían que para ser miembro de pleno derecho de la iglesia hubiera que estudiar y obedecer a Moisés y no pensaban que hubiera que imponer delimitadores fronterizos (como la circuncisión y las leyes alimentarias). Debían de haber pensado, por tanto, que el mensaje de Pablo era el mismo que el de Pedro y demás dirigentes, puesto que este había sido aceptado como mensaje de Cristo. Más adelante en este mismo capítulo, Pablo describe un suceso en el que posiblemente aplicó la lógica del acuerdo descrito en este versículo: si antes estabas de acuerdo con mi mensaje (vv. 6-9), debes estarlo también ahora (no exijas, por tanto, el cumplimiento de las leyes; vv. 11-21). Naturalmente, los dirigentes de Jerusalén tendrían sus reservas sobre algunas de las formas en que este mensaje se aplicaba en la diáspora. Algunos de los principales dirigentes habrían preferido, sin duda, comunidades con un aspecto más judío. Aunque tenían ciertas reservas de carácter social, confiaban suficientemente en el poder del evangelio y del Espíritu Santo como para permitir que el mensaje de Pablo se desarrollara e hiciera un impacto en el mundo gentil.

---

9. Pablo utiliza el verbo griego *dokeo* ("parecer") en todos los casos. Al referirse a lo que este grupo "parece", Pablo alude sin duda a la percepción que tenía del modo en que se les trataba, a saber, como personas honorables. El apóstol los trata, sin embargo, como iguales en estatus y, por tanto, solo "aparentemente honorables". Por su llamamiento, Pablo está dispuesto a separarse de este grupo. Es posible que Pablo haya cambiado de opinión (en otro tiempo pensaba que había que considerarlos como autoridades muy respetadas y, por tanto, obedecidas) o que la nueva era del Espíritu haya anulado las distinciones operativas durante la vida terrenal de Jesús.

En segundo lugar, estos reconocieron oficialmente la vocación especial de Pablo (vv. 8-10). Lo que estos dirigentes percibían era que Dios tenía distintos llamamientos para Pablo y Pedro. La diferencia no estaba en sus mensajes, sino en los receptores a quienes los dirigían: Pablo tenía el ministerio incómodo y potencialmente perturbador de llevar el mensaje de Cristo al resto del mundo mientras que Pedro había sido llamado a desarrollar una tarea más cómoda, en el ámbito local, con todos los problemas sociales que esta conllevaba. En esta decisión había una convicción decisiva en el sentido de que "Dios me facultó también a mí [Pablo] como apóstol de los gentiles" (v. 8).

Y para hacerlo oficial, "Jacobo,[10] Pedro y Juan [...] nos dieron la mano a Bernabé y a mí en señal de compañerismo, de modo que nosotros fuéramos a los gentiles y ellos a los judíos" (v. 9). Esto es algo más que un "apretón de manos" occidental. Estrechar "la mano en señal de compañerismo" representaba un acuerdo oficial entre Pablo (y sus compañeros) y los principales dirigentes de Jerusalén (Jacobo, Pedro y Juan).[11] Habían expresado de manera verbal y en público su conformidad con el mensaje de Pablo (lo ratificaban como puro y fidedigno desde un punto de vista teológico) y con su esfera de ministerio (el mundo gentil). Habían anunciado públicamente su convicción de que Dios había llamado a Pablo a esta tarea. En nuestro tiempo, esta declaración podría compararse con la ratificación de un candidato por parte de un comité de ordenación después de largas entrevistas con él y debate del propio comité. Un comité avezado (entonces y ahora) llega rápidamente al meollo de los asuntos para determinar si un determinado candidato es o no ortodoxo. El respaldo de los dirigentes era genuino y a Pablo se le había presentado como alguien que predicaba el evangelio de Jesucristo con fidelidad y exactitud.

En tercer lugar, estos reconocidos dirigentes solo animaron a Pablo a recordar sus raíces esforzándose enérgicamente por aliviar las necesidades de los pobres (v. 10). Al darle a Pablo su refrendo, le animaron también a mantener abiertas las líneas de comunicación con Jerusalén recaudando

---

10. Se trata de Jacobo, hermano del Señor y probable autor del libro de Santiago. Ciertas tradiciones cristianas antiguas nos informan del papel prominente que Jacobo desempeñó en el cristianismo de Jerusalén (Hch 12:17; 15:13; 21:17-26; observemos aquí el orden de los nombres) y de su sobresaliente devoción. La primera visita de Pablo a Jerusalén supuso entrevistarse con Pedro; que en 2:9 se mencione primero a Jacobo puede poner de relieve el aumento de su autoridad y la reducción de la de Pedro. Sobre Jacobo, ver la exposición especialmente detallada de R. P. Martin, *James* (WBC 48; Waco, Tex.: Word, 1988), xxxi-lxi.
11. En R. N. Longenecker, *Galatians*, 58 hay una enumeración completa de las evidencias del mundo antiguo.

una contribución para los creyentes pobres de la ciudad. Esta otra cuestión fue lo *único* que le pidieron a Pablo, quien ya había demostrado ser sensible hacia las necesidades de los pobres,[12] y seguiría invirtiendo una gran parte de su ministerio en la recaudación de fondos de las iglesias de la diáspora para la iglesia madre de Jerusalén (*cf.* 1Co 16:1-4; 2Co 3:5-6; 4:15. 8:9; Ro 1:5; 11:13-16; 15:19. 15:27-29; Hch 20:16, 22; 24:17). Las causas de la pobreza en Judea eran posiblemente numerosas y diversas: una sobrecarga de necesidades debida al creciente número de viudas (*cf.* Hch 6:1-7), el temprano experimento de la iglesia con la comunidad de bienes (que produjo quizá algunos excesos), la malas cosechas y las persecuciones que suponían una tensión económica. En cualquier caso, había pobreza y Pablo entendía que parte de su ministerio era procurar aliviar estas necesidades. Aunque, naturalmente, para esta tarea Pablo se sentía motivado por la compasión, sugiero que también en parte le movía su deseo de demostrar a las iglesias de Judea que su evangelio y sus iglesias estaban con ellas y con el evangelio que predicaban. En otras palabras, su llamamiento apostólico estaba relacionado con su recolecta para los pobres.

En resumen: durante su segunda visita a Jerusalén, Pablo recibió el respaldo oficial tanto de su mensaje como de su llamamiento a los gentiles. Lo que a primera vista nos parece muy misterioso, cuando lo analizamos más detalladamente nos ofrece varias aplicaciones para nuestro mundo de hoy.

Una nota sobre la relación entre Hechos, Gálatas y las visitas de Pablo a Jerusalén. La relación entre Gálatas 2:1-10 y Hechos 15 es de gran importancia para: (1) reconstruir la historia cristiana temprana, (2) interpretar Gálatas 2 y Hechos 15 (aportan más detalle a nuestras interpretaciones) y (3) evaluar la fiabilidad histórica de cada libro. Aunque no es una conclusión necesaria, muchos de quienes han planteado un paralelismo directo entre Hechos 15 y Gálatas 2 sostienen también que el Libro de los Hechos no es siempre fidedigno al presentar la historia.[13] En otras palabras, aunque las conclusiones que establecemos no son directamente relevantes

---

12. *Cf.* Hch 11:30; 12:25. Para la mayoría de los comentaristas, el uso del aoristo (*espoudasa*) sugiere que Pablo había ya comenzado la práctica de recaudar fondos para los pobres en Judea (ver F. F. Bruce, *Galatians*, 126). Sin embargo, el uso de este tiempo verbal puede indicar *únicamente* su disposición a acordarse de los pobres (más que señalar el tiempo en que tuvo esa disposición). Sobre la recaudación de la ofrenda por parte de Pablo, ver la excelente exposición de R. P. Martin, *2 Corinthians* (WBC 40; Waco, Tex.: 1986), 256-58, a la cual recurriré abundantemente en el comentario de este pasaje.

13. Un ejemplo de este tipo de interpretación lo tenemos en la muy utilizada Introducción de W. G. Kümmel, *Introduction to the New Testament*, trad. de H. C. Kee (Nashville: Abingdon, 1975), 301-4.

para la aplicación bíblica, se convierten en esencialmente significativas para la autoridad de la Biblia y la reconstrucción de la historia cristiana más antigua. Se trata, pues, de un asunto que merece una reflexión seria por parte de los lectores de la Biblia.

Según una hipótesis ampliamente aceptada, y que se asume en este comentario, existen cinco visitas consignadas de Pablo a Jerusalén después de su conversión. Los detalles pueden verse claramente en una tabla.[14] Sugiero a los lectores que lean cuidadosamente las referencias y que, a continuación, anoten más detalles aún de los pasajes hasta que consignan una apreciación completa de los datos que tenemos.

Punto de partida	Fecha	Referencias de Hechos	Paralelismos	Propósitos
Damasco	35	9:22-30	Gá 1:18-24	Entrevista con Pedro
Antioquía de Siria	46	11:30; 12:25	Gá 2:1-3, 6-10	Ayuda para los pobres, cuestiones gentiles
Antioquía de Siria	49	14:26-15:29		Conversión de los gentiles
Corinto	52	18:1, 18, 22		Asistencia a la Pascua, ayuda para los pobres
Grecia	57	20:2-3; 21:17 y ss.; Ro 15:25-31		Entregar ofrenda

Que Gálatas 2:1-10 no aluda a Hechos 15 sino a Hechos 11:30; 12:25 merece una cierta explicación. Podemos elaborar una tabla que organice los diferentes personajes, acontecimientos y propósitos de cada visita para facilitar su comparación. Una vez más, recomiendo a los estudiantes de la Biblia que lean todo el pasaje para adquirir una comprensión más completa de los problemas y soluciones.

Aunque es evidente que existen similitudes entre Hechos 15 y Gálatas 2:1-10, hay evidentes diferencias entre estos dos pasajes. (1) En Hechos 15 hay una reunión *pública*, mientras que la situación descrita en Gálatas 2 es de naturaleza *privada* y en Hechos 11:30; 12:25 no se menciona nada público. (2) La *cronología* de Gálatas 2:1 encaja mejor con Hechos 11:30;

---

14. Esta tabla se originó en una hoja suelta que me dio mi maestro, M. J. Harris, y la utilizo aquí con su permiso.

	Gá 2:1-10	Hch 9:26-30	Hch 11:30; 12:25	Hch 15
PERSONAJES	Pablo	Pablo	Pablo	Pablo
	Bernabé	Bernabé	Bernabé	Bernabé
	Judaizantes			Judaizantes
	Columnas	¿?	¿?	Columnas-ancianos
	Tito			
ACONTECIMIENTOS	Revelación		(¿Revelación?)[15]	Enviado [¿por revelación?][16]
	Circuncisión			Circuncisión
	Oposición			Oposición
	Ayuda para los pobres	Bernabé persuade	Ayuda para los pobres	
	Pablo confirmado			
	Vuelta a Antioquía	Pablo parte a Tarso	Vuelta a Antioquía	Decisión del Concilio
PROPÓSITO	Explicar el mensaje	Comunión	Ayuda para los pobres	Asunto de la circuncisión
	Ayuda para los pobres			

12:25 que con Hechos 15 en el sentido de que Gálatas 2:1 sitúa la acción "catorce años después"; los acontecimientos de Hechos 15 parecen situarse dieciséis o diecisiete años tras la conversión de Pablo. (3) *La omisión de la decisión del concilio* (Hch 15:22-29) es sin duda importante para entender Gálatas. ¡Es mucho más probable que Pablo no lo mencione porque todavía no se había producido que suponer que el apóstol omitió intencionadamente algo que le hubiera aportado un importantísimo argumento de apoyo! (4) Si Gálatas 2 se corresponde con Hechos 15, Pablo

---

15. Como he mencionado anteriormente (nota 2), creo que se trata de la declaración profética de Agabo consignada en Hechos 11:27-30.
16. Es posible sostener que la entrevista que se menciona en Hechos 15:2 es profética.

tendría que haber *omitido deliberadamente una visita a Jerusalén* (con lo cual, no solo estaría usando un argumento falso, sino poniendo en riesgo su apologética con los judaizantes). Es mucho más fácil creer que Pablo mencionó todas sus visitas a Jerusalén que pensar que deliberadamente omitió alguna de ellas. (5) El *asunto* que se trata en Gálatas 2 y Hechos 11:30; 12:25 (la ayuda a los pobres) es el mismo, mientras que el contexto de Hechos 15 es un debate teológico sobre la integración de los gentiles en la iglesia. Finalmente, en cuanto a las omisiones en Hechos 11:30; 12:25 de elementos que se mencionan en Gálatas 2:1-10, solo hemos de notar que la narración de Hechos en este punto es sumamente breve, mientras que Gálatas 2 es considerablemente más completa; esto hace más que probable que haya omisiones en Hechos. Así, aunque las coincidencias entre Hechos 15 y Gálatas 2 son especiales (y han llevado a algunos eruditos a optar por entenderlas como dos descripciones del mismo acontecimiento), considero personalmente que lo más probable es que Gálatas 2 se corresponda con la visita que menciona Lucas en Hechos 11:30 y 12:25. Esta fue la segunda visita de Pablo a Jerusalén y la hizo con el propósito de ayudar a los creyentes pobres de Jerusalén.[17]

La repetición es muy importante para la comunicación, y lo que Pablo quiere decir en este pasaje es lo mismo que en el capítulo 1. Por tanto, cuando se trata de aplicaciones, no es necesario repetir los comentarios sobre el sentido de la independencia de Pablo para nuestras vidas que ya hicimos en pasajes anteriores. Pueden consultarse de nuevo las secciones "Construyendo Puentes" y "Significado Contemporáneo" de 1:1-9 y 1:10-12. Una vez más, el asunto clave para la aplicación de este pasaje es la veracidad del evangelio de Pablo: todas las personas son justificadas por la fe en Cristo, mediante la gracia de Dios, independientemente de su raza y posición social o económica. Tampoco es difícil trasladar a nuestro tiempo las enseñanzas del texto, cuyas declaraciones se prestan a aplicaciones sencillas y útiles. No es difícil, por ejemplo, aplicar la afirmación de Pablo: "Sólo nos pidieron que nos acordáramos de los pobres" (2:10), independientemente de si Pablo estaba pensando principalmente en los pobres cristianos o en los menesterosos

---

17. A quienes hayan leído todos los textos y evidencias sugeridos, les recomiendo que lean ahora atentamente la introducción de uno de los comentarios que se enumeran en el apartado de "Obras Consultadas" (p. 17).

en general. Pero existen aquí otras líneas de aplicación y quiero sugerir dos.

En este texto se nos presenta una forma de aplicación natural: aunque los personajes y acontecimientos que aparecen son distintos de los nuestros (¡rara vez tienen los cristianos de hoy problemas con grupos que desean imponer la circuncisión!), lo que sí vemos es una crisis sociológica y teológica típica que se muestra exclusivamente con un ropaje religioso. Un grupo de "cristianos" judaizantes pretendían introducirse para espiar los últimos cambios de las iglesias fundadas por Pablo y ver si estaban viviendo según la ley de Moisés. Su meta era, naturalmente, llevar a estos convertidos gentiles a una "completa" conversión dentro de una percepción del evangelio judaica y nacionalista.

Por nuestra parte, podemos encontrar sencillas (y a veces inquietantes) analogías con esta clase de patrón dentro de la iglesia cristiana de nuestro tiempo. Por tanto, es sabio para el maestro de este pasaje analizar su iglesia para ver si tras ciertos proyectos y debates teológicos existe algún tipo de crisis social. Un asunto importante, pero rodeado muchas veces de reacciones sociales y psicológicas, es el del juicio final. Por un lado, nuestro mundo vive una crisis de verdad con un consistente universalismo o pluralismo implícitos en amplios sectores de nuestra cultura. El concepto de un juicio final basado en la verdad y en el modo que uno ha vivido en vista de ella parece imposible; esta doctrina se suaviza, pues, o se niega completamente. Por otra parte están aquellos que han visto morir a sus mejores amigos, padres o hijos sin rendirse a Cristo, y por ello se niegan a aceptar el concepto de un juicio final tal cual es.

Otra cuestión tiene que ver con el arrebatamiento (del que pretendemos saber mucho más de lo que realmente podemos saber). A menudo he oído decir a algunas personas que quizá otros puedan pasar por la tribulación, pero no ellos (porque son "pretribulacionistas"). Tras esta breve afirmación, expresada muchas veces en tono jocoso, podría haber un cierto temor a la persecución (algo que difícilmente justifica una posición teológica). Lo que estoy diciendo es que, en ocasiones, nuestros esquemas teológicos responden tanto a factores de índole personal y social como a una preocupación por la verdad. El cristiano analítico está atento a las presiones sociales que moldean las posiciones en boga en un determinado momento.

Por otra parte, es sabio no cargar demasiado las tintas en el elemento social, como si todos los debates fueran meras cuestiones de presión social. De otro modo, acabaremos explicando todo lo religioso en términos sociales, entendiendo la religión como una proyección, una ideología o un mito que ayuda a las personas a sobrellevar las realidades que les preocupan. No cabe duda de que tras los judaizantes había un problema de orden social. Pero no quiero sugerir ni por un momento que no hubiera también un elemento religioso. Lamentablemente, algunos, han explicado de este modo las cuestiones que se plantean en Gálatas.[18] Sin embargo, no se debe explicar el cristianismo primitivo en Jerusalén como un experimento económico en el que los pobres se sublevaron contra los ricos y efectuaron dicha sublevación en el terreno de lo religioso.

Tampoco debe entenderse a los judaizantes como la clase dirigente religiosa y a las iglesias de Pablo como grupos sectarios que pretenden legitimar teológicamente su propia existencia. Lo que necesitamos es un equilibrio que encontraremos cuando tengamos en consideración los factores sociales que actúan en y a través de los religiosos. El intérprete equilibrado aprende con rapidez que, de hecho, la teología no puede separarse de los factores sociales: toda teología se expresa socialmente y los factores sociales influencian nuestra teología.[19]

Hemos de recordar también que, a partir de un punto, las analogías entre las crisis sociales que subyacen tras la carta a los Gálatas y las que enmarcan nuestros problemas teológicos actuales se hunden. Nuestra tarea es encontrar similitudes en el núcleo central y buscar después variaciones teológicas que tengan motivaciones sociales. Al aplicar este texto también hemos de evitar la idea de que el desacuerdo era solo de orden social. No cabe duda de que lo era, pero la imposición social por parte de los judaizantes había transformado el propio evangelio tanto que se había convertido en una herejía. No estamos pues buscando meras variantes sociales. Lo que hemos de encontrar son variantes sociales que estén corrompiendo el evangelio.

En este mismo sentido, podemos aprender de este conflicto y entender cómo consiguieron evitar los primeros cristianos una importante fisura dentro del cristianismo. Lo que estaba en juego en estos debates de la iglesia primitiva era la cuestión del "denominacionalismo", es decir, la división de la iglesia en dos segmentos (basados en cuestiones de orden

---

18. Un ejemplo lo encontramos en F. Watson, Paul, *Judaism and the Gentiles*. Creo que Watson se excede en su explicación de muchas cosas como meros factores sociales. Hemos de entender que aunque todo tiene un contexto social, otros elementos, como los teológicos, son igual de reales e influyentes.
19. Ver especialmente, P. Berger y T. Luckmann, *La construcción social de la realidad* (Buenos Aires: Amorrortu, 1968); ver también P. Berger, *El dosel sagrado* (Buenos Aires: Amorrortu, 1971).

social y teológico), uno judío y nacionalista y el otro universalista. ¿Cómo pudo evitarse este cisma? (1) No se ignoró o ninguneó a las iglesias fundadoras de Jerusalén resolviendo el asunto en la diáspora. Los dirigentes de las iglesias de Antioquía procedieron sabiamente mandando a Jerusalén a algunos líderes para conocer su perspectiva y sabia opinión con respecto a estas cuestiones. (2) Pablo presentó el mensaje que predicaba delante de los dirigentes para informarles y conocer su opinión al respecto. Aquí tenemos el vital principio que se aplica a todos los conflictos: recopilar todos los datos antes de emitir juicios. (3) La evaluación de los principales dirigentes de Jerusalén se basó en el evangelio de Cristo, no en sus convenciones sociales. (4) Los dirigentes pudieron ponerse de acuerdo porque reconocieron la obra de Dios en los llamamientos de Pedro y Pablo. (5) Los dirigentes instaron simplemente a Pablo (en parte sin duda por razones sociopolíticas) a que se acordaran de los pobres de Jerusalén como parte de su ministerio. En resumen: reconocieron el conflicto, recopilaron todos los datos, analizaron la cuestión desde un punto de vista teológico y social, y llegaron a una solución.

¿Consigue acaso la aplicación de este procedimiento terminar con todos los conflictos? ¿Zanjó el asunto en la iglesia primitiva? En absoluto. En Hechos 15 tenemos el segundo capítulo de este debate. Pero los desacuerdos se encaminan firmemente hacia la resolución si ambas partes viven de acuerdo con su sabiduría. La unidad en Cristo y en el evangelio, cuando se reconoce y se vive, puede erradicar muchos conflictos eclesiales.

Quiero añadir, como una advertencia, que este procedimiento no es la "panacea" para todos los conflictos que experimentamos en nuestras iglesias. Podemos aprender de este conflicto y su resolución, pero nada más. Para tener un punto de vista totalmente bíblico sobre "gestión de conflictos", un tema del que la Biblia habla principalmente de manera indirecta tendríamos que analizar todas las situaciones conflictivas que encontramos en la Escritura y analizar su resolución en su contexto histórico. Con demasiada frecuencia, en nuestra prisa por aplicar la Palabra, tomamos los principios que aprendemos de un determinado pasaje y los convertimos en rígidas reglas que no siempre funcionan como queremos. Es mejor mantener una cierta humildad con respecto a nuestros principios y aplicaciones. Algunos conflictos se manejan mejor con una confrontación directa (*cf.* 2:11-14) que con "reuniones privadas" (2:1-5); otros se tratan mejor por medio de concilios públicos (Hch 15).

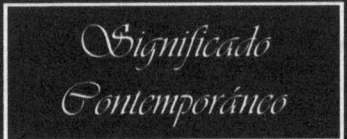

Es fácil encontrar cuestiones que tienen una dimensión tanto social como teológica. Naturalmente, que el asunto sea principalmente social o teológico dependerá de cada caso y, muy probablemente, algunos grupos lo percibirán con más carga teológica que otros (¡todo depende de a qué persona o parte le preguntemos!). Cuando intentamos encontrar una analogía entre los judaizantes de Antioquía y algún grupo autoritario de nuestro mundo, es fácil analizar en detalle estas analogías.

Un ejemplo de esto es la elección de la música cristiana que escuchamos o utilizamos como vehículo de nuestra adoración. Durante los últimos diez años he oído, una y otra vez, toda clase debates sobre los estilos "de adoración contemporáneos". ¿Cuál es el mejor modelo? ¿El "Willow Creek", el de las iglesias anglicanas tradicionales, el de los bautistas del sur o el tradicional evangélico? Cada uno de ellos tiene sus defensores, y los debates que se han suscitado son interesantes. Hace poco oí decir a un querido hermano de cierta edad que a él no le gustaba el estilo moderno de adoración porque, tenía miedo de que, si esta clase de música se instalaba en todas las reuniones de la iglesia, sus hijos no aprenderían los "himnos antiguos". Algunos de los jóvenes de nuestra iglesia (entre ellos mis propios hijos) me han dicho que, para ellos, los "himnos antiguos" son aburridos, lentos y suenan a música fúnebre. Para ciertos cristianos, la expresión "rock cristiano" supone una contradicción en sus términos, y otros, sin embargo, afirman haberse convertido por medio de esta clase de música cristiana que les atrajo a Cristo. He oído a otros afirmando que los cantos gregorianos son la forma más pura de música cristiana. Personalmente, me gusta la guitarra folk y la forma de cantar del franciscano John Michael Talbot.

¿Es acaso este debate solo de carácter teológico y bíblico? En absoluto. La cuestión que estamos considerando tiene un aspecto social y otro teológico. Probablemente no llega al extremo de lo que vemos en los judaizantes gálatas. Sí espero, no obstante, que podamos aplicar el texto de tal manera que la situación mejore antes de que se produzca un desastre. Ojalá no permitamos que las cosas lleguen a la herejía antes de verlas como problemas. Lo que vemos en la cuestión de los estilos de adoración y música de hoy es que en ocasiones un grupo impone sus deseos a otro apelando a la teología, y los resultados de ello son de orden social y teológico: división social y justificación teológica.

Socialmente hablando, todos apreciamos lo que nos es familiar y hemos aprendido a valorarlo, porque esto fue lo que se nos enseñó. Si hemos crecido con los "himnos antiguos" (como yo), posiblemente habremos aprendido a apreciarlos. Conocemos sus melodías, tonos y letras. Las enseñanzas de estos himnos nos han formado teológicamente (y no siempre de manera correcta). En su momento aprendimos a expresar nuestra fe por medio de estas canciones, y a hacerlo de todo corazón. Y es también cierto, especialmente para nuestros jóvenes de hoy y para aquellos que se han convertido en la última década más o menos, que muchos no han crecido con los "himnos antiguos". No se saben de memoria los antiguos clásicos, pero sí las canciones de los cancioneros de adoración contemporáneos y las letras de las canciones que suenan en las muchas emisoras de radio que emiten música cristiana. Conocen a Amy Grant, Michael W. Smith (los favoritos de mi hija), no a Isaac Watts, Fanny Crosby y Charles Wesley (los favoritos de mi generación). Es, pues, importante que todos reconozcamos que esta batalla sobre estilos de adoración es en parte de carácter sociológico. A veces, mientras en mi iglesia local cantábamos lo que para mí era un maravilloso himno antiguo, he experimentado una cierta desazón al mirar alrededor y ver que muchos no conocen la letra, la melodía, o no les gusta ni una cosa ni la otra. Lo que para mí era profundamente conmovedor, a ellos les resultaba aburrido. ¿Cómo puede ser esto? En parte, creo, es una cuestión social.

Por otra parte, el asunto tiene también un aspecto teológico. Es cierto que no todos los himnos son sanos desde un punto de vista teológico. No obstante, considero que la inmensa mayoría de los himnos cristianos tradicionales lo son.[20] Y soy el primero en decir que una buena parte de las canciones contemporáneas tienen sus orígenes en la experiencia del creyente ("¡Qué contento estoy!") más que en la alabanza a Dios ("Santo, santo, santo es el Señor Dios Todopoderoso").

Como vemos en la actualidad, cuando en nuestro entorno se produce un cambio importante que se aleja de la alabanza y la adoración se producen tensiones sociales en las iglesias. Con esto no pretendo decir que todos los himnos sean encomiables y que habría que reducir drásticamente la adoración contemporánea. Puede que sea porque a mis hijos les gusta la música contemporánea (¡también la cristiana!), pero también a mí ha llegado a gustarme esta clase de música. Lo que necesitamos es una comprensión esencial de este debate en el cristianismo contemporáneo.

---

20. Tristemente, debe añadirse que algunos de los himnarios más recientes que encontramos en nuestras iglesias parecen no haber sido editados por personas con discernimiento teológico.

Hemos de entender que cada posición tiene algunos argumentos buenos: en general, los himnos antiguos son más profundos desde un punto de vista teológico que las canciones contemporáneas, mientras que estas son más agradables desde una óptica musical para la mayor parte de la gente de nuestro tiempo. La música contemporánea tiende a centrarse excesivamente en las experiencias, mientras que los himnos antiguos suelen tener melodías que no conectan emocionalmente con muchas personas de nuestro tiempo. Deberíamos notar también que algunos de los argumentos que se utilizan en uno u otro sentido no son dignos de seria consideración: los himnos antiguos no cumplen su función, porque no entiendo lo que dicen; los himnos antiguos tienen una música inferior; las canciones contemporáneas están descarriando a nuestra juventud; y los músicos de esta clase de música son rockeros que no se han convertido.

Como los judaizantes de Galacia, puede que en el debate sobre este asunto de la música en nuestras iglesias haya personas que intentan imponer (por razones tanto sociológicas como teológicas) sus preferencias personales a los demás. Hemos de ver cómo trataron este problema las iglesias de Galacia para ayudarnos a ver cómo conseguir hoy la paz en este asunto. Mi sugerencia es que la lección que aprendemos de Gálatas puede sernos útil para nuestro tiempo: ellos reconocieron la realidad de distintos llamamientos dentro de un solo evangelio, y, de la misma manera, nosotros hemos de aceptar que existen distintas clases de música legítima para distintas dimensiones de nuestras iglesias, pero que hay un solo evangelio que debe ser la esencia de nuestras canciones y un solo Dios a quien cantamos. Independientemente de qué y cómo cantemos, nos dirigimos a Dios, por medio de Cristo y en el Espíritu. Cualquier música que promueva estas dimensiones merece nuestro respeto.

Lo que necesitamos es, pues, una tolerancia social de distintos estilos (podemos llamarlo incluso "vocaciones"), al tiempo que nos mantenemos firmes en nuestro compromiso con una música sana desde un punto de vista teológico. Lo que sugiero es que hemos de ver analogías entre la situación de nuestras iglesias y las de Galacia. No cabe duda de que, en el contexto gálata, las diferencias sociales (judíos frente a gentiles) se estaban convirtiendo en una empresa teológica; una empresa lastrada con una teología herética por su objetivo de imponer una serie de convenciones sociales sobre otro colectivo. Esta clase de "discernimiento para las analogías" en nuestras iglesias, que he intentado utilizar en el asunto de la música, puede ser una forma fructífera de aplicar la Biblia.

Un aspecto fundamental para la *unidad cristiana* es el reconocimiento de distintos llamamientos y movimientos en la iglesia de Cristo. El "impulso del pingüino" (más conocido como "presión social") está muy presente en varios segmentos de la iglesia. ¿Qué es este "impulso del pingüino"? Igual que todos los pingüinos tienen el mismo aspecto y actúan del mismo modo, así, muchos cristianos esperan que todos los creyentes sigan los mismos patrones (desde el modo en que se visten o las traducciones de la Biblia que utilizan hasta las escuelas a las que asisten, las tiendas en las que compran, las ideas políticas que suscriben o el tipo de autos que adquieren). Pero esto solo puede mantenerse durante un cierto tiempo y acabaremos descubriendo que existen diferencias.

Aunque nos reímos de los adolescentes cuando asumen que piensan por sí mismos pero todos se visten de manera similar, descubrimos que sucede lo mismo con las personas adultas y en el ámbito de los adultos cristianos. Hay un hecho que me ha llamado la atención en mis viajes: la mayoría de las personas de cualquier iglesia local utilizan un lenguaje muy similar en sus oraciones públicas. Los patrones con "Padre celestial" al comienzo de la oración o con "en el nombre de Jesús" en su parte final se repiten en todas las iglesias locales. Muy a menudo esto es una forma de conformidad social más que devoción personal, y podemos atribuirlo al impulso del pingüino. Sin embargo, esto no es verdadera unidad cristiana. Una vez oré con un joven que todavía no había sido influenciado por las oraciones de otras personas, y concluyó su oración diciendo: "He terminado, Dios. Gracias". En una ocasión, mi hijo me preguntó lo que significaba "amén"; Le dije que quería decir "así sea" o "estoy de acuerdo". La noche siguiente quiso orar antes de la cena y terminó su breve y ordenada bendición diciendo: "Así sea". Sonó extraño (¡y divertido!), pero significaba lo mismo que nuestro más familiar "amén" (que, en cualquier caso, es una palabra aramea). Lo que necesitamos es una unidad cristiana genuina.

La experiencia más profunda que he tenido en este sentido, y que me llevó a ver el movimiento fundamentalista evangélico como una corriente cerrada, la viví durante una campaña de servicio misionero y evangelización en Austria, los veranos de 1973 y 1975. Durante este periodo conocí a cristianos auténticos que: (1) no pertenecían a mi denominación, que en aquel momento era bautista; (2) no leían inglés y, por tanto, no conocían la versión King James; (3) usaban con naturalidad guitarras y percusión en las reuniones de la iglesia; (4) eran carismáticos; (5) no solo no eran estadounidenses, sino que eran hasta un poco antiamericanos; (6) no tenían un interés especial en cuestiones que yo consideraba importantes, como el uso del alcohol, normas sobre la forma de vestir y la longitud del pelo;

y (7) eran personas profundamente piadosas y espirituales. Mi mundo se vino abajo al darme cuenta de que lo que yo consideraba cristiano no era sino un reflejo de debates intertribales que se estaban produciendo en Estados Unidos. Estos dos veranos cambiaron mis percepciones sobre la iglesia. Esta experiencia me llevó a reconocer que *Dios actúa de maneras diferentes con diferentes personas en distintas partes del mundo*. Con ello no solo se ensanchó mi mundo, sino que también mi percepción de Dios y de la iglesia experimentó un avance espectacular. Dejé de considerar que todos los cristianos tuvieran que ser iguales; esta vivencia me llevó a ver que Dios es mucho más grande que mis percepciones de él y de su forma de proceder. La comprensión de estas cosas fue la liberadora obra del Espíritu de Dios. Cuando experimentamos esta "amplitud" en la obra de Dios, nos libramos de nuestras convenciones sociales. Llegamos a ser "universalistas bíblicos" y experimentamos lo que Pablo quería: libertad (ver 5:1-12).

No es necesario que vayamos a Europa para darnos cuenta de estas cosas, aunque yo las descubrí de este modo. Solo hemos de mirar con atención y escuchar con detenimiento para apreciar lo diversa y variada que es la iglesia en las distintas partes del mundo. Sería aconsejable que los cristianos visitaran otras iglesias de su entorno para ver lo que Dios está haciendo en distintas comunidades locales. Es cierto que a veces veremos cosas que nos harán sentir decepcionados, pero a menudo será estimulante ver expresiones ligeramente distintas (pero igual de válidas) de nuestra misma fe.

Quienes ministran a las comunidades negras de las áreas suburbanas subrayarán temas distintos de quienes llevan a cabo su tarea en los ricos barrios residenciales. El verano de 1990 mi familia y yo comenzamos nuestra semana de vacaciones un domingo por la mañana. Puesto que aquel día yo tenía que predicar en una iglesia del centro, decidimos cargar el coche y salir directamente después de la reunión. La experiencia nos cautivó de tal modo que estuvimos hablando de ella durante varias horas a lo largo del viaje de aquel día. Aquella comunidad se reunía en un viejo edificio y expresaba una nueva reordenación de la sociedad. A diferencia de la iglesia de clase media a la que estábamos asistiendo, aquella era interracial; la música era briosa y sonora, distinta a veces de la de nuestra iglesia, los hermanos se vestían de un modo mucho más discreto, y los temas del boletín eclesial (que tengo la costumbre de leer) eran totalmente distintos de los del nuestro. Pero las personas eran esencialmente las mismas, hombres y mujeres que querían conocer a Dios, seguir a Jesús y producir un impacto en su barrio. La Biblia era la misma, pero sus aplicaciones eran distintas. El mismo mensaje, pero diferentes vocaciones y desafíos. La experiencia de aquel culto dominical nos fascinó y nos hizo crecer. La obra de Dios es mucho más amplia de lo que vemos en nuestras iglesias de personas de clase media y principalmente blancas.

En esta misma línea hemos de entender que *los distintos ministerios no se excluyen mutuamente*. El trabajo de InterVarsity y los Navegantes no pretende competir con las iglesias locales por la asistencia de las personas. Hemos de reconocer lo que Dios ha llamado a hacer a cada uno, aceptándolo, construyendo sobre ello y mezclándolo. Las iglesias locales no deben competir unas con otras haciendo prosélitos entre sus miembros, ni tampoco en el ámbito de la evangelización de los no creyentes. Si lo que otra iglesia está haciendo es bíblico, nuestra iglesia debe apoyarlo y orar por el trabajo de la iglesia en cuestión. Las cifras de asistencia son bastante irrelevantes; lo realmente importante es el impacto que tenemos en nuestra sociedad, la piedad personal y la alabanza a Dios. Cuando una iglesia asume un ministerio (p. ej., algún asunto político público), otra puede desarrollar otro distinto (p. ej., evangelizar una zona inalcanzada). En mi opinión, a Dios no le gusta ver cuatro iglesias instaladas en un mismo cruce cuando tienen confesiones de fe casi idénticas y se orientan mayormente a personas de un mismo perfil. Peor todavía es cuando una de esas cuatro iglesias se pasa el tiempo criticando a las otras tres. Los distintos llamamientos y ministerios que se desarrollan en el mundo no se excluyen unos a otros.

Hemos de ver en su correcta perspectiva la rápida respuesta de Pablo a los judaizantes. El apóstol no estaba simplemente justificándose. Era consciente de las implicaciones que las herejías tenían en el futuro. Sabía que no clarificar aquel asunto pondría en peligro la "integridad del evangelio" para los gentiles (v. 5). Y también nosotros hemos de entender que las desviaciones presentes de la verdad del evangelio producen las herejías de mañana. Esta es la razón por la que hemos de proteger constantemente nuestras confesiones de fe y el contenido de nuestra enseñanza en las clases y púlpitos. Las ideas extrañas, por inocentes que parezcan en un principio, pueden producir años de áridos ministerios. Puesto que este es un factor que se observa frecuentemente en la historia de la iglesia, es esencial que las iglesias ejerzan alguna forma de control de calidad teológica en sus ministerios de enseñanza. Es triste decirlo, pero con demasiada frecuencia este control se pone en manos de comités denominacionales (que por regla general están demasiado distantes de la iglesia para ver lo que sucede) o de profesores de seminario (que también lo están). Las iglesias locales necesitan un liderazgo con discernimiento teológico que pueda protegerlas de errores y engaños.[21] Es cierto que hemos de escuchar, aprender, crecer y cambiar; sin embargo, los elementos esenciales del evangelio son estables, y en ellos no hay cambios ni crecimiento. A ellos hemos de entregarnos con total confianza y fidelidad.

---

21. La mejor obra sobre las herejías es la de H. O. J. Brown, *Heresies: The Image of Christ in the Mirror of Heresy and Orthodoxy from the Apostles to the Present* (Garden City, N.Y.: Doubleday, 1984). Este libro debería estar en todas las bibliotecas de las iglesias y sus dirigentes deberían estar familiarizados con su contenido.

Gálatas 2:11-14

Pues bien, cuando Pedro fue a Antioquía, le eché en cara su comportamiento condenable. ¹² Antes que llegaran algunos de parte de Jacobo, Pedro solía comer con los gentiles. Pero cuando aquéllos llegaron, comenzó a retraerse y a separarse de los gentiles por temor a los partidarios de la circuncisión. ¹³ Entonces los demás judíos se unieron a Pedro en su hipocresía, y hasta el mismo Bernabé se dejó arrastrar por esa conducta hipócrita.

¹⁴ Cuando vi que no actuaban rectamente, como corresponde a la integridad del evangelio, le dije a Pedro delante de todos: «Si tú, que eres judío, vives como si no lo fueras, ¿por qué obligas a los gentiles a practicar el judaísmo?».

Sentido Original

El último suceso que Pablo presenta en el desarrollo de su argumento es uno de los enfrentamientos más intensos registrados en la Biblia: a saber, la amonestación de Pablo a Pedro en Antioquía. Pablo ha demostrado que él recibió su evangelio independientemente de cualquier enseñanza humana (1:13-17) de las principales iglesias de Judea (1:18-24), y de los principales dirigentes Jerusalén (2:1-10). Ahora desea mostrar que hay otro incidente en su relación con los dirigentes de Jerusalén que pone de relieve tanto su independencia como la veracidad de su evangelio. Se trata de un incidente que tiene que ver con Pedro, el primero de los apóstoles (Mt 10:2). En sus puntos esenciales, la situación muestra a un Pedro que, en un primer momento, estuvo dispuesto a poner a un lado los principales indicadores del judaísmo (las restricciones de alimentos y la comunión de mesa), puede que hasta la circuncisión y la observancia del sábado, para disfrutar una comunión con los cristianos gentiles recién descubierta, pero que más adelante abandonó esta postura cuando llegaron "algunos de parte de Jacobo" (2:12). Compartir una comida con alguien era un símbolo visible y con un claro mensaje social del nuevo eslogan que Pablo estaba enseñando a sus jóvenes iglesias: "Ya no hay judío ni griego, esclavo ni libre, hombre ni mujer, sino que todos ustedes son uno solo en Cristo Jesús" (3:28).[1] Pero este símbolo estaba siendo públicamente desacreditado por la conducta de Pedro.

Pablo considera que este cambio de conducta es, no solo "hipócrita" (en el sentido de contradictorio), sino también erróneo y peligroso desde un punto de vista teológico. Este último punto es especialmente importante: Pablo estaba más que preocupado por la "contradictoria conducta" de Pedro. Es cierto que Pedro cambió de color, como los camaleones, pero en ocasiones esto puede ser necesario (ver 1Co 9:19-23). Sin embargo, en la conducta de Pedro, Pablo ve también un peligro teológico. Con el fin de alcanzar a los judíos, es correcto vivir como judío cuando se está entre ellos, pero es un error hacerlo *cuando se está entre gentiles*. Por otra parte, obligar a los gentiles a vivir como judíos (especialmente cuando la persona que lo hace ha vivido como gentil) es una conducta execrable. Mediante esta conducta, Pedro estaba mostrando un evangelio distinto: un mensaje que mezclaba la conversión a Cristo con una conversión al judaísmo nacionalista. Esta es la razón por la que Pablo hubo de confrontar a Pedro.

La amonestación (v. 11). Los versículos 11 y 14 comienzan y terminan esta sección con el mismo contenido (en términos retóricos, a este recurso se le llama inclusio). La primera afirmación (v. 11) es un resumen del reproche, mientras que la segunda (v. 14) es una cita directa de la acusación. Los versículos 12 y 13 explican lo que Pablo quiere decir con la expresión "le eché en cara [a Pedro] su comportamiento condenable" (v. 11).

No está totalmente claro cuándo viajó Pedro a Antioquía, pero Hechos 12:17 es el único dato de que disponemos. Lucas nos dice que tras la milagrosa liberación de Pedro de la cárcel, el apóstol "salió y se fue a otro lugar". Sabía que tenía que abandonar temporalmente Jerusalén por la persecución (*cf.* 12:18-19). Si seguimos la línea narrativa de Hechos, veremos que, en aquel momento, Pablo y Bernabé estaban en Jerusalén entregando la ayuda para los pobres de esta ciudad (11:30; 12:25). Después de esto, Pablo y Bernabé regresaron a Antioquía y desde allí fueron enviados a su primer viaje misionero (12:25–13:3). Es tan probable como cualquier otra cosa que Pedro partiera de Jerusalén no mucho después de darle a Pablo la diestra "en señal de compañerismo" (Gá 2:9). Parece probable que Pablo y Bernabé fueran entonces a Antioquía, transcurriera un cierto tiempo, llegaran "algunos de parte de Jacobo", y Pablo fuera

---

1. Sobre la comunión de mesa como un acontecimiento social y religioso, ver especialmente S. S. Bartchy, "Table Fellowship", *DJG*, 796-800; D. E. Smith, "Table Fellowship", *ABD* 6:302-4. Quienes estén interesados en un estudio más exhaustivo pueden ver J. Jeremias, *La última cena: palabras de Jesús* (Madrid: Cristiandad, 1980).

informado de la conducta de Pedro. Según el versículo 11 da la impresión de que Pablo estuviera en Antioquía cuando tuvo lugar ese comportamiento de Pedro, si bien no podemos estar seguros de los detalles.

Lo que sí sabemos, porque nos lo dice Pablo, es que él le echó en cara a Pedro "su comportamiento condenable" (2:11). Esta expresión describe una reprensión pública (puesto que, supongo, era un problema público), y "su comportamiento era condenable" es un comentario muy severo. Algunos comentaristas concuerdan ahora en que lo que Pablo estaba diciendo era algo más que "estás equivocado"; sus palabras significan: "Dios condena lo que estás haciendo".[2] Como ya he dicho antes, el argumento de Pablo va más allá de que Pedro estuviera equivocado o fuera incoherente: con su conducta, el apóstol había pervertido, de hecho, el evangelio mismo. Por ello, la expresión, "le eché en cara su comportamiento condenable" es realmente severa.[3] Cuando esto sucedió, Pablo reprendió públicamente a Pedro por su conducta hipócrita ya que lo que estaba haciendo era claramente contrario a la voluntad de Dios, es decir, a la vida por medio de Cristo y en el Espíritu.

La explicación (vv. 12-13). Pablo hace ahora una pausa para explicar exactamente lo que Pedro había hecho (incluso su porqué). En su vida en la diáspora, Pedro se había habituado a comer con los gentiles, un progreso significativo desde los días anteriores a su revelación divina (Hch 10-11). Cuando Dios le mostró aquella revelación, Pedro había dicho, "jamás he comido nada impuro o inmundo" (10:14), dando a entender quizá también que nunca había comido con personas que pudieran convertir en impura la comida. Es importante recordar que las leyes judías sobre las comidas pretendían separar a los judíos de los gentiles y darles una identidad santa.

Una observación sobre las leyes alimentarias judías. Para entender correctamente este texto es importante saber lo que pensaban los judíos sobre ciertos alimentos.[4] Básicamente, la Biblia (Lv 11; Dt 14) prohíbe el

---

2. R. N. Longenecker, *Galatians*, 72.
3. Pablo utiliza una expresión perifrástica para articular lo que quiere decir aquí: *hoti kategnosmenos en* ("porque era condenable"). El tiempo imperfecto unido al participio perfecto subraya el estado de Pedro y el pleno alcance del pecado (es decir, era evidente que se estaba conduciendo de manera errónea). Esta expresión griega contrasta con el aoristo simple "le eché en cara", que aquí se utiliza para denotar el hecho de que Pablo se opuso a Pedro.
4. Sobre este asunto, ver los estudios especializados de E. P. Sanders, *Jewish Law from Jesus to the Mishnah*, 23-28, 134-51, 272-83. Las dos primeras series describen las prácticas en Palestina y la última, las de la Diáspora. Estoy profundamente en deuda con Sanders por mis observaciones sobre las leyes judías sobre las comidas. Ver también G. Schramm y D. E. Smith, "Meal Customs", *ABD* 4:648-55.

consumo de (1) todos los animales de cuatro patas excepto las ovejas, las cabras, el ganado vacuno y algunas clases de cérvidos,[5] siendo la prohibición más notable la del cerdo; (2) mariscos y moluscos;[6] (3) aves rapaces;[7] (4) la mayoría de insectos (excepto langostas, grillos y saltamontes);[8] (5) criaturas que se arrastran por la tierra (como lagartos, cocodrilos, camaleones y comadrejas);[9] y (6) animales muertos (algo que debería ser evidente). Por otra parte, con respecto a la comida permisible había una restricción más: no podía consumirse ningún alimento que tuviera grasa o sangre (Lv 3:17). Con el paso del tiempo, los judíos añadieron otras prohibiciones, como la carne procedente de los gentiles y el vino (*cf.* Dn 1:12-16), porque ambas cosas podían estar contaminadas por la idolatría. Otra prohibición era comer algún alimento que no hubiera sido sometido a la debida práctica del diezmo, aunque los fariseos debatieron acaloradamente esta cuestión. Estas reglas no gobernaban solo la conducta de los sacerdotes, sino la de todo el pueblo de Israel. Aunque había distintas variaciones, parece que la mayoría de los judíos guardaban la mayor parte de estas leyes: era muy fácil que se produjeran delaciones de cualquier violación y la mayoría de los judíos quería mantener una buena reputación dentro de la comunidad. Pero lo más importante es que la mayoría de ellos quería vivir en obediencia delante de Dios. Hablando del valor de las leyes alimentarias para los judíos, Sanders infiere: "... junto con la observancia del sábado, las leyes alimentarias constituían uno de los aspectos fundamentales y definitorios del judaísmo".[10]

Cuando incurría en impureza por entrar en contacto con alguno de estos alimentos prohibidos, el judío observante hacía lo que decía la Biblia: se lavaba y esperaba hasta la noche (Lv 11:24-28). Estas reglas solo parecían cambiar un poco en la diáspora, dependiendo, sin duda, de la disponibilidad de tales alimentos y de cómo se consideraba el animal en cuestión en aquella parte del mundo. Así, a los animales que se enumeran en Levítico

---

5. Algo evidente es que se permite el consumo de animales fácilmente domesticables (junto con otros pocos) mientras que se prohíbe en general el uso de "animales salvajes" (con ciertas excepciones: ovejas y cabras salvajes, puesto que son como los domesticados; ciervos y antílopes o gacelas).
6. Lo que se permite aquí es el pescado que tiene escamas y aletas.
7. Estos se prohíben por su contacto con animales muertos; para las reglamentaciones judías, los cadáveres eran una importante fuente de impureza.
8. No estoy seguro de las distinciones entre insectos; es fácil pensar de manera instintiva que ciertos insectos eran más susceptibles que otros a la impureza por contacto con cadáveres.
9. La razón parece ser que se arrastran por tierra (¿y son, por tanto, más vulnerables a las impurezas?).
10. Sanders, *Jewish Law from Jesus to the Mishnah*, 27.

11:4-8 y Deuteronomio 14:4-5 se añadía en ocasiones el búfalo acuático y la jirafa. Al parecer, en ciertos lugares se prohibía también el aceite elaborado por los gentiles.[11]

Hay que decir, asimismo, que había ciertas diferencias entre los judíos acerca de lo que constituían o no alimentos permitidos. Algunos judíos (como los fariseos) eran más radicales que otros en sus aplicaciones de las leyes bíblicas y las llevaban a extremos que otros consideraban fanáticos. Huelga decir que esta clase de radicalismo habría sido más frecuente en Palestina que en la diáspora. Estoy convencido de que el grupo procedente de Jerusalén se situaba más en la órbita de los radicales que en la del grupo "estricto, pero acomodaticio". Algunos judíos no querían comer alimentos procedentes de los gentiles, pero los de la diáspora se veían forzados a hacerlo; personalmente creo que algunos radicales habrían considerado impura casi toda la comida que podía obtenerse en la diáspora (aunque no tengo datos que lo apoyen); en cualquier caso, algunos habrían visto mucho peligro en las leyes alimentarias de la diáspora. Lo que sí sabemos es que, frecuentemente, los judíos tenían que hacer grandes esfuerzos en sus comunidades de la diáspora para conseguir "comida pura" porque una buena parte de ella había sido ofrecida previamente a los ídolos.

¿Qué, pues, estaba haciendo Pedro en Antioquía?[12] Personalmente veo cinco posibilidades: (1) que estuviera comiendo alimentos no verificados con respecto a su estatus religioso (la mayoría de las carnes rojas que se ponían a la venta en los mercados de la diáspora se habían ofrecido previamente a los ídolos), es decir, estaría comiendo carne y bebiendo vino gentiles; (2) que estuviera comiendo alimentos expresamente prohibidos en Levítico o Deuteronomio; (3) aunque es menos verosímil, puede que estuviera comiendo carne con sangre o grasa por no haber sido debidamente sacrificada; (4) es también posible que estuviera comiendo alimentos que no hubieran sido debidamente sometidos a la práctica del

---

11. En el judaísmo antiguo se produjo un importante debate sobre el aceite. La Biblia prohíbe el consumo de líquidos que hubieran entrado en contacto con algún insecto volador (*cf.* Lv 11:31-38 con 11:20-23). Este asunto adquirió gran relevancia: ¿cómo iban los judíos a impedir que las moscas y los mosquitos se acercaran a sus líquidos? Los rabinos tomaron la decisión de que cualquier cosa de menor tamaño que una lenteja (más o menos como un guisante) no contaminaba los líquidos. (Por tanto, los mosquitos no contaminaban, pero sí las moscas). Puesto que el agua, el vino y el aceite eran líquidos y quedaban a menudo expuestos al aire, se hicieron reglas especiales para mantenerlos limpios. Ver *Ibíd.*, 32-33, 200-205.
12. J. D. G. Dunn ha llevado a cabo un erudito estudio sobre este asunto, "The Incident at Antioch (Galatians 2:11-18)", en *Jesus, Paul and the Law: Studies in Mark and Galatians*, 129-82.

diezmo; (5) y puede ser, asimismo, que únicamente estuviera comiendo con demasiada frecuencia con personas gentiles y el problema de fondo no fuera *qué* comía sino *con quién* lo hacía.[13] Aunque puede que nunca lo sepamos a ciencia cierta —y es posible que hubiera una combinación de varios factores— es importante que intentemos entender lo que estaba sucediendo (aunque solo sea para encontrar analogías en nuestro mundo).

Me inclino a pensar que se trata de la segunda opción: posiblemente Pedro estaba comiendo costillas de cerdo asadas o langostinos, y los judíos más conservadores discrepaban de su descuidada violación de la ley (recordemos que la experiencia de Pedro en Hch 10-11 fue sobre esta cuestión). Más tarde quedó claro que la violación inadvertida de las leyes alimentarias era aceptable, pero no la consciente y flagrante. Concedo, sin embargo, que es difícil imaginar a judíos, muchos de los cuales se habían hecho cristianos, sentados a la mesa comiendo cerdo u otras cosas expresamente prohibidas en su Biblia. No obstante, algunos han argumentado que Pedro comía únicamente cosas inaceptables para el sector radical, que tenía una idea mucho más estricta de las leyes alimentarias. Es, pues, posible que el apóstol hubiera comido únicamente alimentos que (1) habían sido sacrificados a los ídolos, o (2) procesados de manera incorrecta, o (3) que no habían sido debidamente sometidos a la práctica del diezmo. En este caso, lo que tendríamos es un grupo de celosos judaizantes intentando no solo promover una plena conversión al judaísmo, sino más concretamente a su específica concepción de la religión judía (posiblemente el fariseísmo; *cf.* Mt 23:15).

Como ya se ha dicho, Pedro se había habituado a ir contra las reglas y a ponerse de parte de los gentiles. Sin embargo, cuando llegó el grupo de Jerusalén ("algunos de parte de Jacobo"), el apóstol sintió la presión de su presencia y su potencial reprobación. Sintiendo su desagrado (y escuchando, sin duda, comentarios al respecto), Pedro "comenzó a retraerse y a separarse de los gentiles". La comunión de mesa que para Pedro había sido un asombroso símbolo de unidad se había convertido de nuevo en un elemento de separación.

¿Quiénes eran estos que llegaron a Antioquía "de parte de Jacobo"? ¿Son acaso los mismos que después se mencionan como "los partidarios de la circuncisión"? Aunque muchos lectores de Gálatas han asumido que se trata exactamente del mismo grupo, algunos eruditos modernos han

---

13. Este es el punto de vista de E. P. Sanders, "Jewish Association with Gentiles and Galatians 2:11-14", en *The Conversation Continues: Studies in Paul & John in Honour of J. Louis Martyn* (Nashville: Abingdon, 1990), 170-88.

propuesto otra posibilidad.[14] Es cierto que la expresión, "los de la circuncisión", podría aludir a un grupo de judaizantes cristianos (Hch 11:2), a cristianos de origen judío (10:45), y también a judíos no cristianos (Ro 4:12). Es casi seguro que "los de la circuncisión" no son los cristianos de origen judío que vivían en Antioquía, puesto que Pedro había disfrutado ya su "liberación" en su presencia sin ser criticado (Gá 2:13). Es también cuestionable que Pedro tuviera miedo del grupo que había venido "de parte de Jacobo" puesto que él había tenido una buena relación con los cristianos de Jerusalén, donde Jacobo era el dirigente principal (Hch 12). Es pues posible que estos "de la circuncisión" fueran un grupo de judíos no cristianos que perseguían físicamente a los que se asociaban con el cristianismo (que ellos consideraban una forma incompleta de judaísmo) y que su principal objetivo en Antioquía fuera Pedro, un dirigente respetado y puede que hasta cierto punto indeciso. Esta interpretación del "grupo de la circuncisión" trata de manera consistente la utilización que hace Pablo del término "circuncisión" en Gálatas 2 (*cf.* 2:7, 8; ver notas en 6:12). En otras palabras, se trataba de un grupo de judíos zelotes y legalistas empeñados en "forzar" a los convertidos gentiles, tanto al cristianismo como al judaísmo, a convertirse plenamente para poder ponerse bajo la cobertura del judaísmo. El grupo "de parte de Jacobo" podría o bien estar formado por cristianos de origen judío procedentes de Jerusalén que representaban de manera honesta o falsa la posición de Jacobo o bien ser el mismo que los partidarios de la circuncisión, en cuyo caso no eran cristianos. Tengo la sospecha de que habían sido verdaderamente enviados por Jacobo, aunque puede que no le representaran con plena integridad.

Para entender las tensiones teológicas y de orden social que se conjugan en esta situación, lo mejor es elaborar una tabla con los protagonistas de este capítulo. Por su importancia en el mundo occidental, he decidido identificar a los "protagonistas" según si eran de "izquierdas" (progresistas) o de "derechas" (conservadores). Sin juzgar cuál de ellos se equivoca o está en lo cierto, vemos que Pablo mantiene una posición "izquierdista", puesto que sus esfuerzos se dirigen sistemáticamente a extender las fronteras externas del judaísmo, mientras que Jacobo muestra un talante más bien "derechista", defendiendo una forma de cristianismo que le lleva a estar mucho más cómodo dentro de los límites de Jerusalén. A Pedro se le representa, por conveniencia, como una persona "moderada", puesto que se esforzaba en vivir entre dos extremos. En este caso, sin embargo, su "moderación" era un tanto hipócrita, no un verdadero ejemplo de

---

14. Ver F. F. Bruce, *Galatians*, 131; R. N. Longenecker, *Galatians*, 73-75.

moderación. Naturalmente, los "cristianos de origen judío" podrían ser tanto moderados como derechistas, dependiendo de cada persona y del grado de liberación que hubieran encontrado en Cristo y en el Espíritu.[15]

Siguiendo en nuestra línea argumental, los hábitos de Pedro cambiaron con la llegada del grupo "de parte de Jacobo". ¿Por qué? Pablo dice que "por temor a los partidarios de la circuncisión". Antes hemos definido a estos últimos como un grupo de ardientes judíos nacionalistas, con sede en Jerusalén, que instaban a todos los grupos de esta ciudad y del judaísmo en general a vivir fielmente, conforme a la ley. Es posible que Pedro, dolido todavía por su tiempo en la cárcel (Hch 12), pensara que ya había tenido bastante persecución (cf. también 4:21; 5:40). Puede que recordara incluso las palabras de los dirigentes de Jerusalén en el sentido de que había sido llamado a ministrar a los judíos y razonaba que no era necesario que renunciara a su nacionalismo judío (en el caso de Pablo era distinto). La presencia del grupo "de parte de Jacobo" y su información de que los nacionalistas estaban molestos era suficiente para que Pedro cambiara radicalmente de postura con respecto a comer con los gentiles.

Puede que el cambio de Pedro fuera aceptable, especialmente para alguien que tenía que proteger su imagen judía para su cometido principal, que era evangelizar a los judíos. Sin embargo, "los demás judíos se unieron a Pedro en su hipocresía [...] hasta el mismo Bernabé". Cuando los

---

15. Un trabajo reciente ha cuestionado este esquema de posturas "izquierdistas" frente a "derechistas" para explicar las tensiones del cristianismo más temprano; ver C. C. Hill, *Hellenists and Hebrews: Reappraising Division Within the Earliest Church* (Minneapolis: Fortress, 1992).

demás siguieron a Pedro en su postura, se produjo un distanciamiento social en las iglesias de Galacia: un grupo gentil y otro judío. Esto era intolerable para alguien que creía que en Cristo "no hay judío ni griego" (Gá 3:28). En realidad ahora había dos iglesias: una iglesia kosher y otra gentil. La ruptura simbólica que suponía la separación de la comunión con los gentiles, no comiendo con ellos era algo grave, demasiado grave para Pablo, que se dispuso a corregir a quienes estaban equivocados.

Pablo acusó a Pedro de "hipocresía" (explicada en el v. 14). ¿Qué es la "hipocresía"? esta se define típicamente como una "contradicción, intencionada o no, entre lo que se cree y lo que se practica". Este término se utiliza frecuentemente para aludir a quienes "fingen profesiones religiosas" o viven en completo contraste con sus opiniones religiosas. Esto se basa supuestamente en los orígenes históricos de esta palabra (*hypocrites* en griego), que era un término del ámbito del teatro aplicado a la persona que llevaba una máscara sobre el escenario, y que a menudo interpretaba una escena para el público. Con el tiempo, esta palabra comenzó a utilizarse en referencia a la persona que "interpretaba" un papel, un uso que pronto adquirió un sentido moral como descripción de alguien poco sincero o engañador (el sentido de nuestra palabra "hipócrita"). No obstante, como han observado muchos, el término *hypocrites* que se utiliza en el Nuevo Testamento tiene raíces judías (no solo griegas) y su sentido es, de hecho, más fuerte que el que le damos hoy. Es esencial que derivemos el sentido de los textos antiguos, no de nuestros diccionarios modernos. Este término lleva consigo los sentidos de maldad, oposición a Dios y a su verdad, y hasta el de herejía.[16] En otras palabras, Pedro no estaba aquí simplemente "actuando"; lo que hacía no era solo "engañar mediante una simulación", sino que obraba *moralmente* mal porque estaba *teológicamente* equivocado (v. 11); no es de extrañar que Pablo dijera a continuación que Pedro estaba atentando contra la "integridad del evangelio" (v. 14). En este punto, Pedro se había convertido en un hereje. ¿Por qué? El versículo siguiente responde esta pregunta.

La acusación (v. 14). En este versículo, Pablo acusa a Pedro de manera directa e indirecta. De manera indirecta, resume su conducta diciendo que no actuó "rectamente, como corresponde a la integridad del evangelio". Como hemos mencionado en el párrafo anterior, la acusación de hipocresía denotaba la propia falta de conformidad con la verdad. Por ello, según

---

16. Ver además, N. Turner, *Christian Words* (Edimburgo: T & T Clark, 1980), 219-20. La mejor historia de este término se encuentra en la obra de C. Spicq, *Lexique Théologique du Nouveau Testament* (Friburgo, Suiza: Editions Universitaires de Fribourg, 1991), 1546–53; ver también, U. Wilckens, "ὑποκρί νομαι, κτλ.", *TDNT* 8:559-71.

Pablo, la conducta de Pedro era esencialmente una negación de la verdad del evangelio. El evangelio del que Pablo habla está claro: la justificación es para todos los que se rinden confiadamente a Cristo. Además, la justificación implica una vida de obediencia a la voluntad de Dios y libertad en el Espíritu. Pedro reivindicaba la justificación por la fe y la vida en el Espíritu Santo, pero vivía en contradicción con ello cuando con una mano sostenía la "fe" y con la otra se adhería "al judaísmo" como requisito para la aceptación de Dios. Con su conducta, el evangelio de Pedro había pasado de "la salvación para todos sin restricciones sociales" a "la salvación solo para los judíos" (y para aquellos que se convierten al judaísmo). Pedro había levantado de nuevo las antiguas barreras sociales.

Con sus siguientes palabras, Pablo acusa directamente a Pedro: "Si tú, que eres judío, vives como si no lo fueras, ¿por qué obligas a los gentiles a practicar el judaísmo?". La primera frase de este texto no está exenta de problemas. No era erróneo que los misioneros judíos a los gentiles vivieran como gentiles y no como judíos. No creo que la crítica más severa de Pablo se encuentre en esta primera oración gramatical. Para Pablo, esta conducta era tolerable. Pero esto pasó a ser un problema cuando estos mismos misioneros (entre ellos Pedro) obligaban con su conducta "a los gentiles a practicar el judaísmo". La palabra *obligar* (NIV, "forzar") es la más importante de este versículo, puesto que nos da información sobre lo que Pedro estaba haciendo.

Por alguna razón, los comentarios han sido proclives a pasar por alto este término en sus explicaciones. La mayoría de los eruditos ven esta palabra como un poderoso *incentivo*, en el sentido de que, mediante su mal ejemplo, Pedro estaba presionando a los gentiles a actuar como judíos.[17] Considero que esta explicación no acaba de ser plenamente satisfactoria. Pablo se sirve de una palabra fuerte: "forzar" (*anankazo* en griego) denota el uso de una "fuerza *física*" contra la propia voluntad. Hay dos importantes ejemplos en Gálatas. En Gálatas 2:3 se nos dice que "ni siquiera Tito [...] fue obligado a circuncidarse" y, en 6:12, que los oponentes de Pablo "tratan de obligarlos a ustedes a circuncidarse". La vida anterior de Pablo con sus violentas y compulsivas acciones contra los cristianos es también una elocuente ayuda para entender la fuerza de este término. Saulo exigía a los nuevos cristianos que se circuncidaran y adoptaran toda la ley so pena de muerte (*cf.* Hch 9). El propio apóstol da fe en Hechos 26:11 de que, "muchas veces anduve de sinagoga en sinagoga castigándolos para *obligarlos* a blasfemar" (cursivas del autor); aquí me viene a la mente la

---

17. Así lo entienden J. B. Lightfoot, *Galatians*, 114; R. N. Longenecker, *Galatians*, 78.

larga lista de quienes, a lo largo de la historia, han perseguido a los judíos, torturándolos hasta que o se retractaban o morían. Naturalmente, no, estoy erradicando de este término el sentido de persuasión moral que sin duda tiene, pero sí pretendo restaurar la dimensión física que estaba, seguramente, presente en un principio.[18]

¿Qué, pues, estaba haciendo Pedro? Anteriormente, el apóstol había desarrollado una abierta comunión social con los gentiles: hablaba su idioma, compartía su comida y su vino, tocaba a sus niños y se sentaba con ellos en sus hogares. Cuando llegaron los judíos nacionalistas, Pedro, recordando quizá su huida de Jerusalén, cambió su conducta y se alejó de los gentiles. Su conducta y lenguaje hizo que otros hermanos le siguieran. Pero, además, después comenzó a *forzar a los cristianos gentiles a circuncidarse (y a seguir las leyes sociales judías)*,[19] *para reducir la amenaza de persecución que comenzaba a sentir de aquellos celosos judíos nacionalistas*. Pedro estaba destruyendo el evangelio de Jesucristo exigiendo que los convertidos de Galacia se hicieran judíos. En una situación así, la obra de Cristo había sido eliminada y con ello el evangelio había desaparecido (v. 21).

Construyendo Puentes

Aplicar ejemplos, como he dicho antes, es relativamente fácil. En nuestra búsqueda de aplicaciones modernas de la confrontación entre Pablo y Pedro, podríamos buscar otros casos de algún dirigente que estuviera descarriando a otros, bien por medio de su mal ejemplo o por medio de la fuerza física (lo cual sospecho que sería bastante raro). Lo que acude inmediatamente a mi mente es la responsabilidad de los dirigentes. Aquellos a quienes dirigen siguen sus ejemplos y enseñanzas. Podemos pensar en el buen ejemplo de Pablo, a quien vemos aquí luchando valerosamente por las libertades del evangelio; otro tema para su aplicación podría ser el mal ejemplo de Pedro, a quien vemos sucumbir ante la presión y la amenaza de persecución. Ambos personajes pueden ser catalizadores para distintas aplicaciones.

---

18. Esta demanda física de circuncisión para los convertidos tiene varios capítulos en su historia judía. Sobre este asunto y la cuestión más extensa de la conversión al judaísmo, ver S. McKnight, *A Light Among the Gentiles: Jewish Missionary Activity During the Second Temple Period* (Minneapolis: Fortress, 1991), esp. 68, 79-82.

19. El término "seguir las costumbres judías" (*ioudaizein*) puede significar simplemente vivir como judío. Sin embargo, estoy más de acuerdo con quienes entienden el término como "convertirse al judaísmo" en su sentido más pleno. Ver H. D. Betz, *Galatians*, 112; ver también J. D. G. Dunn, *Jesus, Paul, and the Law*, 149-50.

Por otra parte, también podemos plantear aplicaciones basándonos en los otros personajes. ¿Quiénes pueden ser hoy (o haber sido) los que vienen "de parte de Jacobo" (y no es necesario limitar las aplicaciones a hombres)? ¿O quiénes pueden ser los gentiles, los cristianos de origen judío o Bernabé? En esta búsqueda de analogías en nuestro mundo, lo mejor es que nos mantengamos lo más herméticamente posible en situaciones parecidas al contexto de Pablo. Lo que aquí tenemos es una situación que afecta a varios grupos dentro de la iglesia (no se trata de un problema del ámbito laboral ni de un mero desacuerdo entre dos personas) y a la integridad del evangelio (no es una contienda sobre una cuestión secundaria, como la percusión en la música de la adoración).

Cada uno de estos grupos o individuos pueden ser objeto de aplicaciones, y sugiero que se sigan algunas de las ideas que aquí se presentan. El grupo "de parte de Jacobo" son personas conservadoras que adoptan una apasionada posición a favor de una fe erróneamente limitada a un solo grupo social. Antes de encontrar analogías contemporáneas de este grupo, hemos de decidir si se trata o no de los partidarios de la circuncisión que se mencionan a continuación. Yo me inclino a pensar que no se trata exactamente del mismo grupo y busco, por tanto, analogías en personas con una fe subcristiana (dentro de un denominacionalismo radical, por ejemplo) y que la presentan celosamente como si se tratara de la verdad final, del estilo de grupos como los mormones. Si se sostiene que el grupo "de parte de Jacobo" no es en realidad cristiano, deberíamos explorar aplicaciones a colectivos que pretenden convertir a los cristianos a sus opiniones religiosas.

Tampoco es difícil explorar aplicaciones para la tensión entre los "cristianos gentiles" y los "cristianos judíos". Lo que hemos de encontrar es alguna forma de facción en nuestras comunidades locales o de la iglesia en general. A efectos de aplicación, no tiene por qué tratarse de una facción de orden racial o social (aunque yo preferiría mantenerme tanto como sea posible en directa sintonía con la situación original); basta con que sea solo una forma de facción potencial. No cabe duda de que los cristianos de origen gentil y los de origen judío, unas veces se llevaban bien y otras, no. Sus diferencias eran tanto de orden religioso como social. Es fácil imaginar que los puntos de tensión se expresaban normalmente en términos teológicos y que ambas partes los subrayaban de forma desmesurada. ¿Nos suena familiar? Lo que tenemos, por tanto, es un nuevo grupo de cristianos, unido por una fe común en Cristo y con una historia de conflictos de orden social. Su unidad será difícil de mantener y requerirá un arduo trabajo y mucha flexibilidad por ambas partes.

La persona de Bernabé es interesante. Este hombre era un cristiano de origen judío con grandes dones pastorales para la gestión de conflictos. Pero aun los grandes líderes cometen errores; Bernabé es un buen ejemplo de un noble cristiano que se hunde bajo la presión del grupo y las amenazas de persecución. La construcción sintáctica de Gálatas 2:13 sugiere que Bernabé se dejó convencer por otros, aunque personalmente no deseaba la separación.[20] No obstante, también él se equivocó.

Las conductas de Pablo y Pedro son las más fáciles de interpretar y aplicar: Pablo tenía razón y Pedro estaba equivocado. Teniendo en cuenta la naturaleza de los conflictos humanos, es previsible que cada parte piense tener a Pablo de su lado y a Pedro en el otro. Por lo que respecta a nuestros conflictos, solo la gracia de Dios y el discernimiento de su Palabra y de nuestro mundo pueden capacitarnos para percibir quién es Pablo y quién es Pedro. Hemos de ser cuidadosos en el discernimiento de nuestro evangelio: ¿es nuestro mensaje el verdadero evangelio de la gracia y la libertad, el evangelio que ha llegado a nosotros por medio de Jesucristo y en el Espíritu Santo? ¿Vivimos de manera coherente con nuestra profesión?

Es de capital importancia que no nos centremos solo en el hecho de que Pedro estaba equivocado y Pablo en lo cierto. Hemos de entender el *porqué* de ambas cosas. El argumento de Pablo no es de carácter personal, no tiene ánimo vengativo como si estuviera de algún modo celoso de los ministerios de Pedro, ni tampoco es meramente intelectual. Para Pablo, *Pedro estaba equivocado porque lo estaba su teología*. La práctica de Pedro surge de su teología, y esta se corrompió como consecuencia de su cambio de rumbo. Por tanto, también su conducta devino errónea. La nueva teología de Pedro no era distinta del judaísmo: la salvación es de los judíos y, para ser aceptables a Dios, los gentiles han de convertirse a Cristo, a la ley y a la nación judía. Pablo tenía razón, porque veía en la conducta de Pedro el florecer de una planta venenosa. Pablo sabía que, para judíos y gentiles por igual, la justificación era por la fe, por medio de la gracia de Dios y en Cristo, y que esta llevaba consigo el don del Espíritu Santo. Pablo sabía que Pedro no había entendido el primer y segundo elemento del evangelio y que este entendimiento erróneo desvirtuaba todo el mensaje.

Sin embargo, puede que estemos siendo demasiado duros con Pedro. Podría ser que solo estuviera equivocado en cuanto a las implicaciones

---

20. El "hasta", la voz pasiva del verbo (lit. "fue arrastrado") y el dativo instrumental se combinan para suavizar la responsabilidad de Bernabé. Por alguna razón desconocida, Bernabé apoyó a esta facción, pero parece no haberlo deseado. Es posible que se resistiera cuanto pudo con la esperanza de pacificar la situación. Como se aprecia claramente, Pablo no ataca a Bernabé.

que derivaba de su teología pero que esta fuera correcta. Pedro creía, quizá, que Cristo era suficiente y que el Espíritu Santo era absolutamente apto para guiar la propia vida delante de Dios. Alguien podría sostener, sin embargo, que con su forma de *actuar* negaba su teología. Podrían también plantearse aplicaciones potenciales desde este punto de vista, y esta es una idea, creo, que merece cierta consideración.

Antes de poder aplicar el mensaje de Pablo en 2:11-14 hemos de entender lo que hacía que Pedro estuviera equivocado. El error esencial del apóstol no era haber cambiado su conducta, ni siquiera exigir la circuncisión; es relativamente fácil imaginar situaciones dentro del judaísmo en que los cristianos puedan practicar el mandamiento divino de la circuncisión para no ofender a los judíos (*cf.* Hch 16:3). Pedro estaba equivocado, porque no había entendido las implicaciones del evangelio para los gentiles. Lo que preocupaba a Pablo eran las concepciones erróneas del evangelio, no que las personas pudieran cambiar sus decisiones y formas de actuar.

¿Qué dice este texto sobre la *confrontación*? Algunos eruditos bíblicos se han sentido incómodos con este pasaje y han llegado incluso a describirlo como subcristiano, mayormente porque ven en la conducta de Pablo un combativo triunfalismo. ¿Por qué —preguntan— no fue Pablo a hablar con Pedro a solas? Si antes lo había hecho en privado (2:1-2), ¿por qué no ahora? ¿Contradice acaso el proceder de Pablo sus palabras sobre la necesidad de exhortar a las personas con una actitud de mansedumbre (6:1)? Por supuesto, sería muy valioso contar con la descripción de este incidente por parte de Pedro y Bernabé para poder complementar el relato de Pablo. Y, sin duda, no debemos ser demasiado duros con Pedro o Bernabé teniendo en cuenta nuestra propia tendencia a equivocarnos. No debemos pensar que en este pasaje se trata exhaustivamente el asunto de la confrontación; de hecho, ¡Pablo no está hablando sobre este tema de un modo abstracto!

Sin embargo, la conducta de Pedro era errónea. Intentando reorganizar los puntos esenciales del evangelio comprometió su mensaje. Una cosa es hacerse judío entre los judíos, y otra muy distinta obligar a los gentiles a hacerse judíos. Y es aquí donde hay que subrayar especialmente el argumento de Pablo. Aunque hemos de tolerar las diferencias sociales y ser flexibles con los detalles secundarios, no podemos permitir que una demanda de conformidad social se convierta en un punto esencial del evangelio. Pablo tenía razón y Pedro estaba equivocado.

Dicho de otro modo, no hay que preocuparse demasiado con cuestiones como cuándo se bautizó una determinada persona (si fue en la infancia o como consecuencia de una posterior profesión de fe), a qué denominación pertenece, con qué partido político simpatiza, de qué raza es o cuál es su posición socioeconómica: todo esto es trivial. Sin embargo, cuestiones como la fe en Cristo, la obediencia a él y la adhesión a los puntos esenciales del evangelio no tienen nada de triviales ni deben ser tomadas a la ligera. Las diferencias triviales son tolerables, las desviaciones del evangelio, erróneas.

¿Pero, era necesario que Pablo reprendiera públicamente a Pedro? En primer lugar, es importante que reconozcamos lo poco que sabemos sobre la situación; en segundo lugar, lo es también que nos identifiquemos con Pablo en el cuadro que presenta. Antes de precipitarnos a la conclusión de que actuó con excesiva severidad, sería bueno que nos esforzáramos en leer esta historia de un modo más empático y compasivo. Es posible (yo lo veo probable) que Pablo hubiera hablado primero con Pedro en privado; no creo que esto sea pedir o asumir demasiado. Los buenos líderes (y no hay duda de que Pablo lo era) no actúan de manera precipitada. Si Pablo habló en privado con Pedro, es probable que el asunto no avanzara mucho, o al menos no lo suficiente. Por ello pasó a tratarlo de manera pública. No obstante, es posible que ni siquiera esta represión y explicación pública surtiera los efectos deseados. Es posible que la relación de Pablo con Jerusalén hubiera sido un tanto tensa y forzada a lo largo de toda su vida.

Pero quizá me equivoco y Pablo confrontó inmediatamente a Pedro de manera pública. ¿Se habría equivocado haciéndolo? En primer lugar, hemos de decir que el ejemplo de Pablo no es impecable y que, en esta ocasión, podría haberse equivocado *en su acercamiento*. Personalmente sostengo que, como principio, *lo que Pablo enseñó* era correcto, aunque puede que no *lo hiciera* de la mejor manera. Pedro se equivocó al comprometer el evangelio; Pablo estuvo acertado en lo que vio y dijo sobre Pedro, pero puede que se equivocara al hacerlo *públicamente*.

Sin embargo, quiero también afirmar que hay una cierta sabiduría en el principio de enfrentarse a los pecados privados en privado y a los públicos, en público.[21] La conducta de Pedro era incorrecta y, de haberla pasado por alto, habría tenido enormes consecuencias públicas. En este tipo de situaciones, posiblemente lo más sabio es obrar de manera pública (aunque hay que hacerlo con una cierta humildad y benevolencia [*cf.* Gá 6:1]).

---

21. J. R. W. Stott, *Only One Way*, 53: "No escuchó a quienes, probablemente, le habrían aconsejado cautela y no lavar la ropa sucia en público. No intentó apaciguar la disputa o concertar (como podríamos hacer nosotros) un encuentro privado sin convocar al público o a la prensa. La consulta en Jerusalén había sido privada (versículo 2), pero la confrontación en Antioquía tenía que ser pública".

Estoy convencido de que es posible armonizar una confrontación directa (e incómoda para nosotros) por parte de Pablo con una postura de amor hacia Pedro, sus seguidores y las iglesias de Galacia. Intentemos leer Gálatas 2:11-14 en un tono más afable; puede hacerse. Y, cuando lo hagamos, veremos que el tono emocional del pasaje cambia. Me pregunto si no es posible leer este pasaje viendo a Pablo con lágrimas en los ojos y una respuesta agradecida y arrepentida por parte de Pedro. Sabemos que, finalmente, Pedro no rompió su relación con Pablo. Es posible que esta tensa situación hubiera sido una importante experiencia de crecimiento para ambos apóstoles.

Significado Contemporáneo

Puede que, de entrada, haya que decir que este texto no trata de "leyes alimentarias" para nuestras sociedades contemporáneas.

Todos nos hemos habituado a que los medios de comunicación nos digan que este o aquel alimento que hemos estado consumiendo no es saludable y puede estar obstruyéndonos las arterias (y que a los cinco años se publique otro estudio que sugiera lo contrario), y también a mirar la ficha nutricional de los alimentos para ver los índices de grasas y de colesterol (del que ahora especifican el porcentaje de bueno y malo). Pero este tipo de reparos no son los que tenían Pedro o los judíos. Lo que les preocupaba a ellos era la ley bíblica, es decir, vivir delante de Dios en un estado "limpio" y mantener clara su identidad nacional con respecto a estas leyes. Nos equivocamos cuando pensamos que estas preocupaciones de Pedro con la ley tenían que ver con cuestiones de dieta, porque eran más bien un asunto de devoción.

Por otra parte, aunque la conducta de Pedro (y el desorden que corrige Pablo) puede enseñarnos lo que nos enseñó Marcos, a saber, que todas las comidas son limpias (Mr 7:19), tampoco este es el verdadero asunto. Considero que esta es una legítima deducción del texto pero no su principal interés, que gira alrededor del *imperialismo social y cultural,* del *propósito de los judíos de proteger su privilegiado estatus delante de Dios.* Por ello, lo que Pablo pretendía con su crítica no era conseguir que Pedro comiera crustáceos y otros "animales marinos que se arrastran", sino que se diera cuenta de lo grandioso que era el plan de Dios: que todas las personas se acercaran a él por medio de Cristo y en el Espíritu. Lo que Pablo quería era, entonces, destruir este imperialismo social y cultural. Esto lo hace mostrando que cualquier persona puede llegar a ser aceptable ante Dios mediante su sencilla entrega a Jesucristo por la fe.

La libertad de la coherencia. Pedro aprendió una lección en Antioquía; y, si no fue así, habría sido una lástima que perdiera esta oportunidad. La lección en cuestión era que la demanda de vivir según el evangelio llevaba consigo una asombrosa libertad y aventura en su penetración en el mundo gentil. Pedro había vivido una vida protegida, encerrado dentro de la ley de Moisés y protegido por miles de tenaces judíos que vivían según ella. Pero este se había convertido a Jesucristo y ahora tenía que vivir una nueva vida en el Espíritu de Dios. Para Pedro era muy difícil asumir las adaptaciones y cambios implícitos en su nuevo ministerio. Hubo de aprender que, en esta nueva vida, tenía que haber una considerable flexibilidad. Lo difícil de aceptar para el apóstol era la coherencia de esta nueva vida con el Espíritu de Dios (aunque no quizá con la ley). La coherencia en la vida cristiana no es una cuestión de conformidad y uniformidad, sino algo que se mide escuchando la Palabra de Dios, a Cristo y al Espíritu de Dios.

Cuando se es regulado por la ley y las ordenanzas que la aplican, se experimenta una cierta seguridad, junto con una cierta respetabilidad y bloqueo social. Cuando surge una práctica cuestionable, uno se siente seguro consultando el reglamento y buscando allí la respuesta, con lo cual se permanece dentro del grupo. Pero la vida en el Espíritu no es tan segura. Pedro tuvo problemas con esto cuando llegó a Antioquía y no tuvo el valor de permanecer dentro de las directrices que había aprendido en un principio. Lo que en otro tiempo estaba perfectamente regulado ahora le tocaba a él decidirlo con la guía del Espíritu de Dios.

Muchas veces le he dado gracias a Dios por su Espíritu, puesto que sin él andaríamos sin dirección en muchas de las cuestiones que hemos de enfrentar en nuestro mundo de hoy. El Nuevo Testamento es nuestro fundamento, pero solo esto, un fundamento; la superestructura ha de construirse una y otra vez a medida que nos enfrentamos a nuestra sociedad. Cuando hemos de tomar decisiones importantes de orden político o social recurrimos a la Biblia, pero a veces no encontramos respuestas directas; después de leerla y de rendir nuestro espíritu a la voluntad de Dios, hemos de dar pasos adelante con valentía como cristianos y vivir como pensamos que Dios quiere que lo hagamos. Cuando llegamos a nuestras Antioquía, a nuestras nuevas situaciones, hemos de aprender a vivir de manera consistente dentro de la libertad que nos ofrece el Espíritu de Dios. Para algunos, esto es inquietante; para todos ha de ser la aventura de vivir por fe.

Presión de grupo. Los adultos tenemos la costumbre de hablar de la "presión de grupo" como algo que solo afecta a los jóvenes de nuestra sociedad. Estos afrontan la presión de sus amigos y conocidos que beben inmoderadamente, toman drogas, practican una sexualidad impropia y viven vidas esencialmente profanas y que desagradan a Dios. Les instamos constantemente a "decir no" a sus amigos y al pecado. Pero nos olvidamos de que las presiones de grupo son tan reales en la vida adulta como en los años de la adolescencia.

Si eres adulto, ¿en qué áreas sientes la presión de grupo en tu iglesia y en tu vida? Naturalmente, una cierta presión de grupo es positiva. Esto lo podemos ver si utilizamos otro término. Últimamente, la expresión *"rendir cuentas"* se ha puesto de moda en los círculos evangélicos. Este es el aspecto positivo de la "presión de grupo". Pero aquí vamos a centrarnos en el aspecto negativo. Lo que nos ocupa en este pasaje es que, igual que Pedro sucumbió a las presiones de los dirigentes judíos que habían malentendido el evangelio, existen hoy situaciones en que los cristianos se niegan a vivir de acuerdo con el evangelio por el potencial desagrado de otros. Igual que Hudson Taylor fue objeto de críticas por adoptar la forma de vida china, muchos cristianos lo son hoy por sus experimentos con la libertad cristiana. El principio es simple y potencialmente peligroso: mientras seamos guiados por el Espíritu, nuestra conducta es la voluntad de Dios. Aunque la mayoría de nosotros consideraríamos poco espiritual (i.e., si no se es guiado por el Espíritu de Dios) dejar de asistir a la iglesia un domingo por la mañana para jugar al golf, el Espíritu podría guiar precisamente de este modo a un cristiano que juega al golf como profesional sirviendo al Señor con los dones que él le ha dado. Aquí no existen reglas y ordenanzas; solo está la Palabra, el Espíritu y la iglesia de Dios, todos ellos ofreciendo su guía.

Sean cuales sean las decisiones que tomemos, alguien las criticará. Si somos condicionados por el temor de las críticas, nunca conseguiremos hacer nada. Esta clase de temor no es sino presión de grupo. Pedro tomó una decisión errónea cuando sintió aquella presión, y a nosotros nos sucederá lo mismo. Pero Dios nos llama a una intrépida obediencia a su voluntad viviendo en el Espíritu. Lo que necesitamos es valor para vivir de acuerdo con nuestra fe y sus implicaciones más que según nuestras emociones, fugaces pasiones y temor a otros.

Puede que la implicación más difícil de la gracia sea aceptar que no hay otra base para ser aceptado por Dios que la persona de Cristo en el Espíritu de Dios. No se nos acepta por nuestro aspecto físico, posición económica, historia familiar, posición social, talentos atléticos, capacidades retóricas o por nuestras obras y espiritualidad religiosas. Somos aceptados por la gracia de Dios, por medio de Cristo. Y esto es lo más difícil: *no nos resulta fácil tratar a los demás del mismo modo en que Dios nos trata a nosotros*. Él se relaciona con nosotros en consonancia con nuestra identidad en Cristo; nosotros, por nuestra parte, añadimos reglas y pruebas para aceptar a los demás. Personalmente sostengo que la vida en la gracia de Dios es más dura cuando se trata de vivir con otras personas y aceptarlas.[22] Y una faceta de esta dificultad es aprender a vivir en la libertad de Dios, de tal manera que la aprobación o desaprobación de los demás no sea la fuerza que motiva nuestras decisiones. Quiera Dios, en su gracia, concedernos la libertad de vivir en el Espíritu.

---

22. El mejor libro que he leído sobre las relaciones personales entre cristianos es el de D. Bonhoeffer, *Vida en comunidad* (Madrid: Sígueme, 2003), esp. 33-65.

Gálatas 2:15-21

«**N**osotros somos judíos de nacimiento y no "pecadores paganos". ¹⁶ Sin embargo, al reconocer que nadie es justificado por las obras que demanda la ley sino por la fe en Jesucristo, también nosotros hemos puesto nuestra fe en Cristo Jesús, para ser justificados por la fe en él y no por las obras de la ley; porque por estas nadie será justificado.

¹⁷ »Ahora bien, cuando buscamos ser justificados por Cristo, se hace evidente que nosotros mismos somos pecadores. ¿Quiere esto decir que Cristo está al servicio del pecado? ¡De ninguna manera! ¹⁸ Si uno vuelve a edificar lo que antes había destruido, se hace transgresor. ¹⁹ Yo, por mi parte, mediante la ley he muerto a la ley, a fin de vivir para Dios. ²⁰ He sido crucificado con Cristo, y ya no vivo yo sino que Cristo vive en mí. Lo que ahora vivo en el cuerpo, lo vivo por la fe en el Hijo de Dios, quien me amó y dio su vida por mí. ²¹ No desecho la gracia de Dios. Si la justicia se obtuviera mediante la ley, Cristo habría muerto en vano».

Sentido Original

Al estudiar a fondo este texto nos enfrentamos a la dificultad de decidir dónde terminan exactamente las palabras de Pablo a Pedro y comienza su propia reflexión teológica sobre lo que sucedió entre ellos. Algunos (entre ellos los traductores de la niv) piensan que la conversación de Pablo con Pedro no termina hasta el versículo 21 (¿pero podría Pedro haber seguido esta clase de argumento en forma de discurso?), mientras que para otros finaliza con el versículo 14. Personalmente prefiero este segunda opción y concuerdo con quienes entienden los versículos 15-21 como una "reflexión teológica" de Pablo sobre lo que sucedió en Antioquía y un resumen de lo que le dijo a Pedro en aquella ocasión. Es evidente que Pedro no habría tenido que escuchar un argumento tan denso en aquella ocasión; pero también parece obvio que lo que Pablo dice en este pasaje se lo habría expresado a Pedro de un modo más digestible.[1] Dicho de otra manera,

---

1. En un comentario académico, H. D. Betz ha explicado que 2:15-21 es la *propositio* (la tesis o proposición principal) de Gálatas (ver su *Galatians*). Aunque es razonable argumentar esto, prefiero ver estos versículos como la reflexión teológica de Pablo sobre el incidente con Pedro más que como una nueva etapa en la carta. Gálatas 3:1 comienza nuevamente dirigiéndose a los gálatas mientras que, a posteriori, 2:15-21 parece dirigirse específicamente a Pedro.

los versículos 15-21 son una explicación posterior más detallada de Pablo sobre lo que sucedió entre él y Pedro en Antioquía. Conociendo como conocemos a Pablo hemos de imaginarle reflexionando largo y tendido sobre lo que estaba sucediendo en Antioquía bajo el liderazgo de Pedro. No cabe duda de que aquella noche pasó horas orando y reflexionando sobre lo que dijo y sobre cómo tenía que acercarse a los comunes (pero crecientes) problemas de Antioquía.

La exégesis de los versículos 15-21 está cargada de dificultades, tanto de lógica como de significado. El párrafo puede dividirse en dos secciones principales: (1) el hecho de una experiencia de conversión común (vv. 15-16) y (2) las implicaciones de una experiencia de conversión común (vv. 17-21). En la primera sección Pablo declara (dirigiéndose supuestamente a Pedro) que, aunque ambos eran judíos, habían llegado a la común convicción de que, dentro del plan de Dios, Jesucristo era el agente de la salvación y, en segundo lugar, que para alcanzar la salvación ambos se habían acercado a él por fe. En este acercamiento a Cristo estaba implícita la negación de que Dios nos acepta mediante las "obras de la ley" (vv. 15-16).

Las implicaciones de esta experiencia de conversión común se detallan a continuación mediante incisivos comentarios, con una gran carga teológica. (1) La vida del cristiano no es una existencia "sin ley" en el sentido de un impío antinomianismo (v. 17). El hecho de que encontremos nuestra salvación en Cristo y no en la ley no significa que Jesucristo lleve a las personas a un pecaminoso alejamiento de la ley. Aunque las reglamentaciones de los judíos son buenas (*cf.* Ro 7:12), las directrices para el cristiano se encuentran en el seguimiento de Cristo y la vida en el Espíritu. (2) Al convertirse a Cristo, el cristiano, especialmente el de origen judío (aquí el "yo" del v. 18 se refiere a Pedro), pierde la oportunidad de volver a la ley como terreno de la aceptación divina o base de la propia moralidad y guía para la vida. Esta afirmación se repite en el v. 19: encontrar la aceptación de Dios en Cristo significa morir a la ley (como instrumento de esta aceptación). (3) Al convertirse a Cristo, el cristiano judío encuentra vida espiritual a través de la muerte, entendida aquí como ser crucificado con Cristo, para la ley, a fin de que el Cristo resucitado pueda conceder su nueva vida al creyente (vv. 19-21). Y si nosotros (Pablo y Pedro) nos hemos acercado a Cristo para obtener salvación, hemos percibido al mismo tiempo que la gracia de Dios no se encuentra en la ley. Acercarse a Cristo no es, por tanto, una negación de la gracia de Dios. En lo que sigue, expondré cada una de estas implicaciones.

Como puede observarse, el asunto esencial es el *lugar que ocupaba la ley en la vida del cristiano gálata* o, dicho de un modo más realista, *el lugar que ocupaban los rasgos distintivos y las reglamentaciones sociales de los judíos y que les separaban de los gentiles y de los convertidos gálatas*. En este asunto no deberíamos separar las dos dimensiones de la ley para los judíos del siglo primero; estos percibían sus distintivos sociales (circuncisión, pureza de mesa, etc.) como una vida bajo la ley de Moisés (principios morales). La lucha de Pedro (que el propio Pablo había antes enfrentado hasta cierto punto) era entender cómo y con qué criterios debían vivir en tanto que cristianos judíos. ¿Tenían que sujetarse a la ley mosaica?

Y, en caso afirmativo, ¿significaba esto que tenían que seguir siendo judíos y esperar que los convertidos a Cristo acabaran aceptando toda la ley (convirtiéndose en prosélitos del judaísmo)? Por difícil que nos sea entender estas cosas hoy, este era el asunto fundamental para los convertidos judíos del siglo primero. ¿Qué significaba convertirse a Cristo? ¿Era acaso abandonar su herencia judía, completarla o simplemente añadirle nuevos elementos? La lucha de Pedro era parecida a la de otros judíos, a saber: ¿somos judíos, cristianos judíos o simplemente cristianos? ¿Somos reformadores del judaísmo o estamos comenzando algo completamente nuevo con la iglesia?

Para Pablo, este era el quid de la cuestión cuando observaba la conducta de Pedro en Antioquía: según parece, al encontrar la aceptación de Dios en Cristo, Pedro no se daba cuenta del tremendo alcance y suficiencia del Nuevo Pacto en Cristo y la vida en el Espíritu. Para Pablo, la obra de Cristo era completa y la ley quedaba por ello relegada a un determinado periodo de la historia (ver especialmente las notas en 3:19-25). Pablo sostiene que la moralidad cristiana y la vida delante de Dios no deben buscarse en la "observancia de la ley", sino más bien en la muerte y resurrección con Cristo y en los "frutos del Espíritu". La verdadera vida delante de Dios, sostiene, se vive por medio de Cristo y en el Espíritu.

Otro asunto de interés general en todo este párrafo es el significado de la primera persona del singular (vv. 18-21) y de la primera persona del plural (vv. 15, 17). Los comentaristas no se ponen de acuerdo sobre lo que subyace tras esta redacción: (1) alude Pablo a sí mismo en un *sentido autobiográfico*, (2) se refiere a todos los cristianos en un *sentido universal*, (3) o hace referencia a Pablo y a Pedro como judíos dándoles un *carácter representativo*. Aunque soy plenamente consciente de que las aplicaciones giran casi siempre en torno al sentido autobiográfico (#1), ahora estoy convencido de que este no es el significado que le da Pablo. Puede que esto sea un tanto decepcionante para aquellos lectores que, como yo mismo, ven Gálatas 2:20 desde hace mucho tiempo como un vívido recordatorio de nuestra posición delante de Dios: hemos de morir al yo y vivir para Dios por medio de Cristo.[2] En lo que diré a continuación no voy a negar este sentido (¡de modo que nuestros ejercicios de memorización no habrán sido en vano!). Sin embargo, sí quiero sugerir que Pablo quiere dar a sus palabras un sentido más matizado.

Puesto que las opciones #2 y #3 se excluyen mutuamente, es mejor que me limite a afirmar aquí que la conversación de Pablo con Pedro comienza con estas palabras: "Nosotros somos judíos de nacimiento y no 'pecadores paganos [...]'". Estas palabras no pueden entenderse con un sentido universal, puesto que no todos los lectores son judíos. De aquí en adelante asumiré, pues, que Pablo tiene en mente *sobre todo la experiencia de conversión de los cristianos de origen judío*. El apóstol reflexiona sobre su propia experiencia y la de Pedro al convertirse a Cristo, una experiencia que parece, por supuesto, aplicable a todos los judíos convertidos a Cristo (con una renuncia de la ley). Esta común experiencia de conversión lleva a Pablo a reflexionar más hondamente sobre algunas de sus implicaciones, en particular sobre el papel que la ley y las normativas sociales judías han de desempeñar en la vida del cristiano de origen judío en su relación con los cristianos gentiles y con el mundo gentil en general.

El hecho de una experiencia de conversión común (vv. 15, 16). En estos dos versículos encontramos *la condición original* (v. 15), *el reconocimiento de la salvación en Cristo* (v. 16a), y el *acto de fe en Cristo* (v. 16b). Estos son los elementos que Pablo menciona cuando habla de la experiencia de conversión que comparte con Pedro. Ambos eran judíos de nacimiento pero habían entendido (por la gracia de Dios) que era el Mesías de Dios, "Jesús de Nazaret", quien llevaba a cabo la justificación; esta comprensión les había llevado a volverse con fe a Cristo y a apartarse de las obras de la ley.

La condición original (2:15). Como he dicho anteriormente, esta cláusula es importante para entender bien el propósito de Pablo en este párrafo. El apóstol habla aquí de la percepción de los cristianos judíos, en este caso, la suya y la de Pedro. Ser judío "de nacimiento" era un maravilloso privilegio, puesto que Israel era beneficiario del pacto y las promesas de Dios (Ro 3:1-2; 9:4-5; Ef 2:12). Muchos judíos valoraban altamente este

---

2. Naturalmente, creo que esto sigue siendo cierto para la praxis cristiana; lo que no creo es que esto sea concretamente lo que Pablo quiere decir en este pasaje.

privilegio y ello les llevó, según parece, a calificar de "pecadores" a los gentiles, porque estos no tenían la ley ni la guardaban (*cf.* Ro 2:12-16; 9:30-31; 1Co 9:21; Ef 2:11-12; 4:17).[3] No podemos dejar de ver aquí una conciencia social en la percepción judía del pecado: los judíos eran justos (por su observancia de la ley) y los gentiles, pecadores (porque no la conocían ni la obedecían). Por otra parte, para los sectores más conservadores del judaísmo, como los fariseos, el término *pecadores* se aplicaba también a cualquiera que no adoptara sus puntos de vista sobre cuestiones como las leyes de los diezmos, los sábados, la impureza ceremonial por contacto con un cadáver o las regulaciones alimentarias. Y son especialmente estos distintivos judaicos lo que separaba a judíos y gentiles: lo que hacía pecadores a los gentiles era su incircuncisión y la ingesta de alimentos impuros con personas impuras. Pero Pablo y Pedro tenían el privilegio de no ser "pecadores paganos".[4]

El reconocimiento de la salvación en Cristo (2:16a). Como judíos privilegiados, Pedro y Pablo llegaron a la convicción de que "nadie es justificado por las obras que demanda la ley sino por la fe en Jesucristo". Este reconocimiento no es nada natural para los judíos (*cf.* Ro 9:30-33; 10:1-4; 11:7-10; 2Co 3:12-18). Pablo no está diciendo que todos los judíos sepan por naturaleza que la justificación está en Cristo. No cabe duda de que la experiencia que el apóstol menciona aquí es poco frecuente, solo común entre aquellos judíos que creen en Cristo; sin embargo, Pablo y Pedro la compartían. En lo que sigue hemos de analizar tres términos cruciales para entender este pasaje (y Gálatas en su conjunto): *justificación, obras* y *fe*.

Desde la Reforma, ninguna doctrina ha tenido tanta importancia en la iglesia como la *justificación por la fe*. Martín Lutero entendió que solo los méritos de Jesucristo podrían hacerle aceptable ante Dios y que si confiaba en la promesa divina en Cristo encontraría esta aceptación. Por supuesto, lo hizo, y su descubrimiento ha cambiado la iglesia. Así, la justificación por la fe se ha convertido en una doctrina fundamental de la iglesia. Pero ¿qué significa ser *justificado*?[5] En términos generales, la

---

3. Sobre el trasfondo judío de la relación de los gentiles con el término *pecadores*, *cf.* 1S 15:18; *Salmos de Salomón* 2:1-2; 17:25; *Jubileo* 23:23-24; 24:28; *4 Esdras* 3:28-36. Estas alusiones estaban en J. M. G. Barclay, *Obeying the Truth*, 77-78, n. 7.
4. No hace falta comentar que Pablo sabía que los judíos eran también pecadores (*cf.* Ro. 3:9-20), pero esta no es aquí su perspectiva.
5. Quienes estén interesados en una exposición detallada, ver A. Hoekema, *Saved by Grace* (Grand Rapids: Eerdmans, 1989), 152-91; Ver también G. E. Ladd, *A Theology of the New Testament* (Grand Rapids: Eerdmans, 1974), 437-50; D. J. Moo, "'Righteousness' Language in Paul", en *Romans* 1-8 (WEC; Chicago: Moody, 1991), 75-86. Hay un

metáfora de la *justificación*, procedente del ámbito del derecho y la jurisprudencia, describe nuestra aceptación por parte de Dios. El dilema en que se encuentran las personas ante Dios es que son culpables por haber transgredido la ley y los mandamientos de Dios. Su deseo y única esperanza es que, de algún modo, Dios, que en esta metáfora aparece como Juez, les perdone, resuelva el problema y les libre de su culpa. Sin embargo, puesto que, como Juez, Dios es completamente objetivo y justo desde un punto de vista moral y no puede pasar por alto el pecado, el hombre se encuentra en una situación sumamente difícil. Pero, sorprendentemente, Dios perdona; el agente divino de este perdón es Jesucristo, quien asumió legalmente nuestra culpa y llevó la maldición de la ley en su crucifixión (3:13). El resultado de la obra de Cristo es que aquellos que confían en él y se rinden a él son declarados aptos ante Dios.[6] La justificación de Dios nos sitúa en una nueva posición (ya no se nos considera responsables de nuestro pecado) y, mediante este acto de aceptación, Dios nos imparte el Espíritu para que transforme nuestro carácter; es decir, la persona que es justificada (*dikaioo* en griego) vive también inevitablemente una coherente vida de justicia (*dikaiosyne* en griego).

Pablo afirma que, con la conversión, tanto él como Pedro llegaron a la conclusión de que "nadie es justificado por las obras que demanda la ley". La expresión "por las obras que demanda la ley" dice literalmente: "en virtud de las obras de la ley". ¿Cuáles son estas *obras de la ley*? ¿Se trata acaso de obras supuestamente meritorias que pretenden ganarse el favor de Dios? A partir de lo que he comentado anteriormente debería ser evidente que no creo que, con esta expresión, Pablo pretenda aludir a este tipo de obras hechas *para ganar* el favor de Dios. Cuando leemos Gálatas, descubrimos que Pablo tiene en mente dos cosas: (1) conductas u obras conforme a la ley de Moisés que señalan que Dios solo nos acepta cuando nos sujetamos a esta, y (2) una conducta que separa a judíos y gentiles, a saber, las obras de la circuncisión, las restricciones alimentarias y de mesa, y las reglamentaciones sociales que rigen la conducta de los judíos en su relación con los gentiles (*cf.* 2:11-14).[7] Estos dos elementos forman

---

tratamiento más popular en L. L. Morris, *The Atonement: Its Meaning and Significance* (Downers Grove, Ill.: InterVarsity Press, 1983), 177-202.

6. En la sala de un tribunal, la persona puede ser declarada "culpable" o "inocente". Desde un punto de vista teológico, nunca podemos ser declarados "inocentes", puesto que la decisión del Juez no es que no seamos culpables, sino que somos "culpables pero perdonados" porque Cristo ha asumido nuestra pena. El veredicto es, pues, "culpable", pero la sentencia es eliminada porque Cristo la cumplió por nosotros.

7. Si se desea considerar una defensa académica de la idea de que la expresión "obras de la ley" describe un distintivo judío, ver especialmente. J. D. G. Dunn, *Jesus, Paul, and the*

una unidad: Pablo sabía que la conversión a Cristo implica una confesión de que la aceptación de Dios no puede obtenerse mediante un compromiso con la ley. Cristo es el cumplimiento de la ley y con su revelación la trascendió (Ro 10:4; Gá 3:19-25). Observar la ley después de Cristo era negar la suficiencia de su obra; significaba trasladarse a un período de la historia de la salvación anterior a Cristo. Para Pablo, esto era algo terrible que negaba el propósito mismo de la venida de Cristo. Por ello, Pablo razona con Pedro que ambos estaban de acuerdo en que nadie se justifica por observar la ley; comprometerse con Cristo es negar el compromiso con esta observancia como medio para la aceptación de Dios. Pablo diría, "no puedes servir a Cristo y a la ley al mismo tiempo".

Por otra parte, Pablo no está en contra de las "buenas obras". Para él, la idea de "obras" tiene tres aspectos principales.[8] (1) El principio que aparece en Romanos 3:27, y aquí estamos cerca de *la idea de méritos o de obrar* (ver también Gá 3:12) para ser aceptados por Dios. Pablo se opuso a este sentido de las obras; estas no son nunca un medio para obtener la aceptación de Dios.

(2) La *idea mosaica de obras, u obras de la ley*, tal como aparece predominantemente en Gálatas, que describe la conducta de algunos que expresaban su convicción de que la aceptación de Dios solo podía conseguirse si se vivía de acuerdo con la ley de Moisés (p. ej., 2:3, 11-14). La *motivación* de aquellas personas (expresar su fe en Moisés y no solo en Cristo) pervertía *lo que* hacían. No había nada malo en vivir según la ley cuando se hacía debidamente; después de todo, Pablo circuncidó a Timoteo (Hch 16:3) y más adelante él mismo se purificó ritualmente a fin de ofrecer sacrificios en el templo (21:26). Sin embargo, cuando se obedecía la ley como una manera de manifestar la propia confianza en ella como paso necesario para la aceptación de Dios, Pablo se ofendía mucho. (3) La noción de *buenas obras* como la encontramos en Efesios 2:10. Lo que Pablo quiere decir aquí es que Dios nos llama por su gracia a servirle por medio de buenas obras, un estilo de vida atractivo, moral y piadoso. A favor de Gálatas podemos decir que el "fruto del Espíritu"

Law: Studies in Mark and Galatians (Louisville: Westminster/John Knox Press, 1990), esp. 183-241; ver también 242:64. Este punto de vista lo han asumido en parte J. G. M. Barclay en *Obeying the Truth* y F. Watson en *Paul, Judaism and the Gentiles*.

8. Quienes deseen profundizar más, pueden ver H. C. Hahn y F. Thiele, "Work", en *NIDNTT* 3:1147-59; D. J. Moo, "'Law,' 'Works of the Law,' and Legalism in Paul", *Westminster Theological Journal* 45 (1983): 73-100, esp. la tabla de p. 93; no obstante, disiento de Moo en varios aspectos importantes.

(Gá 5:22-23) es una descripción de "buenas obras". Esta clase de obras representan la idea general de Pablo sobre cómo han de vivir los cristianos.

Cuando decimos, pues, que Pablo enseñó que la justificación no era por las obras, hemos de clarificar qué clase de obras tenía en mente. En Gálatas, el apóstol se refiere principalmente al segundo sentido y quizá en alguna ocasión (pero no en todos los casos) al primero. Pero Pablo no está, o nunca estuvo, en contra de las "buenas obras" como una adecuada descripción de la vida moral de los cristianos y de sus relaciones personales con los demás. Pablo dice, de hecho, que seremos juzgados por nuestras obras (Ro 2:5-6; 1Co 3:10-15; 2Co 5:10; 11:15).

Vamos ahora a nuestra tercera expresión. La justificación se produce *por la fe*, no mediante la observancia de la ley. Es posible que la palabra "fe" sea una de las más malentendidas dentro del evangelicalismo moderno. ¿Qué es esta fe que nos salva? ¿Cuál es la palabra que mejor describe este término? ¿Asentimiento, confianza, rendición o compromiso? De nuevo, abordamos aquí un asunto que merece un tratamiento mucho más extenso. Para Pablo, fe es la necesaria respuesta de la persona que quiere vivir en paz con Dios (*cf.* Ro 1:17; 3:22, 25; 5:1; 10:4), y se contrapone firmemente al principio de "obras" (obras hechas para conseguir la salvación [Ro 3:27; 4:5]). Esta fe requiere sin duda un asentimiento (un acuerdo mental) a ciertos hechos: la resurrección de Cristo (Ro 4:24; 10:9) y la salvación que viene por medio de él (2Ts 2:12; 1Ti 1:16). Aunque es cierto que para Pablo la fe tiene un comienzo (Ro 10:9-10; 13:11; Ef 1:13), esta es también la constante disposición de los cristianos hacia todo lo que Dios ha hecho en Cristo (Ro 1:17).[9]

Podemos, pues, definir la fe como *aquella respuesta inicial y constante de confianza en Cristo y obediencia a él que hace que una persona sea aceptada por Dios*. William Barclay lo expresó correctamente: "Fe es completa confianza y rendición a Jesucristo. Es la completa aceptación de todo lo que él dijo, ofreció y es".[10] Así, cuando Pablo utiliza el término "fe" (como en "justificados por la fe"), está hablando tanto del acto inicial de confianza como de una permanente disposición a la confianza y la

---

9. Puesto que la fe es constante (no un mero acto aislado de confianza), Pablo habla de "obediencia de la fe" (Ro 1:5).
10. W. Barclay, *The Mind of St. Paul* (San Francisco: Harper & Row, 1958), 143. Ver también la definición de su tocayo, J. M. G. Barclay, *Obeying the Truth*, 236: "En otras palabras, en Gálatas, fe no es meramente 'creer en el evangelio', sino que incluye también un compromiso de 'obedecer la verdad', y no puede distinguirse del constante esfuerzo por 'andar en el Espíritu'". Ver además pp. 235-37.

obediencia. Esta es la razón por la que fe en Cristo[11] y "obras de la ley" son cosas opuestas: para la salvación, no se puede optar al mismo tiempo por el sistema de Cristo *y* el de Moisés, porque son opciones que se excluyen mutuamente. Una de dos, o creemos en Cristo o decidimos encomendarnos a la ley. No se puede vivir bajo ambos sistemas sin destruir la integridad del uno o del otro.

El acto de fe en Cristo (2:16b). Pablo y Pedro eran judíos y entendieron que las personas no podían encontrar la justificación aferrándose a las reglamentaciones judías u observando la ley (el periodo de la ley había ahora concluido; ver 3:19-25). Habían llegado a la convicción de que la fe en Cristo justificaba al hombre y, por ello, creyeron en él. La historia de la conversión de Pedro es larga y accidentada; la de Pablo, breve y abrupta. La fe cristiana de Pedro se originó en Jerusalén (Jn 1:35-42), se cimentó en Galilea (Lc 5:1-11), alcanzó un punto álgido con su primera confesión del mesianismo de Jesús (Mr 8:27-30), titubeó durante la semana de la Pasión (14:66-72), se reavivó tras la Resurrección (Jn 21:15-19; cf. Lc 22:32), y llegó a su madurez el día de Pentecostés (Hch 2). Pedro siguió, no obstante, dando traspiés a lo largo de su vida (Hch 10:1-11:18; Gá 2:11-14). Sin embargo, su madurez se aprecia maravillosamente en sus dos cartas. Por otra parte, Pablo se convirtió de manera repentina y dramática (Hch 9:1-30). A pesar de esta diversidad por lo que respecta a sus experiencias, Pablo considera que sus conversiones son esencialmente idénticas: ambos habían rechazado el sistema de la ley y habían abrazado el de Cristo.

Implicaciones de una experiencia de conversión común (vv. 17-21). En este apartado vamos a considerar tres implicaciones de esta conversión común.

(1) *El cristiano no vive una vida "sin ley" en el sentido de suscribir un perverso antinomianismo* (v. 17). No hay duda de que este era el principal temor de cualquier judío devoto y cabal: los cristianos, con su acento en el Espíritu Santo como guía para la vida moral, estaban devaluando la ley e, inevitablemente, abandonarían la moralidad que esta prescribía.

---

11. Hoy existe un creciente número de eruditos que creen que la expresión "fe de Jesucristo" en Gálatas 2:16 (y en otros pasajes paulinos) significa "la fe que Jesucristo ejercía", no "fe en Jesucristo". Para Gálatas 2:16, esta perspectiva ofrece el medio objetivo de la salvación (Cristo ha logrado algo para nosotros) y la recepción subjetiva ("también nosotros hemos, puesto nuestra fe en Cristo Jesús"). Personalmente me inclino hacia el punto de vista tradicional puesto que considero la segunda expresión de fe en 2:16 ("nuestra fe en Cristo Jesús") como una repetición de la expresión primera (NVI: "fe en Jesucristo"). Quienes deseen considerar los argumentos pueden ver F. F. Bruce, *Gálatas*, 138-39 de la edición en inglés; R. N. Longenecker, *Galatians*, 87-88.

Acabarían siendo (este era al menos su temor) como los paganos o los judíos mundanos (es decir, serían "pecadores"; *cf.* 2:15). Puesto que los judíos, en especial los fariseos, habrían razonado de este modo, Pablo tenía primero que pormenorizar las implicaciones morales de convertirse a Cristo. En esencia, Pablo sostiene que acercarse a Cristo no significa que "Cristo promueva el pecado". Para un judío era inimaginable (supongo) concebir una vida moral que no tuviera la ley de Moisés como punto de partida.

Todo esto se pone de relieve con el comentario de Pablo en el sentido de que él y Pedro habían sido "justificados en Cristo". El acto de volverse a Jesucristo por la fe era, según Pablo, negar la necesidad de vivir bajo la ley de Moisés a fin de encontrar la aceptación de Dios. Y esto se aplicaba especialmente a los cristianos de origen judío, como Pablo y Pedro expresan aquí con tanta claridad. El acto de volverse a Cristo tenía para ellos una evidente dimensión social: se estaban apartando del judaísmo y volviéndose hacia algo considerablemente distinto, por mucho que se viera como el cumplimiento de las esperanzas judaicas. Para el judío que había crecido viendo la ley como centro de la revelación de Dios no era poca cosa volverse de la ley como medio para ser aceptado por Dios. Y el judío que se sentaba ociosamente para observar como otros judíos se volvían a Cristo tenía un temor (realista) en el sentido de que abandonar la ley significaba abandonar la voluntad moral de Dios. Tal conversión implicaba volverse hacia una vida de pecado, ya que este se definía como vivir sin la ley, sin ser gobernado por esta o por la personal comprensión de ella.[12]

Esta conversión a Cristo era el reconocimiento de la propia pecaminosidad (en este caso, el reconocimiento por parte de Pedro y Pablo de que, aunque criados bajo el pacto de Abraham, eran también pecadores y estaban necesitados del perdón de Dios). Su conversión a Cristo lo fue para recibir una justicia (imputada), una acción por la que confesaban que su moralidad era corrupta e insuficiente. Se acercaron a Cristo para poder ser declarados justos delante de Dios. Y por ello Pablo pregunta: "¿Quiere esto decir que Cristo está al servicio del pecado?"; y responde: "¡De ninguna manera!". Cristo no sirve al pecado, sino que lo elimina por medio de su obra expiatoria. Pero es cierto que el evangelio que Pablo predicaba era un mensaje que trataba cara a cara con el pecado y sus consecuencias. Personalmente creo probable que el acento de Pablo en el perdón (y en el pecado) hubiera llevado a los judaizantes a hacer una pausa, porque su sistema asumía el perdón (por medio de los rituales del templo) y después

---

12. Ver J. M. G. Barclay, *Obeying the Truth*, 78-79.

se ocupaba más de la moralidad y las relaciones sociales. Lo que sugiero es que el acento de Pablo en el pecado y el perdón suscitó la acusación judaizante de que Cristo fomentaba el pecado al invitar a los pecadores a acercarse a él.

La implicación de lo que Pablo subraya aquí es que la vida en Cristo no es vida en el pecado, sino más bien vida en el Espíritu, como detallará en los capítulos 5-6. Cristo no promueve el pecado, sino la pureza, la santidad, el amor y una personalidad atrayente. Lo que para los judíos solo podía hallarse en la ley (la voluntad de Dios para su pueblo) se ha completado ahora por medio del gran don divino del Espíritu Santo.

(2) *Al convertirse a Cristo, el cristiano, especialmente el de origen judío, pierde la oportunidad de volver a la ley como principal elemento orientador de toda la vida* (v. 18). Como antes he propuesto, creo que lo mejor es considerar la primera persona del plural como una alusión a Pedro y a Pablo, pero especialmente a Pedro. Fue Pedro quien, a fin de cuentas, había faltado a su compromiso con Cristo. Al apartarse de una abierta comunión de mesa con los gentiles, Pedro estaba reconstruyendo un judaísmo que anteriormente había destruido cuando se convirtió de ese sistema a Cristo. Al regresar de nuevo al judaísmo, Pedro volvía atrás y se hacía "transgresor", adoptando de nuevo la ley con toda su fuerza condenatoria (3:13, 19-25).

(3) *Al convertirse a Cristo, el cristiano de origen judío encuentra vida espiritual por medio de la muerte, entendida aquí como ser crucificado con Cristo a la ley para que el Resucitado pueda conceder al creyente su nueva vida* (vv. 19-21). En esta sección, Pablo dice tres cosas: (a) el "ego judío", el privilegio que los judíos creían tener —pero que solo había sido suyo hasta Cristo— moría a la ley. Esto había sucedido con su conversión (de Pablo y Pedro) a Cristo. El objetivo de esta muerte a la ley era poder "vivir para Dios". Lo que Pablo está describiendo aquí no es una cierta experiencia mística (diaria), sino la común experiencia de conversión de los judíos: cuando estos se vuelven a Cristo, mueren a la ley como medio de salvación. Y la ley cumple su función en el sentido de que sigue su curso hasta Cristo (3:19).

(b) La vida que Pablo vive ahora para Dios es el resultado de morir con Cristo (v. 20), pero es la vida que el cristiano judío encuentra en Cristo. Es la vida del Cristo y el Espíritu que moran en el creyente (*cf.* 2Co 3:17; Gá 3:1-5; 5:22-23). Cuando el cristiano de origen judío moría a la ley al morir con Cristo (quien asumió toda la ira de Dios que generaba la obra de la ley), dicho cristiano resucitaba como una persona nueva que se situaba al otro lado de la ley. En esta persona habitaban ahora Cristo y el Espíritu Santo, que iban a guiarla y a controlarla.

(c) Al optar por el sistema de Cristo, estos creyentes judíos no desechaban la gracia de Dios. Hemos de inferir aquí que esta era precisamente la acusación que se hacía a los cristianos de origen judío, a saber, desechar la gracia de Dios. No cabe duda de que ellos entendían esta gracia como la ley de Moisés. Pablo responde: "No, no somos nosotros quienes desechamos la gracia cuando abandonamos la ley, sino ustedes, que no nos acompañan y pasan así por alto la maravillosa gracia de Dios en Cristo". De hecho, Pablo sostiene que si la aceptación de Dios pudiera conseguirse por medio de la ley su conversión habría sido en vano. Si esto fuera posible, no necesitaríamos para nada la obra de Cristo. Pero estos judaizantes habían, de hecho, confesado que Cristo era el agente de Dios para la salvación.

En resumen: Gálatas 2:15-21 es un pasaje complejo. He intentado demostrar que trata principalmente de la común experiencia de conversión de los judíos. Que la conversión implicaba una negación de la suficiencia de la ley y una afirmación de la total suficiencia de Cristo. Esta reflexión de Pablo surge de la incapacidad de Pedro para entender hasta qué punto era suficiente Cristo. La conducta social del apóstol negaba su experiencia de conversión, y Pablo le recordó severamente esta inconsistencia. En Cristo, está diciendo Pablo, no hay judío ni gentil, y cualquier intento de forzar a los gentiles a adoptar distintivos judíos es una flagrante contradicción de la esencia del evangelio.

El primer asunto que merece atención es cómo aplicamos un texto dirigido originalmente a cristianos de origen judío a un movimiento cristiano que es hoy mayoritariamente gentil. ¿Podemos pasar por alto este pasaje en nuestro apresuramiento por encontrar algo práctico para nuestro mundo gentil? ¡Ni hablar! En primer lugar, hemos de comprender bien la experiencia judía y después podremos generalizar, ya que, aunque lleguemos a esta experiencia desde distintas perspectivas y mundos, el contenido de la conversión es el mismo.

Intentemos entender la experiencia de Pedro y Pablo. Ambos crecieron dentro del judaísmo (Pedro en Galilea y Pablo en Tarso o Jerusalén). Los dos habían sido educados en una forma de espiritualidad de acuerdo con la ley de Moisés y ambos vivieron entre judíos bajo estas directrices. De hecho, tanto el uno como el otro habían aprendido a venerar la ley de Moisés con un enorme respeto y reverencia. En términos de revelación religiosa, esta ley lo era todo. Por otra parte, tanto Pedro como Pablo eran aparentemente fieles a su herencia religiosa, si bien, en términos de devoción, la de Pablo se llevaría posiblemente el premio. Mi opinión personal es que ambos apóstoles habían sido influenciados por la devoción farisea, aunque no voy a defender aquí este punto de vista.[13]

Habiendo crecido en contextos parecidos, habría sido sumamente difícil para ambos abandonar la ley cuando se convirtieron a Cristo. Fue esta conversión lo que les llevó a un distanciamiento con su pasado y lo que produjo los problemas de Pedro. Pero los judíos tenían que aprender, si querían ser consistentemente cristianos, lo que significaba formar parte del nuevo pueblo de Dios, la iglesia de Jesucristo. Seríamos injustos con ambos, pero muy especialmente con Pedro, si no tuviéramos en cuenta las dificultades de aplicar el evangelio para que este controle todos los aspectos de la vida, especialmente aquellas áreas en las que se dirime la propia identidad social.

Pedro se sentía totalmente cómodo con las luchas y problemas que tenía cuando evangelizaba y pastoreaba a los cristianos de origen judío, pero la tensión de extender el evangelio entre los gentiles es lo que le forzó a retractarse de sus implicaciones éticas. Lo que Pedro tenía que aprender (también Pablo) era esto: el evangelio es para todos, se disfruta por la fe, Cristo es el Salvador y el Espíritu nos guía. Un aspecto fundamental de todo esto era el simple cambio social: la vida de la iglesia no debe ser dirigida por las restricciones judías, sino por el Espíritu de Dios y las enseñanzas de Jesús. Esta era la experiencia de conversión común a todos los cristianos de origen judío del siglo I. Significaba la muerte a la ley como centro de la vida, esperanza y salvación.

---

13. El trasfondo farisaico de Pablo es bien conocido (ver Hch 22:3; 23-6; Fil 3:4-6). En cuanto a Pedro, dos ejemplos bastarán: (1) el serio cuestionamiento de Jesús por parte de los discípulos y de Pedro, ante sus afrentas a las tradiciones fariseaicas (Mt 15:12), y (2) el comentario de Pedro en el sentido de que nunca había comido nada impuro (Hch 10:14). Este último comentario alude probablemente a la *intención* de Pedro más que a su práctica real, por cuanto las leyes sobre este asunto estaban definidas de un modo tan meticuloso que sería difícil vivir toda la vida sin contravenir estas tradiciones en algún punto. No obstante, este tipo de impureza ceremonial podía solventarse mediante el correspondiente lavamiento y esperando hasta la noche. En cualquier caso se permanecía en un estado de pureza si no se comía a sabiendas o deliberadamente alguna comida impura. Ver exposición anterior al respecto, p. 117.

Estas diferencias raciales e históricas entre los cristianos de origen judío del primer siglo y nosotros no nos impiden, sin embargo, encontrar semejanzas de carácter general. El carácter universal del evangelio pueden entenderlo más fácilmente los no judíos, ya que estos no han sentido nunca la restringida comunión de los judíos. Posiblemente, no les fue tan difícil de aceptar el medio de la justificación (la fe) como se ha pretendido. Hemos llegado a creer que, con respecto a la salvación, los judíos solo pensaban en términos de obras. Esto es erróneo. Los judíos creían ser el pueblo de Dios por una cuestión étnica, y pensaban que, por ello, Dios les había dado muchos privilegios. En mi opinión, la salvación por la "fe" no era una doctrina especialmente difícil de aceptar para los judíos. Sí lo era la salvación por la fe *aparte de la ley*, ya que, para ellos, la obediencia a la ley era verdadera fe (ver Heb 11). Lo que tenían que entender era que el objeto de su fe había dejado de ser la revelación de Dios en Moisés y ahora era la revelación de Dios en Cristo. Cristo ha sustituido a Moisés como foco de la salvación, igual que el Espíritu ha reemplazado las leyes mosaicas como centro de la voluntad de Dios.

Sin embargo, y a pesar de esta diferencia, tanto los cristianos de origen judío como los cristianos gentiles han de responder de un mismo modo, a saber, mediante la fe en Cristo. Es fácil ver y aplicar el hecho de que la salvación sea por la fe, aunque posiblemente no nos mostraremos reacios (como sí lo hicieron los cristianos judíos del primer siglo) a eliminar la ley de Moisés como objeto de nuestra fe. (Los no judíos tenemos otro tipo de obstáculos). Otros dos rasgos son tan similares que hacen que la aplicación sea fácil: Cristo es el Salvador y el Espíritu es el guía. No hay ninguna diferencia entre gentiles y judíos en esta cuestión, aunque cada uno de ellos se acerca a Cristo y al Espíritu desde mundos distintos.

Por ello, aunque soy el primero en reconocer que este texto habló y sigue hablando directamente a los judíos sobre lo que sucede cuando se convierten, el permanente contenido del evangelio hace que sea igual de fácil aplicar estos principios a los gentiles. Lo que hemos de hacer es reconocer los rasgos judíos de este texto, clasificar las ideas desde un punto de vista teológico y aplicar después lo que permanece en nuestro mundo. Lo que hemos hecho es buscar las características del evangelio que nos presenta Pablo, analizarlas en su contexto y plantearnos de nuevo cómo pueden estas tener relevancia para los gentiles.

Sí pienso, no obstante, que "morir a la ley" no tiene una trascendencia esencial para la conversión de los gentiles, especialmente si hacemos una correcta descripción de la ley en Gálatas que incluye un cuerpo de reglamentaciones de orden social que encierra a los observantes. Este rasgo del texto solo se aplica, pues, a los judíos o a otras personas de similares contextos religiosos, que crecen dentro de un movimiento que ve la ley como un instrumento definitorio y delimitador, o proceden de él. Pero puede que esto se aplique a aquellos que han crecido (o se criaron durante un periodo determinado) dentro de algún movimiento fundamentalista que subraya ciertas reglas que le confieren unos límites e identidad bien definidos. Puede que el principio de "muerte a la ley" se aplique también a cualquiera que haya crecido en un mundo con marcadores sociales bien definidos, en que el origen racial (sea griego, polaco o irlandés) esté íntimamente vinculado a la propia esperanza delante de Dios. En este último caso, lo que se tiene que romper, mediante la eliminación de la conexión con la raza, es el mundo definido por criterios sociales. En el primer caso, lo que hay que romper, mediante la eliminación de lindes legalistas, es el mundo definido por criterios normativos. Ambos ejemplos se tratan en Gálatas.

La justificación es algo atemporal. Nuestro mundo no es distinto del de Pablo cuando se trata de señalar al *agente y medios de la justificación*: esta se basa en la absorción de nuestra culpa por parte de Cristo en su sacrificio, y solo somos justificados si creemos en él. Para aplicar esto hemos de conseguir que las personas perciban su culpa, y en nuestro tiempo esto es difícil. La generación de la década de los sesenta minimizó la importancia de una buena parte de las leyes sociales del mundo occidental, unas leyes que habían facilitado las presentaciones del evangelio, puesto que la mayoría de las personas se movían dentro de una cierta forma de ética judeocristiana que se consideraba verdadera y divina. El existencialismo, la apatía y la desesperación, así como el crecimiento del pluralismo se han introducido en nuestras percepciones culturales del mundo. Todas estas cosas han hecho mucho más difícil la presentación de normas absolutas de moralidad. Así, en esta última década del siglo XX estamos tratando, por lo general, con muchas personas que no creen en valores morales definitivos. Para tales personas es difícil entender su culpa delante de Dios, ya que habitualmente no perciben las cosas en términos de bien y mal.

Robert Bellah ha hablado con penetrante discernimiento sobre esta delicada situación del mundo moderno. Tras hablar de los fundamentos morales de nuestra sociedad, Bellah afirma correctamente: "... en ausencia de cualquier criterio objetivable de bien y mal, bueno o malo, *el yo y sus sentimientos* se convierten en nuestra única guía moral".[14] Bellah prosigue:

> Si el yo individual ha de ser su propia fuente de guía moral, cada individuo ha de saber siempre lo que quiere y desea o intuir lo que siente. Ha de actuar para conseguir el mayor grado de satisfacción de sus deseos o expresar al máximo sus impulsos [...]. La conveniencia sustituye al deber; la expresión del yo desbanca a la autoridad. "Ser bueno" se convierte en "sentirse bien". "Siempre me ha gustado lo que dijo Mark Twain en el sentido de que algo moral es algo que tras haberlo hecho te sientes bien —comenta Ted Oster [un abogado californiano al que se menciona en el contexto]—, y algo inmoral, algo por lo que te sientes mal después de haberlo hecho. Lo cual implica que tienes que [cita textual] probarlo todo al menos una vez. Supongo que soy una persona bastante resultadista, y cualquier cosa que produzca un buen resultado ha de ser correcta, y errónea si el resultado es malo". *Las acciones no son, pues, correctas o erróneas en sí mismas, sino solo por los resultados que producen, por los buenos sentimientos que estas engendran o expresan.*[15]

¿Cuál es la solución? Hay varias avenidas que explorar en nuestro mundo. En primer lugar, hemos de pedir en oración que la gracia de Dios irrumpa mediante otro avivamiento que libere al Espíritu de Dios para que este pueda crear en las personas una clara estructura de lo que está bien y lo que está mal. En segundo lugar, después de nuestras oraciones (y a través de ellas) hemos de predicar y enseñar la verdad de la Palabra de Dios y sus normas éticas. En tercer lugar, hemos de dialogar con otras personas sobre moralidad y hacerlo en el plano intelectual y mediante discursos populares. Una de las cuestiones que nuestra generación ha de encarar es: ¿cómo podemos tomar decisiones morales inteligentes y permanentes? ¿Hemos acaso de buscar la respuesta en la opinión de la mayoría? ¿En la Declaración de la Independencia? ¿En la opinión personal o las convenciones sociales? ¿O hemos quizá de buscar la respuesta final únicamente cuando Dios irrumpe en nuestra realidad revelándose a sí mismo y su voluntad, como en la Biblia? Mi opinión es que la doctrina de la justificación será difícil de aplicar mientras nuestra sociedad no despierte

---

14. R. Bellah, et al., *Hábitos del corazón* (Madrid: Alianza Universidad, 1989), p. 76 del original en inglés (cursivas añadidas).
15. *Ibíd.*, pp. 77-78 de la edición en inglés (énfasis añadido).

moralmente. Pero, como nos dirá cualquier evangelista, muchas personas de nuestro tiempo están buscando respuestas a preguntas de orden moral y a una conciencia de pecado personal. Para ellos, el mensaje de Pablo es un fogonazo de gloriosa luz.

Para la mayoría de los occidentales, la "metáfora legal" de la justificación no es, posiblemente, tan evocadora o directamente relevante como otras (p. ej., como la de la "reconciliación", que tiene un carácter más relacional). Por tanto, para poder entender el significado de la justificación es esencial que examinemos su sentido en el mundo antiguo. Para ello, hemos de hacernos historiadores, o al menos escuchar atentamente a quienes han estudiado la historia de la jurisprudencia romana y judía y comprenden las dinámicas del siglo primero. Como antes hemos expuesto, el término justificación denota el proceso de pasar de un estado de culpa delante de Dios a otro de aceptación mediante la asunción sacrificial de nuestra culpa por parte de Cristo. Antes de poder plantear cualquier aplicación hemos de exponer esta situación, que también ha de ajustarse y presentarse de tal manera que tenga sentido para nuestra sociedad. Tengo la impresión de que la imagen de la "aceptación de Dios" es útil para nuestro mundo, aunque no cabe duda de que hay otras, y hemos de ser creativos para encontrar aquellas que mejor se entienden en nuestro tiempo.

Para aplicar la idea de obras y fe es de nuevo necesario entender su sentido en el mundo de Pablo. El mayor problema para nosotros es el mismo en ambos casos: el sentido de estas dos palabras, "obras" y "fe", ha sido gravemente distorsionado por nuestras propias definiciones que derivan (lo cual es perfectamente natural) de nuestros contextos sociales y eclesiales. Por ejemplo, para muchísimas personas, la palabra "obras" tiene un sentido peyorativo, o es al menos un término que describe una característica religiosa negativa. Las "obras", se dice en ocasiones, es algo que hacen para justificarse las personas que no creen en Cristo; es lo que caracteriza a quienes piensan que pueden ganarse la salvación mediante la acumulación de méritos delante de Dios. Hemos de entender bien el triste error que supone esta afirmación: muchos han considerado que las "obras" que Pablo contrasta con la "fe" son toda clase de obras. Naturalmente, Pablo está en contra de cualquier actitud que sugiera que podemos ser aceptados por Dios aparte de Cristo y de la fe. Pero en nuestra preocupación por ser "llenos de gracia", hemos malentendido las enseñanzas de Pablo. Ni Pablo ni ningún otro autor bíblico estaban en contra de las "buenas obras". Para poder, pues, entender cómo aplicar lo que dice Pablo sobre las obras, hemos de comprender primero que había una buena clase de obras y una mala. A medida que avanzamos en la investigación de esta cuestión vamos a tener que cambiar nuestro lenguaje y percepciones.

Y lo mismo sucede con la palabra "fe". También en esta cuestión hay muchos predicadores y maestros de la Biblia bienintencionados y devotos que sostienen que "fe" es poco más que creencia. Creen tener el deber de defender la "salvación por gracia". Se argumenta que si la salvación es por gracia (y no por obras humanas) y si la fe es confianza, entonces nuestra obediencia (entendida como algo que se produce después de expresar nuestra confianza) no tiene nada en absoluto que ver con nuestra justificación y salvación final. ¿Es así como Pablo entendía la "fe"? Antes he defendido que no. Un simple examen de los términos *creer* o *fe* en las cartas de Pablo convencerá al lector de que Pablo veía la fe como algo más que mera creencia. Para el apóstol, fe y obediencia eran cosas inseparables, y la fe era una respuesta humana, no solo inicial, sino constante a las promesas de Dios. Por ello, antes de aplicar este pasaje a nuestro mundo, hemos de ser serios estudiantes de la Biblia, comprobando los usos de los términos *fe* y *creer* en las cartas de Pablo y en el Nuevo Testamento en general, poniendo a un lado nuestras presuposiciones (¡y quizá esperanzas!) y alcanzando sólidas conclusiones exegéticas. Este proceso de cotejar nuestros puntos de vista con la Biblia y revisarlos cuando son erróneos o inexactos, es el único medio de comprender y avanzar en el estudio bíblico.

Significado Contemporáneo

En primer lugar, nos es provechoso *reflexionar sobre nuestra conversión* y observar que, igual que Pedro y Pablo, también nosotros pasamos de un estado de culpabilidad a otro de aceptación delante de Dios, por medio únicamente de los méritos de la muerte de Cristo. Con ello podremos ver cuál era nuestra actitud antes de la conversión hacia Dios, su palabra, su voluntad y su pueblo (la iglesia). Es saludable que pensemos en nuestros hábitos y patrones pecaminosos y que los deploremos como detestables ante Dios. Es incluso positivo que nos detengamos y pensemos de nuevo en el inevitable final de una vida así (la ira de Dios). Tras reflexionar sobre estos asuntos, hemos de pensar claramente sobre lo que Cristo ha hecho por nosotros con su sacrificio. Hemos de contemplarle en la cruz, haciendo suyos nuestra culpa y pecado, y cargando sobre sí la maldición de Dios para que podamos ser perdonados. Tras ponderar estas cosas, podemos pasar al gozo que experimentamos con el perdón y darle las gracias a Dios, desde lo más profundo del corazón, por su gracia en nuestra vida.

Pero no podemos detenernos aquí. Hemos de plantearnos si estamos asumiendo plenamente las implicaciones del evangelio de la gracia de Dios para nuestra vida. ¿Estamos dando curso al evangelio con criterios raciales? ¿Estamos impidiendo que otros grupos raciales disfruten la gracia de Dios? ¿Estamos discriminando a otras culturas o grupos sociales? ¿Estamos construyendo muros entre los sexos? ¿O estamos permitiendo que el pleno mensaje del evangelio se exprese con toda su fuerza?

En segundo lugar, hemos de aplicar el mensaje de la *justificación por la fe (por medio de Cristo*, no por la ley) a nuestro mundo evangelizando y llevándolo a todos los rincones y a nuestras estructuras sociales más profundas. Para hacerlo hemos de estar dispuestos, con Pablo, a ver a todos los hombres como seres pecadores. El nuestro es un mundo meticuloso y sensible, y por eso tenemos miedo de decirle que hay pecado en él y que todas las personas son pecadoras. Así, la dulce obra de Cristo que perdona, reconcilia, justifica y redime no puede tener el impacto debido porque nos negamos a dar el primer paso: reconocer que todos somos pecadores.

Por otra parte, hemos de mostrar a las personas que Dios se ha sentado en la corte como Juez y ha pronunciado el veredicto con respecto a nuestro estado: somos culpables. Pero Dios dice que con solo mirar a Cristo seremos perdonados, liberados y aceptados por él. Así, hemos de presentar a Cristo a nuestro mundo como aquel que nos salva del veredicto de culpables.

En tercer lugar, hemos de invertir más tiempo en nuestras iglesias, especialmente en los estudios bíblicos para jóvenes y adultos, explorando el significado bíblico de la *fe*. Considero que esta doctrina ha sido gravemente malentendida en los últimos treinta o cuarenta años, y que, por ello, algunos han naufragado en cuanto a su fe y otros han ahogado la vitalidad de las iglesias. Permítanme explicarme. Hoy es frecuente escuchar que el único requisito para la salvación es "creer que Jesucristo salva". Esto es cierto, si se define debidamente. Sin embargo, en este tipo predicación el término *creer* suele definirse de un modo erróneo y, por consiguiente la afirmación deviene falsa. De hecho, volvemos a Gálatas 1:8-9: esta definición errónea transforma el evangelio y da origen a una herejía. ¿De qué definición estamos hablando? Dicho con sencillez, es la reducción de fe a "simple creencia". Es decir, la fe se define como "creer que Jesús es el Salvador"; nada más. Por supuesto, Jesús es el Salvador; sin embargo, para que él pueda ser el Salvador de una determinada persona, esta ha de rendirse de manera confiada y obediente, expresando de este modo la verdadera fe.

¿Cómo podemos corregir esta situación? Creo que solo puede hacerse mediante una total revolución de nuestro pensamiento sobre lo que Dios espera de nosotros para ser aceptados y para la vida cristiana. Nos engañamos a nosotros mismos si pensamos que porque un día tomamos una determinada decisión ya está todo hecho y estamos seguros para siempre delante de Dios. Nos autoengañamos si pensamos que podemos vivir vidas inmorales, juntarnos en concubinato, estafar a los demás, no actuar para mitigar los males sociales de nuestro mundo, y vivir en constante tensión con nuestros hijos y miembros de la familia; nos engañamos a nosotros mismos, digo, si pensamos que puede vivirse este tipo de vida y pretender estar en paz con Dios y disfrutar la obra justificadora de su Hijo. Aquellos que han sido justificados viven vidas justas, y los que han sido santificados en Cristo viven vidas santas; los que han experimentado el amor de Dios aman a los demás, y los que han vivido su perdón, perdonan; los que vivían en el mundo no viven ya en él y llaman a otros a que salgan también y vivan con ellos; aquellos que han muerto a la carne viven ahora en el Espíritu.

En las obras de carácter teológico, se suele aludir a este principio como la interacción del indicativo (lo que somos) y el imperativo (lo que deberíamos ser). Llamemos como llamemos a este principio, la Biblia (¡y especialmente Pablo!) enseña que el pueblo de Dios está formado por aquellos que han sido transformados por su gracia y que ahora viven para Dios. Si pensamos que esta no es la forma en que Dios actúa, nos engañamos a nosotros mismos y, sin duda, el juicio de Dios lo pondrá de relieve.

Esta revolución de nuestro pensamiento ha de tener su impacto en nuestras estrategias de evangelización y ministerios de discipulado. Ambas cosas merecen una explicación. Por lo que respecta a la evangelización, aunque tengo la sensación de nadar contracorriente, sí creo que nuestros tratados suelen ser potencialmente peligrosos. La mayoría de nuestros folletos para la evangelización enseñan que cualquiera que crea que Jesucristo ha venido para su salvación puede ser salvo. Pero el tratado en cuestión rara vez define exactamente lo que significa e implica esta fe. Lo que con demasiada frecuencia se asume es que la fe es poco más que un acuerdo mental con una formulación. Pero este no es el sentido de la palabra "fe" ni el que le da el apóstol Pablo. Consultemos nuevamente la concordancia. Significa una rendición total, confiada y obediente. La obediencia no es algo posterior a la fe, sino su propia expresión; sin obediencia la fe está muerta. ¿Creemos o no lo que dice Santiago 2:14-26? Por tanto, nuestros tratados de evangelización han de definir claramente la fe con sus matices. Hemos de presentar el evangelio de tal manera que se haga diáfanamente comprensible el compromiso que este requiere. Jesucristo ha venido para salvarte, y has de rendirle tu esperanza y tu ser.

Esta misma revolución impactará nuestros ministerios de discipulado. (Utilizo el término *discipulado* para aludir a la instrucción y el desarrollo posteriores a la conversión, aunque no estoy muy de acuerdo con el modo en que a menudo se utiliza esta palabra.) El discipulado no debe ser un ministerio por el que pretendemos movilizar a cristianos infantiles mediante actitudes complacientes, ni el intento por parte de cristianos maduros de conseguir que los "creyentes nominales" se conviertan en "creyentes obedientes". Lo que hace este acercamiento es poner su sello de aprobación sobre las falsas definiciones de fe. Los ministerios de discipulado deberían *asumir que los cristianos son sistemáticamente obedientes* y, a partir de esta premisa, pasar a aplicaciones específicas de la voluntad de Dios para la vida de cada individuo. De este modo, los cristianos que no obedecen se verán como "extrañas anomalías" y no como meros alumnos que rinden por debajo de lo normal. Dicho de otro modo, nuestros ministerios de discipulado deberían ser menos dados a persuadir a la santidad y más a dirigir a las personas hacia ella (digo esto porque, si presentamos debidamente el evangelio desde el principio, en nuestras clases de discipulado no tendremos personas que todavía no están completamente comprometidas).

Por último, hemos de explorar el significado de la crítica de las "obras de la ley" por parte de Pablo. Doy por sentado de que para Pablo existen tres clases de "obras" (el principio de las obras, las obras mosaicas y las buenas obras) y que en este pasaje Pablo alude a las segundas. Y asumamos también que en este texto las obras mosaicas eran acciones específicas realizadas por aquellos que estaban bajo el pacto de Abraham (entre ellos ciertos prosélitos), quienes, llevando a cabo estas acciones, demostraban tanto su fe en el sistema que Dios reveló a Moisés como su solidaridad social con aquellos que vivían del mismo modo. Asumamos, por último, que Pablo critica a los judaizantes por intentar introducir al judaísmo a los cristianos gentiles, instruyéndoles en el camino de Moisés. ¿Cómo podemos aplicar algo así?

En primer lugar, hemos de recordar que Pablo está más contra el propósito de estas acciones que contra ellas en sí. Es decir, estaba absolutamente contra el judaizante que procuraba la circuncisión de los gentiles si presentaba esta acción como un requisito para ser aceptado por Dios. Si esto es así, podemos proceder al punto siguiente: podemos aplicar la protesta de Pablo a *cualquier acto que se exija para ser aceptado por Dios o para mantenerse en este estado*. Esta forma de obrar anula la suficiencia de Cristo y entorpece la libertad del Espíritu Santo. Voy a aplicar este principio al *denominacionalismo*.

Creo que en nuestro tiempo es prácticamente imposible no ser miembro de alguna denominación. No existe nada que pueda llamarse "cristianismo ortodoxo genérico" y que carezca de alguna línea partidista. Una iglesia así vive en un mundo de ensueño, puesto que la realidad (tal como la vivimos) es demasiado específica, finita y exigente como para que no tengamos una cierta línea. Pero hay una diferencia entre ser miembro de una denominación y ser denominacional*ista*. Este último define la propia iglesia como la mejor, demanda que los demás asistan a ella para poder encontrar el grado más elevado de pureza y critica a las otras iglesias por aquellas cosas en las que disienten. Esto es denominacionalismo, y es un error. Pablo estaría en contra de aquellos que procuran llevar a las personas a un determinado grupo para ser aceptables a Dios.

Antes de proseguir, quiero añadir que, al definirme de esta manera, no quiero decir que todas las iglesias sean iguales. Creo que algunas iglesias son más bíblicas, más ortodoxas, más vitales, más saludables y más útiles que otras. Pero no creo que esto sea patrimonio exclusivo de ninguna denominación, aunque soy miembro de la Evangelical Free Church of America [Iglesia Evangélica Libre de los Estados Unidos].

¿Cómo, pues, deberíamos vivir? Hemos de respetar las posturas doctrinales que nos dividen, especialmente cuando estas se han forjado en un espíritu de oración, han sido objeto de estudio, se han definido bíblicamente, y cuando tales posturas han sido seriamente adoptadas por distintos organismos. Y lo que es más importante, hemos de recordar que todos somos parte de la iglesia de Dios y que estamos en el mismo bando, intentando alcanzar al mundo con el amor de Dios y fortalecer a su pueblo. Estamos unidos por una vida en común. Si reflexionamos por un momento sobre nuestra pecaminosidad y limitaciones, probablemente nos será fácil reconocer que quizás somos nosotros quienes estamos un poco o muy equivocados en aquellas cosas que nos separan. Pero también hemos de oponernos a aquellas cuestiones de nuestra propia iglesia y otras que son inconsistentes con la Biblia. Es muy saludable que en las comunidades locales se dialogue sobre estas cuestiones para ayudarnos a mantenernos unos a otros en línea con la verdad del evangelio. Por otra parte, también aprendemos rápidamente a diferenciar lo importante de lo que no lo es.

Quiero terminar esta sección con una confesión. Cuando era más joven, solía dirigir mi hostilidad hacia distintas denominaciones, pronunciando oraciones imprecatorias contra ellas o lamentándome de que tantas personas fueran arrastradas por las erróneas ideas que sostenían. Pero el tiempo tiene su forma de suavizar nuestros ardores. Las experiencias que más me han enseñado en mi vida han sido algunos encuentros con otras iglesias y denominaciones, que siempre me han dejado con la siguiente cadena de pensamientos: me gustaría formar parte de esta denominación; pero no hay duda de que tiene también sus problemas; no, me gusta estar donde estoy; ojalá que todos pudiéramos ponernos de acuerdo. Es probable que esta sea una experiencia muy característica. Conocer a cristianos de otras denominaciones ensancha nuestro horizonte y nos desafía a pensar en la iglesia desde otras perspectivas.

Los encuentros con cristianos de otras denominaciones y opiniones me llevan a valorar la amplitud de la revelación de Dios en la Biblia y la falibilidad de nuestros intentos de presentarla plenamente en nuestras distintas teologías. Tales encuentros refuerzan también mi confianza porque me dan una visión de la grandeza de la iglesia de Dios. Y lo que es más importante, me llevan a la acción de gracias a Dios por la grandeza de su actividad salvífica por todo el mundo. A fin de cuentas, mi iglesia o denominación no es más que una pequeña pieza de la grandiosa obra por la que Dios atrae a sí a las personas. ¿Qué otra cosa puedo sentir que no sea agradecimiento a Dios y amplitud de miras en cuanto a las formas en que él obra en otros lugares? ¿Cómo se me ocurriría pedir que alguien se una a mi denominación para ser aceptable a Dios?

Gálatas 3:1-5

¡Gálatas torpes! ¿Quién los ha hechizado a ustedes, ante quienes Jesucristo crucificado ha sido presentado tan claramente? ² Sólo quiero que me respondan a esto: ¿Recibieron el Espíritu por las obras que demanda la ley, o por la fe con que aceptaron el mensaje? ³ ¿Tan torpes son? Después de haber comenzado con el Espíritu, ¿pretenden ahora perfeccionarse con esfuerzos humanos? ⁴ ¿Tanto sufrir, para nada? ¡Si es que de veras fue para nada! ⁵ Al darles Dios su Espíritu y hacer milagros entre ustedes, ¿lo hace por las obras que demanda la ley o por la fe con que han aceptado el mensaje?

Sentido Original

Para la gran mayoría de los eruditos, en 3:1 comienza una importante sección que concluye en 4:31. Casi todos entienden que esta unidad representa el argumento teológico de Pablo. En mi bosquejo la he titulado "Vindicación teológica de su mensaje por parte de Pablo". Es más, la mayoría de los estudiosos consideran que 3:1-5 expresa el argumento esencial de toda esta sección. Por tanto, he titulado estos versículos: "Declaración de la tesis". Sin embargo, curiosamente, Pablo "declara" aquí su tesis mediante una serie de preguntas retóricas, y la tesis propiamente dicha se encuentra en las respuestas implícitas a dichos interrogantes. Por ejemplo, el apóstol pregunta en el versículo 2: "Sólo quiero que me respondan a esto: ¿Recibieron el Espíritu por las obras que demanda la ley, o por la fe con que aceptaron el mensaje?". Para Pablo, la obvia respuesta a esta pregunta ha de ser "por la fe con que aceptaron el mensaje". Y la implicación es, por tanto, que el Espíritu entra a vivir en una persona cuando esta cree, o se rinde al mensaje de Jesucristo.

Esta primera sección adopta un enfoque que no es muy frecuente en los argumentos teológicos paulinos, a saber, toda la sección se desarrolla mediante *argumentos de la experiencia*. Pablo no apela aquí a ningún fundamento lógico o bíblico, sino a la *experiencia de conversión de los gálatas y a su vida cristiana*. En esencia, Pablo pregunta: "¿Cómo se produjeron sus experiencias religiosas? ¿Fueron acaso fruto de la ley de Moisés? ¿O más bien de la fe en Cristo?". Pablo, pues, invoca su experiencia, y a partir de ella plantea ciertas lecciones de teología. Por "experiencia" me refiero a los acontecimientos y realidades que vivieron los gálatas, junto con sus propias percepciones de tales acontecimientos y realidades. Me refiero, pues, a las cosas que observaron, tocaron, sintieron y pensaron.

Esta sección puede dividirse en dos partes:

1. La pregunta personal de Pablo (v. 1)
2. Las preguntas de Pablo sobre la experiencia (vv. 2-5)

Esta segunda parte tiene cuatro preguntas: (1) Pregunta sobre la iniciación (v. 2); (2) Pregunta sobre su perfeccionamiento (v. 3); (3) Pregunta sobre la persecución (v. 4); y (4) Pregunta sobre los milagros (v. 5). Hemos de analizarlas una por una.

La pregunta personal de Pablo (v. 1). Aunque las palabras que encabezan esta sección, "¡Gálatas, torpes!", no pueden considerarse un buen ejemplo de diplomacia, tampoco fueron percibidas como un insulto e indignas, por tanto, de un dirigente apostólico. Como ya he dicho en mis comentarios sobre 1:1-9, los límites del lenguaje aceptable en los debates eran mucho más amplios entonces que en nuestro tiempo. Esta clase de "agravios" y acalorada retórica aparece en otros pasajes del Nuevo Testamento, y la encontramos en boca de Juan el Bautista (Mt 3:7-10), Jesús (Mt 23; Lc 24:25), Santiago (Stg 4:1-12; 4:13-5:6) o en otros textos de Pablo (2Co 10-13). Aunque no imitemos a Pablo en esta cuestión, podemos aprender formas de retórica diversas pero todas ellas aceptables.

Sin embargo, el término *torpes* (o necios, insensatos), recoge bien lo que Pablo quiere expresar: su proceder era ilógico[1] comprometiéndose primero con el mensaje paulino de la gracia de Dios en Cristo y sucumbiendo luego al "evangelio" mosaico de los judaizantes. La mayoría de los comentaristas piensan que el "quién" de la pregunta de Pablo es probablemente retórico, puesto que conoce de sobras la respuesta: los judaizantes. Es posible que la pregunta pretenda prepararnos para la siguiente exclamación: "¿Quién los ha hechizado[2] a ustedes, ante quienes Jesucristo crucificado ha sido presentado tan claramente?".[3]

---

1. El término griego es *anoetai*. Su origen es muy instructivo: "sin conocimiento" o "sin razón" y, por ello, "ilógico" y "falto de discernimiento". Ver R. N. Longenecker, *Galatians*, 99.
2. La palabra griega es aquí *ebaskanen*, "fascinado" o "engañado". Aunque esta palabra habla literalmente de ser hechizado por un conjuro mágico, los eruditos debaten si el término está siendo utilizado de un modo más metafórico ("engañado") o literal ("hechizado"). Ver exposición al respecto en R. N. Longenecker, *Galatians*, 100.
3. Aunque la NIV consigna aquí dos frases (una pregunta y una afirmación), la construcción griega original es una oración gramatical (una pregunta, con una cláusula subordinada más larga sobre la clara descripción de la crucifixión de Cristo). Al separar la pregunta

La crucifixión está en el centro de la concepción paulina de Jesucristo. Aquello que para el hombre moderno puede ser desagradable, es el centro de la atención del apóstol.[4] Para Pablo, la cruz nos libera de este mundo perverso (1:4) y acaba con la ley, poniendo punto final a su señorío (2:19-20; 4:5), para que podamos morir a ella, al pecado y al mundo (5:24; 6:14); la cruz de Cristo nos justifica (2:21), absorbe nuestra culpa (3:10-14) y termina con el judaísmo nacionalista (2:19-20). Esta impresionante enumeración de los logros de la cruz en Gálatas nos permite ver que Pablo ha desarrollado todo su argumento *a favor* de Cristo y *en contra* de los judaizantes en torno a la cruz de Cristo. No es de extrañar que los primeros teólogos del Nuevo Testamento, como por ejemplo Tertuliano, desarrollaran la señal de la cruz. De hecho, Tertuliano escribió:

En cada uno de nuestros pasos y movimientos,
entradas y salidas,
cada vez que nos vestimos y calzamos,
cuando nos bañamos,
nos sentamos a la mesa,
encendemos nuestras lámparas,
nos ponemos cómodos,
en todas las ordinarias acciones de la vida,
trazamos sobre la frente la señal [de la cruz].[5]

John Stott lo expresa bien: "Podemos, pues, decir con confianza que sin la cruz no hay cristianismo. Si la cruz no está en el centro de nuestra religión, la nuestra no es la religión de Jesús".[6]

Independientemente de lo que Pablo tenga en mente en el versículo 1— sea la dimensión pública del acontecimiento o a su carácter extraordinario[7]— seguro que había sido una experiencia fascinante. Pablo sabía

---

de la cláusula subordinada y formar dos oraciones gramaticales, la NIV hace que el lector busque una respuesta más específica a la pregunta.

4. J. R. W. Stott, ha escrito un libro fantástico sobre la cruz, *The Cross of Christ* (Downers Grove, Ill.: InterVarsity Press, 1986; en español, *La cruz de Cristo* [Buenos Aires: Certeza, 1986]). Encontramos un minucioso esquema de evidencias antiguas sobre la crucifixión en el libro de M. Hengel *Crucifixion* (Filadelfia: Fortress, 1977).

5. Esta cita es de J. R. W. Stott, *The Cross of Christ*, 21. Y procede de Tertuliano, *De Corona*, capítulo 3. Todo el pasaje alude a la importancia de la tradición en el desarrollo de las costumbres y prácticas cristianas. Este tratado puede encontrarse en *Latin Christianity: Its Founder, Tertullian* (AnteNicene Fathers, volume 3, trad. y ed. de A. C. Coxe; Grand Rapids: Eerdmans, reimp. 1980), 94-95.

6. Stott, *The Cross of Christ*, 68.

7. Este debate gira en torno al término *proegraphe* y a si significa "proclamado en público" o "representado en público". H. D. Betz ha hecho un persuasivo planteamiento partiendo de un trasfondo retórico y por ello cree que significa "representado". No tiene, pues,

que su predicación inicial del evangelio en Galacia fue una experiencia memorable y poderosa. Más adelante, rememorando este mismo acontecimiento, el apóstol afirma: "... me recibieron como a un ángel de Dios, como si se tratara de Cristo Jesús" y acto seguido sigue preguntando: Pues bien, ¿qué pasó con todo ese entusiasmo?" (4:14-15). Sugiero que la intensidad de esta experiencia de conversión hace que Pablo apele a ella en primer lugar. "El apóstol les había predicado su mensaje de un modo tan claro y abierto que no entendía cómo podían sus convertidos no haber visto su trascendencia o entender sus implicaciones para la cuestión que nos ocupa".[8]

Las preguntas de Pablo sobre esta experiencia (vv. 2-5). Pablo pasa ahora a una serie de preguntas que parecen avanzar desde las experiencias más tempranas a las posteriores en su desarrollo cristiano.

La pregunta sobre la iniciación (v. 2). El apóstol comienza interpelándolos sobre su primera experiencia, a saber, su iniciación en el cristianismo, su conversión. Su afirmación introductoria es un poco socarrona: "Sólo quiero que me respondan a esto". La pregunta en cuestión era, evidentemente, un cebo que, de morderlo, les pondría en manos de Pablo y les llevaría a abandonar todo su tiempo en las aguas del "cristianismo judaizante". Si el apóstol conseguía que respondieran esta pregunta de un modo honesto y, por tanto, correcto, sabía que tendrían que abandonar a los judaizantes y reincorporarse a su grupo.

La pregunta era: "¿Recibieron el Espíritu por las obras que demanda la ley, o por la fe con que aceptaron el mensaje?", y con ella Pablo apela a su experiencia inicial, quizá carismática, de la recepción del Espíritu. Lo que quiere saber es cómo recibieron el Espíritu. ¿Fue acaso fruto de su obediencia a Moisés o de su confianza en el evangelio de la fe? Antes de responder a estas preguntas, hemos de detenernos en la expresión "recibir el Espíritu".

Para Pablo, la recepción del Espíritu es el rasgo característico del cristiano. Ser cristiano es ser habitado por el Espíritu, y ser habitado por el Espíritu es ser cristiano (*cf.* Ro 8:9-11). El Espíritu de Dios es quien define al cristiano.[9] Pablo afirma que la vida cristiana comienza con el Espíritu (v. 3), y sostiene que Dios obra entre los cristianos por medio de él (v. 5).

---

tanto que ver con la "naturaleza pública" de la predicación como con su "impresionante naturaleza" (ver su comentario, *Galatians*, 131-32, especialmente nota 39).

8. R. N. Longenecker, *Galatians*, 101.
9. Sobre el Espíritu en la teología de Pablo, ver D. Guthrie, *New Testament Theology* (Downers Grove, Ill.: InterVarsity Press, 1981), 549-66; G. E. Ladd, *A Theology of the New Testament* (Grand Rapids: Eerdmans, 1974), 479-94, 511-30, 541-43.

Con la fe viene la bendición de Abraham que es "la promesa del Espíritu" (v. 14). Más adelante, dice que los verdaderos hijos de Dios son aquellos que han recibido el Espíritu, que clama "Abba, Padre" (4:6). Puede que Pablo esté aquí hablando de una experiencia, y es muy posible que se trate de una de tipo carismático, pero no es algo posterior a la fe en Cristo. Para Pablo, la fe en Cristo significa recibir el don del Espíritu de Dios, y con ello termina la era de la ley. La promesa de Abraham es la promesa del Espíritu (3:14), y cuando la ley hubo hecho su recorrido, Dios envió a su Espíritu (4:4-6). Tiene, pues, sentido que aquellos que viven en el Espíritu no estén bajo la ley (5:18).

Quiero comentar lo que antes he afirmado en el sentido de que esta recepción del Espíritu fue quizá "carismática". Por "carismática" solo quiero decir que es posible que los gálatas hablaran en lenguas, presenciaran milagros o se les dieran profecías como demostraciones de la presencia del Espíritu Santo. Los historiadores de las iglesias antiguas están al corriente de la gran cantidad de actividad carismática que se produjo, de lo cual tenemos pruebas en el libro de los Hechos (*cf.* Hch 2-3; 8; 10; 18) y en los debates que se produjeron en Corinto (*cf.* 1Co 12-14). Los fenómenos carismáticos no eran ni singulares ni sorprendentes en las primeras iglesias.[10] No sería, pues, de extrañar que este tipo de experiencias hubieran caracterizado la predicación del evangelio en las ciudades de Galacia o hubieran, al menos, estado presentes. Por otra parte, Pablo confirma en el versículo 5 que en esta región se estaban produciendo milagros: "Al darles Dios su Espíritu y hacer milagros entre ustedes...". Este texto no deja lugar a dudas sobre la presencia de milagros. El debate, como veremos más adelante, se centraba en la fuente de estos milagros: ¿los llevaba a cabo Moisés por medio de las obras, o el Espíritu de Dios a través de la fe? Y notemos lo cerca que está el don del Espíritu de la realización de milagros. Finalmente, es posible que este clamor interior del Espíritu "Abba, Padre" fuera, bien una experiencia de éxtasis, o una declaración inspirada (4:6).[11] Por ello, veo posible que Pablo no estuviera apelando solo a su experiencia de conversión con la recepción del Espíritu, sino que esta experiencia fuera también de tipo carismático y, por tanto, especialmente memorable.

Sin embargo, la verdadera cuestión aquí no es la experimental, que se asumía como un hecho, sino *cómo se produjo esta experiencia y qué la*

---

10. Ver especialmente J. D. G. Dunn, *Jesus and the Spirit: A Study of the Religious and Charismatic Experience of Jesus and the First Christians as Reflected in the New Testament* (Filadelfia: Westminster, 1975).
11. Ver *Ibíd.*, 239-42.

suscitó. ¿Cuál había sido el desencadenante, "las obras que demanda la ley" o "la fe con que aceptaron el mensaje"? Estas dos opciones nos llevan a observar que se trata de un asunto de gran calado en las cuatro preguntas que estamos analizando y es, por ello, necesario abordarlas con cierto detalle.

En primer lugar, la expresión "obedecer las obras que demanda la ley (NIV)" es una traducción libre de "por [o en virtud de] las obras de la ley". Como he observado repetidamente (y seguiré haciendo a medida que vayamos avanzando), esta expresión describe una conducta que se ajusta a la ley de Moisés, y pretende expresar la idea de que la aceptación de Dios, aunque nos llegue a través de Cristo, depende profundamente de la observancia de las leyes de Moisés. Intrínsecamente, esta conducta no es sino imperialismo cultural y niega la suficiencia de Cristo.

Pablo sostiene que si los gálatas consideraran simplemente sus propias historias personales, descubrirían rápidamente que (1) recibieron el Espíritu Santo *cuando* Pablo les predicó el evangelio por primera vez; (2) esto sucedió específicamente *cuando creyeron* en Jesucristo y se entregaron a él; (3) fue *más adelante* cuando los judaizantes les hablaron de las estipulaciones mosaicas; y (4) aunque puede que su incursión en la religión mosaica no hubiera eliminado su experiencia del Espíritu Santo y la presencia de milagros (v. 5), estos dejaron de avanzar cuando aceptaron el mensaje de los judaizantes. De este modo, Pablo razona que es mejor abandonar el evangelio de los judaizantes y seguir andando en la verdad del evangelio.

En segundo lugar, la expresión "por la fe con que aceptaron el mensaje" es la traducción de una frase que literalmente sería "por el oír de la fe". Así, considera Pablo, es cómo los gálatas recibieron el Espíritu Santo. Los eruditos no se ponen de acuerdo sobre si esta expresión significa (1) "oír sobre la necesidad de la fe"; (2) "creer lo que oyeron [el evangelio]"; o (3) "oír, es decir, fe".[12] Aunque me inclino por la segunda o la tercera opción —en cualquier caso la diferencia es mínima— estoy convencido de que lo que Pablo tiene en mente es establecer un marcado contraste entre una vida religiosa basada en un compromiso con Moisés ("obras de la ley") y otra basada en una confiada rendición a Cristo (creyendo lo que oyeron).

Los gálatas han elevado al nivel consciente aquella única cuestión que Pablo quería conocer. Si recibieron el Espíritu por la fe, están, entonces, cometiendo un error al comprometerse con las leyes de los judaizantes, mientras que si fue por la observancia de la ley, esto significa que Pablo se

---

12. Para ampliar este asunto, ver R. N. Longenecker, *Galatians*, 102-3.

equivoca y que los judaizantes están en lo cierto. Pero, Pablo sabe que la recepción del Espíritu se produjo antes de la llegada de los judaizantes y que, por tanto, tienen que reconocer desde el comienzo que lo recibieron por la fe. De hecho, el debate ha terminado y lo ha ganado Pablo. Pablo podría haber puesto fin a su carta en este momento. Pero puesto que no lo hizo, también nosotros hemos de seguir adelante.

La pregunta sobre la perfección (v. 3). Puesto que Pablo, experto en debates, presupone que sus lectores están en su misma longitud de onda y de acuerdo con él, comienza su argumentación con una suposición: "Después de haber comenzado con el Espíritu". Este postulado se basa en la corrección de su anterior argumento. Dando por sentado que comenzaron por medio del Espíritu, Pablo quiere saber ahora si van a perfeccionarse[13] "con esfuerzos humanos". Aquí disiento firmemente de la NVI, que traduce el término griego *sarki* (lit. "por la carne") como, "con esfuerzos humanos". Lo desafortunado de esta traducción es que hace pensar al lector que es una cuestión de "esfuerzo" (es decir, búsqueda de méritos) frente a "falta de esfuerzo" (es decir, fe). Esta concepción malinterpreta el sentido tanto del término "carne" como de la palabra "fe" y no tiene por tanto en cuenta la función de la ley para los judaizantes.

Pablo piensa más bien en la "carne" como una vida que no se fundamenta plenamente en la obra de Cristo y en el poder del Espíritu Santo.[14] Vivir en la "carne" es ignorar al Espíritu y, en este contexto, Pablo puede estar pensando, en parte, en la circuncisión: el acto religioso por excelencia en la carne, visto posiblemente como la perfección o finalización de la fe y obediencia del prosélito. Lo que domina aquí la mente de Pablo es la misma idea de carne presente en otros pasajes. Algo similar a lo que afirma en 4:23 y 29, el Espíritu y la carne son dos ámbitos distintos bajo los que las personas deciden vivir o, expresado en términos de tiempo, dos periodos

---

13. Este término ha generado un debate entre los eruditos. ¿Está en voz pasiva ("Están ustedes siendo perfeccionados" por algo externo) o se trata de una declaración en voz media ("Están ustedes intentando perfeccionarse a sí mismos" por medio de la circuncisión y otros códigos mosaicos)? Aunque el verbo está posiblemente en voz media, la mayoría argumentarían que no se trata de un verbo reflexivo ("perfeccionarse a uno mismo") sino más bien intransitivo ("alcanzar perfección"). Y, como ha traducido F. F. Bruce, es también conativo: "¿Están intentando alcanzar la perfección...?". Esta "perfección" ha de entenderse de acuerdo con el contexto histórico y social: no cabe duda de que los judaizantes defendían que, por bueno que fuera el evangelio de Pablo, no llegaba a la plenitud que ofrecía Dios. Esta plenitud solo era posible si, además de confiar en Cristo, la persona en cuestión se sometía a la ley de Moisés y se hacía prosélito del judaísmo. La perfección equivale, pues, a la nacionalización.
14. Ver J. M. G. Barclay, *Obeying the Truth*, 203-9; F. F. Bruce, *Galatians*, 149.

distintos. Se trata de dos eras (antes y después de Cristo), dos mundos enfrentados entre sí (5:16-18). Esto significa que Pablo ve la vida en la "carne" como vida bajo la ley; en un extraño vuelco del destino para el judaísmo, Pablo ve la ley y la carne como dos elementos coordinados y a Cristo y el Espíritu como sus opuestos. En 3:3, lo contrario de "carne" es Espíritu, no "fe", como si Pablo estuviera hablando de esfuerzo o receptividad. Pablo sostiene que, al aceptar la idea de los judaizantes, los gálatas estaban escogiendo una vida en la "carne" y negando su pretensión de vivir en el Espíritu, que es la nueva era inaugurada por la muerte de Cristo.

La pregunta sobre la persecución (v. 4). La tercera pregunta de Pablo tiene que ver con las primeras experiencias que los convertidos gálatas habían tenido con la persecución. Lo que Pablo tiene en mente es muy sencillo: tras su conversión a Cristo (conforme al evangelio paulino), los gálatas habían experimentado persecución (posiblemente por parte de los judíos y quizá también de los judaizantes; ver 4:29). Pablo pregunta ahora: "¿Tanto sufrir, para nada?". En otras palabras, si ustedes se hubieran convertido directamente al judaísmo, nunca hubieran sufrido la persecución que experimentaron por entregarse a Cristo. El sufrimiento como cristiano tiene sentido; pero si se sufre como cristiano y luego se tira todo por la borda convirtiéndose al judaísmo, tal sufrimiento no sirve de nada. El apóstol pregunta, pues, si tanto sufrir fue para nada. Pablo está avergonzando a los gálatas y apelando a su típico argumento (ver 4:29; 5:11) en el sentido de que aquellos que son perseguidos son los que tienen la razón, mientras que los perseguidores están equivocados.

La pregunta sobre los milagros (v. 5). La última pregunta del apóstol es sencilla: "Al darles Dios su Espíritu y hacer milagros entre ustedes, ¿lo hace por las obras que demanda la ley [es decir, 'sobre la base de las obras de la ley; ver exposición anterior], o por la fe con que han aceptado el mensaje?". Aunque los medios no han cambiado (siguen siendo la entrega a Cristo o el compromiso con Moisés), sí lo ha hecho la manifestación. Ahora no es la recepción del Espíritu, sino la presencia de milagros. Los gálatas eran plenamente conscientes de las poderosas obras de Dios entre ellos; no cabe duda de que estaban orgullosos de su "evangelización con poder". Pero Pablo pregunta: ¿qué es lo que provocaba el poder de Dios? A estas alturas los gálatas han de estar o bien escondiéndose avergonzados o presentando las polémicas respuestas de los judaizantes apelando a las Escritura, unas respuestas que Pablo sigue refutando.

Pablo ha mantenido aquí un vigoroso y polémico argumento que es muy atractivo para los gálatas, ya que procede de su experiencia. Su experiencia, de adelante hacia atrás, confirma el mensaje de Pablo y rebate el de los judaizantes. El Espíritu de Dios viene a nosotros y permanece con nosotros por medio de la fe; no tiene nada que ver con "guardar la ley".

Puesto que esta sección apela íntegramente a la experiencia, es mejor comenzar con esta cuestión. Comencemos observando que *ciertas experiencias* ejercen una gran influencia en nuestras vidas. No todas nuestras vivencias tienen un gran impacto sobre nosotros y cambian nuestra vida, pero decididamente algunas sí lo hacen. Aquí solo me ocuparé de aquellas experiencias importantes en la vida que nos cambian. Algunas de estas experiencias representan sin duda algunos momentos cruciales de nuestra trayectoria vital; descubrir nuestras aptitudes especiales para el béisbol, para resolver intrincados problemas de matemáticas o para cualquier otra cosa; experiencias especiales en nuestro desarrollo físico; nuestro matrimonio; la elección de una profesión y nuestras experiencias iniciales dentro de ella; cambios profesionales; descubrir que tenemos una enfermedad fatal, como el cáncer o el VIH; momentos especiales de éxito o fracaso en nuestras metas en la vida; y los pocos momentos en que afrontamos el hecho de que estamos envejeciendo. Además de todas estas cosas, una de las experiencias más influyentes de la vida es, para muchos, *una conversión religiosa*.

Las conversiones religiosas cambian nuestro pasado y dan forma a nuestro futuro. En ellas se comunica la bondad del amor de Dios a pesar de nuestro pecado, la percepción del diseño divino para nuestro mundo y el modo en que nosotros encajamos en él, y la relevancia de una comunidad religiosa. En muchas iglesias, a los cristianos les encanta relatar su conversión, y algunas de ellas apartan tiempo semanalmente para el relato público de tales experiencias.

Puesto que la conversión religiosa es una experiencia muy poderosa, puede apelarse a ella con fuerza y convicción. Pablo hace precisamente esto con los gálatas. El apóstol sabía que su conversión había sido una poderosa experiencia; no olvidemos que él mismo fue testigo de ella y heraldo del evangelio que les transformó (4:12-16). De hecho, él conocía la sencillez de su experiencia y podía, por tanto, apelar a ella: se había producido, por medio de la gracia de Dios, fruto del anuncio de la aceptación de Dios mediante la fe en Cristo. Los gálatas creyeron y por ello experimentaron la rápida irrupción del Espíritu de Dios y el amor de su perdón. No cabe duda de que los gálatas habrían repasado sus conversiones una y otra vez en sus reflexiones sobre la nueva vida que habían encontrado en Cristo.

Lo que hemos de reconocer es que las experiencias marcan nuestras vidas y no podemos negarlas como irreales. No podemos pretender que no se produjeron ni desear que se esfumen. Personalmente, recuerdo una semana crucial de mi adolescencia en un campamento que transformó para siempre mi vida. Antes de aquella semana quería ser atleta profesional; después de ella mi objetivo se convirtió en servir a Cristo, fuera o no como atleta. Antes de aquella semana solo leía la Biblia de vez en cuando, rara vez oraba y asistía a la iglesia sin ningún entusiasmo; no veía nada de valor en la comunidad cristiana ni consideraba que conocer la voluntad de Dios fuera lo más esencial para mi vida. Tras aquella semana, todas estas cosas cambiaron: dediqué mi vida a orar, estudiar la Biblia y enseñarla a otras personas; me di cuenta de que la comunión cristiana era no solo valiosa, sino absolutamente fundamental para el crecimiento y la madurez de las personas; y vi que lo único verdaderamente importante en la vida era hacer lo que Dios me había llamado a hacer.

Recuerdo esta experiencia como si fuera ayer: si me pongo a pensar, veo los colores de los árboles bajo los cuales oré, la cancha de baloncesto en la que jugué con un misionero a quien Dios usó para hablarme; recuerdo el olor del inmenso comedor y oigo las voces de aquel recinto. También recuerdo el olor del cobertizo en que me alojaba y siento todavía las emociones de escuchar a un hombre de Dios exponiendo las Escrituras, entre ellas Efesios 5:18. Y una y otra vez he regresado a aquella experiencia: cuando me he sentido desanimado, cuando he estado inseguro de lo que Dios quería de mí, o cuando he necesitado aliento después de algún fracaso. El recuerdo de aquella experiencia me era de ánimo, pensando que Dios había comenzado una obra que él finalizaría (Fil 1:6). Una y otra vez, he vuelto a aquella experiencia, sabiendo que Dios no me habría llevado tanto trecho para después abandonarme. Aquella vivencia fue muy impactante y sirvió para configurar mi vida. Su poder me ha permitido extraer con confianza lecciones de fe de ella.

Pero hemos aprendido también que *las experiencias pueden ser engañosas*. Pablo no está aquí justificando *todas las experiencias* ni apelando a cualquier vivencia que hubieran podido tener, sino solo a una que él presenció y conocía bien y, aun así, solo invocó ciertas dimensiones de ella. Es, pues, evidente que las experiencias ejercen su influencia, sin embargo, no hay ningún mecanismo en nuestro sistema que nos permita estar seguros de que este poder solo lo tengan las buenas experiencias. Por tanto, no podemos estar de acuerdo con el punto de vista tan a menudo expresado en las canciones pop cuando afirman que algo que suscita emociones tan agradables ha de ser necesariamente correcto. Así, Pablo apela a una importante experiencia de los gálatas (su conversión) de la que hubo muchos testigos, y argumenta que en ella había predominado la fe, puesto que en aquel momento todavía no tenían conocimiento de las "obras de la ley" como opción. Por ello, aunque en ocasiones queramos apoyarnos en nuestras experiencias o apelar a las de otras personas, solo hay buenas razones para hacerlo si la experiencia en cuestión es conocida, confirma lo que se quiere decir y está de acuerdo con la Biblia.

Pablo estuvo dispuesto a apelar a la experiencia en su argumentación teológica. La teología sin experiencia es estéril, mientras que la experiencia sin teología es mero sentimentalismo. La verdadera teología debe ser experimentada y las experiencias han de ser teológicamente sanas; y aquí no estoy hablando solo sobre vivencias "extáticas" y "glosolalias", sino sobre lo que los puritanos llamaron "emociones religiosas". No basta con haber oído hablar sobre el amor de Dios; necesitamos sentirlo, percibirlo y ser movidos por él, porque Dios quiere que todo nuestro ser esté impregnado de su amor. En su maravilloso libro sobre Dios, J. I. Packer escribe mucho sobre teología y la complejidad de lo que conocemos sobre él. Packer afirma, sin embargo, al principio de su libro que "no debemos perder de vista el hecho de que el conocimiento de Dios es una relación tan intelectual y volitiva como emocional, y sin duda no podría haber una profunda relación entre personas de no ser así".[15] Y Pascal dijo: "Tener un [mero] conocimiento de Dios no tiene mucho que ver con amarle" (*Pensamientos* 4.280). Yo diría que este "amarle" es la genuina experiencia de Dios, aparte de la cual no le conocemos, y que la experiencia es crucial para toda nuestra fe cristiana. Por tanto, dado su carácter crucial, podemos apelar a ella. Pero hemos de hacerlo con cuidado, porque lo que algunos han experimentado no está de acuerdo con la Escritura.

Pablo comienza esta sección apelando a la experiencia; esto no significa que tengamos que comenzar nuestros argumentos apologéticos y evangelizadores apelando a ella. Pablo no está estableciendo de manera consciente una jerarquía de argumentos lógicos. Y en el desarrollo de su caso hace algo que hoy es tan efectivo como lo era entonces: fundamenta su apelación en preguntas retóricas. Este tipo de "preguntas" no lo son realmente, porque sus respuestas son obvias, tanto que ni siquiera se responden.

---

15. J. I. Packer, *Knowing God* (Downers Grove, Ill.: InterVarsity Press, 1973), 35. Todo el texto de las páginas 13-37 está relacionado con esta exposición. En español, *Conociendo a Dios* (Barcelona: Clie, 1985).

Esta pregunta pretende comprometer al lector (u oyente) de un modo que le fuerza a llegar a la respuesta deseada. Lo que importa es la respuesta, no la pregunta. Esta es la razón por la que en el comentario anterior he dado por sentadas las respuestas a cada una de estas preguntas. Pablo daba por sentado que sus lectores le seguirían en el desarrollo de su argumento.

Se trata de una forma de comunicación efectiva y que podríamos utilizar más de lo que probablemente hacemos. El silencio que se produce cuando la pregunta queda sin responder crea una situación en la que la respuesta flota en el ambiente aunque sin ser expresada de manera audible. Esta clase de silencio permite que el oyente (o lector) reflexione en la respuesta y la interiorice. Es posible que algunas de las siguientes preguntas retóricas puedan ayudarnos en nuestra aplicación de la carta a los Gálatas. ¿Qué te ha dado Dios como guía moral, el Espíritu Santo o la ley? ¿Es suficiente el Espíritu de Dios para guiar tu vida? ¿A quién envió Dios a su Hijo? ¿A una nación o a todas? ¿Para quién es el sacrificio de su Hijo, para todas las personas o solo para los blancos de las zonas residenciales? ¿Utiliza Dios a personas con alguna discapacidad o trabaja solo con las saludables? ¿Qué vemos cuando miramos a nuestra iglesia: personas de nivel económico similar o diferente? ¿Hay personas de distintas clases sociales en nuestra sociedad? ¿Prepara Dios solo a los hombres o capacita también a las mujeres? ¿Estamos alcanzando solo a personas afines a nosotros o llegamos a toda clase de gentes? ¿Estamos obedeciendo la verdad del evangelio o seguimos un evangelio que hemos hecho a nuestra medida?

Significado Contemporáneo

La *experiencia* es una parte integral de nuestras vidas. Cuando despojamos de la experiencia a nuestra fe y pretendemos que el cristianismo es una vida desapasionada, imperceptible e intocable le estamos quitando una de sus dimensiones más importantes. Tanto Pablo como Juan conocían el "testimonio del Espíritu" (Ro 8:16; 1Jn 3:19-20; 5:10-11). Incontables cristianos han experimentado la gracia de Dios y nadie puede convencerles de que no han tenido un encuentro con él. En este pasaje, Pablo apela a la experiencia de conversión que tuvieron los gálatas cuando él les predicó el evangelio. No deberíamos negar esta dimensión del cristianismo. Pero tampoco deberíamos intentar conformar a todas las personas a una determinada experiencia, ni requerir que todos puedan presentar alguna poderosa experiencia como evidencia de la conversión.[16]

Personalmente considero importante que las iglesias locales ofrezcan oportunidades para que los cristianos puedan contar públicamente, delante de sus hermanos y hermanas, sus experiencias con Dios, especialmente las de conversión. Aunque debe haber un cierto control de lo que puede o no decirse (no estoy hablando de lo que los psicólogos llaman "terapia de grupo"), nuestros temores sobre las consecuencias de este tipo de relatos son posiblemente infundados en gran manera. El relato personal no es un ejercicio de parvulario, sino la propia estructura de nuestra vida, puesto que si no tenemos historia no tenemos vida. Lo que propongo es que los cristianos se animen a preparar algunos aspectos de su historia y a contar sus experiencias. Conocer la experiencia de otras personas puede ayudarnos a entenderlas, a orar por ellas y a instruirlas.

En varias ocasiones me han pedido que sea entrenador de algunos de los equipos en que ha jugado mi hijo, a veces en el de baloncesto y otras en el de béisbol. Lo que he descubierto entrenando a esos jóvenes (actualmente tienen entre doce y trece años) es que les gustan los relatos y las anécdotas sobre jugadores de la liga nacional, sobre nuestro equipo del instituto y sobre mi paso por la liga de béisbol no profesional hace ya muchos lustros (cuando los bates eran de madera y los niños jugaban al béisbol en campos improvisados en el barrio). ¿Por qué les gustan este tipo de relatos? Porque tratan sobre acontecimientos de la vida real. Lo mismo sucede con los cristianos, sean niños, adolescentes o adultos: todos nos identificamos con los relatos. ¿Por qué es tan popular la sección de biografías de las librerías? Precisamente porque cuentan relatos sobre personas verdaderas. ¿Por qué ha querido Dios hacernos llegar mucha de la historia de Israel por medio de relatos? ¿Por qué los Evangelios son en esencia poco más que biografías, y por qué Jesús contó tantos relatos (es decir, parábolas)? Porque los relatos son importantes y estimulan la imaginación. ¿Por qué, de repente, una congregación sintoniza con la persona que predica cuando esta introduce una ilustración? Porque las ilustraciones son relatos que nos ayudan a entender.[17] Las iglesias que estructuran este tipo de testimonios como parte de su propósito se beneficiarán en gran manera, mientras que las que no lo hacen privarán a sus miembros de una medida de realidad

---

16. En la obra de H. T. Kerr y J. M. Mulder, *Conversions: The Christian Experience* (Grand Rapids: Eerdmans, 1983), xiii-xv, hay algunos agudos comentarios sobre la variedad de las experiencias de conversión.
17. Sobre el valor de las ilustraciones, ver J. R. W. Stott, *Between Two Worlds* (Grand Rapids: Eerdmans, 1982), 236-43.

y a sus jóvenes de ejemplos que pueden formar sus vidas. Gálatas 3:1 es un testimonio del poder que Pablo confería a su predicación, el poder que le daba su capacidad de describir de manera pública y efectiva a Cristo mediante el relato de su historia.

Podemos apelar a la experiencia en nuestros argumentos teológicos. En sus famosos *Pensamientos*, Blaise Pascal afirmó: "Por lo general, las personas se convencen mejor por las razones que ellas mismas han descubierto que por aquellas que han llegado a la mente de otros" (1.10). Una enfermedad que afecta especialmente a mi propia disciplina, la teología académica, es cierta renuencia (posiblemente para evitar dar una apariencia de popularidad) a integrar la experiencia en el trabajo académico. Pero los teólogos académicos deben aquí aprender de Pablo: él fue tan perspicaz desde un punto de vista teológico que incontables eruditos han invertido sus vidas procurando entender sus cartas y argumentos para poder ordenar bíblicamente sus propios pensamientos. No obstante, a pesar de su gran precisión académica, Pablo se acercó también a los temas que trataba desde la óptica de la experiencia.

¿Cómo, pues, deberíamos apelar a las experiencias cuando ministramos a otras personas? Aquí doy simplemente por sentado que merece la pena imitar el ejemplo de Pablo sin sentirse obligado a seguirlo rígidamente. En primer lugar me gustaría apelar a aquellas experiencias de las que tenemos información. Aunque Pablo no nos dice cómo sabía de su experiencia como prefacio de sus ruegos, es evidente que el apóstol sabía de lo que hablaba (*cf.* 1:6-9, 11; 4:13-15) y, por tanto, apeló a ello. En segundo lugar, deberíamos probablemente seguir a Pablo en su moderación al apelar a la experiencia. Las invocaciones de la experiencia por parte de Pablo como fundamento crucial de sus argumentos no son muy frecuentes. En tercer lugar, posiblemente hemos de extraer aquello que es más obvio y convincente de las experiencias más que lo rebuscado y difícil de discernir. Aunque es posible que, a nivel personal, una determinada experiencia me permita aprender cosas que creo que Dios quiere que sepa o aprenda, ello no justifica que imponga la misma lección a cualquiera que tenga una experiencia similar.[18] En cuarto lugar, si tomamos en serio la teología cristiana y la autoridad de la Biblia, lo que inferimos por la experiencia ha de estar de acuerdo con la Escritura.

---

18. Consideremos el ejemplo de Agustín de Hipona (*Confesiones* 8.28-30), donde revive su conversión y menciona haber oído una voz que le dijo que leyera las Escrituras, y al abrirlas leyó un pasaje (Ro 13:13-14) que le llevó a la conversión.

Por consiguiente, creo que de este pasaje podemos aprender que los razonamientos basados en la experiencia pueden formar parte de nuestra argumentación teológica. Consideremos el ejemplo de un joven que creció en un hogar cristiano, se entregó a Cristo durante su paso por el instituto, dejó el hogar para estudiar una carrera universitaria, disfrutó dos buenos años de comunión cristiana en el campus, y que, tras dos años de luchar contra el pecado y la carne, anuncia que está harto del cristianismo, quiere irse a vivir con su novia, salir de fiesta los fines de semana, en una palabra: desea vivir sin restricciones morales. Creo que en un caso así, sin olvidarnos de orar persistentemente por él y de recordarle en una actitud pastoral (es decir, firmemente) lo que la Palabra de Dios dice sobre la pureza y las últimas consecuencias de la vida en la carne, es también sabio apelar a sus experiencias: la desilusión que su conducta provoca en sus amantes padres, sus hermanos y hermanas de la universidad y su iglesia local, que ha estado orando por él durante muchos años; la alegría que experimentó con la conversión, comunión y crecimiento cristiano; la madurez emocional que uno desarrolla mientras espera el tiempo oportuno de Dios para el matrimonio; el deprimente sentimiento que se experimenta la mañana después de haberse excedido con la bebida; y el sufrimiento que experimentará (si es cristiano) si opta por un estilo de vida inmoral.

Si dispusiéramos de precisas estadísticas de consejería pastoral y ministerio cristiano, tengo la sospecha de que nos sorprenderíamos de la frecuencia con que apelamos más a la experiencia que a la lógica. De hecho, en mis años universitarios asistí una vez a una conferencia sobre lógica filosófica que impartió un experto de fama mundial. El ponente comenzó su sesión de preguntas y respuestas diciendo más o menos: "Descubrirán que, en la vida real, las personas cambian sus puntos de vista, no por razonamientos lógicos, sino como consecuencia de argumentos expresados por personas influyentes (si Billy Graham lo dice, entonces lo creo) o por apelaciones a la experiencia". En los dieciocho años que han transcurrido desde aquella conferencia, muy pocas de las afirmaciones que escuché en la universidad se han cumplido con más frecuencia que esta.

Pero no podemos pensar que lo único que necesitamos son llamamientos a la experiencia. Una lectura contextual de este argumento de la experiencia nos muestra que Pablo no se detuvo aquí, sino que prosiguió presentando otros argumentos a partir de la Escritura y de la lógica. Y lo mismo deberíamos hacer nosotros. Nuestros argumentos a partir de la experiencia no estarán respaldados por la verdad si son únicamente esto. Han de estar anclados en invocaciones de la Escritura y razonamientos teológicos, y deben ser desarrollados del mismo modo. De no ser así, estaremos reduciendo nuestro ministerio a apelaciones emocionales.

Pero he de añadir también que, en este tipo de apelaciones a la experiencia, las vivencias más *intensas* son las más convincentes. Entre estas experiencias podemos mencionar la conversión (especialmente para aquellos que la vivieron de manera un tanto dramática), respuestas milagrosas a la oración e incluso aquellos acontecimientos claramente milagrosos de nuestras vidas. Muy pocas de nuestras experiencias son tan intensas e influyentes como estas y Pablo apela a ellas. Cuando apelemos a la experiencia (si es que lo hacemos) seremos sabios si invocamos esta clase de vivencias intensas.

La experiencia de la conversión fue el fundamento de toda la apelación de Pablo en este pasaje. Si los gálatas no se hubieran convertido a la verdad del evangelio, nunca hubiera escrito esta carta. Pero en nuestro tiempo la conversión no está de moda. Puede que esto se deba los excesos cometidos en las décadas de 1950–70 con los llamamientos de la evangelización popular a las conversiones superficiales, o puede que sea una reacción negativa contra los movimientos "*I've Got It* (lo tengo)" y "*Born Again* (nacido de nuevo)", o a las embarazosas revelaciones sobre los teleevangelistas, o acaso al deseo de ser aceptados intelectual y socialmente por nuestra sociedad. Sea como sea, nosotros los evangélicos no estamos subrayando la conversión como el único fundamento verdadero de nuestra relación con Dios. Nuestras reacciones son exageradas y están también debilitando nuestras iglesias cuando podríamos estar fortaleciéndolas.

En la sección anterior hemos analizado la necesidad de predicar y enseñar la justificación por la fe, ya que este era el mensaje esencial del pasaje. Aquí vemos que la experiencia de la conversión es el fundamento de todo este texto. Por tanto, aunque la justificación por la fe es una formulación doctrinal de la experiencia de la conversión, no hemos de evitar la repetición. Hemos de predicar la necesidad de la conversión, debemos enseñarla en nuestras escuelas dominicales y estudios bíblicos, y hemos de evidenciarla en nuestra vida.

Como hemos insinuado antes, la experiencia de la conversión no es una fórmula que cada cristiano repite con minuciosa exactitud. Algunas personas se convierten de manera dramática y repentina; para otros es un proceso que dura años; algunos no recuerdan ningún tiempo en que no fueran cristianos. Sin embargo, todos ellos necesitan la conversión porque nadie puede relacionarse con Dios hasta que le rinde todo su ser. Esta rendición es la conversión. La mejor colección de relatos de conversiones que conozco es la que han recopilado Hugh T. Kerr y John M. Mulder.[19] Sería estupendo utilizar el material de este libro para un estudio bíblico para adultos comparando cada conversión consignada con las enseñanzas sobre la conversión que encontramos en la Biblia.

El análisis de estas conversiones en la iglesia y en la Biblia animaría quizá a nuestras iglesias con lo que está sucediendo a nivel local, y puede que adquiriéramos una mejor percepción de la naturaleza de la conversión que Dios requiere.

---

19. Kerr y Mulder, *Conversions* (ver nota 16). Este libro recopila los relatos de cincuenta conversiones distintas, entre ellas las del apóstol Pablo, San Agustín, Blaise Pascal, John Bunyan, John Wesley, Elizabeth Bayley Seton, Sojourner Truth, Charles Spurgeon, Thérèse de Lisieux, Billy Sunday, C. S. Lewis, Dorothy Day, Ethel Waters y Charles Colson.

Gálatas 3:6-14

Así fue con Abraham: «Le creyó a Dios, y esto se le tomó en cuenta como justicia.»

⁷ Por lo tanto, sepan que los descendientes de Abraham son aquellos que viven por la fe. ⁸ En efecto, la Escritura, habiendo previsto que Dios justificaría por la fe a las naciones, anunció de antemano el evangelio a Abraham: «Por medio de ti serán bendecidas todas las naciones.» ⁹ Así que los que viven por la fe son bendecidos junto con Abraham, el hombre de fe.

¹⁰ Todos los que viven por las obras que demanda la ley están bajo maldición, porque está escrito: «Maldito sea quien no practique fielmente todo lo que está escrito en el libro de la ley.» ¹¹ Ahora bien, es evidente que por la ley nadie es justificado delante de Dios, porque «el justo vivirá por la fe». ¹² La ley no se basa en la fe; por el contrario, «quien practique estas cosas vivirá por ellas».¹³ Cristo nos rescató de la maldición de la ley al hacerse maldición por nosotros, pues está escrito: «Maldito todo el que es colgado de un madero.» ¹⁴ Así sucedió, para que, por medio de Cristo Jesús, la bendición prometida a Abraham llegara a las naciones, y para que por la fe recibiéramos el Espíritu según la promesa.

Sentido Original

El argumento de la experiencia que desarrolla Pablo (vv. 1-5), su tesis de que todas las cosas en la vida cristiana vienen con la fe, no por las obras de la ley, da ahora paso a su sutil argumento a partir de la Escritura. De hecho, el pasaje que estamos considerando es el primero de una serie de argumentos sobre la veracidad del evangelio de Pablo (3:6-4:31). Tales argumentos constituyen la evidencia a partir de la cual el apóstol desarrolla su análisis.

Teniendo en cuenta que el argumento de Pablo es complejo, voy a resumirlo brevemente antes de entrar en la concreta exposición de cada punto. En esencia, Pablo sostiene que la justificación es por la fe y no por las obras de la ley, y que este principio no le es realmente nuevo al pueblo de Dios. El apoyo para estas dos ideas se encuentra en el Antiguo Testamento. (1) La aceptación de Dios sobre la única base de la fe se remonta a Abraham (vv. 6-7). Para este punto, Pablo cita Génesis 15:6. (2) La aceptación de los gentiles por parte de Dios sobre la misma base que los judíos hay que remontarla también hasta el tiempo del patriarca (vv. 8-9); Pablo cita de nuevo el libro del Génesis (12:3; 18:18; 22:18). Este es el punto positivo de Pablo, quien pasa después a desarrollar un aspecto negativo. (3) La ley no justifica porque su función es maldecir (vv. 10-11). El apóstol demuestra esta cuestión remitiendo a sus lectores a Deuteronomio 27:26 y Habacuc 2:4. (4) De hecho, la ley opera bajo un sistema distinto, no gobernado por la fe, sino por lo que hace el observante (v. 12). (5) Pablo trata aquí, de manera parentética, cómo pueden aquellos que están condenados (los que viven bajo la ley como los judíos) eludir la función anatematizadora de la ley (v. 13). La escotilla de salvamento se encuentra en Jesucristo, maldito por Dios para que pudiera llevar la maldición de otros. Pablo corrobora esto con una cita de Deuteronomio 21:23. A continuación, en el versículo 14, Pablo resume su argumento: la redención de Cristo permite que los gentiles disfruten la bendición abrahámica (su argumento en los vv. 6-9), que no es otra cosa que el Espíritu prometido (el objetivo del argumento de la experiencia). Antes de exponer estas ideas, veamos un gráfico de las conexiones de Pablo:

Fe → Abraham → Gentiles: la fe conecta a Abraham con los gentiles.

Justificación →Bendición de Abraham →Redención →Espíritu Santo: la justificación que experimentó Abraham es similar a la que trajo Cristo, y ambas se consideran como la incorporación de los gentiles a la bendición de Abraham y el don del Espíritu Santo.

La ley → Obras de la ley → Maldición: la ley es portadora de una maldición, de manera que todo aquel que se compromete con este sistema de la ley decide heredar la maldición de Dios, y no la bendición de Abraham y la promesa del Espíritu Santo.

Aunque el argumento de Pablo es complejo, los siguientes puntos están claros: (1) Pablo pretende demostrar principalmente, no que sea erróneo buscar méritos, sino que Dios acepta a los gentiles en virtud de la fe en Cristo más que por la observancia de la ley judía. Esto es lo que Gálatas quiere dejar claro por los problemas que los judaizantes habían suscitado. (2) La elección de vivir bajo la ley supone heredar la maldición que esta conlleva, por cuanto los elementos deseados, llamados justificación, bendición de Abraham, redención, y promesa del Espíritu Santo, son una consecuencia de la fe, sea en Dios (en el caso de Abraham) o en Cristo (para los cristianos). Teniendo en cuenta que este pasaje es tan rico desde un punto de vista teológico y complejo desde el lógico, quiero explicar el texto de un modo más detallado de lo que he venido haciendo normalmente.

La aceptación de Dios sobre la única base de la fe se remonta a Abraham (vv. 6-7). La frase de la NIV "Consideren a Abraham" (NVI, "Así fue con Abraham") traduce una expresión difícil. El texto griego dice literalmente: "igual que Abraham creyó a Dios". Es difícil saber cómo traducir "igual que" (*kathos* en griego). Hay cuatro opciones principales: (1) conectar la expresión con la última cláusula del versículo 5 y traducir: "... o por la fe con que han aceptado el mensaje, igual que lo aceptó Abraham". Aunque normalmente *kathos* introduce una cláusula subordinada, esta no es aquí la mejor opción, puesto que el versículo 5 consigna una pregunta que termina con "el mensaje que escucharon (NIV)" y es también evidente que Abraham no recibió el Espíritu Santo. (2) Considerar esta frase como una deducción y traducirla: "Por consiguiente, Abraham creyó a Dios". El problema de este punto de vista es que *kathos* nunca significa esto. (3) Inferir que se trata de una forma abreviada de "igual que está escrito en la Escritura", y que introduce por tanto una nueva oración gramatical demostrando la idea general de los versículos 1-5 (la justificación es por la fe, no por obras de la ley).[1] (4) Considerar *kathos* como una expresión que introduce un ejemplo: "Considera el ejemplo de Abraham". Este es el punto de vista que adoptan la NIV, la NEB y la JB.[2]

En cualquier caso, Abraham es un ejemplo veterotestamentario de fe; no obstante, lo crucial en este versículo es que el patriarca fuera justificado por la fe, es decir, que fuera completamente aceptado por Dios, no por la observancia de la ley sino por la fe. El hecho de que Pablo escogiera a Abraham para su argumento es más que ilustrativo: los judíos veían a Abraham como el padre de su nación y el judío por antonomasia.[3] Una obra judía de aquel tiempo dice: "Porque Abraham fue perfecto en todas sus acciones con el Señor y agradó a Dios por su justicia todos los días de su vida" (*Jubileos* 23:10). En los escritos judíos se consignan dos rasgos de su vida: (1) se le consideraba justo porque fue fiel cuando Dios le puso a prueba, y (2) la fe de Abraham en Génesis 15:6 estaba íntimamente relacionada con su sumisión a la circuncisión en 17:4-14. Por ello, creer y guardar la estipulación contractual de la circuncisión eran cosas que iban

---

1. Este punto de vista lo sostienen de diferentes formas F. F. Bruce, *Galatians*, 147, 152, quien traduce "(Por la fe, naturalmente) tal como (en palabras de la Escritura)" y H. D. Betz, *Galatians*, 137, 140, quien traduce "Como [está escrito]". Una ventaja de este punto de vista es que algunos antiguos manuscritos griegos añaden "está escrito".
2. Ver R. N. Longenecker, *Galatians*, 107, 112.
3. Ver el provechoso excurso de R. N. Longenecker sobre el modo en que los judíos veían a Abraham (*Ibíd.*, 110-12).

juntas; creer sin ser circuncidado era contradictorio con el ejemplo de Abraham.

La trascendencia de este trasfondo en Gálatas es que Pablo demuestra el papel prototípico de Abraham *sin relación con la circuncisión*. Lo que Pablo subraya (y no cabe duda de que los judaizantes percibieron su negativa a seguir Génesis 15:6 apelando al capítulo 17) es que Dios aceptó a Abraham *antes de su circuncisión*, con lo cual la implicación es clara: la circuncisión no era necesaria. "Abraham deviene, por tanto, el prototipo del cristiano gentil creyente, en contraste con el observante de la Torá cristiano (procedente del judaísmo)".[4] Abraham fue aceptado por Dios *únicamente porque entregó toda su vida a la promesa de Dios*.

Pablo aplica inmediatamente su observación sobre Génesis 15:6: "... los descendientes de Abraham son aquellos que viven por la fe". Para Pablo, los descendientes de Abraham son aquellos que creen (por lo que respecta a Juan el Bautista, *cf.* Mt 3:7-10), no los que creen y se circuncidan. Aunque Pablo sigue diciendo en los versículos 8-9 que los gentiles son incorporados a la bendición de Abraham y por ello se convierten en "hijos de Abraham", el apóstol afirma también que la expresión "descendencia de Abraham" alude únicamente a Cristo (v. 19). Es decir, su particularista lectura de "descendientes (lit. semilla, simiente)" conduce al universalismo de incorporar a los gentiles (vv. 8-9) puesto que la *fe* en Cristo es lo que nos conecta con la promesa de Dios.[5] Pero, por el momento, Pablo no alude todavía a la inclusión de gentiles.

Estoy convencido de que los judaizantes se sintieron ofendidos por la reducción de Pablo a la respuesta de Abraham a Génesis 15:6. Respecto a Abraham, Santiago, contemporáneo de Pablo, hablaba de una combinación de fe inicial (15:6) y fidelidad al llamamiento divino cuando sacrificó a Isaac (22:1-19), sin embargo, este pretendía refutar otro error (el de quienes creían que era suficiente la mera creencia), y por ello entendía que la fe del patriarca encontró su plena realización natural en la obediencia. Pablo nunca negó que la obediencia fuera la plena realización natural de la fe; sin embargo, cuando sus oponentes defendían que la circuncisión (la "obra de la ley" por excelencia para el convertido gentil) era necesaria, Pablo pensó inmediatamente en Abraham como ejemplo de justificación antes de la circuncisión. Así, aunque los judaizantes se sintieran ofendidos

---

4. H. D. Betz, *Galatians*, 139.
5. Hay un hermoso compendio sobre el desarrollo de la idea de "descendientes" o "semilla" a partir de la promesa abrahámica original en T. E. McComiskey, *The Covenants of Promise: A Theology of the Old Testament Covenants* (Grand Rapids: Baker, 1985), 17-38.

por Pablo, y puede que Santiago estuviera molesto por este tipo de deducción a menos que se explicara claramente, Pablo sabía que su argumento contra los judaizantes era irrefutable. El hecho es que Abraham recibió el mandamiento de la circuncisión (Gn 17) cuando *ya* había sido aceptado (15:6). Sus descendientes son, pues, los que creen, aquellos que optan por el sistema de la fe (junto con Cristo y el Espíritu Santo), y declinan incluirse en el de las obras.

La divina aceptación de los gentiles sobre la misma base que los judíos se remonta al tiempo de Abraham (vv. 8-9). Tras argumentar que Dios aceptó a Abraham por su fe y que los verdaderos descendientes de Abraham son aquellos que creen, Pablo sostiene ahora que los *gentiles* pueden ser estos verdaderos creyentes. Una vez más, el apóstol recurre a la Escritura para desarrollar su argumento (Gn 12:3; 18:18; 22:18). Su lógica es la siguiente: (1) Abraham fue justificado por la fe (Gá 3:6-7); (2) los gentiles son justificados en Abraham puesto que todas las naciones, es decir, los gentiles, serán benditas en relación con el patriarca (v. 8; *cf.* Gn 18:18);[6] (3) por tanto, puesto que los gentiles son justificados en la promesa de Abraham, han de serlo como lo fue el patriarca, es decir, por la fe, no por las obras de la ley.

La ley no justifica, porque su función es maldecir (3:10-11). El argumento de Pablo en los versículos 6-9 ha sido simple: la Escritura enseña que Abraham fue aceptado por Dios por la fe; la fe es, por tanto, el fundamento sobre el que todos los seres humanos, incluidos los gentiles, construyen su relación con Dios. Este es su argumento positivo, y el apóstol pasa ahora a desarrollar otro negativo: cuando gobierna la vida de las personas, la ley de Moisés no conlleva la aceptación de Dios, sino una maldición.

El versículo 10 puede leerse como la base de los versículos 6-9: la aceptación de Dios se basa en la fe *puesto que* no hay otro camino (la ley solo produce maldición y no puede, por ello, conseguir la aceptación de Dios).[7] Puede ser también una inferencia: *puesto que* Dios declaró la aceptación de Abraham en virtud de la fe, se sigue entonces que aquellos que optan por "el sistema de la ley" están viviendo bajo una maldición porque no

---

6. Se ha debatido hasta cierto punto cuál es la fuente que Pablo está citando. Es posible que el apóstol esté combinando Génesis 12:3 y 18:18 o que solo esté apelando a Génesis 18:18.

7. Los traductores de la NVI y NIV han decidido que la primera conjunción ("porque", *gar*) solo cumple la función de dar comienzo a un nuevo párrafo indicando el inicio de un nuevo argumento. H. D. Betz traduce: "En cambio, los que son hombres de obras..." (*Galatians*, 137).

siguen a Abraham. Sea cual sea la explicación que se prefiera, el resultado final de estos versículos es plantear un argumento negativo: no es solo que Dios declarare apto a Abraham por la fe, sino que aquellos que optan por la ley nunca lo serán, ya que la ley conlleva una maldición.

Hemos de explicar de nuevo la expresión "los que viven por las obras que demanda la ley", que traduce la frase griega, *hosoi exergon nomou eisin* ("aquellos que están sobre la base de ley"). Dicho de un modo más apropiado, significa "aquellos que se encomiendan a la ley" o "aquellos que basan su salvación en la ley" (*cf.* 2:16; 3:2, 5). El uso que la NVI hace en este pasaje de la expresión "vivir por" puede llevar a la idea de la búsqueda de méritos. Pero la idea crucial aquí es que Pablo no tiene en mente la justicia por obras ni la búsqueda de méritos. Lo que hace el apóstol es describir, mediante una expresión llamativa, la alternativa para "los que son de la fe" (v. 9 *hoi ek pisteos*: "los que viven por la fe"). Como en los versículos 2 y 5, Pablo está estableciendo acercamientos alternativos a Dios: por medio de la fe o de la obediencia a la ley. Pero al contraponer estas cosas, Pablo no está presentando varios motivos. J. D. G. Dunn clarifica nuestra expresión con las siguientes palabras:

> Esta expresión no hace referencia a la lucha de una persona para desarrollarse moralmente, sino a una forma de existencia religiosa, una forma de existencia cuya singularidad está en ser definida por la ley, las prácticas religiosas que demuestran el "sentido de pertenencia" de tal persona al pueblo de la ley.[8]

En otras palabras, esta expresión no describe a un determinado (y mal encaminado) grupo de cristianos sino que es una apropiada descripción de *todos los judíos*, especialmente de aquellos atrapados en la errónea noción de que el hecho en sí de ser judío es suficiente para ser aceptado por Dios. Naturalmente, esto arroja una oscura sombra sobre todos los etnocentrismos y nacionalismos. Si "los que viven por la fe" son todos aquellos que, desde Abraham, han confiado en la promesa de Dios, entonces "los que viven por las obras de la ley" son los que han decidido basar su salvación en su carácter judío, en sus distintivos judíos y en su adhesión a determinadas leyes de Moisés.

Y lo que es más importante, aquellos que son de la ley están "bajo maldición". ¿Por qué? Pablo cita Deuteronomio 27:26: "Maldito sea quien no practique fielmente todo lo que está escrito en el libro de la ley". Es aquí donde el clásico punto de vista (luterano) sobre la ley en Pablo encuentra

---

8. J. D. G. Dunn, *Jesus, Paul and the Law: Studies in Mark and Galatians* (Louisville: Westminster/John Knox Press, 1990), 220.

su prueba más importante. Según esta perspectiva, Pablo está hablando aquí de la *necesidad* de obedecer todos los mandamientos para la totalidad de la vida y está dando por sentado que *es imposible obedecer la ley;* sostiene (por suposición) que aquí las personas que optan por la ley están optando también por asumir una maldición, porque nunca conseguirán hacer lo que deben. A este punto de vista se le ha llamado a veces el de la imposibilidad del cumplimiento de la ley. Pero esta posición presenta dos importantes problemas, tan decisivos que la hacen insostenible. En primer lugar, ningún judío de la historia (aparte de excéntricos como el autor de 4 Esdras) ha pensado que hay que ser impecable en cuanto a la ley para ser aceptado por Dios. Los sistemas del tabernáculo y del templo lo evidencian, con su reconocimiento implícito de que la pureza era imposible y que, por tanto, era necesario que hubiera confesión, expiación y perdón. De hecho, esta es la razón por la que el judío piadoso se arrepentía del pecado y peregrinaba a Jerusalén por la Pascua y por la que los judíos piadosos celebraban el Día de la Expiación.[9] Los comentarios de Pablo sobre su pasado asumen su conformidad con la ley judía acerca del pecado, el perdón y la expiación (Fil 3:4-6).

En segundo lugar, el propio apóstol pensaba que el cristiano que vivía una vida de amor en el Espíritu podía cumplir la ley (Gá 5:14; *cf.* Ro 13:8-10). Esto lo creían también Santiago (Stg 2:8) y Jesús (Mt 7:12; 22:34-40). Lo que hemos de observar aquí es que hay una diferencia entre cumplir la ley y obedecerla por un lado, y ser puro e inmaculado, por otro. El judaísmo no asumía que hubiera que ser inmaculado. Se entendía que el observante debía obedecer completamente, las infracciones tenían que ser debidamente confesadas y expiadas. A quienes cumplían con esto, como Pablo (Fil 3:4-6), se les consideraba "legalmente justos", aunque no inmaculados.

Por tanto, si los judíos no pensaban que la pureza fuera necesaria, y si tanto ellos como los cristianos consideraban que la ley podía cumplirse, ¿cómo es entonces que "la ley conlleva una maldición"? La respuesta a esto, creo, es muy sencilla y tiene que ver con *el propósito de la ley*. Aunque he de posponer la exposición de este tema hasta el comentario de 3:19-25, sí puedo ahora formular mi punto de vista. La razón por la que la ley maldice es que este es su *propósito* y lo único que puede hacer. La

---

9. Véase E. P. Sanders, *Judaism: Practice and Belief 63 BCE - 66 CE* (Filadelfia: Trinity Press International, 1992), 103-18, 119-45, 251-57, 270-78. Ver también su obra, *Paul and Palestinian Judaism: A Comparison of Patterns of Religion* (Filadelfia: Fortress, 1977), 107-47; ver también 33-59.

ley no fue promulgada *para hacer justas a las personas* ni para *impartir salvación o vida*.[10]

¿Qué significa, entonces, la cita de Deuteronomio 27:26? Posiblemente, muchos piensen que el acento de este versículo está en la palabra "*todo*" y que, puesto que "los que viven por las obras que demanda la ley" no lo cumplen todo, estos serán finalmente condenados. Como he expresado anteriormente, no comparto este punto de vista. Además de los argumentos ya presentados, no hay razón para poner el acento en la palabra "todo". La única razón por la que los comentaristas lo entienden así es que asumen que la ley ha de cumplirse perfectamente para que alguien pueda ser aceptado por Dios. Pero este no es el punto de vista que presuponía Pablo (ni los judaizantes ni los fariseos) y no debemos, por tanto, asumirlo aquí. Lo que hemos de ver aquí es la conexión entre "ley" y "maldición". A continuación debemos pasar a los comentarios de Pablo en el versículo 11 donde muestra que, de hecho, la salvación es por la fe, no mediante la observancia de la ley, *puesto que esta no puede impartir salvación, no habiendo sido diseñada para ello* (*cf.* vv. 19-25).

Una vez más, el versículo 10 significa que quienes optan por la ley son malditos por cuanto deciden omitir la salvación que solo puede producirse por medio de la fe en Cristo (ahora que ha venido). Al decidirse por la ley, tales personas se ven en la necesidad de buscar en ella lo que puedan para salvación, pero en la ley no encontrarán sino condenación (v. 22).

La ley funciona bajo un sistema distinto: no es un sistema gobernado por la fe sino por las obras (v. 12).[11] Pablo ha dejado claro que la ley no lleva a la aceptación de Dios, que, tal como enseña incluso el Antiguo Testamento (Hab 2:4), viene por la fe. Pablo hace ahora una concesión para asestar un zarpazo a la ley. La ley, argumenta, no es de fe (y esta salva); la ley demanda cumplimiento, logros. El apóstol cita Levítico 18:5: "quien practique estas cosas [es decir, las obras de la ley] vivirá por ellas". Pablo contrasta aquí los términos *"fe"* y *"practicar"* y, al hacerlo, muestra que la ley *no es un sistema de fe*, sino de "obras". Sin embargo, una vez más, Pablo no pretende mostrar el asunto de los méritos, sino *solo que la ley no era un sistema de fe*. Este hecho es muy importante para nuestra percepción de la lógica de Pablo.

---

10. De las observaciones de Pablo en este texto surge un tema fascinante: ¿sobre qué base aceptaba Dios a los israelitas precristianos? Pablo, creo, no pretende responder esta pregunta. Él diría, sospecho, que confiaba en los acuerdos del pacto de Dios.
11. No creo que tengamos que identificar forzosamente "hacer" con "la búsqueda de méritos a través de las obras".

La maldición de la ley cayó sobre Cristo para que los demás pudiéramos escapar de ella (vv. 13-14). Tras establecer que la aceptación de Dios es por la fe en Cristo y que aquellos que optan por la ley en detrimento de Cristo (como hacen, de hecho, los judaizantes) están bajo la maldición divina, Pablo debe ahora explicar que Cristo aporta un escape para aquellos que han vivido bajo la ley. Entiendo estos dos versículos como un paréntesis, una digresión pastoral.

Es probable que con la expresión "Cristo *nos* rescató" Pablo se esté dirigiendo especialmente a los cristianos de origen judío.[12] Las razones para apoyar este punto de vista las encontramos en 2:15; 3:23-25, en 4:4-6 y en el acento de Gálatas sobre los judíos. Por otra parte, debe añadirse que los judíos veían la ley como su prerrogativa y argumentaban que los gentiles no estaban bajo la ley ni la conocían (Ro 2:12-24). Por último, Pablo declara que la ley solo duró hasta Cristo (Gá 3:19). ¿En qué sentido, podemos preguntarnos, podían los gentiles estar bajo la ley?

Una vez más, hemos de aprender a leer la carta como Pablo quería que se le entendiera. Personalmente tengo la impresión de que fueron especialmente los cristianos de origen judío los que plantearon, en este punto del argumento, qué tenían que hacer con la maldición en que incurrían viviendo (especialmente antes) bajo la ley. Aunque Pablo no estuviera haciendo referencia específicamente a los cristianos de origen judío, la liberación de la maldición de la ley sería de importancia primordial para ellos. Si optamos por la idea de que este "nosotros" se refiere a todos, cristianos de origen judío y gentil por igual, podemos apelar a Romanos 2:14-15 y argumentar que, si la ley está escrita en los corazones de los gentiles, y puesto que estos no vivían sin pecado (o buscaban el método divino de la expiación), también ellos son redimidos de la maldición de la ley.[13] Por otra parte, la plausibilidad de este punto de vista cobra fuerza por la "inversión" de los gálatas: al pasarse al judaísmo, estaban ahora heredando la ley y su maldición.

El término que se traduce "rescató" procede del ámbito comercial y describe "la compra de bienes", "la readquisición de un cautivo", "la liberación de un esclavo mediante el pago de un rescate", o "la protección de los intereses de una familia mediante el pago de una tarifa o cuota".[14] La idea

---

12. Este punto de vista lo sostienen, entre otros, J. B. Lightfoot, *Galatians*, 139; H. D. Betz, *Galatians*, 148.
13. Este es el punto de vista de F. F. Bruce, *Galatians*, 166-67.
14. Ver la exposición semi popular de L. L. Morris, *The Atonement: Its Meaning and Significance* (Downers Grove, Ill.: InterVarsity Press, 1983), 106-31; Ver también J. R. W. Stott, *The Cross of Christ* (Downers Grove, Ill.: InterVarsity Press, 1986), 175-82.

esencial es que (1) las personas son por naturaleza esclavas del pecado y están bajo la maldición de la ley, (2) Cristo pagó el precio de la libertad cuando murió en la cruz, y (3) aquellos que confían en el precio del rescate de Cristo son liberados del pecado y la maldición de la ley.

¿Cómo lo hizo Cristo? Rescató de la maldición de la ley a los cristianos judíos "al hacerse maldición". Lo que hizo Cristo fue morir como un transgresor (esta es la razón por la que cita Dt 21:23). Al hacer esto, Cristo se hace transgresor por cuanto fue crucificado públicamente (*cf.* 2Co 5:21). Sin embargo, puesto que Jesús era inocente y sin pecado, pudo morir en lugar de los que hemos pecado y absorber por ello nuestra maldición. Y, puesto que era divino, pudo satisfacer perfectamente la justicia de Dios (ver Ro 3:21-26).

La redención que consiguió Cristo no solo liberaba a los cristianos de origen judío (judíos que creían) de la maldición de la ley, sino que también hacía posible que los gentiles fueran incorporados a la bendición de Abraham (v. 14) sin nacionalizarlos.[15] Por otra parte, puesto que Cristo ha absorbido la maldición de la ley, el letal poder de esta ha sido subyugado. Esto implica que la era de la ley ha llegado a su fin, y esto significa a su vez que los gentiles pueden ser aceptados por Dios sin hacerse judíos, sin vivir de acuerdo con sus distintivos nacionales. Dicho de otro modo, la cruz anuló los privilegios judíos, algo que ya hemos visto en 2:15-21.

Por otra parte, ahora que la maldición de la ley ha terminado, el nuevo pueblo de Dios (tanto judíos como gentiles) puede recibir "el Espíritu según la promesa" (v. 14. *cf.* Hch 2:33). Pablo comenzó a desarrollar su argumento con este don del Espíritu (vv. 1-5), y más adelante lo ve como el poder del nuevo pueblo de Dios (5:1-26).

En resumen: (1) Pablo demuestra aquí que Dios acepta a los gentiles por la fe; no tienen que vivir de acuerdo con la ley para conseguir la aceptación divina. De hecho, Pablo sostiene que la era de la ley ha terminado, porque Cristo ha derrotado su poder al absorber su maldición. Abraham es el gran ejemplo de cómo se es aceptado por Dios: puesto que el patriarca fue aceptado por la fe, tanto los cristianos de origen judío como los de trasfondo gentil son aceptados sobre la misma base. Estos son "los que viven por la fe". Los que piensan que todavía tienen que obedecer a Moisés entienden erróneamente el propósito de la ley (ver vv. 19-25) y serán objeto de una maldición; estos son "los que viven por las obras que demanda la ley". (2) Pablo también afirma, negativamente, que aquellos que viven bajo la ley (es decir, los judaizantes y aquellos que se convierten a

---

15. Ver J. B. Lightfoot, *Galatians*, 140.

su "evangelio") van a heredar una maldición. La salvación se encuentra solo en Cristo y por medio de la fe; aquellos que a Cristo le añaden Moisés anulan al primero y quienes viven por "las obras de la ley" no lo hacen por fe. Posiblemente tú y yo daríamos cualquier cosa por saber qué decían los judaizantes sobre los polémicos argumentos de Pablo en este pasaje. Pero solo podemos proponer conjeturas.

En este texto se tratan principalmente dos temas y hemos de hacer dos maniobras distintas para trasladarlos a nuestro mundo. Primero, hemos de considerar la admisión de los gentiles al pueblo de Dios por la fe. Para Pablo, la cuestión más importante sobre los gentiles es que no eran judíos. Su percepción, que le llegó por revelación (*cf.* 1:16) y constituía su "misterio" característico (Ef 3:1-13; Col 1:24-2:3), era que Dios estaba ahora extendiendo los límites de su pueblo para incluir a los gentiles. Lo que tenemos es, pues, un principio fundamental: el universalismo sobrepuja y sustituye al nacionalismo judío. Al estudiar este pasaje, descubrimos tras él el principio del universalismo. Me apresuro a clarificar que no es que antes de Cristo los gentiles no fueran aceptados por Dios ni que no hubiera lugar para ellos en el judaísmo. Decir esto sería inexacto con respecto a lo que dice el Antiguo Testamento y potencialmente difamatorio hacia el judaísmo.[16] Lo que estamos diciendo es que se produce una ampliación de este ámbito y la universalidad del evangelio se convierte en algo central.

Esta cuestión fundamental es tanto de orden teológico como sociológico. Teológico por cuanto Pablo afirma que la inclusión de los gentiles es por la fe y que esta se produce sin necesidad de su nacionalización (es decir, hacerse judíos). Antes de Pablo, la conversión al judaísmo implicaba una nacionalización.[17] El apóstol ve en su evangelio una desnacionalización del pueblo de Dios, puesto que todos son aceptados por el camino de la fe. Este principio teológico ha sido revelado por Dios y forma parte de la verdad del evangelio. Sin embargo, desde un punto de vista sociológico, esta era una noción difícil de entender para los judíos debido a cómo percibían su pasado. Ser judío era (y sigue siendo) un privilegio. No es de extrañar que, en el tiempo de Pablo, para los cristianos de origen judío fuera difícil

---

16. Quienes deseen considerar algunas actitudes de los judíos hacia los gentiles pueden ver mi libro *A Light among the Gentiles: Jewish Missionary Activity in the Second Temple Period* (Minneapolis: Fortress, 1991), 11-29.
17. Una vez más, ver *ibíd.*, 30-48.

aceptar un desarrollo del pueblo de Dios totalmente desprovisto de una dimensión nacionalista. Pero esto es exactamente lo que el apóstol exponía con pasión a sus convertidos. Pablo quería que los cristianos de origen judío renunciaran a su compromiso con la ley como elemento definitorio de su identidad. Creo que Pablo habría tolerado que circuncidaran a sus hijos, pero entiendo también que habría criticado tajantemente este tipo de conducta si consideraba que pretendía expresar la necesidad de obedecer a Moisés para ser aceptado por Dios.

Podemos aplicar a nuestro mundo las ideas relacionadas de que el evangelio es para todos y que su proclamación requiere el derribo de barreras sociales. Descubrimos que Pablo utiliza el principio de que Dios ama a "toda clase de personas" y obra con todas ellas; la iglesia no puede, por tanto, construir barreras que impidan la inclusión de "algunas clases". Hemos de aplicar el mensaje de Pablo a nuestro mundo viendo si nuestras comunidades locales y nuestro evangelio llegan a todas las clases de personas que creen. Hemos de explorar constantemente las implicaciones de esta clase de universalismo para la iglesia de nuestro tiempo.[18]

El segundo tema para nuestra consideración tiene que ver con el modo en que hemos de aplicar el mensaje de la "maldición de la ley" a "los que viven por las obras que demanda la ley". Si "la maldición de la ley" es algo que ha afectado mayormente a los judíos (y para Pablo, también a los cristianos procedentes del judaísmo), ¿cómo entonces aplicamos esto a nuestro mundo? Por mi parte, veo tres posibilidades: (1) a los judíos ortodoxos que piensan que para ser aceptados por Dios debe guardarse la ley y respetarse los distintivos nacionales de Israel; (2) a los gentiles que tienen la ley de Dios escrita en el corazón; y (3) a aquellos que cruzan las líneas de la verdad del evangelio añadiendo a este distintas demandas para que las personas puedan ser aceptadas por Dios.

En primer lugar, esta "maldición" se aplica a los *judíos ortodoxos*. No es mi intención entrar aquí en el actual debate sobre la relación entre los distintos judaísmos norteamericanos y el cristianismo con su enorme can-

---

18. Conozco el concepto neoortodoxo de universalismo, que enseña que, finalmente, Dios aceptará a todos los seres humanos. Esta no es la enseñanza de Pablo ni de ningún otro autor bíblico. La clase de universalismo al que se hace referencia aquí es la que enseña que cualquiera que crea en Cristo, sea cual sea su raza, se sitúa sobre el mismo terreno delante de Dios. Sobre el problema de la primera forma de universalismo, ver W. V. Crockett y J. G. Sigountos, *Through No Fault of Their Own? The Fate of Those Who Have Never Heard* (Grand Rapids: Baker, 1991). Ver también, el estimulante trabajo de C. H. Pinnock, *A Wideness in God's Mercy: The Finality of Jesus Christ in a World of Religions* (Grand Rapids: Zondervan, 1992). El universalismo y el pluralismo son temas controvertidos y los evangélicos han de abordarlos con seriedad y urgencia.

tidad de denominaciones. Mi idea es que, esencialmente, la relación entre el cristianismo y el judaísmo es distinta de la que el primero mantiene con todas las demás religiones del mundo. Estas dos religiones no se oponen entre sí, aunque el cristianismo es la plenitud y cumplimiento del judaísmo. Esto lo digo basándome en la enseñanza de Jesús sobre la ley (Mt 5:17-20) y en la apropiación de la teología veterotestamentaria por parte de la iglesia primitiva. Creo, además, que el judaísmo está incompleto y que cuando se practica correctamente, este va en busca de lo que Cristo aporta.

Pablo enseña que Cristo es "el fin [o clímax] de la ley" (Ro 10:4) y que, en cierto sentido, esta finalizó su vigencia con la muerte de Cristo y su absorción de la maldición (Gá 3:10-14, 19-25). Esto significa que obedecer la ley es desobedecer a Cristo si esta obediencia se lleva a cabo en oposición a él o para completar su obra; este es, naturalmente, el mensaje de Gálatas. Esto significa que el judío ortodoxo encaja en el molde que nos presenta Gálatas de las inquietudes de los judaizantes. Aunque los judíos de nuestro tiempo son cada vez más favorables a Jesús, siguen negándose obstinadamente a aceptar la estructuración de la teología que enseña Pablo.[19] Los cristianos han de adoptar una postura firme sobre esta cuestión y con maneras amorosas y persuasivas mostrar que la gloria del pacto de Dios se manifiesta por medio de Cristo y que sus promesas hallan su decisivo "sí" en Jesús (2Co 1:20). Sostengo que el mensaje de Gálatas con respecto a la "maldición de la ley" se aplica directamente a los judíos ortodoxos de nuestro tiempo que creen que Dios acepta a las personas en virtud de su obediencia a la ley y a la asunción de sus distintivos sociales (es decir, haciéndose judíos).

En segundo lugar, se aplica también a *los gentiles que tienen la ley de Dios escrita en el corazón*. Puesto que la voluntad y ley de Dios están escritas en el corazón de todas las personas —una enseñanza de Pablo en Romanos 2:14-15— podemos aplicar la "maldición de la ley" a los gentiles. Los gentiles no convertidos sienten la maldición del mismo modo que los judaizantes y los cristianos gálatas que se convirtieron a la enseñanza de ellos. Cualquier persona que actúa contra lo que sabe que es la voluntad de Dios siente el agudo remordimiento de su conciencia. Determinados relatos misioneros sobre personas que distinguen claramente lo bueno de lo malo y que han establecido códigos morales coincidentes con la ética judeocristiana dan testimonio indirecto de este fenómeno. La cuestión

---

19. Sobre este asunto ver D. A. Hagner, *The Jewish Reclamation of Jesus* (Grand Rapids: Zondervan, 1984); y "Paul in Modern Jewish Thought", en D. A. Hagner, M. J. Harris, *Pauline Studies: Essays Presented to Professor F. F. Bruce on His Seventieth Birthday* (Grand Rapids: Eerdmans, 1980), 143-65.

sigue siendo la misma: los gentiles que nunca han oído hablar de la ley de Dios pueden experimentar la maldición que esta conlleva, puesto que cada ser humano tiene un testimonio interno (llámalo "innato", si quieres) de la voluntad moral de Dios.

En tercer lugar, esta maldición se aplica asimismo a *aquellos que añaden ciertas exigencias al evangelio para que las personas puedan ser aceptadas por Dios.* Estos son los principales receptores de esta epístola, los que añadían ciertas demandas al evangelio de Cristo y, al hacerlo, ponían en entredicho la suficiencia de Cristo y el poder del Espíritu. Este tipo de persona, sea o no consciente de ello, añade condiciones al pacto que Dios ha establecido y representan, por ello, una adecuada analogía en relación con los judaizantes. *No* hay ninguna condición para la aceptación de Dios aparte de la rendición a Cristo y la vida en el Espíritu. Las añadiduras conllevan la maldición de Dios. En la introducción de este libro he enumerado cuatro de estas añadiduras: (1) leyes y reglamentaciones, (2) experiencias, (3) educación, e (4) imperialismo cultural. Todas estas cosas podrían analizarse y encontrar aplicaciones para nuestro mundo. Sin embargo, nuestro propósito no es ahora establecer aplicaciones, sino señalar el método que hemos de utilizar para hacerlas de un modo consistente con el texto.

Una vez más, "los que viven por las obras de la ley" eran principalmente judaizantes y judíos. Estas palabras se aplicaron también a aquellos gentiles que se habían convertido al judaísmo mediante los esfuerzos proselitistas de los judaizantes. ¿Cómo aplicamos esta expresión a nuestro mundo? La respuesta inmediata aquí es que hemos de entender la razón por la que Pablo utilizó esta expresión para aludir a estas personas: el apóstol afirma que vivían "por las obras de la ley", puesto que habían decidido aceptar un sistema de religión que no se basaba exclusivamente en Jesucristo. Tal decisión suponía que estas personas añadían la ley mosaica a Cristo como medio para la aceptación de Dios. Para la aplicación de este principio a nuestro tiempo hemos de encontrar a personas (1) que comprometen la suficiencia de Cristo con sus añadiduras o su redefinición del evangelio, o (2) que proponen que la ley es la manera más segura de obedecer a Dios poniendo a un lado al Espíritu como aquel que guía a los creyentes a la vida que Dios quiere para ellos.

Este tipo de maestros suele subrayar distintas formas de nacionalismo, racismo, denominacionalismo o simplemente un legalismo basado en las distintas disciplinas cristianas. La manera más segura de descubrir esta forma de herejía en nuestro tiempo es examinar la pureza de nuestros sistemas de pensamiento (en comparación con el evangelio de Cristo) y hasta qué punto les permitimos operar en nuestras iglesias. Sucede frecuentemente que, aunque se profese el verdadero evangelio, este no se aplica coherentemente en la práctica de las comunidades locales. Las iglesias pueden enturbiar el claro mensaje del evangelio con toda clase de distorsiones y obstinadas nociones erróneas. Lo que define la salud de una iglesia es si esta adora a Dios en su santidad, responde con pasión a su amor y vive según su voluntad en amorosa santidad. Deberíamos examinar nuestros sistemas para ver si la aceptación de Dios se basa únicamente en Cristo y si se insta a vivir la vida cristiana en el poder del Espíritu. Si falta alguno de estos principios, puede que se deba a la nefasta acción de alguna forma de "obras de la ley", como un virus que va deteriorando un sistema informático.

Significado Contemporáneo

Podemos, sin duda, aplicar a nuestro mundo las ideas sobre la revelación de Dios en el sentido de que el evangelio es para todos y que derriba las barreras sociales. Ciertamente, Dios ama a toda clase de personas; la iglesia no puede, por tanto, levantar barreras que impidan la inclusión de algunas clases. Hemos de aplicar a nuestro mundo el mensaje de Pablo sobre la inclusión de los gentiles por la fe analizando si nuestras iglesias están ministrando a todas las clases de personas que creen. En otras palabras, ¿es universalista tu iglesia?

Podemos acercarnos a este problema del universalismo a modo de *principio*: universalismo significa la aceptación de todos y, por tanto, hemos de analizar en qué aspectos estamos aceptando a todos y en qué aspectos no lo estamos haciendo. Esta es la lógica deductiva: si es cierto que Dios ama a todas las personas, hemos de ver si nosotros lo estamos haciendo. Puesto que hemos procedido ya a modo de principio, me gustaría ahora acercarme a esta cuestión desde un punto de vista *histórico y social:* podemos investigar cómo eran tratados los gentiles por los judíos en el mundo de Pablo y ver, a continuación, con qué grupos de nuestro tiempo podemos mantener una relación parecida. Uno de los problemas es que los judíos no trataban a los gentiles del mismo modo en todos los lugares. Por ejemplo, algunos judíos se establecieron en enclaves propios, como los esenios en Qumrán (en el tiempo de Pablo estaban floreciendo), y tenían poco contacto con los gentiles. La entrada de un gentil en la congregación de Qumrán habría sido tratada con considerable alarma, y este habría sido expulsado inmediatamente como impuro. Los judíos que residían en lugares remotos de Palestina como la zona de Nazaret, rara vez tenían contacto con los gentiles, y aunque cuando lo tenían respondían de manera apropiada, no cabe duda de que desarrollaban poca o ninguna relación con ellos. No obstante, otros judíos de Palestina tenían contacto habitual con los gentiles por temas comerciales. En la diáspora, la situación era más variada. Algunas comunidades judías se integraron de un modo muy natural y completo en la vida de la sociedad gentil donde residían. Algunos siglos después de Pablo, la sinagoga de Sardis fue de hecho el centro de la ciudad. Explorando la situación histórica y social podemos hacernos una idea de cómo el evangelio puede encajar de manera más apropiada en nuestro mundo.

Más concretamente, podemos decir que, en las comunidades de la Diáspora, Pablo actuó con los gentiles de manera distinta a como lo hizo en Jerusalén, puesto que el significado social de la interacción con los gentiles era totalmente diferente. El hecho de que Pablo introdujera a los gentiles en la mayoría de las iglesias de la Diáspora era tolerable, porque es probable que los prosélitos hubieran tenido ya su impacto social en las sinagogas judías. Pero su sorprendente demanda de que no tenían que convertirse totalmente al judaísmo habría sido incómoda para los judíos que seguían asistiendo a la sinagoga y para muchos cristianos procedentes del judaísmo. El problema teológico era simple: ¿permitirían los cristianos de origen judío que el universalismo del evangelio se desarrollara hasta sus últimas consecuencias? ¿Impedirían este desarrollo las personas de carácter con un punto de vista más tradicional? Este marco social nos brinda una forma de llevar el texto a nuestro mundo.

Considero apropiado encontrar aquí analogías para la aplicación: ¿qué clase de personas nos hacen sentir incómodos cuando entran a formar parte de nuestras comunidades locales? (Supongamos que estas personas son cristianas; no estoy hablando aquí de los incómodos sentimientos que experimentan muchos cristianos cuando conocidos sinvergüenzas o notorios pecadores se involucran en alguna iglesia sin claras señales de haberse convertido). La cuestión, repito, es: ¿qué clase de personas nos resultan incómodas?

Para muchas congregaciones, aquellas personas que se unen a "su" iglesia después de una larga relación con otra congregación de una denominación distinta son un tanto perturbadoras. En ocasiones esta incomodidad surge de una práctica cristiana (como la de algunos dones del Espíritu, levantar las manos cuando se canta), otras veces este malestar tiene su origen en ciertas variaciones doctrinales (como la seguridad eterna, ciertos puntos de vista sobre el futuro, el uso de distintas traducciones de la Biblia) y otras veces en la sospecha de ciertas desviaciones doctrinales (como la veracidad de la Escritura o la deidad de Cristo). Personalmente sostengo que, aunque algunas denominaciones parecen surgir naturalmente de la pecaminosidad humana y de la incapacidad de los dirigentes cristianos de ser infalibles en sus apreciaciones, es de importancia capital que las iglesias mantengan la unidad del Espíritu cuando personas con diversos puntos de vista adoran y viven juntas. En realidad, no necesitaríamos al Espíritu si fuéramos idénticos, pero se convierte en vital para que personas distintas puedan vivir en unidad. Dios quiere que personas diferentes adoren y vivan juntas, puesto que se complace en ver cómo su Espíritu crea un nuevo pueblo como testimonio de su gracia al mundo.

Apliquemos aquí este universalismo, por ejemplo, a los problemas raciales de Estados Unidos. Algunas personas creen (erróneamente) que en las iglesias norteamericanas no hay problemas raciales. Nada podría estar más lejos de la verdad. Por otra parte, estoy convencido de que Dios no pretendía que hubiera iglesias de negros, iglesias de blancos e iglesias de hispanos. El desarrollo en nuestro tiempo de lo que se ha dado en llamar "evangelio negro" y "evangelio hispano" es, en mi opinión, una distorsión producida por lo que se considera *el* evangelio, a saber, el "evangelio blanco". Cuando los blancos aprendan que el evangelio que creen ha sido sólidamente configurado por su cultura blanca, avanzaremos.[20]

Podemos aplicar este pasaje a la cuestión racial, puesto que en la interacción entre negros y blancos están presentes las dos cuestiones principales. Existe un nacionalismo (tenemos un "evangelio blanco") y algo parecido a unas "obras de la ley" (nos relacionamos dentro de suburbios blancos). Lo que Pablo enseña es que el evangelio de Jesucristo es para todos, todos juntos, no separados, o cada uno dentro de su contexto racial. La cuestión que separaba el evangelio de Pablo del mensaje de los judaizantes era tanto el tema judío-gentil como el asunto de Moisés frente a Jesús. Y el asunto que separa hoy a blancos y negros es tanto racial como religioso. De hecho, yo diría que es racial en un noventa por ciento, y que los elementos religiosos que separan a negros y blancos no son demasiado notorios (aparte de la falta de naturalidad de las formas de adoración de los blancos). Pablo no enarboló su evangelio en nuestra iglesia y nos pidió que nos dividiéramos, como el mar Rojo, en dos congregaciones distintas. Dios nos dio su Espíritu a todos para que pudiéramos ser uno y adorar

---

20. Una vez más, ver las obras de P. Berger, también *The Sacred Canopy* (Nueva York: Doubleday, 1967).

juntos. El evangelio de Cristo permite que los niños negros salgan de la clase de escuela dominical y se dirijan a la reunión de adoración tomados de la mano de los niños blancos.

He visto funcionar a "congregaciones mixtas". Y sé también que requiere un esfuerzo comprendernos unos a otros y ser flexibles con cuestiones que le parecen naturales a uno de los grupos y erróneas al otro. Sé que a veces la obra sufre por tensiones personales entre dirigentes que tienen distintos trasfondos raciales, socioeconómicos e ideológicos. Pero creo en el Espíritu de Dios y entiendo que Dios quiere que trabajemos juntos.

Quiero hacer ciertas recomendaciones para facilitar el trabajo conjunto. En primer lugar, recomiendo a mis lectores blancos que asistan por algún tiempo a una iglesia negra. Esta misma recomendación se la hice a uno de mis estudiantes, y ahora está pastoreando una iglesia negra en los barrios marginados de la ciudad. También recomiendo a mis lectores negros que asistan durante un tiempo a una iglesia blanca. Lo que les pido es que observen y no juzguen. Sugiero que se hagan preguntas unos a otros. Puede que sea bueno que las iglesias negras de los barrios marginados de la ciudad (¿no están la mayoría de ellas en este tipo de barrios pobres? ¿se han preguntado alguna vez por qué?) desarrollen una relación con alguna iglesia blanca de las zonas residenciales y que los pastores intercambien el púlpito y la dirección de las reuniones de adoración.

En segundo lugar, sugiero que todos desarrollemos una sensibilidad de conciencia con respecto a las cuestiones raciales. Pido que mis lectores blancos no descarten las palabras de Jesse Jackson cada vez que plantea la presencia de cuestiones raciales en problemas contemporáneos. Rara vez está totalmente equivocado sobre la influencia de la cuestión racial en los problemas sociales. También pido a mis lectores negros que no descarten a los candidatos republicanos como personas que solo se dedican a promover la supremacía blanca. ¿Cómo podemos desarrollar concretamente una conciencia sensible a la cuestión racial? ¿Solo conozco una manera: que los blancos se familiaricen con los negros y los negros con los blancos. Invítense a pasar tiempo juntos y aprendan los unos de los otros.

Quiero acabar esta sección con una anécdota. Durante varios años mis padres vivieron en Atlanta, y les visitamos un par de veces. En una de estas visitas llevamos a nuestros hijos, que en aquel momento tenían doce y nueve años, al Martin Luther King, Jr. Center, de la calle Auburn en el centro de Atlanta. Visitamos el centro, el museo y la Iglesia Bautista Ebenezer. Compramos algunos libros sobre Martin Luther King y leímos uno de ellos. Pero principalmente nos concentramos en la vida que vivió: una vida que luchó con firmeza pero pacíficamente por la justicia racial, que buscó la justicia de Dios a través del estudio bíblico y de la obra social y que terminó trágicamente por los disparos de un racista.[21]

Nunca olvidaremos el tiempo que pasamos en aquel centro. También nos sorprendió el gran número de atlanteños que nunca habían estado allí y se preguntaban por qué teníamos tanto interés en visitarlo nosotros. Nos dio pena de que *en las iglesias* de Atlanta, la principal ciudad sureña en la que Luther King invirtió tanta energía, la segregación fuera todavía lo normal. Nos dolió especialmente entender que ellos sabían que el mensaje de Dios era para todas las razas. Sabíamos que aquellos pequeños de las iglesias blancas estaban aprendiendo una canción que no estaba teniendo el efecto deseado por sus prácticas institucionalizadas: "A los niños de este mundo. Ama Cristo el Señor. No importa su color, son objeto de su amor. A los niños todos ama el Salvador". Sus prácticas parecían enseñar que Jesús solo amaba a los blancos. ¡Permitamos que el mensaje de Pablo sobre la inclusión de los gentiles en el pueblo de Dios tenga el poder que Dios le ha otorgado en nuestro mundo de hoy!

---

21. Ver Coretta Scott King, *Mi vida con Martin Luther King* (Barcelona: Plaza y Janés, 1970); J. M. Washington, ed., *A Testament of Hope: The Essential Writings of Martin Luther King, Jr.* (San Francisco: Harper & Row, 1986); Jesse L. Jackson, *Straight From the Heart*, ed. por R. D. Hatch y F. E. Watkins (Filadelfia: Fortress, 1987).

Gálatas 3:15-18

Hermanos, voy a ponerles un ejemplo: aun en el caso de un pacto humano, nadie puede anularlo ni añadirle nada una vez que ha sido ratificado. **16** Ahora bien, las promesas se le hicieron a Abraham y a su descendencia. La Escritura no dice: «y a los descendientes», como refiriéndose a muchos, sino: «y a tu descendencia», dando a entender uno solo, que es Cristo. **17** Lo que quiero decir es esto: La ley, que vino cuatrocientos treinta años después, no anula el pacto que Dios había ratificado previamente; de haber sido así, quedaría sin efecto la promesa. **18** Si la herencia se basa en la ley, ya no se basa en la promesa; pero Dios se la concedió gratuitamente a Abraham mediante una promesa.

Sentido Original

Tras establecer que la Escritura confirma la experiencia de los gálatas, a saber, que Dios imparte su Espíritu a las personas, no porque adapten sus vidas a la ley mosaica, sino por rendirse a Cristo, Pablo pasa ahora a otra clase de argumento, una analogía o "ejemplo de la vida cotidiana" (*cf.* también Ro 3:5; 6:19; 1Co 9:8).[1] Mediante dicha analogía, el apóstol presenta de nuevo su afirmación: la ley de Moisés no es la revelación más importante de Dios, sino la promesa de Dios a Abraham. Esto significa que la respuesta que se demandó al patriarca es también más significativa que la requerida por medio de Moisés. Es decir, el fundamento de nuestra relación con Dios es la fe (la respuesta de Abraham), no las obras de la ley (*cf.* Ro 4:13-15). (No es de extrañar que en Gálatas 3:19-25 Pablo tenga que cubrir sus pasos y hablar sobre el propósito de la ley).

El apóstol compara su enseñanza con el acuerdo legal de los pactos hereditarios. Sostiene que el sistema legal prohíbe añadir o quitar nada de un acuerdo que ha sido debidamente establecido. Sabiendo que el acuerdo que Dios estableció con Abraham era de hecho un pacto, Pablo argumenta que no hubiera podido añadirse o quitarse nada de dicho acuerdo (aunque esto no es lo que aquí le preocupa). Por tanto, si Dios estableció un pacto con Abraham, la ley, que se "añadió" cuatrocientos treinta años después,

---

1. La expresión griega es "hablo de un modo humano" o "hablo del modo como los seres humanos hacen las cosas" (*kata anthropon lego*). Sobre este asunto, ver H. D. Betz, *Galatians*, 154-55.

no puede revisar los términos del pacto original. Y (este es su argumento), *si el pacto de Dios fue establecido por fe y no por las obras de la ley, y si Abraham es la persona clave de este legado, entonces la relación contractual que Dios tiene con los gálatas por medio de Cristo se basa también en la fe, no en las obras de la ley.*

En su exposición sobre los pactos, Pablo dice varias cosas. (1) Presenta su analogía de los pactos que gobiernan la herencia[2] (v. 15). (2) Despeja un poco el terreno precisando quién es el objeto último de las promesas de Dios (v. 16). (3) A continuación se aplica la propia analogía de la relación del pacto de Abraham con la ley de Moisés (v. 17). (4) A modo de paréntesis, Pablo replantea su argumento por medio de la analogía, subrayando más ahora el lenguaje de la herencia: puesto que las leyes hereditarias prescriben que las herencias se reciben como consecuencia de una promesa, la herencia de la bendición de Abraham ha de llegar por medio de la promesa y no por las obras de la ley (v. 18).

Al proceder por medio de este argumento, Pablo pone de nuevo delante de sus lectores las dos alternativas: han de escoger, o bien a Abraham, cuyas bendiciones culminan con el don del Espíritu Santo, o bien a Moisés, con sus "obras de la ley" y la consecuente maldición que esta conlleva. *Estoy convencido de que lo que Pablo está haciendo con los gálatas es enseñarles a leer la Biblia de manera correcta (y, para ellos, diferente).* Habían aprendido a ver la Escritura desde la óptica del Moisés interpretado por los sacerdotes y fariseos; Pablo quiere que aprendan a leer el texto desde la óptica de Abraham. Este acercamiento se centra en el pacto de Dios y en la fe como respuesta a su oferta. Por otra parte, esta aproximación desde la óptica abrahámica subraya un plan universal de Dios (Gn 12:2-3) más que el acento nacionalista en Israel que le confiere el acercamiento mosaico.

La analogía de los pactos (v. 15). En esencia el argumento de Pablo es que el pacto de Dios opera del mismo modo que los acuerdos humanos (un argumento *a fortiori*). Aunque hoy los eruditos no están seguros de cuál es la institución legal a la que Pablo hace referencia (romana, griega, judía),[3] sí están de acuerdo con respecto a lo que Pablo quiere expresar: cuando

---

2. Tiene más sentido si vemos este pacto como un testamento. En 3:18 Pablo muestra que este es el tipo de pacto que tiene en mente. Ver exposiciones en H. D. Betz, *Galatians*, 155-56; R. N. Longenecker, *Galatians*, 128-30.
3. Hay un compendio de las posibilidades y las evidencias en R. N. Longenecker, *Galatians*, 128-30.

un pacto o testamento ha quedado establecido —probablemente tras la muerte del testador[4]— nadie puede añadirle o quitarle nada.

Una clarificación (v. 16). "Las promesas se le hicieron a Abraham y a su descendencia". Aquí hemos de entender "promesas" como un término prácticamente equivalente a "pacto" dentro de la analogía; Pablo confirma este punto de vista sobre las "promesas" en el versículo 17, donde utiliza la palabra "pacto". La analogía que traza Pablo es, pues, entre el pacto de herencia en el mundo legal y el pacto de la promesa hecha a Abraham.

Al aplicar esta analogía a la relación entre el pacto abrahámico y la ley mosaica, Pablo entiende que primero ha de demostrar que el pacto establecido con Abraham se aplica a la era cristiana. Esto lo hace mediante una forma especial de interpretación (que en aquel entonces era bastante común), en la que ve en la palabra "semilla" (que puede ser tanto singular como plural) una "solidaridad colectiva" en Cristo. Es decir, Cristo es la "semilla" acerca de la que Dios hizo sus promesas, y todos los que están "en Cristo" constituyen también la "semilla" (v. 29).[5] Esto representa una importante clarificación, porque los lectores de la Biblia pueden pensar que cuando el texto habla de la "semilla de Abraham" se refiere a todos los israelitas y, además, pueden también preguntarse cómo es que Pablo afirma que los gentiles están bajo el pacto de Abraham. Al afirmar que Cristo es la "semilla", Pablo interpreta Génesis 13:15 y 24:7 en clave cristiana y descubre que el pacto abrahámico alcanza su clímax en Cristo y en los que creen en él.

La aplicación de la analogía (v. 17). Ahora que Pablo ha mostrado que el pacto de Abraham se aplica a los cristianos, este aplica la analogía de la ley de los convenios hereditarios. Y su argumento es muy simple: La ley de Moisés se promulgó cuatrocientos treinta años (Éx 12:40-42) después del pacto con Abraham; por tanto, puesto que el pacto (hecho con Abraham, no con Moisés) es irrevocable, la ley no puede cambiar las disposiciones que Dios estableció con el patriarca. Esto significa que la promesa se mantiene y el modo de relación con Dios es la fe y no las obras de la ley.

¿Qué es "el pacto de Abraham"? En teología, ha venido siendo habitual dar preferencia al término *testamento* para aludir a una disposición unilateral, iniciada y desarrollada por una persona, y utilizar el término *pacto* para referirse a un acuerdo bilateral. En griego se usaban dos términos

---

4. La palabra griega es *kekuromenen* ("debidamente establecido") y, como señala F. F. Bruce, los testamentos no están "debidamente establecidos" o "ratificados" hasta que el testador ha muerto (*cf.* Heb 9:15-22); ver *Galatians*, 170-71. Es posible que el tiempo perfecto del participio confirme la idea de Bruce.
5. Ver R. Y. K. Fung, *Galatians*, 155-56.

para denotar un *pacto*: *diatheke* y *syntheke*, el último de los cuales da claramente a entender una igualdad de las partes. Está también claro que los traductores griegos del término hebreo *berith* no querían hacer que el pacto de Abraham sonara como un acuerdo mutuo entre iguales, por lo cual escogieron el término *diatheke*. En la historia de este debate, algunos teólogos han subrayado el carácter unilateral del pacto de Dios con Abraham y a veces han preferido incluso usar la expresión "testamento de Abraham". Y, naturalmente, esta ha llegado a ser la manera normal en que los cristianos describen la Biblia: Antiguo Testamento y Nuevo Testamento.

Por otra parte, puesto que hay una clara obligación por parte del pueblo (Abraham y su "semilla" colectiva) de consagrarse a las obligaciones del pacto (i.e., la circuncisión, la obediencia a la ley y la rendición), otros teólogos dan preferencia a la traducción "pacto". Por mi parte usaré el término pacto porque estoy de acuerdo con los que dicen que, aunque el acuerdo de Dios con Abraham se inició y estableció de manera soberana, Abraham tenía la obligación de vivir dentro de los parámetros establecidos por Dios.[6] No obstante, su relación no le situaba de ningún modo en un plano de igualdad, y el pacto no ha de entenderse nunca como un acuerdo consensuado entre ambas partes.

La promesa original dada a Abraham[7] (*cf.* Gn 12:2-3; 17:1-8) comprendía ocho elementos distintos: (1) descendencia, (2) bendición para Abraham, (3) un gran nombre, (4) bendición o maldición, dependiendo del trato que se diera a Abraham, (5) ocupación de la tierra prometida, (6) bendición de los gentiles, (7) Dios sería el Dios de su pueblo, y (8) de la descendencia de Abraham saldrían reyes. Personalmente, creo que, en la historia del trato de Dios con los seres humanos, esta promesa fue administrada, en tres distintas disposiciones contractuales: (1) el pacto de la circuncisión desde Abraham hasta Moisés, (2) el pacto mosaico desde Moisés hasta Cristo, y (3) el nuevo pacto desde Cristo hasta el fin del tiempo. A partir de este breve esbozo sobre "cómo leer la Biblia", podemos ver el crucial papel que desempeñó Abraham como aquel a quien Dios hizo su promesa y con quien comenzó sus disposiciones contractuales.

---

6. Quienes deseen considerar algunas exposiciones al respecto pueden ver T. E. McComiskey, *The Covenants of Promise: A Theology of the Old Testament Covenants* (Grand Rapids: Baker, 1985), esp. 59-93; L. L. Morris, *The Atonement* (Downers Grove, Ill.: InterVarsity Press, 1983), 14-42.

7. Este párrafo debe mucho a lo que sostiene mi colega y amigo, T. E. McComiskey, en su libro, *The Covenants of Promise*.

Promesa a Abraham	Circuncisión	Mosaico	Nuevo
	Abraham-Moisés	Moisés-Cristo	Promisorio Administrativo Cristo-Reino

Creo también que esta centralidad de Abraham es exactamente lo que Pablo echa de menos en la teología de los judaizantes; habían elevado a Moisés por encima de Abraham y, por ello, habían pasado por alto el crucial carácter promisorio de los pactos de Dios con su pueblo. Como puede apreciar cualquiera que lea Gálatas 3, Pablo quiere anclar en Abraham y no en Moisés la esencia del modo en que Dios se relaciona con las personas. Por ello el apóstol dice: "La ley [...] no anula el *pacto* que Dios había ratificado previamente; de haber sido así, quedaría sin efecto la *promesa*" (v. 17).

Reiteración del argumento por analogía (v. 18). La promesa de una herencia descansa en la promesa; dicho de otro modo, dicha promesa se basa en la disposición contractual que establece la persona. Dios prometió grandes cosas a Abraham, y lo hizo, afirma Pablo, "mediante una promesa". Si, con los judaizantes, los gálatas piensan que heredarán la bendición de Abraham por las obras de la ley, entonces Dios se equivocó en su manera de establecer las cosas. Dios no le pidió a Abraham que obedeciera la ley, la cual, como ha mostrado Pablo, todavía tendría que esperar cuatrocientos treinta años hasta su promulgación. Esto significa que la herencia de la bendición de Abraham (que tanto los judaizantes como los gálatas deseaban tan ardientemente) se hacía efectiva del mismo modo que lo fue en el caso de Abraham: por la fe en las promesas de Dios.

Pablo parece ir más lejos: aquellos que se consagran a la ley como sistema de salvación anulan las promesas del pacto abrahámico; aquellos que apuestan por el pacto abrahámico como sistema de salvación no pueden pedirle también a la ley de Moisés que les salve. ¿Por qué, pues, dio Dios la ley si todo estaba provisto en el pacto abrahámico? Una buena pregunta, que Pablo responde a continuación (vv. 19-25).

Una y otra vez hemos visto que Pablo subraya siempre lo mismo: Dios nos acepta por la fe en Cristo, no por la observancia de las obras de la ley. Una vez más, esto es lo que Pablo quiere expresar en este texto: el pacto de Abraham, al que se accede por la fe, era el plan original de Dios para las personas. La ley de Moisés, de la cual se forma parte por la observancia de las obras que esta prescribe, fue una revelación secundaria y no es la forma esencial mediante la que Dios quiere que nos relacionemos con él. A estas alturas, todo esto lo hemos ya repetido, y es fatigoso aplicar el mismo mensaje a cada pasaje que estudiamos.

Lo nuevo de este pasaje (y del siguiente) es algo muy importante para cada ser humano, a saber, que Pablo nos muestra aquí cómo hemos de leer la Biblia y conjuntar su enseñanza, aunque no nos lo diga explícitamente. En ocasiones, cuando interpretamos un determinado pasaje de la Biblia, hemos de ver lo que subyace detrás de lo que el autor está diciendo y destilarlo para entender sus presuposiciones. Por regla general, tales presuposiciones no se expresan, de manera que a veces hay que hacer un considerable esfuerzo por encontrarlas.

En el comentario anterior he expresado algunas de las presuposiciones que Pablo utiliza en este pasaje. Lo que hemos de observar en este versículo es que, antes de poder aplicar este pasaje a nuestro mundo, hemos de plantearnos estas presuposiciones, puesto que ellas son las que le impulsan en el desarrollo de su argumento y las que le dan su fundamento. Hemos, pues, de preguntarnos en vista de este pasaje: ¿cómo leía Pablo la Biblia?

En primer lugar, Pablo presuponía que la promesa hecha a Abraham era el fundamento de la revelación de Dios para su pueblo. ¿Por qué saca a colación la analogía de la situación legal relativa a un pacto (testamento) y su carácter irrevocable? Porque sabe que encaja con lo que conoce sobre el modo en que Dios quiere proceder con las personas. En otras palabras, el apóstol sabe que la ley de Moisés se promulgó después del pacto/promesa establecido/a con Abraham; puede, por tanto, señalar la ley de Moisés como consecuencia del pacto con Abraham (tanto es así que dedica otros seis versículos a un complejo argumento que revela por qué Dios dio la ley). Todo esto *se basa en la prioridad del pacto abrahámico.*

En segundo lugar, Pablo sostiene que, aunque Dios mandó a Abraham la circuncisión (Gn 17:9-27), el pacto abrahámico es un acuerdo de fe, no basado en las obras de la ley. Pero está también claro que Pablo no introduce aquí la circuncisión, porque sabe (1) que los judaizantes impugnarán vehementemente sus argumentos (2) que Abraham fue declarado justo *antes* de ser circuncidado (por ello dio por sentado que la circuncisión no era parte de la promesa original; *cf.* v. 6; también Ro 4:9-12).

En tercer lugar, Pablo presupone también que, aunque la ley tiene importancia para arrojar luz sobre la conducta del cristiano, no es tan importante para los cristianos como reivindicaban los judaizantes. Pablo trata este punto en los versículos 19-25, por lo que pospondremos hasta entonces la exposición del mismo.

¿Cómo, pues, hemos de leer la Biblia desde una óptica apostólica y cristiana? Hemos de comenzar con Abraham y permitir que el pacto abrahámico establezca el programa de todo lo que sigue. Esto significa que hemos de vivir por fe delante de Dios y practicar las "obras de la ley" como algo que demuestra nuestra fe en la promesa de Dios, no como una observancia que nos hace aceptos ante él. Por otra parte, los cristianos, que viven en la era del nuevo pacto en que se administran las promesas abrahámicas, no tienen que vivir por la ley, puesto que tienen como guía algo mejor que esta, a saber, el Espíritu. ¿Excluye esto la ley y nos invita a desprendernos de los libros de Moisés? ¡De ninguna manera! Lo que enseña Pablo, y lo veremos en la exposición de Gálatas 5, es que aquellos que viven en el Espíritu hacen exactamente lo que Dios quiere y por ello cumplen la ley. Hacen todo aquello que la ley quiso que hiciéramos y más.

En resumen, Pablo presenta un esquema para la lectura de la Biblia, un esquema delineado con trazos históricos. El apóstol evalúa el concepto de los testamentos legales para aplicarlos al modo en que el pacto abrahámico se relaciona con la ley de Moisés. Esta aplicación es, por tanto, una revelación sobre el modo en que debemos leer la Biblia. A continuación presento una tabla de estas relaciones, en la que asumo algunas de las ideas que Pablo no abordará hasta los versículos 19-25 y subrayo las características que Pablo menciona sobre el periodo que va desde Abraham hasta Cristo.

Dios →da la promesa a Abraham por la fe →que se cumple en Cristo.
Las personas que responden debidamente
lo hacen con fe.
La ley de Moisés entra en vigor después de Abraham
y está solo vigente hasta Cristo.
Los judíos están sujetos al pecado y a una maldición
durante este periodo.
La promesa de Abraham imparte vida y, con la venida de Cristo, imparte también el Espíritu. La ley de Moisés, por el contrario, no es dadora de vida sino de maldición.

El esquema de Pablo es, pues, histórico (de Abraham a Cristo, con una intervención de Moisés), y no tendremos una lectura cristiana de la Escritura si no vemos las promesas divinas hechas a Abraham como cruciales y cumplidas en Cristo. La obra de Cristo no es algo completamente nuevo; es la culminación de las promesas dadas a Abraham. Cuando Abraham sacrificó la becerra, la cabra, el carnero, una tórtola y un pichón, y Dios pasó por entre estos sacrificios (Gn 15:9-21), lo que Abraham no sabía (pero nosotros sí) es que Dios estaba presentando a su pueblo abrahámico la primera revelación de sacrificio que tendría su continuidad en los rituales levíticos, el tabernáculo y el templo, y llegaría a su perfecto cumplimiento en el sacrificio de Cristo (v. 14; Heb 8-10). Quienes confiamos en el perfecto sacrificio de Cristo estábamos, en efecto, con Abraham cuando este aceptó los términos del pacto de Dios en Génesis 15.

¿Cómo deberíamos leer la Biblia? Quiero sugerir algunas de las formas en que los cristianos normales leen la Biblia, y proponer también que pocos lo hacen con la profundidad de Pablo porque no se les ha enseñado la importante categoría de "la interpretación contractual".

En primer lugar, la mayoría de nosotros leemos la Biblia desde una óptica muy *individualista*. En la lectura de la Biblia buscamos bendición, guía e instrucción personales, y es lícito que lo hagamos. Sin embargo, en ocasiones nuestros deseos individuales expresan un rancio acercamiento egocéntrico a la vida y a la lectura bíblica. Esto se refleja cuando buscamos constantes experiencias emocionales, pretendemos conseguir la aprobación de Dios por la lectura de su Palabra como una disciplina o queremos granjearnos el reconocimiento de los demás por nuestra brillantez, encontrar una promesa para el día o conseguir una elitista y artificiosa comprensión de los textos mediante charlas y sermones. Aunque sé que Dios se sirve de nuestros deseos individuales para enseñarnos cosas, sé también que, con frecuencia, esta clase de acercamiento individualista nos lleva a encontrar significados que no están en el texto y enseñanzas que son, simplemente, inexactas. Una de las metas de esta serie de comentarios es enseñarnos a interpretar más fielmente la Biblia, tanto en su sentido original como en su significado contemporáneo.

En segundo lugar, a menudo leemos la Biblia *aparte de sus contextos*. Puede que esto sea un resultado de la costumbre de dividir la Biblia en versículos en lugar de hacerlo por párrafos. A muchos cristianos de nuestro tiempo les gusta leer la Biblia como si fuera una colección de proverbios independientes, dichos aleatorios sin apenas conexión entre sí. Pero, afortunadamente, hay cada vez más editoriales que imprimen Biblias en formato de párrafo y no de versículos. Creo que esto estimulará una lectura más contextual de la Biblia.

Un ejemplo de Gálatas 3:13 nos ayudará probablemente a entender lo que quiero decir. Si estoy en lo cierto (y muchos concuerdan conmigo) al pensar que el "nosotros" en este texto se refiere a los cristianos de origen judío, es entonces incorrecto, en cierto sentido, afirmar que Cristo nos libertó a "nosotros los gentiles" de la maldición de la ley. Esto no es menos incisivo aunque admita que pueda aplicarse a "nosotros los gentiles" de manera indirecta mediante la ley escrita en nuestros corazones. Lo que quiero decir es esto: una lectura de la Biblia con un acercamiento por versículos, como el que he descrito, puede hacer que cualquiera con un deseo de aplicar el texto considere que este "nosotros" significa "judíos y gentiles". Leer la Biblia de esta manera nos lleva a interpretaciones erróneas.

En tercer lugar, a menudo leemos la Biblia *sin tener una idea general*, lo cual, naturalmente, es parte del problema de leerla sin tener en cuenta sus contextos, puesto que la "idea general" es parte del contexto de una lectura adecuada. Hay tres "contextos" principales: (1) el libro en que se ubica el pasaje en cuestión; (2) el programa esencial sobre cómo organizar la Biblia; y (3) las ideas fundamentales de la Biblia organizadas sistemáticamente. Puesto que en este asunto me estoy refiriendo al segundo de estos contextos, hablaré brevemente del primero y el tercero antes de pasar al segundo.

Uno de los principales contextos a tener en cuenta para leer adecuadamente un pasaje es el de las ideas esenciales del libro en el que se encuentra. Así como es importante que los lectores de nuestro tiempo sepan si una determinada afirmación sobre la veracidad del universalismo procede de un pensador neoortodoxo (quien piensa que al final todos se salvarán) o de un autor ortodoxo (quien usa este término para expresar que Dios bendecirá a personas de "todas las clases" pero no a "todas las personas"), es también importante que sepamos si estamos citando a Santiago, a Pablo o a Mateo cuando utilizamos el término *justicia* (a veces traducido "justificación").[8] Una lectura no contextual nos lleva fácilmente a errores de interpretación.

---

8. No podemos entrar en este interesante debate. Santiago afirma que Abraham fue justificado por las obras y que a las personas se las declara justas "por las obras, y no sólo por la fe" (Stg 2:24), mientras que Pablo enseña que somos "justificados solo por la fe"

Para entender Gálatas hemos de leer cada pasaje de acuerdo con lo que dice el libro entero y reconocer después que la lectura de las demás cartas de Pablo y de los otros libros del Nuevo Testamento nos dará una idea más completa. Por ahora nos concentraremos en la propia carta del apóstol a los gálatas. Este documento comienza diciendo: "Pablo, apóstol, no por investidura ni mediación humanas..." (1:1). Si este fuera el primer versículo de Efesios o de 1 Tesalonicenses o de casi cualquier otra de las cartas paulinas, su trascendencia sería mucho menor que en el caso de Gálatas. Pero esto se debe a que sabemos que, en Galacia, Pablo se está enfrentando a un grupo de judaizantes que niegan su llamamiento divino y afirman que el apóstol no es sino un misionero de la iglesia de Jerusalén que ha abreviado el mensaje que se le ha encomendado para ganar a un mayor número de convertidos. Así, cuando en el versículo 1 Pablo afirma: "... no por investidura ni mediación humanas", conseguimos precisar mucho más lo que está diciendo, *porque conocemos el contexto del libro, el contexto de lo que significan este tipo de expresiones en su ámbito de significado más amplio.*

Otra parte de la "idea general" es el de nuestro marco teológico. Creemos que el de la Biblia es un mensaje unificado y que, de algún modo, puede organizarse en un todo sintético. Cualquier persona que crea esto procurará sintetizar pasajes aparentemente discordantes. Solo tomaré un ejemplo de Gálatas (una vez más de 3:6-9) y lo compararé con Santiago 2:14-26. Pablo enseña que la justificación es únicamente por fe, mientras que Santiago afirma que esta se produce por las obras y no solo por la fe. En un nivel formal, esto es una contradicción; no obstante, si lo consideramos en un nivel teológico más profundo, ambas declaraciones armonizan. Cuando combinamos ambas declaraciones, que es parte de la idea general, lo que descubrimos es que, aunque la justificación es por la fe, la fe que salva se expresa en obras. Pablo ha de subrayar un solo aspecto por su debate con los judaizantes que piensan que hay que obedecer a Moisés para ser justificados; Santiago, por su parte, debe centrarse en el otro aspecto por el conflicto suscitado por algunos que afirmaban el valor justificador de la mera fe intelectual. Aunque cada uno de ellos subraya un extremo, en un nivel más profundo sus declaraciones pueden combinarse definiendo de un modo más amplio la fe salvífica. Hemos de aprender a leer la

---

aparte de las obras (Gá 3:6-9). Y Mateo (Mt 5:20) muestra que nuestra justicia ha de superar a la de los escribas y fariseos (en esta frase, el evangelista usa el mismo término, aunque en forma sustantiva, que en Santiago y Pablo se traduce "justificar") para entrar en la presencia de Dios. Personalmente creo que estos tres usos del mismo término pueden sintetizarse, pero entendemos mal a Santiago si le imponemos las definiciones de Pablo, y lo mismo sucede en los demás casos.

Biblia de tal manera que nuestras conclusiones de un libro no contradigan las que saquemos de otro.

La tercera área de la "idea general" (la segunda de la lista anterior) es la de nuestro programa para organizar en un todo las verdades de la Biblia. Mi lectura sobre este asunto me permite simplificar (en exceso) los posibles acercamientos y reducirlos a dos. El primero enseña que Dios siempre se ha relacionado de una sola manera con su pueblo, que se esboza en la disposición contractual con Abraham. El segundo propone que Dios ha obrado de formas diferentes en distintos periodos de la historia. Por regla general, al primer acercamiento se le llama "teología del pacto" y al segundo, "dispensacionalismo".[9] Soy consciente de que esto es simplificar en exceso esta cuestión. No olvidemos que algunos teólogos del pacto señalan algunas de las "discontinuidades" entre el Antiguo Pacto y el Nuevo mientras que subrayan sus "continuidades". (Continuidades y discontinuidades se aplican normalmente a ideas como la relación entre Israel y la iglesia: ¿es acaso el Israel del Antiguo Testamento la iglesia de hoy, o se trata de dos grupos totalmente distintos?) Por su parte, algunos dispensacionalistas muestran claramente las "discontinuidades", y señalan también las "continuidades". He de añadir que ambos sistemas subrayan la idea del pacto y, mientras que la teología del pacto subraya el

---

9. Tres libros importantes sobre este asunto son T. E. McComiskey, *The Covenants of Promise*; C. C. Ryrie, *Dispensationalism Today* (Chicago: Moody, 1965; en español, *Dispensacionalismo, hoy* [Barcelona: Portavoz, 1975]); D. P. Fuller, *The Unity of the Bible* (Grand Rapids: Zondervan, 1992). Fuller es uno de los pocos autores de nuestro tiempo que subrayan que la ley y la gracia no son realidades opuestas y muestra que esta oposición está en el meollo tanto del dispensacionalismo como de la teología del pacto. Fuller toma otra dirección que está mucho más cerca de la teología del pacto que del dispensacionalismo. Un útil resumen de la teología del pacto clásica es el trabajo de M. H. Smith, "The Church and Covenant Theology", *Journal of the Evangelical Theological Society* 21 (1978): 47-65. Los lectores más avanzados querrán examinar la obra de J. S. Feinberg, *Continuity and Discontinuity: Perspectives on the Relationship Between the Old and New Testaments. Essays in Honor of S. Lewis Johnson, Jr.* (Westchester, Ill.: Crossway Books, 1988), esp. 37-86, 131-78, 181-218, 221-59.

No debemos pensar, sin embargo, que solo los lectores de "la Biblia anotada por Scofield" sean dispensacionalistas (aunque sí representan un importante ejemplo de personas que leen la Biblia de esta manera). Pero, de hecho, cualquiera que establezca distinciones radicales entre varios periodos de la historia de la salvación, al menos una entre el Antiguo Pacto y el Nuevo, puede clasificarse bajo este epígrafe general. Por ello, el teólogo liberal contemporáneo que manifiesta una clara aversión por el Antiguo Testamento podría decirse que, aunque de manera inconsciente, es en cierto sentido dispensacionalista, puesto que tal persona se enfoca exclusivamente en Jesucristo y en la nueva relación con Dios que él enseñó.

pacto único, los dispensacionalistas ponen de relieve la variedad de formas (pactos) con las que Dios ha trabajado a lo largo de la historia.

Por otra parte, el dispensacionalismo de hoy no es el mismo de dos o tres décadas atrás; está experimentando grandes cambios.[10] Personalmente me alineo más con el grupo del pacto, aunque, con Daniel Fuller, no quiero acentuar la contraposición entre ley y gracia. Hablaré más sobre un acercamiento del pacto en los párrafos siguientes, porque creo que los versículos 15-18 están arraigados en la propia forma de teología del pacto de Pablo. Lo que quiero subrayar en mi exposición es la absoluta importancia del pacto abrahámico en toda la lectura de la Biblia.

Quienes leen la Biblia han de entender la importancia de la promesa de Dios a Abraham (Gn 12:2-3; ver también, 13:14-17; 15:1-6; 17:1-8): que Dios haría de él una gran nación (el tema de Israel), que establecería su relación con su pueblo por medio de un sacrificio (15:7-21), que bendeciría a Abraham y engrandecería su nombre, que trataría a las personas y pueblos según el modo en que estos trataran a Abraham y que bendeciría a todo el mundo por medio de Abraham (el tema del universalismo). Vemos también que lo que se esperaba de Abraham era fe (15:6) y obediencia (17:9-21). Lo que descubrimos es que la promesa original de Dios a Abraham es el fundamento de todas sus relaciones con las personas a partir de entonces y por la eternidad. En las promesas de Abraham encontramos el plan de Dios, su plan general para el mundo. Dios ha entrado en una relación con su pueblo, avalada por un juramento irrevocable, y esta es la única forma en que las personas entran en comunión con Dios. Descubrimos también que la ley de Moisés no sustituye a la promesa abrahámica, pero clarifica que Dios quiere que su pueblo crea en él. Creo que al leer la Biblia mediante las categorías del pacto abrahámico, comenzamos de repente a entenderla: lo que Dios está haciendo con su pueblo y lo que quiere hacer con él.

Para conseguir una grandiosa perspectiva de lo que Dios está haciendo, el lector bíblico puede hacer un seguimiento, en sus lecturas diarias y a lo largo de toda la Escritura, de las promesas dadas a Abraham.[11] Sugiero, pues, la conveniencia de disponer un apartado especial para notas sobre cada uno de los ocho temas que antes se han enumerado para ir haciendo observaciones durante la lectura de distintos capítulos sobre

---

10. Ver la reciente obra de C. A. Blaising y D. L. Bock, *Dispensationalism, Israel and the Church: The Search for Definition* (Grand Rapids: Zondervan, 1992).
11. Recomiendo a los lectores que desean ayuda en esta cuestión que busquen algunas de estas alusiones en el trazado de estos temas por parte de T. E. McComiskey's en su obra *The Covenants of Promise*, 15-58.

cómo se van desarrollando estas promesas a lo largo de todo el texto bíblico. ¿Es esta opción de leer toda la Biblia desde la óptica del pacto abrahámico solo una entre muchas? Aunque no cabe duda de que la Biblia puede leerse utilizando otras categorías, esta es la que utilizó Pablo, y por tanto se convierte en una lectura apostólica de la Biblia. Recordemos que el núcleo del misterio de Pablo era, de hecho, una nueva lectura de la Biblia, centrada en la relación de los gentiles e Israel con las promesas de Dios hechas a Abraham. No se me ocurre mejor forma de acercarnos a la Biblia que por medio del pacto de Abraham.

El paso siguiente es relacionar la plenitud del Nuevo Pacto con la promesa y pacto abrahámicos. ¿Qué respuesta se espera a la promesa hecha a Abraham y cuál al Nuevo Pacto? ¿Cuál es el medio para establecer las promesas a Abraham y el Nuevo Pacto? ¿Para quiénes se estableció el pacto de Abraham y para quiénes el Nuevo Pacto? (¿Cuál es, pues, la relación entre Israel y la iglesia?). Todo esto plantea otra serie de preguntas: ¿cómo se relaciona la promesa abrahámica de que Dios bendeciría o maldeciría a quienes bendijeran o maldijeran a Abraham, con las palabras de Jesús en un sentido parecido en relación con él mismo (Mt 10:32-33) y con sus discípulos (10:40-42)? ¿Hay alguna relación entre la tierra prometida a Israel (Gn 13:14-17) y el mundo (Ro 4:13; 8:20-21; Ap 19:11-16)? Y, por último: ¿cuál es la relación entre la ley de Moisés (que fue promulgada cuatrocientos treinta años después de Abraham pero que es, sin duda, la voluntad revelada de Dios para su pueblo) y las enseñanzas de Jesús y Pablo sobre la morada en el creyente del Espíritu de Dios? Tocaremos este asunto en el comentario del siguiente pasaje.

Gálatas 3:19-25

Entonces, ¿cuál era el propósito de la ley? Fue añadida por causa de las transgresiones hasta que viniera la descendencia a la cual se hizo la promesa. La ley se promulgó por medio de ángeles, por conducto de un mediador. [20] Ahora bien, no hace falta mediador si hay una sola parte, y sin embargo Dios es uno solo.

[21] Si esto es así, ¿estará la ley en contra de las promesas de Dios? ¡De ninguna manera! Si se hubiera promulgado una ley capaz de dar vida, entonces sí que la justicia se basaría en la ley. [22] Pero la Escritura declara que todo el mundo es prisionero del pecado, para que mediante la fe en Jesucristo lo prometido se les conceda a los que creen.

[23] Antes de venir esta fe, la ley nos tenía presos, encerrados hasta que la fe se revelara. [24] Así que la ley vino a ser nuestro guía encargado de conducirnos a Cristo, para que fuéramos justificados por la fe. [25] Pero ahora que ha llegado la fe, ya no estamos sujetos al guía.

Sentido Original

Creo que esta es la sección más importante de Gálatas para entender la naturaleza del argumento teológico de Pablo contra los judaizantes. Este pasaje nos dice más que cualquier otro lo que subyace tras los argumentos de Pablo. De hecho, es uno de los pasajes más importantes de las cartas de Pablo para poder comprender la relación del cristianismo con la ley de Moisés, que no era cualquier cosa para los cristianos judíos del siglo primero.

Pero que sea importante no significa necesariamente que sea fácil de entender. Los debates que se han suscitado entre los eruditos sobre esta cuestión llenan estanterías y estanterías de datos, argumentos y debates. La complejidad del argumento de Pablo solo me permite aquí enunciar mis puntos de vista. Rara vez podré argumentar o explicar, ni siquiera parcialmente, las posiciones que adopto y, menos aún, interactuar con los puntos de vista opuestos más que a un nivel superficial. Quienes deseen seguir los debates y ponderar las cuestiones más a fondo tendrán que leer las obras que se mencionan en las notas a pie de página. Comenzaré con un bosquejo y después expondré cada una de sus secciones.

I. Pregunta sobre el propósito histórico de la ley (vv. 19-20)
   A. La pregunta (v. 19a)
   B. La respuesta (vv. 19b-20)
      1. El propósito de la ley (v. 19b)
      2. Las limitaciones temporales de la ley (v. 19c)
      3. Las circunstancias de la entrega de la ley (vv. 19d-20)
II. Pregunta sobre la función histórica de la ley (vv. 21-25)
   A. La pregunta (v. 21a)
   B. La respuesta (v. 21b)
   C. La razón de la respuesta (vv. 21c-25)
      1. La incapacidad de la ley (v. 21c)
      2. La función de la ley en la historia (v. 22a)
      3. La función de las promesas en la historia (v. 22b)
      4. La explicación de la función de la ley (vv. 23-25)
         a. Elementos temporales de la ley (v. 23)
         b. Efecto de la ley (v. 24a)
         c. Resultados del efecto de la ley (v. 24b)
         d. Suspensión de la ley (v. 25)

Pregunta sobre el propósito histórico de la ley (vv. 19-20)

La primera pregunta de Pablo es la que, de manera natural, se haría cualquier judío devoto: si resulta que el pacto de Abraham es primordial para la relación de Dios con su pueblo, ¿cuál era, entonces, el propósito de la ley? ¿Por qué promulgó Dios la ley si el pacto de Abraham ya era adecuado? Pablo sabía que muchos (quizá la mayoría) de los judíos habían vivido como si la ley fuera el fundamento de su relación con Dios y el pacto abrahámico solo el comienzo de dicha relación. El apóstol sabía también que la mayoría de los judíos juiciosos habrían defendido alguna forma de "revelación progresiva": lo que Dios comenzó con Abraham lo perfeccionó mediante la revelación que dio a Moisés. No es, por tanto, ninguna sorpresa que Pablo fuera concienzudamente interrogado acerca de cómo veía la ley dentro del plan redentor de Dios. Por otra parte, el argumento por analogía (vv. 15-18) era solo una ilustración de lo que Pablo había ya defendido, a saber, que los propios gálatas habían experimentado todas las bendiciones por la fe, no por las obras (vv. 1-5), que Abraham fue justificado por la fe (vv. 6-9), y que los que estaban sujetos a la ley vivían bajo una maldición (vv. 10-14). No es de extrañar que Pablo tuviera que hacer una pausa para clarificar cuál era la base de todo: Dios nunca pretendió que la ley tuviera la función que los judaizantes le atribuían, ni que fuera el elemento socialmente restrictivo en que se había convertido.

También habría sido natural que los judíos juiciosos se preguntaran hasta qué punto creía Pablo en la autoridad de la ley de Moisés; si concluían que no creía, habría sido también natural que le consideraran un descarriado. Esto significa que la respuesta de Pablo en esta sección es esencialmente importante para el éxito de su misión y aún más para la reivindicación de su autoridad apostólica. Si no puede responder de forma adecuada a estas cuestiones, Pablo está acabado, los judaizantes prevalecerán y los gálatas se convertirán al judaísmo.

La *pregunta* que plantea Pablo ("Entonces, ¿cuál era el propósito de la ley?") es fácil de entender. Su *respuesta*, no obstante, requiere que desenredemos un poco las tres cuerdas revueltas. El apóstol comienza hablando sobre el *propósito* de la ley (v. 19b), sigue comentando sus *limitaciones temporales* (v. 19c), y concluye después con ciertas inferencias sobre las *circunstancias* que rodean la entrega de la ley a Moisés (v. 19d-20). Creo que antes de proceder a la exposición de estas cuestiones, sería útil reseñar la forma en que los cristianos han entendido el papel de la ley y cómo esta se relaciona con los cristianos de hoy.

A lo largo de su historia, la iglesia ha dado esencialmente tres respuestas al propósito de la ley. (1) La primera entiende que Cristo ha *abrogado* la ley y, por el Espíritu, ha inaugurado la nueva era. Para estas personas, la ley no tiene ya ninguna relación vinculante con los cristianos; forma parte de una época completamente pasada. Aunque a veces se ha relacionado este punto de vista con Marción, un hereje de la iglesia primitiva, lo cierto es que no hace falta negar ninguna doctrina cristiana fundamental para profesar este punto de vista. (2) La segunda perspectiva sostiene que, *aunque incompleta, la ley fue la primera revelación de su voluntad* que Dios impartió, y que ahora dicha voluntad ha sido plenamente revelada por medio de Cristo y a través de las enseñanzas del Nuevo Testamento inspiradas por el Espíritu Santo. Para estas personas, la ley es la voluntad de Dios, pero no lo es plenamente para su iglesia. Por otra parte, aunque los cristianos no están sujetos a la ley, sí encuentran en ella principios preliminares para vivir, pero entienden también que al vivir por la fe y en el Espíritu hacen todo lo que la ley demanda y más. (3) El tercer punto de vista sostiene que la ley de Moisés *sigue también siendo prescriptiva* para la iglesia. Para quienes sostienen esta idea, la ley fue y sigue siendo la voluntad revelada de Dios para su pueblo; sin embargo, estos sostienen también que la voluntad de Dios no puede llevarse a cabo debidamente a menos que una persona tenga el Espíritu de Dios. El cristiano hace, entonces, lo que Dios quiere, y esto es lo que está revelado en la ley.

Nuestra concepción de la ley es muy importante. Los teólogos han distinguido tres "usos" de la misma: (1) en la sociedad como freno moral de Dios y directriz para el derecho civil; (2) en la historia y vida personal, como medio de Dios para revelar el pecado y llevar a las personas a confiar en su gracia; (3) en la iglesia como directriz para la ética cristiana. Para nuestros propósitos nos ocuparemos principalmente del que se ha dado en llamar "tercer uso de la ley" (*tertius usus legis*).[1] ¿Analizamos nuestras vidas en vista de los Diez Mandamientos? ¿Tenemos en cuenta libros como Éxodo, Levítico y Deuteronomio cuando nos planteamos ser agradables a Dios, o acaso nos centramos en lo que Jesús quiere de nosotros y lo que el Espíritu nos dice (tal como se confirma en el Nuevo Testamento)? ¿Podemos derivar del Nuevo Testamento argumentos sobre temas de orden social (p. ej., leyes sobre la pena capital, el matrimonio y el divorcio), o hemos acaso de ir a los textos veterotestamentarios para encontrar respuestas a este tipo de cuestiones? Esto nos hace volver a la pregunta de Pablo: ¿por qué dio Dios la ley? ¿Nos la impartió a nosotros (como cristianos) o era solo para los judíos de tiempos pasados? Nuestra respuesta a la pregunta sobre la importancia de este debate está clara: hemos de encontrar el modo en que la ley se relaciona hoy con nosotros.

En primer lugar, Pablo responde la pregunta declarando el *propósito de la ley* (v. 19b): "fue añadida por causa de las transgresiones". Los eruditos están en desacuerdo con respecto a la traducción de este texto. ¿Qué debería decir, "fue añadida *por causa de* las transgresiones", o "fue añadida *con el objetivo de revelar* las transgresiones"? Dicho de otro modo, ¿qué fue primero, el pecado o la ley? ¿Añadió Dios la ley porque el pueblo pecaba, o este se dio cuenta de que estaba pecando porque Dios dio la ley? Más adelante Pablo declara que la ley no imparte vida (vv. 21-22) sino que es un preceptor (v. 24); en otro pasaje dice que "mediante la ley cobramos

---

1. Desde Lutero y Calvino, ha habido un gran debate sobre este "tercer uso de la ley". Ver J. Calvino, *Institución de la Religión Cristiana* (Grand Rapids: Libros Desafío, 2012), 265-80. Hay un punto de vista luterano en la obra de J. T. Mueller, *Christian Dogmatics* (St. Louis: Concordia, 1955), 470-85; L. Berkhof, en su, *Systematic Theology* (4ª ed.; Grand Rapids: Eerdmans, 1941), 612-15 presenta un punto de vista reformado; y J. R. Williams, *Renewal Theology: Salvation, the Holy Spirit, and Christian Living* (Grand Rapids: Zondervan, 1990), 100-17, esp. 115-16, presenta una idea más carismática (de la renovación). Todo este asunto se explora en profundidad en los artículos y respuestas de Greg Bahnsen, Walter Kaiser Jr., Douglas Moo, Wayne Strickland y Willem VanGemeren en *The Law, the Gospel, and the Modern Christian: Five Views* (Grand Rapids: Zondervan, 1993).

conciencia del pecado" (Ro 3:20; *cf.* 7:7) y que donde no hay ley no hay pecado (4:15; *cf.* 5:13). Romanos 5:20 afirma que, "en lo que atañe a la ley, ésta intervino para que aumentara la transgresión" (*cf.* 7:13). Concluyo, por tanto, con un numeroso grupo de estudiosos que entienden que *la ley se dio para* revelar ciertas conductas como pecaminosas.[2] La ley fue, pues, un instrumento de juicio para el pueblo de Dios; por medio de su código escrito, Israel entendió que determinados comportamientos eran contrarios a la voluntad de Dios. Podemos diagramarlo de este modo:

Abraham — Mala conducta de Israel — ley de Moisés — PECADO.

La segunda parte de la respuesta de Pablo sobre el propósito histórico de la ley tiene que ver con *sus limitaciones temporales* (v. 19c): "... hasta que viniera la descendencia a la cual se hizo la promesa". Esta constituye la declaración más radical de Pablo: la ley tenía que gobernar al pueblo de Dios solo durante un determinado número de años. En otras palabras, Dios dio la ley (1) para revelar la mala conducta como una transgresión de su ley moral, pero (2) solo hasta la venida del Mesías. Este sería, pues, el diagrama:

Abraham – Mala conducta de Israel – ley de Moisés – PECADO – Cristo.

Por último, Pablo habla de las *circunstancias de la entrega de la ley* (v. 19d-20) y deduce que, estas circunstancias, la hacen inferior a la promesa. La suposición subyacente es que un acuerdo entre una persona y Dios que se lleva a cabo a través de mediadores es inferior a una disposición que se realiza sin intermediarios, puesto que en el último caso se efectúa directamente con Dios. Pablo está también asumiendo que la disposición con Abraham, el pacto establecido en Génesis 12 y 15, se llevó a cabo sin mediación alguna; solo por esta razón es ya superior.

Los primeros comentarios del versículo 19 dan por sentado que Dios dio la ley por medio de ángeles[3] y que el mediador fue Moisés[4]. Por ello:

---

2. Así lo entienden F. F. Bruce, *Galatians*, 175; R. N. Longenecker, *Galatians*, 138; R. Y. K. Fung, *Galatians*, 159-60. Por ello, yo enmendaría la NIV para que dijera: "fue añadida para que revelara las transgresiones".
3. Ver también, Hch 7:38, 53; Heb 2:2. El hecho de que los ángeles estuvieran implicados en la entrega de la ley de Sinaí no queda claro en el Antiguo Testamento (*cf.* Dt 33:2 y la versión de la Septuaginta de Sal 102:20; 103:4). Pero este punto de vista era al parecer común en el judaísmo (*cf.* Josefo, *Antigüedades* 15:136). Para una exposición de este asunto, ver F. F. Bruce, *Galatians*, 175-76; R. N. Longenecker, *Galatians*, 139-40.
4. Sobre Moisés como mediador, ver Éx 20:19; Dt 5:5; Heb 8:6; 9:15, 19. Ver de nuevo R. N. Longenecker, *Galatians*, 140-41.

DIOS

X X X X X X X X X X X X (Ángeles)

Moisés
Israel en Sinaí

es inferior a:

DIOS
Abraham

La ley tiene, pues, una doble mediación: los ángeles estaban entre el pueblo y Dios, lo mismo que Moisés. Esto significa que la ley es inferior a la promesa de Abraham y que los judaizantes han de estar equivocados al sostener que la ley mosaica era prioritaria. Pero obsérvese que este es un punto que Pablo añade como algo secundario. Lo primero que quiere decir es que la ley fue dada para (1) revelar el pecado (no para impartir vida al pueblo de Dios) y (2) para revelar el pecado solo hasta que viniera Cristo (y el Espíritu, que traería convicción de pecado; cf. Jn 16:7-11).

La cuestión de la función histórica de la ley (vv. 21-25)

Pablo debe ahora tratar el asunto desde una óptica ligeramente distinta: tras establecer que la ley se dio para revelar el pecado y solo por un periodo limitado, debe ahora hacerse otra pregunta: ¿Actúa la ley de manera contraria a los propósitos de Dios en la promesa abrahámica (v. 21a)?

La respuesta (v. 21b). Una vez más, la pregunta hace explícito un asunto cuya explicación entraña, sin embargo, una considerable complejidad. La respuesta de Pablo es simple: "¡En absoluto!". Pero los judaizantes no están satisfechos con esta contestación y Pablo lo sabe. El apóstol acaba de invertir veinte versículos casi completamente para poner a la ley en su lugar y, según el punto de vista de ellos, la ha depreciado. Por otra parte, decir simplemente que la ley no es contraria a las promesas no significa que Pablo haya quedado libre de acusación. Por tanto, debe explicarse.

La razón de la respuesta (vv. 21c-25). Pablo comienza afirmando aquí cuatro cuestiones esenciales: primero habla de la incapacidad de la ley (v. 21c); a continuación, pasa a mencionar la función de esta en la historia (v. 22a); después alude a la función histórica de las promesas (v. 22b); y finalmente da una explicación de la función de la ley (vv. 23-25). Vamos a analizar brevemente cada uno de estos aspectos.

En primer lugar, Pablo habla de *la incapacidad esencial de la ley para impartir vida y salvación* (v. 21c). En este punto, el judaizante se sentirá de nuevo molesto: la historia y la tradición del pueblo judío habían elevado la ley a la categoría de instrumento usado por Dios para redimir a su pueblo. En la Mishná Aboth 2:8 leemos, en una interesante enumeración de la sabiduría: "... mucha Torá, mucha vida", y acto seguido afirma: "Si ha conseguido enseñanzas de la Torá, ha conseguido vida eterna para sí".[5] La ley y su conocimiento es lo que separaba a Israel del mundo pecaminoso y les señalaba como pueblo santo de Dios. Pero Pablo rebate esta elevación de la ley, y lo hace asumiendo que los judaizantes eran cristianos y, por ello, que la justificación es por la fe (no por las obras de la ley). Dando por sentado esto, el apóstol afirma: "Si se hubiera promulgado una ley capaz de dar vida, entonces sí que la justicia se basaría en la ley". Pero la justicia no vino por medio de la ley, puesto que la promesa se dio a aquellos que, como Abraham, creyeron. De hecho, Pablo argumenta que la ley no pretende impartir vida;[6] por tanto, los judaizantes no pueden demandar a los gálatas que sigan la ley de Moisés *para ser aceptados por Dios*.

Pablo pasa ahora a analizar *la función que desempeñaron la ley y las promesas a lo largo de la historia*. En estas afirmaciones simplemente repite (en distintas palabras) lo que ya ha declarado o dado por sentado en los versículos 19-20. La función de la ley (v. 22a) era declarar "que todo el mundo es prisionero del pecado". Es decir, el propósito de la ley[7] era poner de relieve la realidad del pecado (*cf.* v. 19), a fin de clarificar la función de las promesas en la historia (v. 22b): "para que [...] lo prometido se les conceda a los que creen". Pablo relaciona aquí la función condenatoria de la ley con la función de impartir vida inherente a la promesa.

La siguiente tabla (actualizada) sirve para ampliar el diagrama anterior:

---

5. Este texto pertenece claramente a un período muy posterior al Nuevo Testamento y los escritos de Pablo. Solo lo utilizo para ilustrar que, durante el tiempo del Nuevo Testamento, muchos judíos, fieles observantes de la ley lo creían.
6. Aquí, vida significa vida espiritual (*cf.* Ro 8:11; 1Co 15:22, 36; 2Co 3:6).
7. Pablo utiliza aquí el término "Escritura" en lugar de "ley". Esta es la obvia implicación de los paralelismos entre el v. 23 y los vv. 24-25.

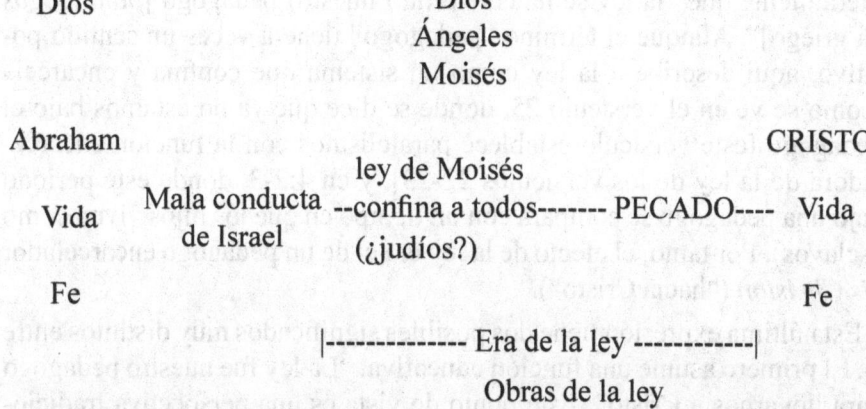

Los tres versículos siguientes (vv. 23-25) bosquejan la *explicación que ofrece Pablo de la función de la ley*. El apóstol replantea en gran medida lo que se ha dicho antes sobre el propósito de la ley y sus limitaciones temporales, pero en esta ocasión utiliza otros términos. Trata con los elementos temporales (v. 23), el efecto de la ley (v. 24a), y su resultado (v. 24b). La conclusión de toda la sección alude a la suspensión de la ley (v. 25).

En primer lugar, Pablo habla de los *elementos temporales de la ley* (v. 23). En el versículo 19 el apóstol había dicho que la ley había sido "añadida por causa de las transgresiones" hasta que viniera la descendencia; ahora dice lo mismo pero utiliza distintas expresiones para ambos elementos. En lugar de "descendencia/semilla", utiliza "fe"; en lugar de ser "añadida por causa de las transgresiones", habla de "tenernos presos". Pero, en esencia, no hay diferencia en lo que está diciendo. La ley pone de relieve la pecaminosidad de Israel y le tiene prisionero. La "descendencia" es Cristo y cuando este viene es la *era* de la fe. Aunque algunos lectores puedan pensar que la "fe" es aquí la respuesta personal de un individuo, no eso es lo que Pablo quiere decir. El apóstol alude a la era de la fe como un periodo que eclipsa al de las "obras de la ley", del mismo modo que la era de la ley es superada por la de Cristo y el Espíritu. Vivir en la observancia de las "obras de la ley" es hacerlo en el tiempo equivocado.

En segundo lugar, Pablo habla del *efecto de la ley* (v. 24a). La ley tenía presos a quienes estaban bajo su poder (posiblemente alude a los judíos). Esto significa[8] que "la ley vino a ser nuestro guía encargado de conducirnos". Esta última expresión es una traducción libre de una frase que dice

---

8. Gálatas 3:24 comienza con el término *hoste*; mi paráfrasis de esta palabra es: "Lo que todo esto significa es...".

literalmente que "la ley se ha convertido nuestro pedagogo [*paidagogos* en griego]". Aunque el término "pedagogo" tiene a veces un sentido positivo, aquí describe a la ley como un sistema que confina y encarcela (como se ve en el versículo 25, donde se dice que ya no estamos bajo el pedagogo [este versículo establece paralelismos con la función encarceladora de la ley de los versículos 22-23], y en 4:2-3, donde este periodo bajo una pedagogo se compara con un tiempo en que los hijos viven como esclavos). Por tanto, el efecto de la ley era el de un pedagogo encarcelador *eis Christon* ("hacia Cristo").

Esta última expresión tiene dos posibles significados muy distintos entre sí. El primero asume una función educativa: "La ley fue nuestro pedagogo para llevarnos a Cristo". Este punto de vista es una perspectiva tradicional, que entiende la ley como algo que señala nuestros pecados para que pidamos con urgencia la gracia de Dios en Cristo.[9] Pero aparte de que Pablo no está aquí hablando de "experiencias individuales", sino de la "historia de la salvación", el apóstol no enseña en Gálatas que este sea el propósito de la ley. Es evidente que Pablo enseña que la ley pone de relieve "las transgresiones" y "encarcela", pero no dice que lo haga para "llevarnos a Cristo", sino para condenarnos. La segunda idea es, por tanto, más plausible: "La ley vino a ser nuestro pedagogo *hasta* Cristo [NIV]". En nuestro tiempo, este punto de vista no es solo el que sigue la mayoría, sino que, desde una óptica contextual, es también el más compatible.[10] La línea de pensamiento sobre la ley en los versículos 19-25 es temporal: la ley tenía una función limitada (reveladora, encarceladora) por un tiempo limitado (hasta la descendencia, hasta Cristo). Obsérvense las dimensiones temporales: "hasta que viniera la descendencia" (v. 19), "antes de venir esta fe" (v. 23), "hasta que la fe" (v. 23), "ahora que ha llegado la fe" (v. 25). Este texto solo tiene sentido si la expresión "a Cristo" significa que la ley tenía el ministerio de confinar hasta que viniera la era de Cristo.

En tercer lugar, Pablo pasa al *resultado del efecto de ley* (v. 24b). El orden de las palabras de la oración gramatical griega es importante para entender bien lo que Pablo quiere expresar: "... que por la fe podamos ser justificados". Todo el argumento de Pablo presupone que los judaizantes están de acuerdo con que la justificación comienza con la fe en Cristo, y que también asumen, erróneamente, que las "obras de la ley" perfeccionan dicha fe. Pero ahora que Pablo ha mostrado que la vigencia de la ley estuvo limitada a un determinado espacio de tiempo, puede decir que la

---

9. Ver la nota 1. Los luteranos lo han subrayado especialmente, pero los teólogos reformados también le han dado una considerable preeminencia.
10. Así lo entienden F. F. Bruce, *Galatians*, 183; R. N. Longenecker, *Galatians*, 148-49.

justificación es únicamente por la fe, ya que las "obras de la ley" pertenecen a una época pasada.

Finalmente, Pablo lo une todo al hablar de *la suspensión de la ley* (v. 25). Sus palabras en este versículo son contundentes. El apóstol afirma que la era de Cristo eclipsa a la era de Moisés puesto que el periodo de Cristo es el clímax de la promesa de Abraham. La ley tenía un propósito limitado, y este por un tiempo limitado: hasta que viniese la descendencia. La expresión "sujetos al guía" traduce una vez más el término *paidagogos* ("pedagogo") que, como en el versículo 24, no alude a un papel positivo de la ley, sino a su función "condenatoria" y "encarceladora" (*cf.* vv. 22-23). Lo que Pablo dice, por tanto, es que una vez vino la fe, la ley no podía ya condenarnos. ¿Por qué? Solo podemos razonar que esto es porque Cristo (quien comienza la era de la fe) hizo suya la maldición de la ley (*cf.* 10-14).

Siguiendo a Pablo, "voy a ponerles un ejemplo" (v. 15). A menudo comparo el papel de la ley en la historia con el que han desempeñado las máquinas de escribir en el desarrollo del procesamiento de textos. La tecnología e idea de la máquina de escribir se desarrolló hasta convertirse en un ordenador electrónico, más rápido y mucho más complejo, capaz de procesar textos. Sin embargo, cuando usamos el teclado de un ordenador, seguimos utilizando la antigua tecnología manual de las máquinas de escribir. Por otra parte, vemos que el ordenador trasciende con mucho lo que era la máquina de escribir. Todo lo que una máquina de escribir quería ser cuando era pequeña (¡y más!) lo encontramos ahora en un ordenador. Esto es comparable con la ley. Todo lo que la ley quería ser cuando era pequeña (cuando le fue revelada a Moisés) se encuentra ahora en Cristo y en la vida en el Espíritu. Por ello, cuando un cristiano vive en el Espíritu y sujeto a Cristo, no está viviendo en contra de la ley, sino trascendiéndola. Y, por esta misma razón, la vida vivida bajo la ley es una vida errónea.

Cuando llegó la era del ordenador, guardamos las máquinas de escribir porque habían quedado desfasadas. La crítica que Pablo hace a los judaizantes es que siguen escribiendo con máquinas de escribir ¡cuando ya han llegado los ordenadores! El apóstol les llama a dejar a un lado las máquinas de escribir. Pero al hacerlo no las destruimos, sino que damos cumplimiento a su función escribiendo en ordenadores. Cada función que realizamos en un ordenador mediante un tratamiento de textos es la máxima expresión de la esperanza de una máquina de escribir. "Pero ahora que ha llegado la fe/Cristo, ya no estamos sujetos a la guía de la ley", aunque no porque la ley sea contraria a las promesas, sino más bien porque la ley se cumple en Cristo y el Espíritu de manera parecida a como una máquina de escribir halla su cumplimiento en la tecnología de un ordenador. ¡Y estoy profundamente agradecido por ambas cosas!

En resumen, Pablo sostiene que los judaizantes están equivocados (como también los cristianos gálatas que les siguen), porque no entienden la razón por la que Dios dio la ley. No saben que el propósito era convertir la mala conducta de Israel en transgresiones de la ley de Dios, ni que esta solo fue dada por un breve periodo de tiempo; podemos hablar aquí del "paréntesis de la ley". No saben, pues, que todos los aspectos relativos a la salvación y a la aceptación de Dios se establecen en Abraham. Por consiguiente, no saben que, tras la venida de Cristo, imponer la ley es una evidente vuelta atrás en el plan redentor de Dios. Es un estilo de vida a.C. en un periodo d.C. En esencia, el argumento de Pablo contra los judaizantes es histórico y bíblico: no entienden cuál era sustancialmente el plan salvífico de Dios en su revelación progresiva de sí mismo, comenzando con Abraham y siguiendo con Moisés hasta Cristo (ver también Ro 6:11-14; 7:7-13; 11:25-32; 2Co 3:7-18; Fil 3:2-11).

El mejor punto de partida es la conclusión de Pablo: "ya no estamos sujetos al guía" (v. 25). Como he dicho antes, la palabra "guía" alude aquí al ministerio encarcelador de la ley. Creo que esta afirmación es similar a la que el apóstol consignó, años más tarde, en su epístola a los Romanos: "En consecuencia, ya que hemos sido justificados mediante la fe, tenemos paz con Dios" (Ro 5:1). Es también análoga a Romanos 8:1-2: "Por lo tanto, ya no hay ninguna condenación para los que están unidos a Cristo Jesús, pues por medio de él la ley del Espíritu de vida me ha liberado de la ley del pecado y de la muerte". Aquellos que confían en Cristo son inmunes a la maldición y la condenación de la ley. Su papel "pedagógico" (encarcelador) ha llegado a su fin con la venida de Cristo.

La implicación obvia de la suspensión de la ley para Gálatas es que los judaizantes están doblemente equivocados: no solo han malentendido el propósito de la ley (que era revelar el pecado, no impartir vida), tampoco han comprendido que ahora ha perdido su vigencia. Por ello, Pablo expresa de nuevo su preocupación esencial: obtenemos nuestra identidad delante de Dios en virtud de nuestra fe en Jesucristo y fidelidad a él, no por nuestra conformidad a la ley mosaica. Esto puede trasladarse a nuestro mundo de una manera muy sencilla, como hemos hecho a menudo en este comentario. Otro argumento en contra de introducir principios legalistas en los movimientos y asuntos de la iglesia de hoy es que la era de la ley ha terminado. Teniendo en cuenta que en páginas anteriores hemos tratado varias veces la cuestión del legalismo en el mundo y en las iglesias de nuestro tiempo, sería provechoso dar a nuestras aplicaciones una orientación ligeramente distinta. Lo que haré en las secciones "Construyendo Puentes" y "Significado Contemporáneo" es explorar la importancia en nuestro tiempo de la suspensión de la ley para la vida moral.

La tendencia en este asunto es irnos a los extremos. A menudo se dice que los cristianos no están bajo la ley, sin embargo, hay cristianos que piensan que han de reconstruir el mundo según las leyes veterotestamentarias.[11] ¿Pero en qué sentido no están los cristianos bajo la ley? ¿Están exentos de cumplir la ley por ser esta un esbozo preliminar de la voluntad moral de Dios? ¿O acaso lo están teniéndola como su segura guía a una vida noble delante de Dios? Cabe observar que Pablo nunca excusa a los cristianos por desobedecer la ley explicando que no están "bajo la ley". El apóstol espera más bien que los cristianos cumplan la ley viviendo "bajo el Espíritu" (v. 18). Jesús enseñó algo parecido a sus seguidores (Mt 5:20; 7:12; 22:34-40). Ser, pues, liberados de la ley no significa serlo de cada uno de sus propósitos, usos o implicaciones. Por otra parte, está claro a partir de numerosas citas del Antiguo Testamento consignadas a lo largo de las cartas de Pablo (como en Gá 3:6-14) que el apóstol no piensa que la ley haya cesado en todos los sentidos. Para él, sigue siendo autoritativa, y la cita como base de sus argumentos.

Por tanto, cuando trasladamos a nuestro mundo la afirmación de Pablo en el sentido de que ahora que ha venido la fe ya no estamos ya bajo la ley, sabemos que esta no ha sido destruida o anulada. Lo que ha sucedido es, más bien, que ha dejado de ser *el marco principal para la aceptación de Dios*, y no es ya *un medio para separar a Israel (el pueblo de Dios) de*

---

11. Esta es la posición de los teonomistas; por ejemplo, ver Greg L. Bahnsen, "The Theonomic Reformed Approach to Law and Gospel", en *The Law, the Gospel, and the Modern Christian: Five Views* (Grand Rapids: Zondervan, 1993), 93-143. En Knox Chamblin, "The Law of Moses and the Law of Christ", y Douglas J. Moo, "The Law of Moses or the Law of Christ", en *Continuity and Discontinuity*, ed. J. S. Feinberg (Westchester, Ill.: Crossway, 1988), 181-202, 203-18, se presentan dos posiciones minuciosamente desarrolladas sobre el lugar de la ley en la vida cristiana. Ver también, Douglas J. Moo, "The Law of Christ as the Fulfillment of the Law of Moses: A Modified Lutheran Approach", en *The Law, the Gospel, and the Modern Christian*, 319-76. la última obra de Moo y la idea que yo mismo presento en este capítulo solo difieren en detalles menores; la idea general de que la ley es ya la autoridad directa para los cristianos es la misma.

otras naciones otorgándole una cierta exclusividad. La ley no es la "obligación contractual" bajo la que viven los cristianos. No fue diseñada para darnos vida delante de Dios (v. 21). Pero sigue siendo valiosa —muy valiosa— para nuestra clarificación de la ética, siempre que la entendamos de acuerdo con lo que Pablo enseña sobre su cumplimiento (Ro 10:4), la "ley de Cristo" (Gá 6:2) y el impacto que el Espíritu Santo tiene para nuestra relación con la ley (*cf.* caps. 5-6).[12]

Por otra parte, cualquier lector razonable estaría de acuerdo en que la afirmación del apóstol en el sentido de que la ley "fue añadida por causa de las transgresiones", es decir, "para poner de relieve las transgresiones" (ver exposición anterior al respecto), sigue siendo una función vigente de la ley. Si es santa y buena (Ro 7:12), se sigue de ello que continua siendo una expresión de la voluntad de Dios, aunque no la expresa de un modo absoluto. Y si revela su voluntad, pone de relieve el pecado. Y si, además, Dios ha dado la ley para incrementar la pecaminosidad del pueblo de Dios (*cf.* Ro 5:20), muy probablemente seguirá haciéndolo. Creo, por tanto, que aunque la ley ha perdido su vigencia como "obligación contractual" o como "pacto entre el pueblo y Dios", no la ha perdido en tanto que afirmación preliminar de la voluntad de Dios, ni como referencia moral para toda la conducta humana. Volviendo a la analogía de la máquina de escribir y el ordenador, cuando utilizamos un ordenador seguimos teniendo la sensación de estar usando una máquina de escribir (aunque de hecho es mucho más). Es el desarrollo de aquella máquina de escribir, pero sigue siendo la máquina de escribir que ha experimentado un desarrollo. Así, considero que la ley retiene sus funciones de (1) darnos un esbozo de la voluntad moral de Dios y de (2) impartir conciencia de pecado. Pero es incluso más importante determinar el modo en que estas dos funciones de la ley operan para quienes están llenos del Espíritu de Dios; hablaré de este asunto a continuación y más adelante en 5:16-26. En las cartas de Pablo, las conclusiones generales han de entenderse en armonía con el mensaje del apóstol en sus demás escritos y con el resto de la Biblia.

Una vez más nos enfrentamos a un texto cuyo propósito principal era tratar una cuestión judía, en este caso el asunto de estar bajo la ley. Este no era un problema para los gentiles, ya que ni conocían la ley ni vivían bajo ella en el mismo sentido que los judíos. Eran estos quienes hacían preguntas sobre el propósito de la ley en la historia y su relación con las promesas abrahámicas. El mensaje de Pablo parecía atentar contra los privilegios

---

12. Hay un intento de desarrollar esto en W. C. Kaiser, Jr., *Toward Old Testament Ethics* (Grand Rapids: Zondervan, 1983).

judíos (*cf.* Ro 3:9-20; 9:1-5). Pero hemos de decir dos cosas en defensa de la idea de que la ley de Dios —y en concreto su propósito de condenar la pecaminosidad de las personas— es tan aplicable a los gentiles como a los judíos.

En primer lugar, antes he dicho que los gentiles tienen la ley escrita en sus corazones (ver Ro 2:14-16). Por ello, en cierto sentido, estos son también responsables de cumplir la voluntad moral de Dios. Puede que no esté muy claro qué es exactamente lo que conocen sobre la ley de Dios, pero lo que dice Pablo deja claro que saben lo suficiente como para ser responsables. "De ahí que, aunque los gentiles carezcan de la ley que le fue dada públicamente a Israel, sí la tienen en sus puntos esenciales en privado".[13] Lo que digo sigue siendo válido aquí. Si la ley pretendía revelar el pecado, entonces se sigue que, en la medida en que los gentiles conocen la ley de Dios grabada en sus corazones y conciencias, sus pecados también les son revelados. En segundo lugar, Pablo dice en el versículo 22 que "todo el mundo es prisionero del pecado". La expresión "todo el mundo" es una traducción de *ta panta* ("los todos/todas las cosas", "todo el mundo"), y la mayoría de los comentaristas piensan que describe no solo a los judíos sino a "todas las personas del mundo sin distinción". Así, aunque es razonable pensar que en realidad solo los judíos están estrictamente bajo la ley, sigue siendo un hecho (por razones que Pablo no menciona en este pasaje) que "todo el mundo" está bajo la condenación de la ley por no guardarla.

Por estas dos razones, es bastante natural pensar que todos los humanos hemos pecado, ya sea transgrediendo la ley de Dios escrita (que, de algún modo, hemos oído en la Biblia) o la que está escrita en el corazón humano. Si además de esto añadimos la apasionada convicción que trae el Espíritu de Dios (Jn 16:7-11), queda también claro que tenemos derecho a pensar que la mayoría de los humanos saben que son pecadores (lo reconozcan o no). Esta es una gran plataforma sobre la que construir la evangelización.

Una de las implicaciones más significativas de estos versículos es la conclusión de que la ley de Dios (que significa la ley de Moisés: principalmente Éxodo, Levítico y Deuteronomio) ha perdido en cierto sentido su vigencia para los cristianos. La

---

13. J. R. Williams, *Renewal Theology: God, the World, and Redemption* (Grand Rapids: Zondervan, 1988), 239-40, cita tomada de la p. 239.

ley mosaica es un destello preliminar de la voluntad de Dios para su pueblo. ¿Cómo, pues, solventamos hoy los problemas morales según este punto de vista de la ley? Quizá podríamos intentarlo en vista de lo que sabemos sobre los versículos 19-25.

En primer lugar, los cristianos hemos de comenzar con dos suposiciones: (1) que para ser aceptados por Dios él nos pide fe y que esta se expresa en obediencia;[14] y (2) que para vivir en obediencia delante de Dios el principal modo de operación es la vida en el Espíritu (sujetos al Espíritu). Esto tiene una importante consecuencia: *los cristianos que buscan la voluntad de Dios no miran en primer lugar a la ley de Moisés para encontrarla*, sino que escuchan al Espíritu de Dios y a las enseñanzas de Jesús ("la ley de Cristo"; ver 6:2); ambas cosas les enseñan que han de "amar a Dios y al prójimo". Al seguir al Espíritu y a Cristo, el cristiano hará siempre lo que la ley pretendía que hiciera. De este modo llevará a cabo realmente la voluntad de Dios.

¿Qué sucede cuando, sobre un determinado asunto, el Nuevo Testamento no da instrucciones específicas y el Espíritu no parece hablar con claridad? Esta cuestión sobre el Espíritu merece nuestra atención. Quiero comenzar diciendo que, en nuestro tiempo, pocos cristianos creen que el Espíritu de Dios constituya el punto de enfoque para la ética cristiana.

Creo, de hecho, que muchos cristianos tratan el Nuevo Testamento más como una segunda ley mosaica que como un testimonio de la guía del Espíritu de Dios a su nuevo pueblo. Pablo veía a los judaizantes como personas "centradas en la ley", y quería una iglesia de personas "centradas en el Espíritu". Pero no podemos detenernos por esta perspectiva, puesto que estamos dando por sentado que los cristianos creen en la dirección del Espíritu, pueden seguirlo y harán lo que él les diga.

Sigo con la pregunta que nos hemos hecho antes. ¿Qué sucede si la enseñanza del Nuevo Testamento y el impulso del Espíritu parecen entrar en conflicto con la ley mosaica y el testimonio de los libros de Moisés? ¿Cómo procedemos en estos casos? Podría seguir planteando cuestiones

---

14. Algunos teólogos cristianos piensan que la promesa a Abraham fue aceptada por fe y que, después de creer, quienes estaban vinculados al pacto tenían que obedecer la ley de Moisés; esta orden, sugieren ellos, es lo que Pablo quiere decir cuando habla de "la obediencia de la fe" (Ro 1:5). Es una buena idea y, personalmente, estoy convencido de que Dios siempre ha demandado una fe que produce obediencia. Sin embargo, Pablo no entiende la observancia de la ley mosaica como la forma de obediencia para los creyentes. Dios ha dado, más bien, a su Espíritu para que guíe a su pueblo. Hay en Pablo una novedad y una súbita ruptura con el pasado que no deben minimizarse. Sobre este asunto, ver los ensayos de D. J. Moo que se mencionan en la nota 11.

sobre principios de conducta moral, pero lo mejor es, probablemente, que nos sirvamos de un ejemplo bíblico específico, porque de este modo veremos más claramente la novedad de la ética de Pablo. Estudiaremos, pues, un precedente, a saber, cómo han de participar los cristianos de hoy en los *conflictos bélicos internacionales*.[15]

La cuestión esencial es: ¿deben los cristianos ir a la guerra? No es aquí mi propósito resolver lo que, en ocasiones, ha sido un tema de discordia entre cristianos (aunque si pudiera zanjar este asunto de una vez por todas lo haría). Mi propósito aquí es más limitado. Solo pretendo analizar *cómo podemos tomar esta decisión moral como cristianos en vista de la idea de Pablo en el sentido de que la ley ha perdido su vigencia*. En otras palabras, nuestro interés es aquí el método, no la respuesta en sí, aunque quiero sugerir una serie de respuestas. La necesidad de ilustrar la complejidad de trasladarnos del Antiguo Testamento a nuestro mundo me obliga a pasar más tiempo en este asunto de lo que haría de no ser así.

Quiero comenzar con un resumen parcial de cómo se trata esta cuestión moral en las iglesias evangélicas norteamericanas de nuestro tiempo. Afortunadamente, en este momento no hay ninguna guerra inminente que pudiera oscurecer nuestro pensamiento sobre este asunto. Es lamentable, no obstante, que muchos cristianos conservadores no hayan abordado este tema con la seriedad que requiere. No hay duda de que la vida es preciosa, y quitársela a otra persona es algo muy grave que tiene consecuencias durante toda la vida de quien lo hace. El asesinato está prohibido por Dios (Éx 20:13) y ningún cristiano debería querer tener parte en la muerte deliberada de otra persona. Aunque no estoy diciendo que matar a otra persona en un contexto de guerra sea necesariamente un asesinato, sí estaremos de acuerdo en que el homicidio es algo reprobable y, por ello, debe tratarse como una cuestión moral.

Lamentablemente, en los últimos quince años, y especialmente en los Estados Unidos, muchas personas han entendido el patriotismo como un

---

15. Dos libros que no tienen otro interés, en cuanto a su procedimiento, que exponer a los cristianos todos los puntos de vista son: (1) R. G. Clouse, ed., *War: Four Christian Views* (Downers Grove, Ill.: InterVarsity Press, 1981) que recoge las contribuciones de H. A. Hoyt, M. S. Augsburger, A. F. Holmes y H. O. J. Brown, y cada uno de los autores responde a los otros puntos de vista presentados por los demás; (2) J. A. Bernbaum, ed., *Perspectives on Peacemaking: Biblical Options in the Nuclear Age* (Ventura, Calif.: Regal Books, 1984), que se publicó bajo la dirección de la Christian College Coalition. Esta última obra contiene el texto de las ponencias pronunciadas durante una conferencia sobre este tema en Pasadena en la primavera de 1983. Ambos libros son modelos de debates cristianos sobre cuestiones difíciles y con una gran carga emocional, pero cruciales, que nos asedian.

aspecto esencial del cristianismo. Aunque considero el patriotismo como algo positivo, como lo es la sujeción a las autoridades gubernamentales y la oración por ellos (así se expresa en Ro 13:1-7; Tit 3:1; 1P 2:13-17), creo también que el patriotismo ha de sujetarse a la voluntad de Dios (Hch 4:1-22). No se trata, pues, de alinearnos simplemente con el gobierno, sino de plantearnos cómo deben responder los cristianos a los conflictos internacionales. Puede que haya situaciones en las que estemos de acuerdo con el gobierno (y vayamos a la guerra) y otras en las que no lo estemos (y nos declaremos objetores de conciencia). Al margen de ello, hemos de analizar detenidamente este asunto delante de Dios y preguntarnos qué quiere él que hagamos.

Una última cuestión: los intereses económicos del mundo occidental no son el único fundamento para tomar decisiones sobre los conflictos internacionales. El nuestro es un mundo materialista, y espero que todos estén de acuerdo conmigo en esto. De hecho, no estoy seguro de que seamos todo lo conscientes que debiéramos de hasta qué punto lo económico impulsa y motiva nuestras decisiones internacionales y políticas. Se ha argumentado (a veces apasionadamente) que parte (puede que incluso una gran parte) de la implicación de los Estados Unidos en los conflictos internacionales haya estado exclusivamente motivada por intereses económicos propios. Personalmente, soy de los que piensan que este tipo de intereses motivan muchas veces a nuestros gobiernos; considero también que los intereses económicos no son necesariamente malos. Lo que necesitamos en estas cuestiones es una concienzuda reflexión cristiana. Cuando nuestro gobierno decide que un determinado conflicto internacional es apropiado y necesario, es esencialmente importante que los cristianos determinen si ellos se implicarán o no. Es posible que en ciertas ocasiones los cristianos tomen la decisión de ir a la guerra (según la teoría de la guerra justa) y en otras, no. Lo que hemos de hacer es tomar esta decisión delante de Dios y basándonos en un sólido motivo bíblico, no solo por intereses económicos personales.

Por mi parte, veo cuatro acercamientos básicos que han adoptado los cristianos. No estoy hablando de cuatro posiciones, sino de cuatro formas de tomar decisiones sobre la implicación cristiana en la guerra. El primer acercamiento busca los textos *que hablan de patriotismo y que, normalmente, se limitan al celo y a la búsqueda de justicia* en toda la Biblia (p. ej., Nm 25; los libros de Josué y Jueces; 1R 18-19; Ro 13:1-7; 1P 2:13-17), y sostiene que, puesto que la Biblia ordena que el pueblo de Dios sea patriota y vaya tras la justicia, entonces los cristianos deben tener la misma actitud y obrar del mismo modo, y esto significa participar en la guerra en cuestión. Es evidente que para pasar de los tiempos bíblicos al siglo XXI hay que dar algunos saltos importantes. Solo tres consideraciones en este sentido: (1) la idea de patriotismo aplicada a una nación teocrática (como el Israel del Antiguo Testamento) es muy distinta a la de una nación secularizada y democrática. (2) Los textos que hablan de "sumisión" al gobierno se encuentran en contextos de paz y en ellos se expresan personas que, en ocasiones, estaban dispuestas a desobedecer al gobierno (p. ej., Pedro en Hch 4:1-22); por ello no deben considerar que promuevan un apoyo indiscriminado a las autoridades gubernamentales. (3) No está claro que el patriotismo signifique una disposición ciega a ir a la guerra y a combatir. ¿Existe algún otro modo de ser patriota? ¿Cómo se es, bien pensado, un patriota cristiano? Como sabrán la mayoría de los lectores, algunos cristianos se niegan a prestar juramento de adhesión a ninguna "bandera", puesto que su única adhesión es a Cristo. A pesar de que este acercamiento plantea algunas importantes cuestiones sobre todo el asunto, el patriotismo presenta un enfoque demasiado estrecho de miras en vista de los datos bíblicos, y hay demasiadas maniobras mal definidas en esta cuestión.

Un segundo acercamiento ha consistido en analizar los textos veterotestamentarios *sobre la guerra* como los datos bíblicos esenciales. Como era de esperar, este tipo de estudio ha conducido a tres conclusiones. (1) Para algunos, los datos veterotestamentarios sobre la guerra (p. ej., Dt 7; 20; y los libros de Josué, Jueces, 1 y 2 Samuel)[16] hacen pensar que Dios inicia las guerras, las guía y está detrás de los vencedores; por ello, la guerra no debe verse como algo inmoral. Teniendo en cuenta que el Dios del Antiguo Testamento está implicado en los conflictos bélicos veterotestamentarios y que el Dios cristiano es el mismo, se sigue que los cristianos pueden también participar en las guerras. Normalmente, esto significa que hay que discernir de qué lado está Dios, cuál es el bando que tiene la razón para ponerse de su lado (teoría de la guerra justa). (2) Otros sostienen que los cristianos han de tener un acercamiento más emprendedor: puede que haya que ponerse del lado de un gobierno agresivo que está convirtiendo el mundo en un lugar más justo y equitativo (cruzada/teoría de la guerra preventiva). (3) Un tercer grupo ha argumentado que, aunque las guerras del Antiguo Testamento son un hecho, son esencialmente distintas de cualquier conflicto bélico de nuestro tiempo, puesto que las guerras de

---

16. Hay un esbozo de las guerras del Antiguo Testamento en K. N. Schoville, "War; Warfare", en *NISBE*, ed. G. W. Bromiley (Grand Rapids: Eerdmans, 1988), 4:1013-18, y, en la misma enciclopedia, P. C. Craigie, "War, Idea of", 4:1018-21.

Israel eran de hecho contiendas espirituales en las que el propio Señor estaba directamente implicado.[17]

Este acercamiento al asunto de la guerra merece una respuesta que, dada la naturaleza de esta obra, tendrá que ser breve. En primer lugar, creo que este último acercamiento tiene el gran acierto de tratar algunos de los pasajes que, en mi opinión, están entre los más importantes para el análisis de este asunto, a saber, los textos veterotestamentarios que no solo hablan de guerra, sino de Dios iniciándola y apoyándola. Pero, en segundo lugar, he de reconocer que es aquí donde llevar a cabo un acercamiento cristiano a este asunto es esencialmente importante. Aunque pueda ser cierto que Dios participó en la guerra durante el periodo del Antiguo Testamento, ¿cuál es la responsabilidad de los cristianos en el periodo neotestamentario (nuestra era)? Es interesante (y esclarecedor quizá) que en el Nuevo Testamento no haya ningún conocido guerrero por la causa de Israel ni se conozca a nadie por usar la violencia militar como cristiano. De hecho, los historiadores de la iglesia están generalmente de acuerdo en que hubo que esperar hasta finales del siglo II d.C. para que algunos cristianos se alistaran en las milicias romanas, y ello con la censura de otros hermanos.[18] Volviendo a nuestro argumento, hemos de seguir considerando la relación entre los conceptos veterotestamentarios de guerra y los del Nuevo Testamento de "seguir a Jesús" (que no participó en ninguna guerra) y de "vida en el Espíritu".

Un tercer acercamiento ha consistido en examinar los *textos bíblicos sobre la paz y la pacificación* y, considerándolos operativos y dominantes, argumentar que los cristianos han de vivir pacíficamente. Naturalmente, se ha dado prioridad a textos como Mateo 5:9, 38-42 y los que describen algún martirio (p. ej., Hch 12:2). Una vez más, hay un reducido número de opciones básicas: (1) seguir la paz significa denunciar cualquier implicación del cristiano en la guerra (la idea pacifista); (2) seguir la paz significa formas no violentas de implicación (pacifismo modificado, oposición no violenta, o la idea de no resistencia); o (3) seguir la paz significa pertrecharse militarmente (la idea de la paz por la fuerza). Pero, de nuevo, acercarnos de este modo al asunto es parcial. ¿Quién decide que el acercamiento válido es exclusivamente mediante la idea de la paz? ¿Implica acaso buscar la paz (Mt 5:9) no participar en el ejército? ¿Estaba esto siquiera

---

17. Este punto de vista ha sido expuesto por M. C. Lind, *Yahweh Is a Warrior* (Scottdale, Pa.: Herald Press, 1980).
18. Ver el compendio de los datos en L. J. Swift, *The Early Fathers on War and Military Service* (Message of the Fathers of the Church 19; Wilmington, Delaware: Michael Glazier, 1983).

en la mente de Jesús? ¿Y cómo puede alguien que cree en la Biblia omitir completamente los datos del Antiguo Testamento que avalan la guerra? Una vez más, tenemos un importante problema con respecto a cómo nos acercamos a toda esta cuestión.

Quiero mencionar un último acercamiento al que llamaré *acercamiento del individualismo*; este forma parte de la cultura occidental hasta tal punto que los cristianos lo han aceptado inconscientemente sin pensar sobre su impacto a largo plazo. Este punto de vista dice simplemente que participar en la guerra es algo que compete a cada individuo, quien ha de tomar una decisión delante de Dios, y es responsable por ella ante él. Este acercamiento es, por un lado, muy moderno, en un tiempo en que la tolerancia extrema y el pluralismo están a la orden del día y en que, por regla general, se niegan los absolutos morales; por otra parte, se trata también de una perspectiva contraria a la enseñanza bíblica, porque pretende que la persona sea la autoridad exclusiva y no permite que la Biblia hable donde puede hacerlo. ¿Cómo podemos salir de todo esto?

En los párrafos que siguen hago varias sugerencias que (1) se basan en la perspectiva paulina de la prioridad del pacto abrahámico sobre la ley mosaica y del nuevo pacto como clímax de aquel, (2) están arraigadas en pruebas de todo tipo y (3) dependen finalmente de la idea de Pablo en el sentido de que los cristianos viven "bajo la ley de Cristo" y "en la vida del Espíritu". En primer lugar, es de importancia capital que el cristiano base por completo su estilo de vida en la fe en Cristo, la obediencia a él y la vida en el Espíritu. Esto significa que, de entrada, los cristianos no acuden a textos del Antiguo Testamento para encontrar la voluntad de Dios. No están sujetos a la ley mosaica, aunque sí lo están a la voluntad de Dios. Jesús prometió la venida de un consejero que guiaría a los suyos (Jn 14-16), en Pentecostés se cumplió esta promesa (Hch 2), y Pablo mostró exactamente cómo debía funcionar el Espíritu (Gá 5). Jesús también enseñó a sus discípulos a "cumplir" la ley amando a Dios y a los demás como segura prueba de esta obediencia (Mt 22:34-40; *cf.* 7:12). Aquí es donde comienza el cristiano: obedeciendo a Jesús en el amor a Dios y a los demás, y sometiéndose al Espíritu.

Pueden, pues, aquellos que se sujetan al Espíritu y siguen a Jesús implicarse en conflictos internacionales? Se trata de una buena pregunta que los cristianos han de debatir en profundidad. ¿Cómo encaja la cruz de Cristo en el diseño general de Dios para el estilo de vida cristiano? ¿No es acaso "la propia negación" (ejemplificada en la cruz de Cristo) la norma fundamental de la vida cristiana? Esto es algo que hemos de considerar más a fondo de lo que lo hemos hecho.[19]

En segundo lugar, quiero también sugerir que la novedad de la era de Cristo y su don del Espíritu renueva el reino teocrático del Antiguo Testamento y elimina funcionalmente los pasajes veterotestamentarios sobre la guerra como paradigmas para la actividad cristiana.[20] Creo que esta es una implicación de la enseñanza de Pablo sobre la ley (que prescribía que Israel tenía que participar activamente en la guerra y que el Señor protegería a la nación) y del hecho de que Cristo la ha cumplido y sobreseído. Gálatas nos dice que Dios obra ahora con personas de todas las clases, que no actúa ya con criterios nacionalistas, y que el pueblo de Dios está formado por todos aquellos que creen, sean judíos o gentiles. Creo que este universalismo significa que Dios *no está ya comprometido exclusivamente con una nación*.

Esto significa que los principios veterotestamentarios sobre el hecho de que Dios está detrás de Israel (las ocasiones en que este actuó en contra de Israel pretendían suscitar su arrepentimiento, no vindicar a otras naciones) también han perdido su vigencia, puesto que Dios no está ya comprometido exclusivamente con una nación. En otras palabras, el mensaje del universalismo en Gálatas deroga efectivamente los conceptos bíblicos que subyacen tras el tema de la guerra (Israel es la nación de Dios y, por tanto, él lucha por ella). Llegamos aquí a una posible implicación (no pretendo tener toda la razón en esto) de la "suspensión de la ley" según Gálatas 3:25 y del modo en que esta se podría aplicar al cristiano que se plantea cómo debe participar en un determinado conflicto internacional.

En tercer lugar, la primera prioridad del cristiano es seguir a Cristo, evangelizar el mundo con las buenas nuevas del amor de Dios en Cristo (como hacía Pablo), y vivir una vida de sumisión al Espíritu. En las páginas del Nuevo Testamento no encuentro rastros de actividad militar como evidencia del Espíritu o de seguir a Cristo. ¿Significa esto que cualquier participación en un conflicto internacional es anticristiana? Mi idea, que propongo humildemente, es que los cristianos solo pueden implicarse en los conflictos internacionales como una extensión del llamamiento de Dios a seguir a Cristo, a vivir en el Espíritu y a evangelizar el mundo y,

---

19. Una obra desafiante en este sentido, aplicada al asunto de la guerra, es R. J. Sider, *Christ and Violence* (Scottdale, Pa.: Herald Press, 1979).
20. Quienes estén interesados en conocer un punto de vista distinto pueden ver la obra de P. C. Craigie, *The Problem of War in the Old Testament* (Grand Rapids: Eerdmans, 1978). Este autor ve las guerras del Antiguo Testamento como una revelación de la voluntad y actividad de Dios, pero no de su naturaleza moral.

además, solo en formas que estén en armonía con la cruz de Cristo y la voluntad revelada de Dios.[21]

¿Excluye esto el uso de la violencia y la directa participación en la lucha? Creo que sí. ¿Cómo puede un cristiano matar a otras personas por las que Cristo murió (que no son creyentes), o quitar la vida a otro creyente? En el último caso sería darle a César lo que es de Dios, mientras que en el primero sería darle lo que podría llegar a serlo. No hay escapatoria. Tras esta posición está el universalismo que se enseña en el libro de Gálatas, que, según yo propongo, erosiona las barreras sociales que se levantan en tiempos de conflicto internacional.

Hemos recorrido una considerable distancia desde el mensaje paulino de la justificación por la fe, que el apóstol apoyó apelando a la prioridad del pacto abrahámico. Aunque la implicación más importante de este pasaje es que la justificación es por la fe y no por observar la ley, vimos también que Pablo, con una lectura de la Biblia completamente nueva, "ponía a la ley en su lugar". En este pasaje, nuestro paso de aquel mundo al nuestro está condicionado por esta noción de Pablo sobre la ley. He defendido que Pablo era bastante radical en este sentido y que nosotros como cristianos necesitamos explorar sus implicaciones. Personalmente he intentado realizar una exploración de este tipo en el campo de la participación cristiana en los conflictos internacionales. ¡Quiera Dios guiarnos, por medio de su Espíritu, en nuestro deseo de vivir hoy como seguidores de Jesús!

---

21. Un ejemplo clásico es, naturalmente, el de Dietrich Bonhoeffer, quien, aunque era un hombre de grandes convicciones pacifistas, se implicó en la resistencia a Hitler hasta tal punto que le costó la vida.

Gálatas 3:26–4:7

Todos ustedes son hijos de Dios mediante la fe en Cristo Jesús, ²⁷ porque todos los que han sido bautizados en Cristo se han revestido de Cristo. ²⁸ Ya no hay judío ni griego, esclavo ni libre, hombre ni mujer, sino que todos ustedes son uno solo en Cristo Jesús. ²⁹ Y si ustedes pertenecen a Cristo, son la descendencia de Abraham y herederos según la promesa.

⁴:¹ En otras palabras, mientras el heredero es menor de edad, en nada se diferencia de un esclavo, a pesar de ser dueño de todo. ² Al contrario, está bajo el cuidado de tutores y administradores hasta la fecha fijada por su padre. ³ Así también nosotros, cuando éramos menores, estábamos esclavizados por los principios de este mundo.⁴ Pero cuando se cumplió el plazo, Dios envió a su Hijo, nacido de una mujer, nacido bajo la ley, ⁵ para rescatar a los que estaban bajo la ley, a fin de que fuéramos adoptados como hijos. ⁶ Ustedes ya son hijos. Dios ha enviado a nuestros corazones el Espíritu de su Hijo, que clama: «¡*Abba*! ¡Padre!». ⁷ Así que ya no eres esclavo sino hijo; y como eres hijo, Dios te ha hecho también heredero.

Sentido Original

En el contexto general del libro de Gálatas, esta sección representa el tercer argumento que Pablo ofrece a los creyentes de esta región a favor de su idea de que (1) tanto la aceptación de Dios como la continuidad de una relación con él (2) se basan en la fe (3) y están abiertas a toda clase de personas y, por otra parte, (4) el perfeccionamiento de esta relación no depende de la observancia de las obras de la ley. El apóstol declaró toda su hipótesis en 3:1-5. Su primer argumento estaba arraigado en el Antiguo Testamento (vv. 6-14), y el segundo era un "ejemplo sacado de la vida cotidiana" (vv. 15-25). Este tercer argumento procede del concepto de "filiación", que contiene otro "ejemplo de la vida cotidiana" (4:1-2) y termina con una apelación pastoral a ponerse de acuerdo con él (4:8-20). Esta apelación será el centro del próximo capítulo.

Esencialmente, el argumento a partir de la filiación puede expresarse así: (1) la fe en Jesucristo convierte a las personas en "hijos de Dios", y esto es válido para todos (3:28); (2) ser "hijo de Dios" significa ser también miembro de la descendencia de Abraham, por asociación con Cristo, quien es el descendiente de Abraham (v. 29). Puesto que los creyentes son miembros de la descendencia de Abraham, (3) son también "herederos según la promesa" (3:29). A continuación se sigue explicando e ilustrando esta conexión: fe →Hijo de Dios →descendencia de Abraham →heredero de la promesa, aludiendo a la institución humana del hijo que se convierte en un hombre adulto que hereda la promesa del padre. Esta analogía se compara con la historia de Israel: cuando Israel estaba bajo la ley, podía compararse con un hijo que, como un esclavo", siendo aún inmaduro no podía disfrutar todavía de los beneficios del estado adulto. Pero cuando Israel llegó a ser "adulto" (es decir, cuando Dios cumplió sus propósitos por medio de Cristo), fue liberado de su esclavitud a la ley, para convertirse en hijo con todos los privilegios (lo cual se aplica también a los gentiles). En todo este argumento Pablo subraya la cuestión del universalismo (*cf.* 3:26-28): los judaizantes habían limitado la aceptación de Dios a quienes eran judíos o se unían al judaísmo por la observancia de las obras de la ley; Pablo dice que Dios acepta a todas las personas en virtud de la fe en Cristo.

Creo que el argumento de Pablo procede de la experiencia bautismal de la iglesia primitiva (*cf.* v. 26) por la que se aprendía a llamar "Padre" a Dios (*cf.* 4:6-7 con 3:26-27) por la fe. Esta clase de experiencia nos hace conscientes de ser hijos de Dios. Sobre esta base, Pablo sostiene que la filiación implica ser heredero de Abraham y sus promesas. Este es el polémico punto de Pablo: si eres hijo de Dios por la fe (y lo sabes por la experiencia de llamar "Padre" a Dios), eres también heredero de las promesas hechas a Abraham; te has convertido en heredero por la fe, no por observar la ley. Arraigando una vez más su argumento en la experiencia de los gálatas, Pablo demuestra que han llegado a ser hijos de Dios y herederos de Abraham por la fe, no por las obras de la ley. El apóstol continua subrayando que esta fe es el medio de aceptación para todos (v. 28). Por tanto, los cristianos judaizantes han vuelto a entender mal las cosas. Las restricciones nacionalistas han sido eliminadas para quienes saben que la aceptación de Dios se produce por medio de la fe.

El argumento de Pablo en este pasaje es bastante fácil de entender. Tras afirmar que todos pueden ser hijos y herederos por la fe (vv. 26-29), el apóstol introduce una analogía (4:1-2) y la aplica a los gálatas (vv. 3-7). Puesto que Pablo consigna las ideas más importantes en 3:26-29, el comentario de esta sección se centrará en estos versículos.

Declaración de la tesis (3:26-29)

La principal tesis de Pablo es que los gálatas son hijos de Dios y herederos por la fe en Cristo (v. 26). Acto seguido, repite su argumento diciendo que todos los que han sido bautizados se han revestido de Cristo (v. 27). El hecho de que, en los versículos 26 y 27, Pablo estaba más preocupado por la palabra *todos*, se hace evidente con su explicación en el versículo 28: en Cristo no existen distinciones raciales, sociales o de género, puesto que todos son uno. La implicación de la "universalidad" de los versículos 26-28 se presenta en el versículo 29: aquellos que pertenecen a Cristo son descendientes de Abraham y herederos.

Declaración de filiación (v. 26). La expresión "todos ustedes" con que Pablo comienza es súbita y hasta cierto punto inesperada, ya que ha venido considerando a los cristianos procedentes del judaísmo y su experiencia de pasar de estar "bajo la ley" a "la vida en el Espíritu". No obstante, el modo en que Pablo pasa libremente de un grupo a otro más extenso (la iglesia universal), y a veces sin avisar, deja claro que, en última instancia, el apóstol no tiene en mente un nuevo judaísmo (es decir, una iglesia judía). De hecho, en 4:1-7 el enfoque queda difuminado, tanto que en ocasiones no podemos saber a qué grupo se refiere (*cf.* 4:6).

El uso de la frase "hijos de Dios" es importante para la experiencia de los gálatas, ya que estos aprendieron a llamar "Abba" a Dios en su conversión (4:6). Antes, Pablo había expresado que los que creen son "hijos de Abraham" (3:7), pero ahora señala que son "hijos de Dios". En Gálatas, Pablo solo utiliza esta terminología en 4:6-7, y bien podría ser que la analogía del hijo en los versículos 1-2 le haya inducido a la utilización de este término. Ser un "hijo de Dios" es una promesa especial de Dios para los últimos días y describe esta especial relación de intimidad que el pueblo de Dios puede tener con él (*cf.* 2Co 6:18). En la palabra "hijos", no hemos de ver alusiones "masculinas" o "varoniles". En las cartas de Pablo, el término "hijo" alude especialmente a judíos y gentiles (Ro 9:26) que han sido liberados de la ley (Gá 4:1-7), y que ahora viven por la fe en Cristo (3:7, 26) y en el Espíritu de la gloriosa libertad de Dios (*cf.* Ro 8:14), y que aguardan la redención final de Dios (Ro 8:19). La última cosa en la que Pablo pensaba cuando utilizaba el término *hijo* era en aludir a cuestiones de "masculinidad".

Nos acercamos más a la intención de Pablo cuando descubrimos su acento en la palabra *todos*, que en griego está en posición enfática al comienzo de la oración gramatical (ver 3:8, 22, 26, 28; 6:10). Se trata de un término que a los misioneros judaizantes les habría parecido especialmente discordante. Su causa era conseguir que aquellos convertidos "a medias" llegaran a serlo plenamente, persuadiéndoles a adoptar el código de Moisés para completar la instrucción de Dios. Ahora Pablo les dice que "todos" llegan a ser hijos de Dios por medio de la fe. El carácter "universal" del plan de Dios fue predicho hace ya mucho tiempo (v. 8) y, aunque este esperaba su cumplimiento en Cristo, la ley confinaba a "todos" bajo pecado (v. 22). Cuando Cristo vino y el pueblo creyó en él, "todos" llegaron a ser "uno", poniendo con ello fin a las restricciones nacionales que gobernaban la conducta judía (v. 28). Al formar parte del pueblo de Dios, los cristianos han de hacer bien a "todos" (6:10).

Reiteración de la filiación (v. 27). Al repetir su tesis de la filiación, Pablo establece varios comentarios paralelos, como muestra esta tabla.

Hijos de Dios	por medio de la fe	en Cristo Jesús
Unidos con Cristo	en el bautismo	
Revestidos de Cristo		

Lo importante para el análisis del versículo 27 es darnos cuenta de que, para Pablo, la fe se expresa inicialmente en el "bautismo" y la conversión en "hijos" como la experiencia bautismal de estar "unidos a Cristo" y "vestirnos de él". Pablo está posiblemente pensando que, puesto que Cristo es el Hijo de Dios, estar unido a él y vestirnos de él es el sentido esencial de la filiación.

Algunos, qué duda cabe, tendrán problemas con la observación de que, para Pablo, fe y bautismo son expresiones paralelas. Entre muchas iglesias libres del mundo, el bautismo ha adquirido una importancia secundaria y, muy a menudo, no es más que "un rito de entrada" a la iglesia. Aunque está claro que Pablo establece una diferencia fundamental entre ritos externos y realidad interna (*cf.* Ro 2:25-29; Fil 3:3; Col 2:11; *cf.* Gá 5:6) y puede incluso sugerir que bautizar no era su propósito (1Co 1:13-17), en la iglesia primitiva el bautismo *era la respuesta inicial y necesaria de la fe*. Naturalmente, el mundo de Pablo concedía más valor a los rituales que el nuestro y le daba más sentido.[1] No obstante, es muy peligroso hacer del bautismo "un mero ritual de entrada", ya que para los primeros cristianos era su primer momento de fe, y no se entendía la posibilidad de "creyentes

---

1. Sobre rituales y símbolos, ver el estudio fundamental de la antropóloga cultural Mary Douglas, *Purity and Danger: An Analysis of the Concepts of Pollution and Taboo* (Londres: Routledge Kegan Paul, 1966), y el estudio más reciente de B. J. Malina, *Christian Origins and Cultural Anthropology* (Atlanta: John Knox, 1986), 139-65.

no bautizados".[2] El bautismo no era necesario para la salvación, sin embargo, para la iglesia primitiva, la fe sin el bautismo no era fe. Los gálatas sabían esto, y por ello Pablo apeló a su experiencia.

Las ceremonias bautismales del primer periodo de la iglesia eran, de hecho, una expresión de la muerte con Cristo del que se bautizaba, y de su resurrección con él (así lo explica Pablo en Romanos 6:1-14). Su virtud simbólica era que representaba la salvación. Por otra parte, esta ceremonia se relacionaba frecuentemente con dos ideas morales: la destrucción del pecado y el revestimiento con una nueva vida (*cf.* Ro 13:12, 14; Ef 4:24; 6:11-17; Col 3:5-17).[3] La idea de "revestirse de Cristo" alude quizá a la temprana praxis cristiana de despojarse de la propia ropa y vestirse litúrgicamente con una túnica blanca, después de la ceremonia bautismal, simbolizando el abandono del pecado y el revestimiento con las virtudes de Cristo.[4]

Cabe observar una conexión más. Como se ha dicho anteriormente, la expresión "hijos de Dios" del versículo 26 es paralela a "bautizados en Cristo" y "revestidos de Cristo" del 27. Sugiero también que el bautismo de los gálatas (v. 27) fue el momento en que aprendieron a llamar a Dios "Abba" (*cf.* 4:6-7) y entendieron, por tanto, que todos eran "hijos de Dios" (3:26). Pablo está ahora preparado para expresar lo que quiere decir: los judaizantes están equivocados porque no se dan cuenta de que, en su bautismo, los convertidos gálatas supieron que eran hijos de Dios.

La explicación (v. 28). Antes de extraer su conclusión, Pablo hace una pausa para explicar lo que quiere decir cuando habla de "todos" en los versículos 26-27. En este pasaje, el apóstol establece sus imperativos culturales, sociales y de género. Estos se establecen "en Cristo Jesús", de manera que, en primer lugar, hemos de analizar esta expresión.

¿Qué significa estar "en Cristo Jesús"? En Gálatas esta idea se expresa de distintas maneras: "en Cristo" (1:22; 2:17), "en Cristo Jesús" (2:4; 3:14, 26; 5:6) y "en el Señor" (5:10). Algunas veces, "en Cristo" solo significa "por Cristo" (2:17; 3:14; 5:10), y en una ocasión transmite la

---

2. El análisis más completo del bautismo que he leído está en el libro de G. R. Beasley-Murray, *Baptism in the New Testament* (Grand Rapids: Eerdmans, 1962). Hay una descripción positiva de la "gracia del bautismo" en G. W. Bromiley, "Baptism", en *The Evangelical Dictionary of Theology,* ed. W. A. Elwell (Grand Rapids: Baker, 1984), 113-14. El autor hace un seguimiento de este artículo añadiendo otros sobre el bautismo de creyentes y el bautismo de infantes (pp. 114-17). El comentario de F. F. Bruce (*Galatians*, 185-87) contiene una buena exposición de estos asuntos en su relación con Gálatas.
3. Ver H. D. Betz, *Galatians*, 188-89.
4. Esto es lo que dice Justino Martir, *Diálogo con Trifón*, 116, ed. A. C. Coxe (AnteNicene Fathers; Grand Rapids: Eerdmans, 1979) 1:257.

relación especial que un grupo de iglesias locales tiene con Cristo (1:22). En los demás casos significa la "ubicación de los creyentes": estos están "en Cristo" (2:4; 3:26, 28; 5:6). A este uso se le ha llamado a veces el "'*en*' místico" de Pablo. Si lo que entendemos por místico no es simple o principalmente "extático", este término es apropiado, puesto que los cristianos han sido absorbidos en Cristo de modo que viven en él y a partir de una relación con él. Estar "en Cristo" es estar en comunión espiritual con él a través del Espíritu de Dios. Esta es una manera de definir qué es un cristiano: una persona que está "en Cristo". Aunque las ideas no son idénticas, ser "justificado" es una manera distinta de hablar de la misma realidad que se produce cuando se está "en Cristo". Ambas expresiones indican la nueva relación con Dios que Jesucristo trae por medio del Espíritu.

Aquellos que están "en Cristo Jesús" son los que creen en él, y estos proceden de toda clase social, nación y sexo. El problema que los judaizantes tenían con Pablo era que (en su opinión) el apóstol no edificaba correctamente la iglesia porque estaba borrando la línea entre judíos y gentiles. Su argumento era, sin duda, que esta línea había sido trazada por Dios mismo cuando llamó a Abraham (Gn 12). Pablo muestra ahora que la fe en Cristo borra este tipo de distinciones y ve, por ello, en la semilla del evangelio un árbol que lleva en su interior tres imperativos: uno cultural, uno social y uno de género.[5] Pablo va, pues, más allá de la situación en Galacia expresando lo que podría ser un antiguo eslogan cristiano al cual da su apoyo, aquí y en otros pasajes (*cf.* Ro 10:12; 1Co 7:17-28; 12:12-13; Ef 2:11-22; Col 3:5-11).[6] La revolución de Pablo comienza por medio de la obra de Cristo y la participación en él mediante la fe.

Los eruditos han observado a menudo que este versículo invierte una bendición judía que algunos judíos recitaban a diario: "Bendito sea Dios que no me hizo gentil, bendito sea Dios que no me hizo mujer, bendito sea Dios que no me hizo ignorante [o esclavo]" (*Tosefta Berakoth* 7:18). Esta es posiblemente una oración del primer siglo; tanto los judíos como otros pueblos establecían a veces las distinciones que subyacen tras las palabras de esta plegaria.[7] En cualquier caso, Pablo está sin duda respondiendo a esta degradante clasificación de los seres humanos.

---

5. Estas expresiones proceden de R. N. Longenecker, *New Testament Social Ethics for Today* (Grand Rapids: Eerdmans, 1984) y apuntan a su libro para un desarrollo más completo de cada uno de estos temas.

6. R. N. Longenecker (*Galatians*, 157) afirma que la "segunda y tercera líneas no tienen relevancia para el argumento inmediato de Pablo".

7. Sobre "otros pueblos" ver F. F. Bruce, *Galatians*, 187-88. Bruce alude a un texto de Tales de Mileto que habla de su gratitud a los dioses por no haber nacido bestia, mujer o bárbaro.

El imperativo cultural:⁸ "no hay judío ni griego". Se trata de un mandato que ya hemos tratado reiteradamente. Pablo se enfrentó a todo aquello que impusiera al evangelio una conversión cultural y nacional; nadie tenía que hacerse judío para convertirse en cristiano. Este sentimiento de singularidad nacional por parte de los judíos fue destruido por la sangre de Cristo (*cf.* Ef 2:13), que anuló de manera efectiva la maldición de la ley y su régimen (Gá 3:10-14; Ef 2:14-15). La nueva era trajo consigo (y en su poderosa estela) una revolución cultural. Las divisiones culturales no tienen parte en la iglesia de Jesucristo. Todos los seres humanos han de ser tratados según el amor de Dios en Cristo, no según su pasado cultural.

Huelga decir que el camino para la eliminación de este tipo de divisiones para los primeros cristianos fue escabroso y lleno de peligros. Pablo describe un ejemplo en Gálatas 2:11-14, y los judaizantes pretendían impugnar este punto esencial del evangelio. Pedro tuvo problemas en otros momentos (Hch 10:1-11:18), pero, finalmente, la iglesia de Jerusalén estuvo dispuesta a decir que Dios había "concedido [¡obsérvese el uso de este término!] a los gentiles el arrepentimiento para vida" (Hch 11:18).

El imperativo social:⁹ "no hay [...] esclavo ni libre". La esclavitud estaba muy extendida en el mundo antiguo, tanto entre los gentiles como entre los judíos. Generalmente era un fenómeno distinto del maltrato infligido a esclavos de otras razas que se produjo en los Estados Unidos entre los siglos XVII y XIX, aunque también había algo de ello. Según algunas estimaciones, en el mundo romano antiguo los esclavos representaban el treinta y tres por ciento de la población. Los esclavos llegaban a serlo por distintas razones: por venta directa, por deudas contraídas, por ser prisioneros de guerra y por nacimiento. Al parecer, los que eran tratados de manera ecuánime y amigable eran más una excepción que la regla. En el Antiguo Testamento se establecieron reglas de bondad para los esclavos (*cf.* Lv 25:39-55).

En el contexto de Gálatas, este imperativo social puede entenderse de dos maneras: como una afirmación social de la abolición de la institución de la esclavitud o como una declaración sobre la irrelevancia de esta institución en Cristo. En vista de 1 Corintios 7:21-24 y Filemón, parece más acertado entender que Pablo habla de la segunda opción: la irrelevancia de la posición social para ser aceptado por Dios y para la vida en el ámbito de la iglesia. Con la posición social sucede como con la cultura o la raza:

---

8. Ver R. N. Longenecker, *New Testament Social Ethics for Today*, 29-47; H. D. Betz, (*Galatians*, 190-92) aporta una gran cantidad de datos de trasfondo e ideas.
9. Ver R. N. Longenecker, *New Testament Social Ethics for Today*, 48-69; H. D. Betz, *Galatians*, 192-95.

hay distinciones, pero son irrelevantes. No obstante, el imperativo social explota con posibilidades sociales. "En Cristo", dice Pablo, el esclavo se convierte en nuestro "hermano" (Flm 16). Tanto libertos como esclavos tienen el Espíritu y están en el Cuerpo de Cristo (1Co 7:21-24). De hecho, es muy probable que en la iglesia primitiva los esclavos fueran dirigentes, y sus propietarios estuvieran sujetos a su autoridad en el contexto de la iglesia.[10] Como observa R. N. Longenecker: "Esta expresión está también cargada de implicaciones sociales. Y sin duda algunos de los primeros cristianos se daban cuenta, al menos hasta cierto punto, de la importancia para la sociedad de lo que estaban confesando".[11]

Aunque Pablo no estableció con esto ningún programa social, sí creó una atmósfera que, con el tiempo, llevó a la abolición de la esclavitud por todo el mundo. En la historia de la iglesia, varios movimientos (uno de los últimos fue el de los cuáqueros) lucharon por conseguir la abolición total de la esclavitud. Con la creciente corriente generada por el movimiento de los derechos civiles en las décadas de 1950–70 en los Estados Unidos, todo este asunto adquirió una nueva trascendencia para la iglesia. Aunque el progreso ha sido lento, mucho más de lo que debiera ser en la iglesia, ha habido progreso. Solo podemos pedir a Dios más valor para vivir nuestra vida de manera coherente con la "irrelevancia" de la esclavitud en Cristo. La clase social de las personas no tienen relevancia alguna sobre la obra de la iglesia.

El imperativo de género:[12] "no hay [...] hombre ni mujer".[13] Por alguna razón, el mandato de género ha sido más explosivo todavía que el cultural y el social.

---

10. F. F. Bruce (*Galatians*, 189) apunta a Onésimo, quien, aun siendo esclavo, es posible que hubiera llegado a ser obispo de Éfeso.
11. R. N. Longenecker, *New Testament Social Ethics for Today*, 51.
12. *Ibíd.*, 70-93; H. D. Betz, *Galatians*, 195-200. Ver también, K. R. Snodgrass, "Galatians 3:28—Conundrum or Solution?", en *Women, Authority and the Bible*, ed. A. Mickelsen (Downers Grove, Ill.: InterVarsity Press, 1986), 161-81, con respuestas de S. C. Stanley (pp. 181-88) y W. W. Gasque (pp. 188-92). Merece la pena leer todo este libro acerca del debate sobre el papel de la mujer en la iglesia. Desde el punto de vista más tradicional, ver el excelente ensayo de S. L. Johnson, "Role Distinctions in the Church: Galatians 3:28", en *Recovering Biblical Manhood and Womanhood: A Response to Evangelical Feminism*, ed. J. Piper y W. Grudem (Wheaton: Crossway, 1991), 154-64.
13. El patrón de Pablo se interrumpe aquí ligeramente. Mientras que en los dos primeros pares dice "no hay [...] ni", en este versículo dice "no hay hombre *y* mujer" (la NVI retiene el mismo patrón en español "no hay [...] ni"). Algunos han visto en este cambio una idea totalmente distinta, a saber, la completa eliminación de las distinciones de género. No obstante, es mucho más probable que este "y" proceda del texto (griego) de Génesis 1:27 que Pablo estaba citando, y por ello significa lo mismo que en los otros

Una vez más, hemos de observar que Pablo decía estas cosas en un determinado contexto histórico y social que creía claramente en la *inferioridad de las mujeres*. Ya sea que citemos textos del mundo grecorromano (el contexto gálata) o del ámbito judío (especialmente el contexto de Pablo y el de algunos gálatas), había una amplia convicción de que las mujeres eran inferiores. El historiador judío Josefo escribió, por ejemplo: "La mujer, dice la ley, es inferior en todo al hombre" (*Contra Apión*, 2.201). El programa de Pablo en el versículo 28 presupone este contexto. ¿Por qué si no mencionaría "ni hombre ni mujer" como el tercer par de cosas que han sido abolidos en Cristo?

Este principio de inferioridad se desarrolló de muchas maneras. Mencionaré solo algunas. A las mujeres se les hablaba de un modo rudo y condescendiente; no se les enseñaba la ley; tenían que cuidar de los niños; no se las consideraba como testigos válidos en los tribunales; es posible que en las sinagogas incluso se sentaran en zonas distintas de los hombres. Podría incluso trazarse un cuadro más sombrío. Personalmente no lo he hecho porque también soy consciente de que a las mujeres se les daba en ocasiones posiciones de liderazgo (por ejemplo, a Febe en Ro 16:1-2) y tengo la sospecha de que, en la práctica real, se las respetaba más de lo que sugiere la literatura que ha llegado hasta nosotros (ver la historia de Priscila en Hch 18).[14] Pero no son estas ideas positivas lo que hay tras el deseo de Pablo de ver caer los "pecaminosos" muros de la segregación de la mujer; tras sus palabras "no hay [...] hombre ni mujer" el apóstol se opone al trato de las mujeres como inferiores que se había desarrollado en las comunidades religiosas. Del mismo modo que no debía haber ninguna distinción por razones raciales y culturales o por cuestiones de posición social, tampoco tenía que haberla por prejuicios de género. Para quienes están en Cristo, los antagonismos, críticas, comentarios despectivos, sutiles insinuaciones y prejuicios manifiestos deben terminar, puesto que, en él, hombres y mujeres son uno. Creo que, como con la esclavitud, en el caso de las mujeres Pablo provee un programa que la iglesia y la sociedad tardarán años en implementar de manera adecuada y honorable delante de Dios.

---

pares. Ver F. F. Bruce, *Galatians*, 189-190. Pero lo que Pablo tiene en mente no es la relación del marido con su esposa, sino de los hombres con las mujeres en general.

14. Para conocer más datos y una juiciosa valoración de ellos, ver R. A. Tucker y W. Liefeld, *Daughters of the Church: Women and Ministry from New Testament Times to the Present* (Grand Rapids: Zondervan, 1987), esp. 19-87, sobre la época de Pablo. Ver también, B. Witherington III, *Women and the Genesis of Christianity*, ed. A. Witherington (Nueva York: Cambridge, 1990), un libro que resume sus dos anteriores obras académicas sobre el tema de la mujer.

La implicación (v. 29). Pablo concluye con una implicación de ser Hijos de Dios. Teniendo en cuenta que los creyentes gálatas están "en Cristo" y que Cristo es la descendencia de Abraham (v. 19), también los primeros son descendientes del patriarca. Y, si son descendencia de Abraham, también ellos heredarán la promesa del patriarca: una relación con Dios que supone su bendición y benevolencia. Pablo concluye, pues, que los judaizantes están equivocados por las intrínsecas conexiones que él explica: Abraham — fe — Cristo — descendencia de Abraham por la fe: tanto judíos como gentiles. Los judaizantes querían la promesa de Abraham, pero pensaban que debían seguir la ley de Moisés para ser objeto de ella; Pablo sabía, no obstante, que la promesa abrahámica se recibía por la fe. Para el apóstol, el hecho de que los creyentes gálatas supieran que Dios era su padre era prueba suficiente de ello.

La analogía y su aplicación (4:1-7)

La tesis de Pablo, que hemos desarrollado de un modo más detallado de lo habitual, se ilustra ahora con una analogía que después se aplica. Es posible que, hasta que Pablo no declara "lo que estoy diciendo es", no hayamos podido entender su lógica. Pero esto es lo que vemos en 3:26-29, donde establece su idea esencial de que la filiación demuestra que los judaizantes están equivocados. Los dos versículos siguientes (4:1-2) nos muestran el modo en que lo explica. Mientras es niño (hasta los veinte o veinticinco años), un hijo destinado a heredar una propiedad no es distinto de un esclavo, puesto que no puede heredar dicha propiedad hasta que llega a ser adulto. Durante este periodo está sujeto a la supervisión de "tutores y administradores", pero solo hasta el tiempo establecido por el padre para que se haga cargo de la herencia.

En los versículos 3-7, Pablo se sirve de esta analogía para decir algo sobre la historia de Israel que es casi idéntico a lo que ha afirmado en 3:15-25, a saber, que el "periodo de la infancia" representa el periodo de la ley y el de "la herencia" es el tiempo inaugurado por Jesucristo. Los derechos plenos (es decir, la libertad de la ley) no entran en vigor hasta la consumación de la obra de Cristo. El tiempo de la ley es un periodo de esclavitud; el de Cristo, de libertad. Lo que Pablo no dice, pero lo da a entender, es que el tiempo de esclavitud era un periodo de "obras de la ley" y el de Cristo es el periodo de la "fe".

Primera aplicación: estábamos esclavizados (v. 3). Con la expresión "cuando éramos menores", Pablo describe la vida de los judíos bajo la ley (y quizá la de los gentiles bajo "la ley escrita en sus corazones"). Pero

Pablo dice que estaban esclavizados "por los principios de este mundo". ¿Qué significa esta expresión?

El otro único lugar en que Pablo utiliza este término[15] es Gálatas 4:9, donde el apóstol describe una vuelta a la vida pagana con sus religiones tribales y nacionales (*cf.* v. 8) o a las leyes mosaicas sobre "días de fiesta, meses, estaciones y años". Podemos entender mejor el significado de la expresión "principios esenciales" comparándola con las dimensiones negativas de la era anterior que se describe en 3:15-25. Aquí debe aludir a la ley que vino tras la promesa (vv. 15-18), a su propósito de revelar el pecado (v. 19), a sus limitaciones temporales (v. 19), a su posición inferior por su necesidad de mediación (vv. 19-20), a su incapacidad de impartir vida (v. 21) y a su función encarceladora (vv. 22-25). Así pues, es mejor ver estos "principios" como una referencia a la ley en sus aspectos negativos y obsoletos.

Una vez más, los judaizantes se habrían sentido ofendidos con la idea más bien denigrante del apóstol sobre la ley. ¿Cómo puede Pablo —creo que podrían haberse preguntado— decir que la ley no es más que el abecé de la revelación de Dios? Creo que Pablo ha desarrollado este asunto con bastante tacto y minuciosidad, porque ve a Jesucristo como clímax de la revelación mosaica. Volviendo a la ilustración de la máquina de escribir, el primer periodo no es sino un tiempo en que los judíos teclearon el abecedario del plan de Dios en una máquina de escribir; la nueva era es una culminación de aquella máquina y se hace necesario un programa completamente nuevo, que comprende ¡no solo el abecedario, sino oraciones gramaticales, párrafos, capítulos y libros! ¡Aquella vetusta máquina de escribir (la ley) es un "principio elemental" en comparación con la plenitud de la era del ordenador (Jesucristo y el Espíritu de Dios)!

Segunda aplicación: fuimos hechos hijos (vv. 4-5). Del mismo modo que los padres establecían un periodo para que sus hijos maduraran y pudieran tomar posesión de la herencia, así también, cuando "se cumplió el plazo", Dios envió a su Hijo para que la herencia quedara disponible. La expresión "se cumplió el plazo" representa la finalización de los "principios esenciales" que se mencionan en el versículo 3. Dios envió a su Hijo, y este vivió bajo la ley (aunque no bajo el pecado) para llevar sobre sí la maldición de la ley, satisfacer la ira de Dios y redimir a quienes están bajo la ley. Cuando el Hijo cumplió esta tarea, la barrera que había entre Dios y las personas (y entre las personas entre sí), fue derribada y estas pudieron

---

15. La expresión griega es *hypo ta stoicheia tou kosmou* ("bajo los elementos básicos del mundo"). Su uso en Colosenses 2:8, 20 tiene obviamente distintos sentidos.

convertirse en "hijos de Dios" (v. 5). Su filiación es lo mismo que ser "dueño de todo" (v. 1), como mostrará Pablo.

Tercera aplicación: somos herederos (vv. 6-7). Ser "Hijo de Dios" significa tener el Espíritu de Dios, lo cual es la promesa de Abraham (3:14); esto es lo que querían también los judaizantes. El Espíritu de Dios capacita al Hijo de Dios para que clame "Abba". "Abba" es el término arameo que se traduce como "padre" y se convirtió en la palabra con que Jesús se dirigía a Dios (Mt 6:9-13; Mr 14:36).[16] En su oración, la iglesia primitiva siguió el lenguaje de Jesús; los primeros cristianos entendían, pues, que dirigirse a Dios como "Abba" era su rasgo característico. Les distinguía, como la circuncisión a los varones judíos, de un modo que les hacía darse cuenta de que eran "hijos de Dios".

Si, pues, los cristianos gálatas están llamando "Abba", a Dios, es porque son "hijos de Dios"; la capacidad de hacerlo es evidencia de ser hijo de Dios. Esto significa que no son ya "esclavos" que viven en la era pasada (y teclean una máquina de escribir). Y puesto que son hijos, tienen la herencia.

Ahora podemos rellenar según la lógica de Pablo los espacios en blanco que no ha especificado: puesto que los creyentes obtienen su herencia por la fe, no están sujetos al cumplimiento de las "obras de la ley"; los judaizantes se equivocan al querer imponer un mensaje que presenta una idea nacionalista de la obra de Dios, una idea que no debe seguirse.

Una vez más, hemos llegado al mismo punto: la aceptación de Dios se basa en la fe en Cristo y no en la observancia de la ley. Todo aquel que cree, sea judío o gentil, esclavo o libre, hombre o mujer, es aceptado por Dios. No obstante, los judaizantes han embaucado a los convertidos gálatas con la idea de que estos han de convertirse por completo al judaísmo, es decir, a los códigos culturales y religiosos de una determinada nación, para ser plenamente aceptables a Dios. Pero Pablo se mantiene firme en su mensaje de la gracia de Dios, por medio de Cristo, en el Espíritu, por la fe y para todos. Este ha sido su mensaje desde el principio. Pero, en esta ocasión, el apóstol ha usado otra imagen para llegar al mismo punto: la imagen de la filiación. Ha explorado el tema de la

---

16. El clásico estudio de esta cuestión lo llevó a cabo J. Jeremias, *The Prayers of Jesus* (Londres: SCM, 1967), 11-65. Ver también J. D. G. Dunn, "Prayer", en *DJG*, 618-19.

filiación y la experiencia de esta realidad que los gálatas conocían bien, para defender su postura.

¿Cómo aplicamos este tema de la *filiación* a nuestro contexto? El nuestro ha sido un tiempo profundamente influenciado por el que se ha llamado "Movimiento de la liberación de las mujeres". Personalmente estoy totalmente a favor de la "liberación de las mujeres" y de todos y todo, siempre que "liberación" signifique "esclavitud a Cristo" (Gá 1:10; *cf.* Ro 12:11; 14:18) y los unos a los otros en amor (Gá 5:13). Como cristianos hemos de identificarnos con la difícil situación de las mujeres a lo largo de la historia del mundo civilizado y entender el impacto que determinadas instituciones han tenido para que estas lleguen al lugar donde están. De hecho, desde el movimiento feminista se ha acusado a la enseñanza de la Biblia —y Pablo no se libra— de promover y perpetuar la opresión de las mujeres. Aunque los comentaristas feministas de la Escritura alaban la "percepción" de Pablo en 3:28, señalan también que ni el apóstol (ver 1Co 14:34-35; Ef 5:22-33; 1Ti 2:8-15) ni otros autores del Nuevo Testamento entendieron plenamente las implicaciones de este llamamiento a la liberación. Argumentan que a la iglesia le llevó mucho tiempo entender la igualdad de las razas (y poner fin a la esclavitud) y que lo mismo está sucediendo en el caso de las mujeres: se está retrasando demasiado su liberación de la servidumbre impuesta por el dominio de los hombres y de un mundo patriarcal.

¿Por qué sacar esto a colación? Porque estos mismos críticos del mensaje bíblico sostienen que llamar "hijos" (en masculino) de Dios a los cristianos denota también una actitud patriarcal, condescendiente y expresiva de una cosmovisión marcada por la dominancia masculina. Dicen que no quieren que se les llame hijos sino hijas, porque no son varones.

Dios, sostienen ellos, no es un "varón"; así que instan a las personas sensibles a abandonar el "lenguaje machista" que Dios utilizó en la Biblia acomodándose a la cultura de aquel tiempo y a que este tipo de expresiones se traduzcan con términos que no denoten un determinado género. Esto es exactamente lo que la NVI hizo en 3:7 al traducir "descendientes" [la NIV tradujo *"children"* que es un término genérico para niños, en lugar de *"sons"* que alude a los hijos varones. N. del T.]. ¿Qué deberíamos hacer con esta cuestión?

Quiero decir dos cosas, la primera sobre cuestiones de *traducción* y la segunda sobre *sensibilidad*. En nuestra última sección intentaré "actualizar" para nuestro mundo el mensaje de Pablo sobre filiación. En primer lugar, el asunto de la *traducción*. ¿Cuál sería una traducción aceptable del término *huios* ("hijo"), que alude a un hijo varón? Esta palabra no alude a una chica, y es distinta del término "niño" (que describe mayormente la etapa del desarrollo de una persona). Además, había algo en la referencia a un hijo que no se habría transmitido mediante el término "descendientes" o "hija", a saber, los privilegios inherentes de entrar en el estadio adulto como un hombre y heredar las propiedades de un padre (en un mundo patriarcal). Por tanto, al optar por el término "descendientes" (como hace la NVI en 3:7) se pierde algo. ¿Es mejor perder una parte del significado para no resultar ofensivo? Creo que no, al menos no en este caso. Por este camino llegamos a un punto en que la traducción deja de ser traducción para convertirse en "actualización", "paráfrasis" o "contextualización".

Estoy totalmente a favor de todas estas maniobras cuando se trata de la interpretación y aplicación de los textos; sin embargo, no soy partidario de traducir ningún texto de manera que distorsione el mensaje original. Por importante que sea para nosotros hacer que el evangelio sea relevante, llegados a un punto no podemos alterar su mensaje para que lo sea. Creo que esto se aplica al asunto de la filiación en Gálatas. Aunque me molestan mucho el patriarcado y el machismo, no creo que el modo de erradicarlos de la sociedad pase por hacer una nueva traducción de los textos antiguos para dar la impresión de que estas cosas nunca existieron. Personalmente preferiría ver "notas a pie de página" o recursos especiales (p. ej., el uso de mayúsculas para suscitar una sensibilidad hacia este asunto: la expresión HIJOS DE DIOS sería "no sexista" en cuanto a sus implicaciones) en las traducciones populares, especialmente en las Biblias que se colocan en los bancos de las iglesias, que llaman la atención sobre cuestiones apremiantes para la iglesia de nuestro tiempo.

En segundo lugar, el asunto de la *sensibilidad*. Habiendo dicho que prefiero no traducir de nuevo toda la Biblia para eludir cualquier indicio de patriarcado, quiero subrayar también la importancia esencial de que los cristianos sean sensibles y tan "no sexistas" en su lenguaje como sea posible (con la salvedad que acabo de mencionar). No solo deberíamos ser sensibles, sino también cambiar las estructuras necesarias para que desaparezca la opresión sobre las mujeres, del mismo modo que hemos estado activamente en contra de cualquier prejuicio cultural y racial.

Así pues, pasar a nuestro mundo con el mensaje paulino de la filiación significa, antes que nada, entender la retórica del patriarcado y la dominación de los hombres, al tiempo que respectamos lo que la traducción es de hecho. Hemos, pues, de descubrir lo que significaban "la filiación" y "la herencia" para el mundo judío (y en el contexto de Gálatas), para poder entender claramente lo que Pablo quería decir. Repitiendo lo que he dicho ya en las notas de la sección "Sentido Original", el término hijo no indica necesariamente "masculinidad" en el sentido "machista". En este punto muchos comentaristas, algunos de ellos feministas, se pierden: comienzan hablando de lo que el término "hijo" significa hoy, o de lo que quiere decir en su mundo patriarcal reconstruido, y proceden después a mostrar el machismo que puede haber en el texto.

Sin entrar en el evidente patriarcado del mundo antiguo, sigo manteniendo que el estudio de una palabra y sus derivados no debe hacerse buscando lo que esta significa en nuestro mundo o lo que puede significar en una sociedad patriarcal. Lo que hemos de hacer es ver cómo Pablo la utiliza (en este caso "*hijo*") para, a continuación, *trazar las conexiones y connotaciones que el apóstol proporciona a sus lectores*. Estas son las ideas en las que nos centraremos. Estoy convencido de que, para Pablo, la palabra "hijo" no tiene los sentidos que muchos feministas le atribuyen. Naturalmente, esta procede de un mundo patriarcal en que a los hombres se les consideraba superiores a las mujeres, y a los hijos superiores a las hijas. Sin embargo, y esto es lo que quiero decir, *suposiciones aparte*, Pablo no alude a estos aspectos del significado, sino a otros menos patriarcales y más positivos.

La *filiación* de la que habla Pablo expresa la especial intimidad que el pueblo de Dios puede tener con él, la libertad que las personas experimentan de la servidumbre de la ley y de su maldición, así como la llenura del Espíritu que Dios hace posible. Por otra parte, el tema de la filiación habla también de la esperanzada actitud del creyente (¡hombre o mujer!) que aguarda la plenitud de la salvación que se producirá cuando el hermano tiempo dé a luz a la hermana eternidad. Estas son las ideas que hemos de explorar al pensar en nuestra filiación en Cristo. Al aplicar el mensaje de la filiación, hemos de ser rigurosos desde un punto de vista histórico, y sensibles desde una óptica pastoral, expresando una idea muy patriarcal de un modo que no ofenda nuestras sensibilidades y que trate aquellos aspectos que son significativos para el autor.

Un segundo rasgo del texto que llama la atención del lector es el acento en "*todos*", el tema del universalismo, en la sección proposicional de su argumento (3:26-29). En ningún otro lugar de Gálatas explica Pablo la inmensidad del amor de Dios para todos. En el v. 26 afirma que "todos" son hijos de Dios, en el v. 27, que "todos" han sido unidos a Cristo, y en el v. 28 declara directamente: "... ya no hay judío ni griego, esclavo ni libre, hombre ni mujer, sino que *todos* ustedes son uno solo en Cristo Jesús"

(v. 28, cursivas del autor). Independientemente de quién seas, si crees, heredarás las promesas abrahámicas (v. 29).

¿Cómo trasladamos a nuestro mundo este mensaje de universalismo? Ya hemos aplicado el universalismo de Pablo a nuestro tiempo en las áreas del racismo (el imperativo social del versículo 28) y del denominacionalismo (el mandato cultural y social del versículo. 28). A continuación vamos a explorar un ámbito del universalismo de Pablo que todavía no hemos explorado, a saber, el mandato de género del versículo 28: "ya no hay [...] hombre ni mujer".

He observado varias formas de aplicar a nuestro mundo los textos neotestamentarios sobre las mujeres.[17] Al primero le llamamos *acercamiento de la "condena y desestimación"*. Este punto de vista parte de la conclusión de que los textos del Nuevo Testamento son casi exclusivamente machistas (la mayoría, no obstante, excluyen lo que dice el v. 28 afirmando más de lo que realmente enseña este versículo) con lo cual han de ser condenados como un producto de su tiempo. Tras aprender las lecciones que tienen que enseñarnos sobre la opresión, estos textos han de ser, por tanto, rechazados. La mayoría de los lectores considerarán que este punto de vista tiene muchos problemas para mantener una firme comprensión de la teología evangélica, y por ello la mayoría de los evangélicos han rechazado este acercamiento.

Hay un segundo modo de abordarlo, que llamaré *posición de la igualdad mutua pero subordinación funcional*. Este es el punto de vista tradicional, propugnado a lo largo de la historia de la iglesia. Para quienes sostienen este punto de vista, el Nuevo Testamento enseña tanto la igualdad ante Dios en cuanto a posición (v. 28) como la subordinación funcional con respecto al rol (p. ej., 1Ti 2:11-15). Los proponentes de este acercamiento ven, por tanto, dos corrientes en el Nuevo Testamento que, según entienden, son compatibles, postulando que, aunque Dios acepta a mujeres y hombres sobre la misma base de su la fe en Cristo, esta aceptación no incide en la diferenciación social ni en los distintos roles para los sexos. De ello se deduce que los roles de las mujeres en la iglesia se ven casi siempre reducidos drásticamente por este punto de vista.

Una tercera perspectiva puede llamarse de *la liberación evangélica y femenina*. Aunque este punto de vista quiere sujetarse a la Escritura (a diferencia del primer acercamiento), también reconoce los condicionamientos culturales del texto del Nuevo Testamento y desea eliminarlos cuando

---

17. Puede encontrarse una guía fácil de leer y completa para los estudios modernos en la obra de R. A. Tucker y W. Liefeld, *Daughters of the Church*, 401-34.

traslada la verdad de Dios a nuestro mundo moderno. Por otra parte, bajo este enfoque hay un reconocimiento de que nuestra sociedad es considerablemente distinta de la de Pablo.

¿Cómo deberíamos proceder? Quiero sugerir un modelo que puede ser compatible, en un principio, tanto con el segundo acercamiento como con el tercero. En primer lugar, hemos de documentarnos sobre el mundo antiguo (¿cómo era la vida de las mujeres en el mundo mediterráneo?) y sobre los propios textos del Nuevo Testamento. Hemos de entender *lo que el texto quería decir en aquel mundo* antes de pensar en trasladarlo al nuestro. En las últimas décadas se ha trabajado mucho en este ámbito.[18] Esta serie de comentarios se basa en el presupuesto de que el mundo antiguo no es el mismo que el nuestro, y que la aplicación del texto antiguo a nuestro mundo requiere una paciente tarea de carácter histórico que nos permita discernir lo que este significaba.

Otra parte de este paso consiste en realizar un análisis muy cuidadoso de lo que Pablo dice sobre las mujeres. Con mucha frecuencia, los lectores de la Biblia y los comentaristas profesionales (que deberían al menos saber que existe una mejor opción) deciden que un texto es superior a otro y hacen que una serie de pasajes encaje en sus interpretaciones de otra serie. Sobre este asunto en particular, algunos consideran que Gálatas 3:28 es la verdad más importante de Pablo sobre la mujer, hacen encajar textos como 1 Corintios 14:34-35 y 1 Timoteo 2:11-15 en el marco que establece este texto, y acaban convirtiendo a Pablo en el primer feminista. Otros se mueven en la dirección contraria y sacan tanto el zumo de Gálatas 3:28 que este texto acaba por no decir absolutamente nada nuevo (Dios ama a todas las personas). La única manera legítima de hacer teología bíblica seria es creyendo todos los textos y acomodándolos en un todo razonable. Por lo que respecta al versículo 28, si queremos analizar debidamente el punto de vista de Pablo sobre las mujeres, hemos de decir que, para Pablo, la "igualdad en Cristo" no implica necesariamente la "eliminación de distinciones de roles" para su tiempo.

---

18. La obra más reciente sobre esta cuestión es la de R. C. Kroeger y C. C. Kroeger, *I Suffer Not a Woman: Rethinking 1 Timothy 2:11-15 in Light of Ancient Evidence* (Grand Rapids: Baker, 1992). Un fallo concreto de la obra citada anteriormente de J. Piper y W. Grudem, *Recovering Biblical Manhood and Womanhood,* es que no dedican secciones a las mujeres en el mundo antiguo, ni tratan en detalle los problemas de pasar datos de la antigüedad a nuestro mundo.

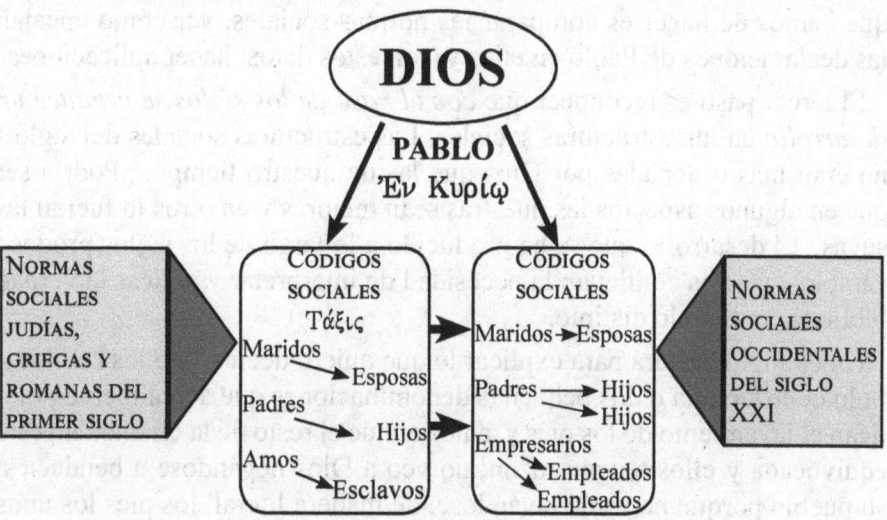

En segundo lugar, este trabajo realizado de investigación histórica nos obliga a *comparar nuestras sociedades con las de aquel tiempo* y, en particular, el papel que desempeñaban las mujeres en el mundo antiguo con el que desempeñan en nuestro mundo y, en este sentido, el mundo moderno difiere considerablemente. Para ello hemos de leer libros sobre nuestra cultura y sobre el papel que desempeñan las mujeres en ella.[19] Con una buena idea de ambos mundos, hemos de compararlos, ver cómo "encaja" (o no) en nuestro mundo la enseñanza de Pablo y, a continuación, comenzar a trabajar para aplicarla. En la primera fase descubrimos rápidamente que, en aquel mundo, el papel de la mujer era distinto del que desempeña en nuestro tiempo. Nos damos cuenta de que el Nuevo Testamento y Pablo estaban influenciados por las normas sociales vigentes (muchos dicen que Pablo alude a este tipo de cosas en 1Co 11:2-16) en el mundo judío, griego y romano, que les llegaban como verdades y convenciones obvias. Hoy consideramos impropio (en la mayor parte del mundo occidental) que los hombres lleven túnicas; sin embargo, los hombres africanos no lo ven igual y se visten con atuendos que nos parecen completamente femeninos, desde nuestro punto de vista. A veces miramos estas cosas en términos de bueno o malo, correcto o incorrecto, cuando, de hecho, no son sino convenciones sociales, reglas por las que nos movemos. Este orden de la sociedad de Pablo se consideraba como un ordenamiento según la disposición providencial de Dios, y vemos lo mismo en nuestro mundo. Lo

---

19. Una antología de escritos ampliamente aceptada, aunque ahora ligeramente anticuada, es N. Glazer y H. Y. Waehrer, eds., *Woman in a Man-Made World: A Socioeconomic Handbook* (Chicago: Rand McNally, 1977).

que hemos de hacer es comparar las normas sociales, ver cómo encajan las declaraciones de Pablo en ellas y, con estos datos, hacer aplicaciones.

El tercer paso es reconocer que *con el paso de los siglos se produce un desarrollo* en las estructuras sociales. Las estructuras sociales del siglo I no eran más ordenadas por Dios que las de nuestro tiempo. ¿Podría ser que en algunos aspectos las nuestras sean mejores y en otros lo fueran las suyas? El desarrollo que se ha producido a lo largo de los siglos produce cambios, y estos conllevan la necesidad de interpretar y aplicar la verdad bíblica a un mundo distinto.

Un ejemplo bastará para explicar lo que quiero decir sobre los cambios. Solo conozco una o dos pequeñas denominaciones que actualmente practican el lavamiento de los pies y, a no ser que el resto de la cristiandad esté equivocada y ellos tengan razón, no veo a Dios negándose a bendecir a su pueblo porque no estén lavándose, de manera literal, los pies los unos a los otros. Naturalmente, Jesús ordenó esta práctica (Jn 13:12-17) y, por supuesto, se practicaba en la iglesia primitiva (1Ti 5:10; Agustín, *Cartas* 119.18). A pesar de las directas palabras de Jesús y del testimonio de la iglesia primitiva sobre la obediencia a sus palabras, los cristianos de diversos periodos y lugares no tienen problemas para desecharlo como una costumbre de un mundo antiguo que en nuestro tiempo puede aplicarse de otras formas. Concretamente, a mí se me enseñó que acoger con actitud hospitalaria a las personas es un equivalente. De la misma manera, se nos enseñó a levantarnos cuando alguien entra en nuestra casa, saludarle y hacer lo necesario para que tal persona se sienta cómoda (hacernos cargo de su sombrero y abrigo, prepararle un café o un té, etc.). Creo que esto es correcto. Pero lo que hacemos en el proceso de interpretación es eliminar una orden explícita de Jesús y sustituirla por un equivalente cultural.

La clave aquí es la expresión "equivalente cultural". Otros ejemplos pueden ser la aceptación de que las mujeres se pongan joyas (¡solo hace falta ir el domingo a la iglesia!), aunque Pedro lo prohibió (1P 3:3-6), y nuestra completa indiferencia a los comentarios de Pablo sobre el fundamento teológico del pelo corto para los hombres y largo para las mujeres (1Co 11:2-16). Sugiero que aplicar los textos sobre el papel de la mujer comporta un proceso parecido: un concienzudo estudio bíblico y sociológico de las mujeres en el mundo antiguo, las cartas paulinas y nuestro mundo; una cuidadosa comparación de los roles de las mujeres en ambos mundos; una identificación de los cambios y desarrollos; y la búsqueda de equivalentes culturales.

Hablar de desarrollo y cambio nos lleva también a una idea más, a saber, la de desarrollar progresivamente lo que dice Pablo. Conozco a pocas personas que consideren que la esclavitud es correcta. Pero es evidente que Pablo no pensaba que fuera totalmente errónea; por ello animaba a los esclavos a seguir siéndolo y ordenaba a los amos a dar un trato amable a sus esclavos. Evidentemente, no pensaba que el evangelio hubiera introducido una revolución social mediante la abolición de la esclavitud. Y sin embargo, para el hombre moderno, la esclavitud es errónea. La mayoría de los comentaristas cristianos opinan que la Biblia enseñaba una idea más benévola de la esclavitud que la que se practicaba en el mundo antiguo (lo cual es, sin duda, cierto en términos generales) y que las palabras de Pablo en el versículo 28 constituyen la afirmación que, con el tiempo, conduciría a la abolición de la esclavitud. Estos comentaristas ven un desarrollo progresivo de la formulación de la voluntad de Dios, y entienden que solo se refleja en la Biblia una parte de esta progresión. Puede que lo que Pablo dijo en el versículo 28 sobre las mujeres se desarrolle en la historia del mismo modo que lo hizo su afirmación sobre la esclavitud. Podría ser que, igual que los humanos han sido liberados de la terrible condición que supone ser propiedad de otros humanos, también las mujeres lo sean de su esclavitud a la inferioridad social.

Creo que estos son los pasos que hemos de dar antes de poder hablar sobre el papel de las mujeres en la iglesia, antes de aplicar verdadera y responsablemente la afirmación de Pablo en Gálatas 3:28 a nuestro mundo. Lo que veremos es que los condicionamientos culturales del mundo antiguo llevaron a Pablo a aplicar su idea de la igualdad entre mujeres y hombres de maneras que no fueran perjudiciales para la predicación del evangelio (de ahí sus restricciones en 1Co 11:2-16 y 1Ti 2:11-15). Pero, con el cambio de estas condiciones culturales, sus aplicaciones también habrían cambiado; mi idea es, pues, que las palabras del versículo 28 representan una afirmación fundamental para el acercamiento de Pablo a esta cuestión y que deberían serlo también para el nuestro.

En esta sección hemos considerado dos cuestiones: la filiación y la igualdad de las mujeres según Gálatas 3:28. En el siguiente apartado, me centraré en la filiación y buscaré aplicaciones para la enseñanza de Pablo a nuestro mundo. La anterior exposición sobre la mujer bastará para lo que nos ocupa (puesto que tenemos una obvia limitación de espacio y ya hemos establecido la dirección general que necesitamos para las aplicaciones). No olvidemos que el pasaje que estamos considerando trata de la filiación.

Comencemos con una *nueva idea de la filiación*. Como ya he dicho antes, para que este mensaje sea pertinente para nuestro mundo hemos de ser sensibles al lenguaje sexista. Mi propuesta es, pues, que, aunque retengamos el término "hijo", lo hagamos despojándolo de toda connotación de género. Ser "hijo" de Dios no significa ser "varonil" o "masculino", sino:

Tener una relación íntima con Dios. En nuestro mundo, ser "hijo de Dios" no se equipara a tener una relación "íntima con Dios". Sin embargo, para Pablo, un "hijo de Dios" es alguien que aprende a llamar *Abba* a Dios por cuanto ha impartido su Espíritu a sus hijos. Llamar a Dios *Abba* es utilizar el lenguaje familiar más íntimo del mundo judío. *Abba* era la primera palabra que aprendía un niño judío (junto con *imma*, "mamá"), y puede traducirse "papá". Aunque "papá" sería una traducción correcta, este término conlleva también otros aspectos; no es únicamente la expresión del lenguaje de un niño. En el judaísmo, el padre, el *abba*, era también una figura llena de autoridad dentro de la familia, y a los niños se les enseñaba a no estar nunca en desacuerdo con él y a honrarle siempre. Por tanto, el término *abba* no alude solo a los balbuceos de un niño, ni al lenguaje de los pequeños jugando y hablando tiernamente con su padre; es también la palabra que usaban los judíos para referirse a la relación con sus padres y que implicaba tanto intimidad relacional como un decoroso respeto.

Un "hijo de Dios" es alguien que se relaciona con Dios con amor y respeto a la vez. Desarrollamos una relación íntima con Dios a través de la oración, una oración que explora la relación que Dios mantiene con nosotros, y nosotros con él, que confía y se hace vulnerable a la promesa y segura palabra de Dios, y que está diseñada para que vivamos ante él de manera obediente y amante. Desarrollamos una relación íntima con Dios mediante un estilo de vida que permanece en constante conversación con Dios. En lugar de perder el tiempo pensando en cosas fugaces mientras conducimos, andamos o lavamos los platos, podemos pasarlo hablando con Dios y escuchándole hablarnos como hijos que somos. Podemos orar y aprender a conocer a Dios.

También desarrollamos una relación íntima con Dios leyendo su Palabra, creyéndola, obedeciéndola y compartiéndola con los demás. Pero principalmente, aprendemos a vivir en intimidad con Dios confiando en él y aprendiendo, a través de esta confianza, que él es amante y bueno. Dios desea que le deseemos. Se deleita en este deseo, y nosotros acabamos deleitándonos en su deleite. La esencia de la intimidad con Dios es deleitarnos en su amor, y esto es lo que significa ser hijo de Dios.

Ser libre de la maldición de la ley. Ser hijo de Dios significa que nosotros (judíos y gentiles) hemos sido liberados de la maldición de la ley, que hemos sido trasladados del periodo a.C. al d.C. (¡¿Volveré a hablar de máquinas de escribir y ordenadores?!), y que hemos dejado la época de los tutores y administradores para ser guiados por el Espíritu de Dios. Creo que en esta cuestión las analogías nos serán de ayuda.

Como padres, supervisamos de cerca a nuestros hijos pequeños, sabiendo que son demasiado irresponsables como para tomar buenas decisiones. Naturalmente, cada padre tiene una idea distinta sobre cuándo es el mejor momento para que sus hijos puedan comenzar a tomar sus decisiones, pero no estoy hablando aquí de estar encima de nuestros hijos cuando van a la universidad, se casan e inician su vida profesional. Cuando nuestros hijos son pequeños, les ayudamos a subir las escaleras para evitar que resbalen y puedan caerse; les acompañamos hasta la parada del autobús para que no vayan solos por la calle; vamos con ellos a las actividades deportivas para que otros no abusen de ellos; supervisamos sus deberes para que los terminen a tiempo; nos sentamos junto a ellos en el automóvil (como hemos hecho recientemente con nuestra hija Laura) para que aprendan a conducir responsablemente y a no asomarse por la ventanilla para saludar a sus amigos, y otras muchas cosas de este tipo. Es normal que los niños se cansen de que se les controle y se sientan bien cuando llegan a la escuela (lejos de sus padres), cuando van a campamentos de verano, cuando comienzan la universidad y cuando finalmente abandonan el hogar y se independizan completamente. Este sentimiento de alivio del control y constante corrección paterna se parece a lo que Pablo quiso decir cuando habló de ser un "hijo de Dios". Un "hijo de Dios" es alguien que ha sido liberado del cuidado tutelar y se ha relajado con la guía del Espíritu de Dios.

No siente ya la culpa de verse como un pecador delante de Dios, ni el temor de su terrible ira, o de saberse bajo su maldición; esto es lo que significa ser "un hijo de Dios". Cualquiera que siente su perdón delante de Dios, que sabe que ha pasado a formar parte de su gran familia, que sabe que la ley no puede condenarle porque Cristo ha absorbido su maldición, es un "hijo de Dios". Somos hijos de Dios solo porque Cristo, el Hijo de Dios, nos ha hecho parte de su familia muriendo por nosotros.

Ser guiado por el Espíritu de Dios. Puesto que hemos llegado a ser sus hijos, Dios ha enviado su Espíritu a nuestros corazones. Dudo mucho que podamos saber el orden en que suceden estas cosas: la conversión es un acontecimiento complejo en el que Dios obra y nosotros respondemos y, por ello, experimentamos ciertas bendiciones. Estas bendiciones pueden definirse de muchas maneras. Antes que nada, Pablo recurrió al antiguo vocabulario para describir lo que había sucedido; utilizó términos como salvación, justificación, reconciliación y propiciación (extraños para nosotros). Pero, esencialmente, lo que sucedió fue que Dios "restableció nuestra relación con él" y nos "aceptó" (términos que entendemos mucho mejor).

El gran regalo que Dios nos dio por cuanto somos sus hijos es el del Espíritu. Pablo dice que todos los que son hijos son "guiados por el Espíritu" (Ro 8:14). Aunque en Gálatas Pablo no conecta directamente "filiación" con ser "guiado por el Espíritu", piensa, sin duda, que son cosas relacionadas porque ve a los cristianos como hijos (Gá 3:26-4:7), y como aquellos que están "bajo el Espíritu" (5:16-26). Un hijo de Dios es, pues, alguien que vive "guiado por su Espíritu".

A los legalistas les guía la ley; a los hedonistas, sus deseos; los materialistas son guiados por sus posesiones. Pero los hijos de Dios, los cristianos, son guiados por el Espíritu. Lo que mueve sus acciones, aviva sus emociones, guía su conducta y determina sus carreras es el Espíritu de Dios. Por otra parte, los hijos de Dios no sienten temor ni se preocupan con la cuestión de dónde les llevará el Espíritu.

Saben que el Espíritu de Dios les conducirá de manera perfecta a la voluntad y bendición de Dios, de modo que le siguen confiados y gozosos.

¿Eres "hijo de Dios"? ¿Tienes acaso una relación íntima con él, has sido liberado de la terrible maldición de la ley y eres guiado por el Espíritu de Dios? Puedes serlo por la fe. "Todos ustedes son hijos de Dios mediante la fe en Cristo Jesús" (v. 26).

Gálatas 4:8-20

Antes, cuando ustedes no conocían a Dios, eran esclavos de los que en realidad no son dioses. ⁹ Pero ahora que conocen a Dios —o más bien que Dios los conoce a ustedes—, ¿cómo es que quieren regresar a esos principios ineficaces y sin valor? ¿Quieren volver a ser esclavos de ellos? ¹⁰ ¡Ustedes siguen guardando los días de fiesta, meses, estaciones y años! ¹¹ Temo por ustedes, que tal vez me haya estado esforzando en vano.

¹² Hermanos, yo me he identificado con ustedes. Les suplico que ahora se identifiquen conmigo. No es que me hayan ofendido en algo. ¹³ Como bien saben, la primera vez que les prediqué el evangelio fue debido a una enfermedad, ¹⁴ y aunque ésta fue una prueba para ustedes, no me trataron con desprecio ni desdén. Al contrario, me recibieron como a un ángel de Dios, como si se tratara de Cristo Jesús. ¹⁵ Pues bien, ¿qué pasó con todo ese entusiasmo? Me consta que, de haberles sido posible, se habrían sacado los ojos para dármelos. ¹⁶ ¡Y ahora resulta que por decirles la verdad me he vuelto su enemigo!

¹⁷ Esos que muestran mucho interés por ganárselos a ustedes no abrigan buenas intenciones. Lo que quieren es alejarlos de nosotros para que ustedes se entreguen a ellos. ¹⁸ Está bien mostrar interés, con tal de que ese interés sea bien intencionado y constante, y que no se manifieste sólo cuando yo estoy con ustedes. ¹⁹ Queridos hijos, por quienes vuelvo a sufrir dolores de parto hasta que Cristo sea formado en ustedes, ²⁰ ¡cómo quisiera estar ahora con ustedes y hablarles de otra manera, porque lo que están haciendo me tiene perplejo!

Pablo es un buen pastor y por ello no puede esperar hasta el final de su "sermón" para hacer ciertas aplicaciones. Aunque tiene que desarrollar otro argumento (4:21-31) para presentar el asunto completo, el apóstol aborda la relevancia de sus argumentos hasta este instante. Pablo ha explicado la naturaleza de los pactos (3:15-25) a partir del Antiguo Testamento (3:6-14) y de la filiación (3:26–4:7). Nuestra sección, la aplicación, forma parte del argumento de la filiación, pero se extiende más allá de esta cuestión para convertirse en una aplicación de todo el argumento.

Esta sección puede dividirse claramente en dos secciones (desiguales): (1) el problema (vv. 8-11) y (2) la petición (vv. 12-20). La petición es más bien aleatoria y emocional. En ella Pablo apela a su propio ejemplo y a su papel en su vuelta al judaísmo (vv.12-16); a continuación, el apóstol explica lo que está sucediendo en Galacia (vv. 17-18) antes de hacer un nuevo llamamiento a los cristianos en un tono más emocional (vv. 19-20).

El problema (vv. 8-11)

En otros pasajes, Pablo describe el pasado de sus convertidos gentiles en términos nada positivos (*cf.* Ro 8:9-11. 1:18-23; 1Co 12:2; Ef 2:11-13; 1Ts 4:5). Aquí hace lo mismo: "Pero en aquel tiempo,[1] cuando no conocíais a Dios, erais siervos de aquellos que por naturaleza no son dioses". Dicho de otro modo, había dos dimensiones religiosas de su pasado religioso: (1) no conocían al Dios de Israel, el único Dios verdadero del mundo,[2] y (2) los dioses que conocían "en realidad no son dioses" (*cf.* 1Co 8:4-6). Estas expresiones confirman que antes los convertidos gálatas eran gentiles.

Pablo prosigue declarando que ahora que se han convertido, estos tienen *un buen comienzo*. El apóstol corrige su lenguaje en la descripción que hace de su conversión: "Pero ahora que conocéis a Dios, o más bien, que sois conocidos por Dios". Esta corrección no pretende enseñarles que no conocían a Dios, sino poner el acento allí donde Pablo por regla general lo pone: en la gracia soberana de Dios como fuerza iniciadora de la conversión. El apóstol insiste en que no son los seres humanos quienes buscan a Dios (*cf.* Ro 3:11: "no hay [...] nadie que busque a Dios"), sino él quien los busca a ellos. Las personas están tan atrapadas en su pecado y tan enamoradas de él que no buscan santidad y amor por sí mismas (*cf.* 1Co 8:3; 13:12; 1Jn 4:19: "Nosotros amamos a Dios porque él nos amó primero" [*cf.* v. 10]).

Este buen comienzo *se ha convertido ahora en una mala situación;* este es el problema de los gálatas. A pesar de haber recibido el conocimiento de Dios, han vuelto a sus antiguos caminos. Pablo quiere saber, "¿cómo es que os volvéis otra vez a las cosas débiles, inútiles y elementales...?". Lo que dice en este versículo puede ser la afirmación más radical que el

---

1. La palabra griega es *tote* ("entonces" o "antes"); esta palabra se utiliza frecuentemente en contraste con "ahora" (o "actualmente" en español), como en 4:9 (ver Ro 6:20, 22; 7:5-6; 1Co 13:12 [términos distintos pero parecidos]; Col 1:21-22). Todo esto puede remontarse al profeta Oseas en 1:6, 9; 2:1, 21-23.
2. Esta es una queja frecuente de los judíos que vivían en la diáspora y que veían a su entorno como "ignorante del único Dios verdadero" (ver Jer 10:25; Hch 17:20, 23; Ef 4:18; 1P 1:14).

apóstol hace sobre la ley. Los gálatas habían tenido un pasado pagano típico (ignorantes acerca del único Dios verdadero y adorando a dioses que no lo son). Se habían convertido de un modo asombroso como consecuencia de la predicación de Pablo (3:1), pero ahora estaban "volviendo otra vez a las cosas débiles, inútiles y elementales" (*cf.* 1:6; 3:3).[3] Aquí Pablo describe su "situación nueva pero mala" con el término *principios*, el mismo que utilizó en 4:3 para aludir al pasado judío bajo la ley. Por otra parte, en el versículo 10 menciona lo que, casi con toda seguridad, es la observancia de días santos y estaciones[4] (*cf.* Ro 14:5-12; Col 2:16-17). Lo revolucionario es que Pablo considera que "entrar al judaísmo" no es sino una reversión al "paganismo", una vuelta a los que "no son dioses" (*cf.* Gá 1:6). El apóstol pregunta: "¿Quieren volver a ser esclavos de ellos?". Para Pablo, su tránsito de la idolatría al cristianismo y ahora al judaísmo no es distinto de una nueva incursión en la "idolatría" o el "paganismo".

R. N. Longenecker lo expresa con mucho acierto:

> No cabe duda de que equiparar de este modo el judaísmo y el paganismo es un acto en extremo radical. Ningún judaizante habría aceptado esta descripción de la observancia de la Torá; ni tampoco aquellos gálatas que habían aceptado su mensaje [...]. Para Pablo, no obstante, cualquier cosa que nos aparte de la exclusiva dependencia de Cristo, estuviera basada en buenas intenciones o en deseos depravados, es subcristiana y debe ser condenada.[5]

F. F. Bruce añade que esta idea no es "una exageración pronunciada durante la agitación del debate sino la deliberada expresión de una posición cuidadosamente madurada".[6] Dicho sea de paso, la disposición de Pablo a poner juntos a judíos y gentiles no convertidos bajo "los principios elementales" nos anima a aplicar el texto de Gálatas, que tan a menudo se centra en el problema de los cristianos de origen judío, a todos los grupos de nuestro tiempo. Cada ser humano, diría Pablo, es, de algún

---

3. Estos "principios" eran "débiles" por cuanto eran impotentes para rescatar del pecado y dar vida espiritual (ver Ro 8:3; Gá 3:21), y "sin valor" (o "pobres") por cuanto no podían proveer la riqueza de la bendición de Dios (*cf.* Gá 4:1, donde el muchacho no es más que un pobre esclavo hasta que llega a la madurez, cuando recibe como herencia la bendición).
4. El término que usa Pablo aquí (un verbo en presente de la voz media) alude a una "observancia minuciosa"; Así lo entiende J. B. Lightfoot, *Galatians*, 172.
5. R. N. Longenecker, *Galatians*, 181.
6. F. F. Bruce, *Galatians*, 203.

modo, cautivo de los "principios elementales" y solo puede ser liberado por Jesucristo.

Esta situación despierta *el temor de Pablo*: "Temo por ustedes, que tal vez me haya estado esforzando en vano". Pablo se había esforzado mucho por los gálatas y por el universalismo del evangelio. Corrió el riesgo de ser rechazado y censurado en una reunión privada (2:1-10) y reprendió a Pedro públicamente (2:11-14). Arriesgó su vida en la obra misionera (*cf.* 4:12-16) y experimentó mucha crítica de parte de los judaizantes. Cualquier pastor conoce la angustia y el temor de ver a uno de sus feligreses vacilar, tropezar y hasta perder la fe. Esto es lo que Pablo está diciendo aquí; dirá cosas parecidas a otras iglesias e intentará corregir los problemas (1Co 4:16-17; 1Ts 3:5). Su temor y frustración dejan ahora paso a una petición.

La petición (vv. 12:20)

Como ya se ha dicho, lo que Pablo pide aquí es circunstancial y emocional. El apóstol llama a los gálatas a seguir su ejemplo (v. 12a) y declara su propio papel en su retroceso (v. 12b). Prosigue recordándoles la forma en que estos respondieron inicialmente a él (vv. 13-16). Acto seguido, explica la situación en Galacia para que estos sepan lo que realmente está sucediendo (vv. 17-18). Finalmente, Pablo lanza una emocionada súplica o deseo para concluir su argumento (vv. 19-20).

El ejemplo de Pablo (v. 12a). Más adelante, Pablo traerá su propio ejemplo a la memoria de corintios y tesalonicenses (1Co 2:1-5; 11-1; 1Ts 1:2-10) como fundamento para formular su ruego. Estos ruegos comenzaron con la técnica que utiliza aquí con los gálatas: "... yo me he identificado con ustedes. Les suplico que ahora se identifiquen conmigo". Lo más probable es que Pablo quiera decir algo así: "Háganse como yo liberándose de la ley de Moisés, igual que yo la abandoné como dominante revelación de Dios para su pueblo" (*cf.* Gá 2:15-21). La primera cláusula, "yo me he identificado con ustedes", significaría pues: me hice como ustedes los gentiles cuando abandoné la ley, acepté que también yo era pecador y me volví a Jesucristo (ver de nuevo, 2:15-21; también, 1Co 9:19-23).[7]

Otra interpretación ve aquí una teoría de comunicación, a saber, cuando Pablo dice, "yo me he identificado con ustedes. Les suplico que ahora se

---

7. Ver J. B. Lightfoot, *Galatians*, 173-74; H. D. Betz, *Galatians*, 221-23 (quien apela también a la relación de amistad para entender la petición de Pablo); R. N. Longenecker, *Galatians*, 189.

identifiquen conmigo" está rogándoles como un pastor que se ha identificado completamente con su congregación. De nuevo, 1 Corintios 9:19-23 sería un prueba de ello. Sin embargo, según este punto de vista, el acento estaría más en la *motivación* que en el fundamento teológico.[8] Aunque estuviera de acuerdo en que la identificación y la compasión son una clave para la comunicación, considero que este punto de vista ve el texto desde una óptica más moderna y pierde sintonía con el problema que Pablo está afrontando (los judaizantes persuadiendo a los gálatas para que vivan bajo la ley).

El papel de Pablo en la defección de ellos (v. 12b). "No es que me hayan ofendido en algo". ¿Qué quiere Pablo decir con esto? ¿Se trata solo de un confiado comentario entre amigos que dice: "Los amigos no se tratan mal unos a otros y ustedes no me han tratado mal a mí"?[9] Creo que no. Entiendo que Pablo está diciendo más bien que, al ceder ante los judaizantes y abandonar la verdad del evangelio que él les había predicado, no estaban ofendiendo a Pablo.[10] Aunque es posible que los judaizantes apelaran a argumentos personales, como "Si abandonan el mensaje que les hemos presentado, nos ofenderán", Pablo sabe que dejar su evangelio no es dejarle a él, sino a Dios (1:6; 4:12a). Esto requiere una buena "imagen de uno mismo" (por utilizar una expresión de nuestro tiempo) y una sólida confianza que, aun siendo poco frecuente, el apóstol sí tiene: Pablo sabía que él era un mero siervo de Dios, no el centro de su obra, y que rechazarle a él era rechazar a Dios, lo cual era mucho más importante (*cf.* Mt 10:40-42).

Recordatorio de Pablo de su respuesta inicial (vv. 13-16). A pesar de que Pablo no se toma su alejamiento de un modo personal, sí les recuerda que antes ellos habían respondido a su mensaje, y lo hace con la esperanza de que vuelvan a hacerlo, abandonen a los judaizantes y se pongan nuevamente en línea con el universalismo del evangelio.

Cuando Pablo les predicó el evangelio por primera vez, lo hizo "debido a una enfermedad" (v. 13), lo cual fue una "prueba" para ellos (v. 14). ¿Cuál era esta enfermedad? Ha habido muchas suposiciones pero ningún consenso al respecto. Algunas de las suposiciones son que tenía malaria, epilepsia o una enfermedad ocular. Los datos son incompletos y no sabemos ni siquiera si se trata de la misma "espina" de 2 Corintios 12:7. Lo que sí sabemos es que, "debido" a esta enfermedad, Pablo acabó en

---

8. Ver los comentarios de J. R. W. Stott, *Galatians*, 112-13.
9. Así lo entiende H. D. Betz, *Galatians*, 223.
10. Esto es lo que piensa R. N. Longenecker, *Galatians*, 190.

Galacia. Es posible que necesitara una ayuda que solo podía encontrar allí (i.e., algún tipo de médico) o que las condiciones de esta zona fueran favorables para su recuperación. La enfermedad era claramente visible y de un tipo que podía ser ofensivo para los demás (esto explicaría la expresión "una prueba para ustedes").

Y lo que es más importante, la enfermedad en cuestión no molestó a los gálatas (vv. 14-16); estos miraban más allá de aquella dolencia y veían en la predicación de Pablo la verdad de Dios, ya que su mensaje estaba asistido por el poder del Espíritu Santo (*cf.* 1Co 2:4-5; 4:20; 1Ts 2:6). De hecho, le recibieron como si de un ángel se tratara (Gá 1:8);[11] más aún, le recibieron como si fuera el propio Jesucristo. Esta última idea bien podría estar relacionada con el tema del apostolado (ver notas sobre 1:1). Los apóstoles eran representantes personales y recibirles a ellos equivalía a recibir a quien les enviaba (*cf.* Mt 10:40-42).

Pablo dice que estos estaban tan receptivos que, de haber podido, le habrían dado sus propios ojos (v. 15). Este es el versículo que ha llevado a muchos a pensar que la "enfermedad" de Pablo era una dolencia ocular; esto es posible, pero no puede considerarse, ni mucho menos, seguro. H. D. Betz muestra, de hecho, que, en la antigüedad, se hablaba muchas veces de la disposición a dar los ojos como una demostración de la profundidad del compromiso con el amigo.[12]

Con el recordatorio a los gálatas de su antiguo compromiso (y amistad) hacia él, Pablo siente que la situación presente se le hace insoportable: "¿Qué pasó con todo ese entusiasmo?" (v. 15), y "¡... por decirles la verdad me he vuelto su enemigo!" (v. 16). Toda esta situación, considera Pablo, requiere una clarificación, de manera que procede a ello.

Explicación de la situación por parte de Pablo (vv. 17-18). Pablo sostiene que los judaizantes cristianos (es decir, "esos") "muestran mucho celo por ganárselos a ustedes". Pretenden "alejarlos de nosotros[13] para que ustedes se entreguen a ellos" La palaba *celo* (NVI, *interés*) es muy importante para entender el contexto de esta carta. Cuando se usa con un sentido negativo, este término alude a una intensa emoción de "celos" que pretende remediar una situación, frecuentemente mediante el uso de la violencia. Sabemos que durante la Gran Guerra (66–73 d.C.), hubo un

---

11. A Pablo le trataron como si fuera un dios en Hechos 14:11-20, cuando predicó en Listra.
12. Véase H. D. Betz, *Galatians*, 226-28. Betz relata una historia de Luciano que habla de la amistad de Dandamis y Amizoces y cuenta que Dandamis sacrificó sus ojos para liberar a Amizoces del cautiverio. Este hecho conmovió y turbó tanto al liberado que también él se sacó los ojos.
13. Estas palabras están implícitas.

"partido zelote" cuya única ambición era derrotar a Roma y establecer Jerusalén como lugar de adoración del Dios verdadero, mediante el uso de la fuerza militar.[14]

¿Eran los judaizantes violentos zelotes? Soy de la opinión de que, aunque la expresión "muestran celo para ganarlos (NIV)" puede significar únicamente "esforzarse al máximo por hacerles sus prosélitos",[15] esta describe la intensidad de su acción y su carácter nacionalista. En otras palabras, aunque estos judaizantes no ejercían una violencia física para hacer convertidos, sí formaban parte de un movimiento más amplio que era intensamente nacionalista y que, en condiciones adecuadas, podía utilizar métodos violentos. Es posible que en Galacia los judaizantes hubieran utilizado alguna forma de fuerza (*cf.* notas sobre 2:14 y 6:12). Esta, creo, es la deducción natural de la expresión "obligarlos a ustedes a circuncidarse" que aparece en 6:12, donde veremos que los verdaderos "zelotes" siguen en Jerusalén y presionan a los judaizantes para obligar a los miembros de la sinagoga a cumplir toda la ley. Lo que está más claro es que su orientación es muy nacionalista, y por ello Pablo utiliza la expresión "celosos por ustedes (NIV)". Recordemos que los rasgos fundamentales de su celo eran Israel y la ley (especialmente la ley de la circuncisión). La circuncisión era la acción que separaba al judío de los gentiles. En esencia, pues, su "celo" era de carácter nacionalista.[16]

Esto ayuda a definir el significado del término "alejarlos": la expresión "alejarlos de nosotros" significa "introducirlos a Israel por medio de la circuncisión", "permitir su traslado de un grupo a otro". La meta de los judaizantes era, naturalmente, que los gálatas tuvieran "celo" por ellos: que se entregaran de tal modo a la ley que se comprometieran con su programa de separar al pueblo de Dios del mundo gentil, levantando las mismas barreras que Jesucristo había derribado. Sin embargo, sus intenciones "no eran buenas" (v. 17) ni provechosas: es decir, no llevarían a la aceptación de Dios como Pablo había esbozado desde el principio de la carta.

Pablo hace ahora una pausa para introducir una nota sobre el "celo": es bueno ser celoso (NVI "mostrar interés") si este celo se dirige hacia Dios, como lo habían hecho algunos de los santos de Israel (*cf.* Gn 34; Nm 25:10-13; 1 Mac. 2:19-27, 50, 58; 2 Mac. 2:58). No es, sin embargo, un interés bienintencionado ni provechoso si tiene una orientación nacionalista y contraria a las promesas de Abraham. Y su celo tenía que expresarse

---

14. Sobre este asunto ver W. J. Heard, "Revolutionary Movements", en *DJG*, 688-98.
15. Esta parece ser la actitud mayoritaria (p. ej., ver F. F. Bruce, *Galatians*, 211-12).
16. Ver J. D. G. Dunn, *Jesus, Paul, and the Law*, 133-36.

para Dios "siempre" y no solo cuando Pablo estaba con ellos. Cabe conjeturar que su conversión les había llevado a un apasionado compromiso con todo lo que Pablo les había enseñado. El apóstol siente ahora que este "celo por el evangelio" ha decaído y debe ser reavivado.

El deseo de Pablo (vv. 19-20). Pablo expresa ahora su deseo de estar con ellos para poder así rectificar algunas cuestiones. Vemos aquí el corazón de un pastor (muy en línea con la sección pastoral de 2Co 2:14-7:4). Su meta era clara: "... hasta que Cristo sea formado en ustedes" (v. 19; *cf.* 2:20; 2Co 3:18). Quería que los convertidos gálatas crecieran en el Espíritu hasta que la imagen de Cristo fuera formada —"transformada", de hecho— en ellos (*cf.* Ro 12:1-2; 13:14; Ef 4:23-24; Col 1:24-2:5; 3:10). Sería una vida en el Espíritu, no en la observancia de la ley; estaría centrada en Cristo, no en Moisés; sería el universalismo de la promesa abrahámica, no el nacionalismo de la idea judaizante de la ley mosaica.

La descripción que hace Pablo de la situación de los gálatas le lleva a comparar su papel pastoral con dar a luz hijos. Aunque sus palabras implican un nuevo nacimiento, da también a entender que los oponentes habían provocado lo que podría considerarse un aborto. Pablo debe pasar ahora "de nuevo" (v. 19) por el proceso de llevarles a la fe que en otro tiempo habían abrazado.[17] Quiere que crezcan en Cristo.

Pero, para que puedan crecer, Pablo siente que tendría que estar allí y cambiar de "tono", pasar de esta severa advertencia y áspero lenguaje a la ternura de un amor que les persuadiera a regresar a su lado y "separarles" de los judaizantes. Su carta, da a entender Pablo, es una comunicación débil en comparación con el poder de su presencia.

El conmovedor ruego de Pablo no es distinto del que hoy expresan muchos pastores, maestros, padres y amigos. Puesto que se parece tanto a lo que sucede en nuestro tiempo, no es difícil hacer aplicaciones sobre la naturaleza general de este pasaje. En este texto vemos a un pastor en acción, y podemos aprender distintas lecciones de este aspecto del ministerio pastoral de Pablo. De hecho, el propio texto nos lleva en esta dirección cuando Pablo dice: "... yo me he identificado

---

17. Es mucho más sabio no especular aquí sobre si Pablo pensaba que los apóstatas podían renacer otra vez. Dudo mucho que Pablo pensara esto, y también estoy seguro de que esta idea era ajena a su pensamiento en este pasaje. El apóstol está pensando más en un nivel colectivo que individual-personal.

Gálatas 4:8-20

con ustedes. Les suplico que ahora se identifiquen conmigo". Cuando ponemos esta afirmación paulina junto a otras que hablan de "imitarle" (*cf.* 1Co 4:16; 11:1; Fil 3:17; 4:9; 1Ts 1:6; 2Ts 3:7, 9), la tarea pastoral se convierte en una aplicación natural. A partir del ejemplo de Pablo, podemos, pues, aprender lecciones sobre el cuidado pastoral o la preocupación por los demás.

Aunque, en un sentido, esta petición a los gálatas para que se identifiquen con él es una mera invitación de Pablo a seguirle, y puede que solo de un modo muy concreto, cuando lo examinamos en el contexto de sus enseñanzas de similar naturaleza, descubrimos un patrón. Pablo creía ser un buen ejemplo de cómo seguir a Cristo y, aunque pensaba, sin duda, que el objeto del seguimiento era Cristo mismo, animaba a los nuevos convertidos a aprender a vivir como cristianos siguiéndole a él como ejemplo más directo. Por ello, algunas afirmaciones específicas pueden convertirse en patrones generales cuando los estudiamos mediante otros pasajes de las cartas de Pablo.

¿Qué hacemos, no obstante, para encontrar las lecciones transferibles, cuando nos acercamos a un determinado pasaje? Es recomendable aplicar varias técnicas. (1) Algunas afirmaciones directas ofrecen aplicaciones muy evidentes. No es difícil entender la expresión "les suplico que ahora se identifiquen conmigo": Pablo vivía aparte de la ley y nosotros hemos de hacer lo mismo. (2) Algunas veces la situación que subyace tras la afirmación o idea puede ser parecida a la nuestra. En nuestro pasaje, podemos encontrar una situación común entre nosotros y el apóstol (convertidos que se apartan), y ello nos permite aprender a afrontarla de manera parecida a como lo hizo Pablo. Lo mismo se puede decir de la enfermedad del apóstol: ¿cómo podemos aplicar esto? Por mi parte, creo que su enfermedad fue un "obstáculo para la comunicación" del que Dios se sirvió en su deseo de llegar a los corazones de los gálatas. Podemos aplicarlo buscando parecidos "obstáculos a la comunicación". (3) Puede que en ocasiones tengamos que examinar un pasaje en vista de otros del mismo tipo para adquirir una idea más completa y poder hacer una aplicación. Hemos propuesto esto para la idea de imitar a Pablo. (4) Podemos aprender que ciertas cosas que hizo Pablo no son para nosotros. Cuando se trata de cuestiones como su autoridad o su contexto social e histórico, a veces su mundo es tan distinto del nuestro que no podemos imitarle. (5) Algunas veces las motivaciones de Pablo salen a la luz; asumiendo que, como apóstol, es digno de imitación, podemos inferir que nuestras motivaciones han de ser similares a las suyas.

Como ya hemos dicho, el ruego de Pablo es de naturaleza emotiva. Pero hemos de observar que este no es el único acercamiento que el apóstol podría haber seguido. También podría haberse valido de una argumentación muy razonada, incluso compleja y esotérica (*cf.* 3:6-4:7; 4:21-31). Pedro sabía que Pablo podía hablar de cuestiones muy difíciles de comprender (2P 3:15-16). De manera que, aunque en este pasaje Pablo expresa sus emociones, este tipo de ruegos no eran su única táctica. El apóstol sabía cuándo guiarse por la razón y cuándo expresar sus emociones, igual que sabía cuándo conducirse como un judío y cuándo como un gentil (1Co 9:19-23).

Significado Contemporáneo

La respuesta emocional de Pablo que encontramos en este pasaje es, sin duda, una crítica al acercamiento frío y profesional que algunos defienden en cuanto a la enseñanza y la predicación. Considerando que el evangelio de Cristo agita nuestras emociones, hemos de procurar despertar también las emociones de quienes lo escuchan. Puesto que el mensaje del pecado inquieta nuestras conciencias, hemos de esforzarnos por convencer a otras personas de pecado. Visto que el amor de Dios tiene un efecto suavizante y ennoblecedor, deberíamos impartir a las personas que ministramos un sentido de su dignidad por el hecho de que Dios las ama. Las emociones vinculadas a un texto e inherentes a él deben estar ahí, y nosotros hemos de extraerlas. De no ser así no estaremos leyendo la Biblia correctamente. No podemos pensar que la Biblia es un libro para uso académico, diseñada únicamente para debate y estímulo intelectual; se trata de un texto realista y las emociones forman parte de la realidad.

El asunto más importante de esta sección para la aplicación contemporánea del texto tiene que ver con **imitar a Pablo**. Recomendaría, en primer lugar, que los lectores de Pablo revisaran los pasajes en que este pide que se le imite para ver exactamente lo que quería que imitaran de él. Entre estos pasajes están Gálatas 4:8-20, 1 Corintios 4:16; 11:1, Filipenses 3:17; 4:9, 1 Tesalonicenses 1:6 y 2 Tesalonicenses 3:7, 9. Leamos estos textos y hagamos una lista de las cosas que Pablo pidió que se imitaran de él.

Durante este ejercicio hemos de hacernos una pregunta: ¿hay alguna diferencia entre un apóstol y un pastor en lo que se refiere a la alimentación y protección de los demás? No cabe duda de que hay algunas. ¿Restan acaso validez estas diferencias o suavizan alguna de las observaciones sobre imitar a Pablo? Hay una tan importante que quiero mencionarla aquí, y es que un apóstol tiene una forma de autoridad que ningún pastor, padre o "discipulador" puede ni siquiera pensar que tiene. Creo que hemos de tener cuidado al "imitar a Pablo" y una forma segura de garantizar que lo tenemos es reconocer desde el principio que no contamos con la misma autoridad que él tenía.

En segundo lugar, me gustaría aplicar este principio de "seguir a Pablo" o "aprender de su ejemplo" a Gálatas 4:8-20. ¿Qué podemos aprender sobre pastorear a otras personas, o preocuparnos por su bienestar espiritual, a partir del ejemplo de Pablo? Quiero presentar cuatro consideraciones.

(1) Su meta y la nuestra: formar a Cristo en otras personas (v. 19). La meta de Pablo no era que los demás pensaran que era un gran evangelista, contar con la aprobación de los demás o con la autorización de Jerusalén. En su trabajo con las personas su meta era que Cristo fuera formado en ellas. En el versículo 12b vemos que Pablo no se sentía personalmente ofendido cuando los gálatas sucumbieron a los judaizantes, y, en el versículo 16, el apóstol muestra que no le importaba ser considerado un "enemigo", si era necesario, por decirles la verdad. Estas dos afirmaciones solo puede hacerlas alguien que sale al ministerio para agradar a Dios y se despreocupa por el rechazo humano que ello pueda ocasionar. ¿Qué es lo que Pablo quiere ver en los demás? Como antes he esbozado, su deseo sería una "vida guiada por el Espíritu" y una "existencia centrada en Cristo". ¿Cuál es nuestra meta?

Qué duda cabe de que nosotros sentimos la misma presión que Pablo por conseguir la aprobación de los demás. Puede que comencemos con el único deseo de servir a Dios, sin embargo, tras algunas buenas experiencias, descubrimos, que la aprobación de los demás es gratificante. Personalmente, creo que la aprobación humana puede ser cancerosa. Sin darnos cuenta, muy pronto descubrimos que nos complace y poco después acabamos viendo que nos sentimos motivados por obtenerla. ¿Cómo lo vemos? Cuando nos sentimos desilusionados si no se nos muestra un reconocimiento por nuestro trabajo.

Quiero poner el ejemplo de una maestra de escuela dominical. Esta maestra se esfuerza mucho por sus estudiantes adultos y trabaja incansablemente para que aprendan y crezcan. Durante un tiempo se esfuerza únicamente por servir a Dios y ejercitar sus dones. Tras algunas sesiones observa que algunos de sus estudiantes están creciendo y experimenta la satisfacción de saber que ella ha contribuido positivamente a dicho crecimiento. De modo que sigue adelante, y pasados unos meses (o años) observa que las muestras de reconocimiento no son tan frecuentes ni intensas como al principio. Más adelante constata una falta general de tales muestras. En este punto, y entendiendo que no se "valora su esfuerzo", comienza a ser un poco más áspera con su clase. Esta situación seguirá avanzando, su frustración se convertirá en amargura y hasta puede que acabe abandonando el ministerio, si no entiende que ha caído en la trampa de creer que la meta de su enseñanza es agradar a los demás. Creo que esta hermana puede recuperarse rápidamente, una vez que se dé cuenta de que su meta es instar a las personas a "vivir en el Espíritu" y "hacer de Cristo el centro de sus vidas". Las respuestas de las personas no sirven casi nunca para valorar si estamos o no sirviendo debidamente a Dios. Para cambiar el enfoque de esta aplicación, quiero sugerir a los pastores que, para comprobar si se están haciendo dependientes de las felicitaciones o no, durante una temporada no se queden en pie en un determinado lugar después de predicar.

Por otra parte, quiero recordar que el objetivo de nuestros ministerios es ayudar a los demás. Y creo que no me equivoco si digo que es normal y aceptable encontrar un cierto deleite en descubrir que hemos ayudado a otras personas. La cuestión es sencilla: ¿cuál es nuestra motivación? ¿Servimos acaso para recibir la aprobación de los demás o buscamos la de Dios?

(2) Su fundamento y el nuestro: una experiencia personal idéntica (v. 12). Pablo podía pedirles a los gálatas que se identificaran con él porque él se había identificado con ellos. Es decir, él había aprendido a vivir aparte de la ley y quería que ellos también lo hicieran. Aquí hay un principio fundamental en el ministerio. Nunca conseguiremos transmitir efectivamente a las personas nada que nosotros no hayamos experimentado. Sucede también que, normalmente, queremos hablar de aquellas cosas que hemos experimentado. Por otra parte, no haber experimentado aquello de que estamos hablando creará a menudo situaciones de tensión. Tiene poco sentido que una persona que no haya tenido hijos se suba a un púlpito para hablar sobre temas prácticos de maternidad o paternidad, y, por la misma razón, tampoco lo tiene que alguien que ha estado viviendo una vida de legalismo hable de "vivir aparte de la ley". Este fundamento de la experiencia para la enseñanza y para ejercer influencia en la vida de los demás se aplica a todas las disciplinas de la vida. Forma la base de una idea muy arraigada en nuestras iglesias, a saber, que queremos que nos ministren personas con experiencia.

¿Te imaginas la mirada de los miembros del comité de una iglesia local durante la entrevista de una persona joven para cubrir una plaza pastoral cuando se enteran de que nunca ha asistido regularmente a una iglesia, no ha dado nunca una clase de escuela dominical, ni guiado a nadie a Cristo, no está casada ni ha criado hijos, no ha formado parte de ningún comité eclesial, no ha dirigido el tiempo de alabanza u orado en público, y tampoco ha predicado nunca un sermón en una iglesia? Cuando dicha persona pretende que haber asistido al seminario es un requisito suficiente para asumir la labor pastoral, el consejo de la iglesia está más que justificado para decirle que debe adquirir una cierta experiencia primero.

(3) Su intensidad y la nuestra: los dolores de parto (v. 19). No puedo saber lo que es la experiencia de dar a luz, pero he estado presente en el parto de mis dos hijos (¡el nacimiento de nuestro hijo Lukas me impresionó tanto que una enfermera tuvo que atenderme para que no me desvaneciera!). Lo que sí sé es que se trata de una experiencia angustiosa y dolorosa. Los niños solo vienen al mundo por medio de mucho esfuerzo.

La experiencia pastoral de Pablo hizo que viera "la crianza espiritual" como algo similar a dar a luz. Sabía que era algo arduo y doloroso; sabía que requería mucha preocupación y confianza en Dios, atención a los detalles y preocupación por las personas. En pocas palabras, pastorear se parece mucho al cuidado de una madre. Aunque algunas tradiciones eclesiales llaman "padres" a los pastores (y es correcto que lo hagan), ¡es sorprendente que no haya más que les llamen "madres"! Tanto dar a luz como cuidar niños son *labores muy intensas*. Leer de un tirón la Epístola a los Gálatas puede ser agotador cuando descubrimos la intensidad de Pablo en esta carta. ¡Pero sus palabras en la epístola son solo un esbozo de cómo podía ser su vida real (esto es lo que nos dice en el v. 20)! Aquí no solo habla de su teología, sino también de sus sentimientos hacia ellos, de sus esperanzas para ellos, de sus decepciones y frustraciones por ellos. Hay otro ejemplo de la intensidad pastoral de Pablo en Colosenses 1:24–2:5.

Aquellos que trabajan con la vida espiritual de otras personas saben de lo que habla Pablo. Significa orar arduamente por ellos (ahora para prevenir un pecado, después para evitar otro problema, etc.). Significa mantener debates y conversaciones sobre cuestiones intelectuales para dar respuesta a preguntas que los jóvenes cristianos parecen tener siempre.

(4) Su situación y quizá la nuestra: una enfermedad repulsiva (vv. 13-14). Fuera cual fuera la enfermedad de Pablo, era probablemente de naturaleza repulsiva. Pablo escribe, "y aunque ésta [la enfermedad del apóstol] fue una prueba para ustedes"; esto solo puede significar que veían su

enfermedad como algo con lo que era difícil vivir. Esto creaba tensión entre Pablo y los gálatas y hacía difícil la comunicación. No obstante, el Espíritu de Dios resolvió el problema y los gálatas se convirtieron y recibieron la verdad del evangelio.

Podemos aplicar esto mediante una analogía: el Espíritu Santo puede contrarrestar cualquier cosa que bloquee la comunicación por una deficiencia del dirigente. En mi vida he visto a Dios usando a toda clase de personas: predicadores con dificultades del habla, atletas con discapacidades físicas o instructores con problemas de comunicación. Aunque no pretendo hacer de las "discapacidades de comunicación" el criterio más seguro para que Dios utilice a una persona, recordemos también que Dios puede utilizar, y lo ha hecho, algunos instrumentos "poderosamente débiles" para comunicar el evangelio.

El problema, pues, salta a la vista: nos gustan los pastores altos, delgados, guapos, elocuentes y con una voz profunda y nos gusta que vayan bien afeitados y elegantes. Nos gusta, además, que sean compasivos, amables y estimulantes desde el púlpito. Nuestra exaltación de este perfil ha penetrado hasta tal punto en nuestra conciencia que algunos se sienten llamados si "encajan en esta descripción", o decididamente descartados si no es así. Nuestras percepciones del perfil de persona que Dios utiliza pueden convertirse, pues, en una detestable tipificación de valores culturales más que en concepciones arraigadas en valores y tradiciones bíblicas.

Una vez escuché predicar a un pastor y, durante los primeros minutos, me estuve preguntando cómo había conseguido acceder al ministerio. Era un hombre alto y desgarbado sacudido por misteriosos movimientos espasmódicos, que tartamudeaba y se atascaba constantemente cuando hablaba. Una vez me acostumbré a esta extraña idiosincrasia, quedé asombrado por la elocuencia de su mensaje y la profundidad de su experiencia de la gracia de Dios. Más tarde supe que era, de hecho, un enérgico pastor que desarrollaba un imponente ministerio en una extensa parroquia. Lo que había sido una "prueba" para mí se convirtió en una invisible barrera para la gracia de Dios.

Gálatas 4:21-31

Díganme ustedes, los que quieren estar bajo la ley: ¿por qué no le prestan atención a lo que la ley misma dice? ²² ¿Acaso no está escrito que Abraham tuvo dos hijos, uno de la esclava y otro de la libre? ²³ El de la esclava nació por decisión humana, pero el de la libre nació en cumplimiento de una promesa.

²⁴ Ese relato puede interpretarse en sentido figurado: estas mujeres representan dos pactos. Uno, que es Agar, procede del monte Sinaí y tiene hijos que nacen para ser esclavos. ²⁵ Agar representa el monte Sinaí en Arabia, y corresponde a la actual ciudad de Jerusalén, porque junto con sus hijos vive en esclavitud. ²⁶ Pero la Jerusalén celestial es libre, y ésa es nuestra madre. ²⁷ Porque está escrito:

«Tú, mujer estéril que nunca has dado a luz,
¡grita de alegría!
Tú, que nunca tuviste dolores de parto,
¡prorrumpe en gritos de júbilo!
Porque más hijos que la casada
tendrá la desamparada».

²⁸ Ustedes, hermanos, al igual que Isaac, son hijos por la promesa. ²⁹ Y así como en aquel tiempo el hijo nacido por decisión humana persiguió al hijo nacido por el Espíritu, así también sucede ahora. ³⁰ Pero, ¿qué dice la Escritura? «¡Echa de aquí a la esclava y a su hijo! El hijo de la esclava jamás tendrá parte en la herencia con el hijo de la libre». ³¹ Así que, hermanos, no somos hijos de la esclava sino de la libre.

Sentido Original

Este interesantísimo "uso" del Antiguo Testamento representa el último y, para Pablo, trascendental argumento contra los judaizantes. Estos últimos pensaban que la obra de Dios con los gentiles era incompleta si no tenían un elemento de confianza en Jesucristo y otro de compromiso con la ley mosaica. Pablo sostiene que para la aceptación de Dios el *único* elemento necesario es Jesucristo. El tiempo de Moisés ha pasado.

Sin embargo, sostiene el apóstol en este último argumento, si se lee la Escritura "alegóricamente", se verá que los relatos de Abraham, Sara e Isaac junto con los de Abraham, Agar e Ismael enseñan lo que ha venido diciendo. Dios actúa a través de la promesa, no a través de la "carne".

Este último argumento a partir de la ley (es decir, el Pentateuco) complementa los tres anteriores desarrollados a partir de textos de la Escritura (3:6-14), de los pactos (vv. 15-25) y de la idea de la filiación (3:26–4:20). Asimismo, Pablo apoya su argumento en el patriarca que para él es más importante, a saber, Abraham, no Moisés.

Algunos eruditos han observado que concluir una exposición con una "selecta alegoría" era algo muy recomendado por algunos hábiles polemistas del mundo antiguo. Volviendo al método de comenzar con una pregunta (como al inicio de la sección de 3:1-5), Pablo permite que los lectores de su carta saquen sus propias conclusiones. Su "relato alegórico" les insta a leer la historia, determinar su significado y aplicarse, después, la lección. Desde un punto de vista retórico, se trata de un recurso sano.[1] Por otra parte, terminar un discurso con una ilustración ha sido pertinente desde siempre.

Este pasaje presenta una clara división. (1) La pregunta (v. 21): ¿saben realmente lo que dice la ley? (2) El material bíblico (vv. 22-23). Se declara lo que dice la ley: la relación de Abraham con dos mujeres forma la base para estructurar la ley. Esta estructura comprende "promesa" o "carne" (NIV: "decisión humana"). (3) La interpretación (vv. 24-27): las dos mujeres de Abraham, Agar y Sara, se corresponden con dos disposiciones contractuales con Dios. Una es un pacto basado en una promesa (Sara-Jerusalén celestial-libertad), mientras que la otra es un pacto basado en la "carne" (Agar-ley-esclavos-Jerusalén terrenal). (4) La aplicación (vv. 28-31): aquellos que hoy están siendo perseguidos se corresponden con quienes lo fueron en aquel tiempo, y puesto que estos últimos eran los hijos de la promesa, también los primeros son "hijos de la promesa".

Aunque este párrafo no es difícil de interpretar, sí lo es saber cómo se le ocurrió a Pablo esta inteligente alegoría.[2] Lo más fácil es quizá hacer dos listas de correspondencias, alineando los elementos de un pacto con

---

1. Ver comentarios y citas de los antiguos polemistas en H. D. Betz, *Galatians*, 239-40. Aunque algunos de estos polemistas creían mejor catalogar los argumentos según su solidez, comenzando por los más consistentes (esto situaría a nuestro texto entre los argumentos más débiles), otros consideraban que un "argumento indirecto" que forzara al lector a pensar en profundidad podía ser muy efectivo.
2. Filón de Alejandría había ya encontrado similares contrastes de un modo alegórico. Filón veía a Abraham y Sara como la virtud, a Isaac como la sabiduría más elevada, a Agar como las escuelas de aprendizaje inferior y a Ismael como la sofistería. Ver sus libros *Abraham*, 68; *De Fuga et Inventione*, 128, 209-10; *De mutatione nominum*, 255. Todas las obras de Filón son con mucha frecuencia interpretaciones alegóricas de pasajes del Antiguo Testamento. R. N. Longenecker, *Galatians*, 200-206, ofrece una completa descripción de la exposición judía sobre el relato de Agar y Sara.

su "antitipo" en el otro.³ Algunas de las correspondencias no se señalan explícitamente en el texto y por ello las he tenido que sugerir. Lo que no se afirma, pero se implica claramente, es que Pablo se encuentra del lado de Sara y los judaizantes lo están del de Agar.

LEY	CRISTO
Abraham	
Pacto de Agar	Pacto de Sara
Ismael ("carne")	Isaac ("promesa")
Persegui*dor*	Persegui*do*
Hijos esclavos	Hijos libres
Monte Sinaí	¿Monte Sión?
	¿Gólgota? ¿Cielo?
Jerusalén Terrenal	Jerusalén celestial
en esclavitud	en libertad
Judaizantes	**Pablo**
Antiguo pacto	**Nuevo Pacto**

Antes de exponer este texto, es importante analizar si se trata de una interpretación alegórica o de un fragmento de interpretación tipológica. Las definiciones son cruciales en este asunto, y entiendo que la diferencia final no afecta demasiado a la determinación del significado. Pero merece la pena que veamos si lo que Pablo está buscando es algún significado oculto (alegoría) o simples correspondencias que se producen según el plan redentor de Dios (tipología).⁴

---

3. El orden de estas relaciones está dispuesto de manera invertida (mediante un recurso llamado "quiasmo"). Yo reproduzco la tabla de R. N. Longenecker, *Galatians*, 213. Las As, Bes, Ces y Des se corresponden entre sí. Ver su exposición de cada una de ellas:
   - A   Agar
     - B   Monte Sinaí
       - C   esclavitud
         - D   la actual ciudad de Jerusalén
         - D´   la Jerusalén Celestial
       - C´   libertad
     - B´   (Monte Sión)
   - A´   nuestra madre
4. Apelar a la palabra griega *allegoroumena* (NVI: "las cuales son expresiones alegóricas") y decir que se trata, por tanto, de una "alegoría" no resuelve el problema. Este término griego podría referirse a una gran cantidad de métodos.

Las mejores definiciones de estos dos términos son, en mi opinión, las que ofrece H. D. Betz.[5] *Alegoría*: "La alegoría entiende que ciertas cuestiones mencionadas en la Escritura y la tradición (mitología) son apariencias superficiales o vestigios de verdades subyacentes más profundas que este método pretende sacar a la luz". *Tipología*: "Algunas personas, acontecimientos e instituciones de la Escritura y la tradición se consideran prototipos de personas, acontecimientos e instituciones actuales, que se explican como su cumplimiento, repetición o realización dentro de una estructura de la historia de la salvación". Betz concluye que el método que Pablo sigue en los versículos 21-31 es una mezcla de estos métodos de estudio bíblico. Aunque Pablo *subraya claramente las correspondencias* (tipología), puede estar sugiriendo que este es el *sentido más profundo* de las narraciones del Antiguo Testamento (alegoría). Estoy de acuerdo con Betz en que tal vez sea demasiado restrictivo limitar el método de Pablo a la alegoría o a la tipología, aunque el acento hay que ponerlo en lo tipológico. Lo que sí sabemos es que el encuentro de Pablo con Cristo en el camino de Damasco revolucionó su acercamiento al Antiguo Testamento. A partir de este momento, el apóstol aprendió a leer nuevamente la Biblia judía en vista de su cumplimiento en Cristo. Su lectura de la Biblia es completamente "cristocéntrica".

Es posible, aunque solo es una conjetura, que la utilización que Pablo hace aquí de la alegoría estuviera determinada por una invocación similar por parte de los judaizantes de Ismael, el hijo de Abraham, quien era uno de los orígenes de los gentiles. Puede que defendieran que los descendientes de Abraham eran su prole "carnal", a saber, los judíos, y que los gálatas tenían, pues, que hacerse judíos. Pablo rebate esta afirmación con el argumento de que los verdaderos descendientes "carnales" de Abraham están de hecho en la línea de Agar e Ismael, no de Abraham. La verdadera "semilla" de Abraham es Cristo y su pueblo.[6]

La pregunta (v. 21-20). Si Pablo está respondiendo al uso que hacen los judaizantes del relato de Sara-Agar, está entonces estableciendo "el verdadero significado" de esta historia mostrando que, en el Antiguo Testamento, Agar se relaciona con la "carne" y que esta se opone al Espíritu. Aquellos

---

5. Ver H. D. Betz, *Galatians*, 239. Hay una definición parecida en el valiososo libro de R. N. Longenecker, *Biblical Exegesis in the Apostolic Period* (Grand Rapids: Eerdmans, 1975), 127. La obra de Longenecker contiene un breve compendio sobre los métodos de exégesis judíos. Ver también, F. F. Bruce, *Galatians*, 217.
6. Sobre este asunto, ver la cautivadora exposición de C. K. Barrett, "The Allegory of Abraham, Sarah, and Hagar in the Argument of Galatians", en *Essays on Paul*, ed. C. K. Barrett (Filadelfia: Westminster, 1982), 154-70. En general F. F. Bruce (*Galatians*, 218) y R. N. Longenecker (*Galatians*, 197-219) le han seguido en sus argumentos.

que desean estar "bajo la ley" (vivir según la ley mosaica de un modo que Cristo es eclipsado) han de aprender a leer la ley en vista de lo que Dios ha hecho en Cristo.

El material bíblico (vv. 22-23). Pablo alude aquí a textos de Génesis 16, 21 y 25. En estos pasajes vemos que la frustración de Sara por no tener hijos la llevó a pedirle a Abraham que procreara por medio de su sierva Agar, una costumbre que era, al parecer, aceptable en aquel tiempo (*cf.* 30:3-13). Agar tuvo un hijo llamado Ismael, pero comenzó a mostrarse irrespetuosa con Sara y esta la castigó. La sierva huyó de la indignación de su señora, pero finalmente regresó. Como Dios había prometido (16:12) los descendientes de Sara veían con malos ojos a Ismael, este dejó de vivir entre ellos, se estableció en los desiertos de Berseba y Parán (21:14-21) y finalmente llegaría a ser cabeza de los árabes.

Pablo centra su atención en (1) las dos mujeres, describiendo a una como la "esclava" y a la otra como la "libre" (lo cual encaja en su argumentación), y (2) el nacimiento de los dos niños: uno fue "por decisión humana" y el otro "en cumplimiento de una promesa".[7] En el Antiguo Testamento, la sugerencia que Sara hace a Abraham se considera "incredulidad" y para Pablo es un recurso "carnal". Esta última palabra no tiene el sentido de algo "lujurioso", sino de "no vivir de acuerdo con la promesa" de que Dios haría de Abraham una nación (Gn 12:2-3).

La interpretación (vv. 24-27). Como he expresado en el diagrama anterior, estas dos mujeres se corresponden con dos pactos. Agar se sitúa en el pacto establecido en el Monte Sinaí (el lugar en que se impartió la ley) y todos sus hijos son esclavos (el estado de aquellos que viven bajo la ley; *cf.* 3:26-4:7). Jerusalén se corresponde con el monte Sinaí, puesto que sus habitantes viven bajo la ley y son, por tanto, esclavos. Estos vínculos habrían sido muy sorprendentes para los judaizantes y todos los judíos. ¡Cómo puede decir Pablo que quienes "obedecen la ley" están, por esta misma razón, en la línea de Ismael! No cabe duda de que esto era más de lo que los judaizantes estaban acostumbrados a escuchar:

¡Agar→Ismael→ley del Monte Sinaí→Jerusalén →habitantes esclavos!

Esta era una importante revolución en el modo de entender el pasado.

Pero Pablo prosigue. La descendencia de Sara tiene un pacto establecido en la "Jerusalén celestial". Los hijos de la "mujer estéril" aparecen en Génesis 11:30, donde a Sara se la describe como "estéril", pero, por medio

---

7. La expresión de la NVI "según la carne" procede de *kata sarka*. Para Pablo esta frase significa "vida fuera del Espíritu Santo". Ver notas sobre 3:3.

de este término ("estéril"), se la relaciona con Isaías 54:1 (*cf.* también 51:2). En 54:1 tenemos promesas de Dios en el sentido de que restaurará a Sión. Isaías predice, pues, la Jerusalén futura. Al relacionar el hecho de que son la verdadera Jerusalén por su cumplimiento de 54:1, Pablo está diciendo que los creyentes en Cristo están viviendo en la nueva era del cumplimiento. Estos son "más" numerosos, lo cual significa que Dios les ha bendecido más.

La aplicación (vv. 28-31). "Ustedes, hermanos, al igual que Isaac, son hijos por la promesa". Aquí Pablo hace su aplicación a la situación de los gálatas, y lo hace de un modo muy interesante, argumentando una vez más a partir de la experiencia: el modo en que los dos hijos se trataron el uno al otro también se corresponde con lo que sucede hoy. Igual que Isaac fue perseguido por Ismael,[8] los "que creen en Cristo" son perseguidos por los judaizantes que promueven la lealtad a Moisés además de a Cristo.[9] Dicho de otro modo, puedes saber de qué lado estás realmente analizando quiénes son los perseguidores y quiénes los perseguidos. Los que están en un error son los perseguidores (1:13, 23). ¿Cuál es la solución? Del mismo modo que Sara expulsó a Agar y a su hijo (Gn 21:10), los creyentes gálatas han de expulsar a los judaizantes. Esto no debe entenderse como una andanada contra todos los judíos y el judaísmo en general. Es un comentario específico dirigido a un determinado grupo de personas, a saber, los judaizantes, que pretendían imponer la ley de Moisés a los convertidos gentiles.

La conclusión que extrae Pablo pasa de los versículos 28-29 al versículo 31 (el v. 30 queda como una forma de "exhortación pastoral"): puesto que nosotros somos los perseguidos, somos hijos de la libre, no de la esclava. Esto significa que los judaizantes se equivocan en su insistencia de que, para ser "hijos de Sara", deben observar la ley.

Es probablemente más fácil comenzar con el método de interpretación de Pablo, puesto que este es el que le lleva a sus conclusiones, de las

---

8. En el Antiguo Testamento no hay ninguna referencia explícita de Ismael persiguiendo a Isaac. Existen dos explicaciones de esta cuestión: (1) A lo largo de la historia del pueblo judío la afirmación de Génesis 21:9 en el sentido de que Ismael "se burlaba de" Isaac vino a significar "persecución", o (2) la historia del conflicto entre árabes y judíos fue suficiente para atribuir esta contienda a Ismael, como cabeza de los árabes, (p. ej., Jue 8:24; Sal 83:6). Ver R. N. Longenecker, *Galatians*, 217; F. F. Bruce, *Galatians*, 223-24.
9. El uso del tema de la persecución puede aludir únicamente a una forma de acoso social. No obstante, tengo la sospecha de que ello confirma nuestra idea de que tanto Pedro (Gá 2:14) como los judaizantes habrían usado la fuerza (2:3; 4:18; 6:12).

Gálatas 4:21-31

que hemos tomado nota una y otra vez (aceptación por la fe, no por la observancia de la ley de Moisés). Lo que cambia aquí es el método de Pablo. El apóstol interpreta la Escritura de un modo absolutamente distinto del que se nos ha enseñado a nosotros. ¿Podemos hacer lo que Pablo hace aquí?

Nuestro patrón habitual para interpretar la Escritura es comenzar descubriendo el *significado de los textos en su contexto* para proceder luego a su *aplicación en el nuestro*. En esencia, nuestro procedimiento es "fundir los contextos", organizar el mundo antiguo y el nuestro importando el mensaje del texto antiguo a nuestro mundo. John Stott describe la tarea de interpretar la Biblia, aplicarla a nuestro mundo y predicarla como un trabajo de construcción de puentes.[10] Se nos enseña a tener la Biblia en una mano y el periódico en la otra, a entender la intemporalidad del evangelio y la actualidad y relevancia de sus aplicaciones, o a leer los lenguajes de la Biblia y hablar los de nuestra cultura.

El fundamento de este modo de verlo —y es el procedimiento de esta serie de comentarios— es *examinar primero el texto en su contexto*. Comenzamos con la exégesis de palabras, frases y cláusulas, oraciones gramaticales, párrafos y libros bíblicos completos en sus respectivos contextos. No podemos trasladar a nuestro mundo un mensaje hasta que no hayamos comprendido el que se presenta en los textos antiguos.

Pero esto es exactamente lo que Pablo no está haciendo. El contexto original no se toma en consideración puesto que, hasta donde sabemos, originalmente, Sara y Agar no representan pactos. ¿Cómo respondemos? Hay tres posibilidades: que nosotros estemos equivocados y Pablo en lo cierto; que Pablo se equivoque y nosotros estemos en lo cierto; o que nadie esté equivocado o tenga razón y se trate solo de un procedimiento que ya no utilizamos y del que Pablo solo se sirvió en contadas ocasiones, plenamente consciente de que lo que estaba haciendo no era "exégesis" y solo lo utilizaba por una razón específica.

¿*Nos* equivocamos, acaso, cuando buscamos el "sentido original" de los textos? Creo que no. El fundamento para la búsqueda del sentido original (llamémosle el "aspecto histórico de la exégesis") es nuestro respeto por la Palabra de Dios dada en el tiempo y en el espacio, nuestro respeto por lo que Dios dijo *entonces*.[11] Este aspecto histórico nos vincula con lo "que

---

10. Ver J. R. W. Stott, *Between Two Worlds: The Art of Preaching in the Twentieth Century* (Grand Rapids: Eerdmans, 1982), 135-79.
11. Aquellos que deseen considerar una exposición técnica sobre el asunto del "significado" pueden ver G. R. Osborne, *The Hermeneutical Spiral: A Comprehensive Introduction to Biblical Interpretation* (Downers Grove, Ill.: InterVarsity Press, 1991), 366-415.

se dijo y sucedió realmente en aquel momento" y nos da una norma para la medición. Sin este aspecto histórico, desaparece cualquier control de lo que es el evangelio y de lo que debería decirse en el nombre de Dios. Si el texto significa lo que cualquiera quiere que signifique, no tiene entonces ningún sentido objetivo y universal para todos, sino solo para cada uno en particular. Estoy, pues, plenamente convencido de que no estamos equivocados; pero lo estoy también de que tampoco lo estaba Pablo.

La tercera opción es la mejor. Pablo estaba haciendo algo aquí que era aceptable en su época, el apóstol era muy consciente de lo que hacía, y sabía que lo estaba haciendo en un contexto específico. Por otra parte, su procedimiento no es recomendable si lo que queremos es encontrar el sentido original de un texto. Si, como piensan muchos eruditos de nuestro tiempo, Pablo solo estaba dándole la vuelta a uno de los argumentos de los judaizantes, queda entonces claro que el apóstol no está actuando por propia iniciativa. Utilizando palabras de 2 Corintios 11, Pablo se expresaba "de manera insensata"; les estaba siguiendo el "juego" y lo hacía mejor que ellos. Habían comenzado diciendo que un verdadero hijo de Dios tenía que ser judío y apelaban a Abraham. También afirmaban que el origen de los gentiles estaba en Ismael, no en Isaac. De manera que Pablo, investigando el asunto más a fondo, mostró que Ismael era el "hijo de esclavitud". Por consiguiente, quienes se adherían a la esclavitud de la ley se situaban en la tradición de Ismael. Los verdaderos hijos de Dios están en la línea de Sara. Si, como sostengo, Pablo estaba respondiendo a esta clase de situación, no hay ningún problema.

Por otra parte, tengo la impresión de que lo extraño de esta clase de procedimiento en Pablo (*cf.* 1Co 9:9-10; quizá 10:1-11) muestra que él era consciente de que se trataba de un alejamiento de las reglas normales para interpretar la Biblia. Pablo interpreta frecuentemente la Biblia de manera consistente con nuestro "aspecto histórico" si dejamos fuera de cualquier consideración nuestro interés en trazar primero el trasfondo (lo cual es necesario teniendo en cuenta que vivimos más de dos mil años más tarde). Pablo se esforzaba por entender los textos en sus idiomas originales (hebreo o griego) y según las reglas habituales de la gramática y la sintaxis. Sin embargo, se sirve aquí de un procedimiento que sus oponentes habían utilizado y que estaba "en boga" en su tiempo.

Soy, pues, de la opinión de que lo que Pablo hace en este pasaje no es erróneo, pero tampoco lo es que sostengamos el "aspecto histórico" de la interpretación como un elemento fundamental del correcto estudio de la Biblia. Pablo hizo algo que no podemos realmente imitar y lo hizo en un contexto que no es el nuestro. Por otra parte, no es erróneo que presentemos el evangelio utilizando los personajes veterotestamentarios, siempre que no sostengamos que este es el sentido original. Frecuentemente he oído sermones y estudios bíblicos basados en textos del Antiguo Testamento que, tras recapitular el sentido y contexto originales, no decían casi nada del sentido original pero aun así me hablaban de lo que Dios quería de mí. Naturalmente, estos hermanos obraban con la mejor intención y creían estar haciendo exégesis, pero estaban equivocados. No obstante, estos sermones se limitaban a utilizar a los personajes y narraciones veterotestamentarios para exponer el evangelio de Jesucristo.

Esta clase de "reiteraciones" son hoy mucho menos frecuentes que hace veinte años, puesto que los asistentes a las iglesias de nuestro tiempo no conocen tanto la Biblia como los de entonces. Ni siquiera hay muchas alusiones a personajes del Antiguo Testamento, porque ni predicadores ni oyentes se han sumergido lo suficiente en sus páginas. ¿Cuántas personas de nuestras iglesias entenderían inmediatamente las implicaciones de nombres o relatos como los de Icabod, Aod, Ezequías u Oseas? ¿Qué sucedería si dijéramos, por ejemplo, que Pablo respondió a la deserción de los gálatas del mismo modo en que Elí y su nuera respondieron al mensajero y que el apóstol declaró que los distritos de Galacia fueran ahora habitados por *Icabods* (leer 1S 4:1-22)?

Personalmente, no veo razón para no hacer alusiones de este tipo, unas referencias que reformulan el mensaje del evangelio en términos de personajes y acontecimientos del Antiguo Testamento. Por lo que a mí respecta, no veo razón para que los cristianos no puedan expresar el evangelio sirviéndose de estos personajes y acontecimientos veterotestamentarios. La referencia a Sara y Agar es, en efecto, una reformulación de la narración del Antiguo Testamento en términos del evangelio cristiano. Personalmente, no veo, pues, razón por la que no podamos encontrar analogías al evangelio en los relatos veterotestamentarios, *siempre que seamos conscientes de que lo que estamos haciendo no es exégesis histórica sino aplicación y nueva lectura.*

Un segundo asunto que requiere análisis en este pasaje es la suposición de Pablo de que la razón está del lado de quienes son perseguidos (vv. 28-31). ¿Es esto siempre así? La respuesta a esta cuestión es simple, aunque difícil de determinar en la vida real. No olvidemos que ni perseguidores ni perseguidos tienen siempre la razón. Sin embargo, en el tiempo de Pablo, los perseguidores estaban casi siempre equivocados y la razón solía estar del lado de los perseguidos. Esto llevó a la suposición general de que estos últimos estaban del lado de Dios. Pero, antes de trasladar a nuestra situación esta idea de que los perseguidos suelen tener la razón, hemos de dar varios pasos. En primer lugar, tenemos que esbozar el contexto de esta enseñanza[12] y entender su idea general; una vez hecho esto, podemos encontrar "persecuciones" comparables en nuestro mundo.

Nos viene inmediatamente a la cabeza el caso de los tres amigos de Daniel, que se resistieron al edicto del rey Nabucodonosor de que todo el mundo se inclinara delante de su imagen. Estos fueron arrojados a un horno, pero Dios les liberó (Dn 3). Más adelante el propio Daniel fue arrojado a un foso lleno de leones por orar al Dios de Israel, y Dios también le liberó (cap. 6). Otros sufrieron, no solo por su obediencia, sino también por sus atrevidas profecías y advertencias (*cf.* 1R 18; 22:13-28; Jer 26:20-24). Un importante libro del siglo II a.C. está dedicado a los heroicos esfuerzos de los mártires (1 Macabeos). En Hebreos 11:32-38 se consigna una relación de mártires y sus sufrimientos por su fidelidad a Dios.

El propio Jesús fue el prototipo de mártir. Sus enemigos intentaron silenciar su predicación (Lc 4:29) y encontrar errores en sus prácticas o enseñanzas (Mr 11:27-33; 12:13-17, 18-27, 28-34). Para quienes no creían, su crucifixión puso punto final a sus pretensiones, mientras que para Dios supuso su aproximación. Jesús llamó bienaventurados a los perseguidos (Mt 5:10-12) y afirmó que quienes siguen las pisadas de los profetas serían maltratados como lo fueron ellos (23:33-39). Esta fue también la experiencia de Jesús y de las primeras iglesias (Hch 4:1-22; 5:17-42; 6:9-15; 7:51-8:3; 9:1-2, 23, 29; 12:1-5). Pablo experimentó asimismo muchas persecuciones (*cf.* Hch 13:8, 45, 50; 14:2, 4-7, 19; 16:19-34; 17:5-9, 13; 18:6, 12-17; 19:9, 13-16, 23-41; 21:27-28:28) y elaboró incluso una relación de ellas (2Co 11:23-27). El apóstol ve las cosas como los demás: quienes siguen a Jesucristo sufrirán persecución (2Ti 3:12). También Pedro advirtió sobre inminentes persecuciones (1P 3:8-17; 4:12-19), y Santiago manifestó que ciertos cristianos estaban sufriendo una persecución económica (Stg 5:1-6). El libro de Apocalipsis consigna una serie de imágenes que responden a la maldad del mundo con la vindicación de su pueblo por parte de Dios y la restauración de las cosas (Ap. 7:14-17; 19:1-22:6).

Por tanto, para entender esta suposición de Pablo, hemos de comprender su contexto. Se trata de una situación en la que el judaísmo y el imperio romano se sienten, en general, irritados hacia el cristianismo y sus

---

12. Hay un hermoso estudio en T. Lewis, "Persecution", en *Dictionary of the Apostolic Church*, ed. J. Hastings (Nueva York: Charles Scribner's Sons, 1918), 2:168-86; ver también G. W. Bromiley, "Persecute", en *NISBE*, 3:771-74.

mensajeros, en la que varios grupos locales persiguen a determinados cristianos y en la que los cristianos se saben perseguidos por el hecho de serlo. En su magistral estudio de la evangelización en las primeras iglesias, Michael Green lo expresa clara y correctamente:

> La evangelización de la iglesia primitiva fue una empresa sumamente intrépida en cualquier nivel social, una tarea que suscitaba odios, peligros políticos sospechas de traición a los dioses y al estado, insinuaciones de crímenes horribles y calculada oposición por parte de fuerzas quizá más poderosas que en ninguna otra época desde entonces.[13]

Este era su contexto. ¿Cómo respondieron a esta situación?

Sus fructíferas estrategias para "hacer frente" a las persecuciones estaban arraigadas en varias ideas complementarias: (1) que Cristo fue perseguido; (2) que los mensajeros de Dios fueron hostigados desde el principio por proclamar su mensaje; (3) que el pueblo de Dios ha sufrido frecuentemente la opresión de personas impías por su fidelidad a la voluntad de Dios; y (4) que Dios vindicará finalmente a su pueblo y enmendará la situación, haciendo justicia y resucitando de entre los muertos a su pueblo. Las primeras iglesias superaron la oposición porque miraban lo que estaba sucediendo desde la óptica divina. Los primeros cristianos temían a Dios, no a los hombres; sabían que esta vida no lo era todo; cobraban ánimo y valor a partir del ejemplo de Jesús y de los muchos que sufrieron a lo largo de la vida de la iglesia.

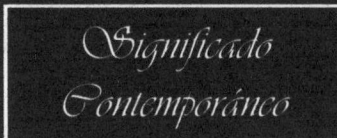

Quiero considerar en esta sección el tema de la *persecución*. ¿Cómo nos enfrentamos a la oposición contra la verdad del evangelio (sea a la incredulidad en general o a la manifiesta hostilidad contra el mensaje del evangelio)? Como ya hemos visto, Pablo apeló en este pasaje a la persecución como una parte de la historia del pueblo fiel de Dios y, por tanto, podría utilizarse como una prueba de la propia fidelidad. ¿Podemos usar este criterio en nuestro tiempo?

En primer lugar, hemos de definir lo que es la "persecución". *La persecución es aquella oposición de que es objeto un cristiano por obedecer a*

---

13. Michael Green, *La evangelización en la iglesia primitiva* (Grand Rapids: Nueva Creación), 66-67. Esta cita es su resumen de un capítulo sobre los "Los obstáculos en la evangelización".

Dios o proclamar su voluntad y verdad. No estamos hablando de los problemas económicos de los ricos en una sociedad materialista, ni de sufrir un pinchazo camino del trabajo que cambia nuestros planes para el día; ni tampoco hablamos de adolescentes que tienen tensiones con sus padres o de padres que se sienten desilusionados cuando sus hijos no consiguen la posición que deseaban para ellos. Aunque todas estas dificultades juegan su papel en el desarrollo del carácter cristiano, no son persecuciones. Una rápida mirada a los eventos referenciados en párrafos anteriores acerca de la enseñanza bíblica sobre la persecución impedirá que el lector considere persecución cosas tan normales como las tensiones que surgen con nuestros hijos adolescentes. Tratamos desconsideradamente a nuestros hermanos y hermanas que sufren verdadera persecución cuando ponemos nuestros "pinchazos" en el mismo grupo de cosas como ser expulsado de la ciudad o pueblo, echados del trabajo o asesinados por causa del evangelio.

Nuestro problema es que en nuestro tiempo hay demasiados cristianos viviendo en países que no son abiertamente hostiles al cristianismo o a la proclamación del evangelio. Alguien puede asistir a una escuela cristiana sin que ello genere ningún problema social, asistir a una universidad cristiana sin sufrir represalias, para luego casarse con una persona cristiana y desarrollar la propia vocación en el ámbito de una institución cristiana. Puede que estas personas no sufran nunca persecución, en toda su vida. Para estas personas, el mensaje de Pablo que asume que los perseguidos llevan la razón *es casi por completo irrelevante* y hemos de reconocerlo. Para ellos, aprender sobre la persecución puede ser alentador y ofrecerles valores para manejarla si alguna vez han de hacerle frente. Para estas personas, una de las últimas afirmaciones de Pablo —"serán perseguidos todos los que quieran llevar una vida piadosa en Cristo Jesús" (2Ti 3:12)— no forma parte de su experiencia y no es, por ello, de cumplimiento absoluto. Personalmente pienso que, en teoría, es posible seguir a Cristo y no sufrir persecución.

Esto no significa, sin embargo, que Pablo esté equivocado, puesto que en el contexto de la Biblia y la situación social en la que el apóstol escribió esto sus palabras demostraron ser una verdad general que puede no ser cierta en toda situación imaginable. No obstante, creo también que, aunque es "teóricamente posible" seguir a Cristo y no ser perseguido, es sin duda una situación muy poco frecuente. Así, aunque es posible que para algunos las enseñanzas y suposiciones de Pablo sean irrelevantes, desde un punto de vista práctico, es más que probable que la gran mayoría de quienes siguen a Cristo encuentren práctico el mensaje bíblico sobre la persecución.

Si buscamos a Cristo en las *realidades de nuestro mundo*, descubriremos rápidamente que a los seguidores de Cristo les esperan diferentes tipos de persecución. Estas persecuciones confirman la suposición de Pablo en el sentido de que los perseguidos tienen razón. ¿De dónde proceden tales persecuciones? Sugiero que, en general, el *Zeitgeist* (o "espíritu del tiempo") está contra la verdad del evangelio. Si pensamos en nuestra sociedad lo primero que nos viene a la mente es el "pluralismo" y "el evangelio de la tolerancia". Ambos conceptos son directamente contrarios a la verdad del evangelio. Ambos están en contra de cualquier concepto de "verdad absoluta". Si *pluralismo* significa que existen "opciones plurales" en la concepción y práctica del bien y el mal, de la vida ideal y de la aceptación final de Dios, entonces el mensaje de que Jesucristo es el único agente de Dios para la salvación colisionará con el pluralismo, y este choque puede llevar a la persecución. Si la *tolerancia* es la tónica de las normas sociales, políticas y religiosas, está claro que los cristianos se enfrentan a una baraja marcada. Aunque sean personas afectuosas, no están de acuerdo en que la tónica deba ser la tolerancia, ni que sea correcto tolerar el pecado ni las falsas pretensiones de verdad.

En otras palabras, en nuestro mundo moderno hay un conflicto general de cosmovisiones entre los cristianos y los que no lo son. Aunque no podemos entrar aquí en una descripción del "mundo" según el pensamiento paulino, es instructivo recordar que toda la Biblia coincide en señalar que el mundo se opone al evangelio como la oscuridad a la luz (Jn 3:19-21). El mundo se opone al Dios de verdad (1Co 1:18-25) porque este descubre su esencia y orientación apartado de él (Ro 3:19). Esto significa que el cristiano no puede esperar encontrar en el "mundo" un aliado para difundir el evangelio. Solo cabe esperar oposición. Existe un conflicto general, pero conflicto general no significa persecución sino en el nivel más esencial. Sin embargo, y aquí está el problema, *en el mismo momento en que un cristiano está dispuesto a defender la verdad del evangelio, se produce frecuentemente algún tipo de persecución.* ¿Cómo? Esta puede ser sutil o abierta. El antagonismo sutil se expresa mediante ceños fruncidos, cejas enarcadas, exclusión social, chismorreos, listas negras y palos en las ruedas para los cristianos. La oposición abierta a nuestra disposición a decir lo que pensamos se produce de muchas maneras, que van desde comentarios sociales negativos a manifestaciones abiertamente hostiles, de sanciones económicas al ostracismo laboral y de la presión física al asesinato o la ejecución. Considero, no obstante, que la persecución más difícil de enfrentar es la sutil. El temor de ser censurado y, por tanto, objeto de comentarios es algo que a la mayoría de los cristianos les gustaría evitar.

El resultado es que dejamos de expresar nuestras convicciones y no somos fieles a nuestro llamamiento. Quiero dar dos ejemplos, uno de un mundo en el que los cristianos presionan sutilmente a otros creyentes y otro de un ámbito en el que se les avasalla abiertamente.

Recientemente, estuve viendo un programa de televisión en un canal cristiano que emitía un debate entre pastores y psicólogos sobre un tema tan sensible de nuestra sociedad como son las adicciones sexuales. El conductor del programa introdujo brevemente los aspectos terribles del tema y dio la palabra al panel de invitados para que hicieran sus comentarios. Los psicólogos comenzaron de un modo tan típico que mi relato corre el riesgo de parecer estereotipado. Para ellos el punto de partida esencial era que la persona ha de ser aceptada, entender que Dios la ama, que su pasado la ha llevado a esta conducta inaceptable, que el terapeuta no puede curar el problema hasta que ella quiera cambiar, etc. A medida que el debate se iba desarrollando, tenía la sensación de que avanzábamos muy poco, y lo que es más importante, se expresaban pocas ideas singularmente cristianas (excepto, naturalmente, que la aceptación es importante).

En este punto un pastor tomó la palabra y, con cierta vacilación, sugirió que la Biblia considera "pecado" esta clase de problema; a continuación, ya más atrevido, defendió que la cura esencial para este tipo de conducta era la obra de Jesucristo y el poder del Espíritu Santo. Los demás comenzaron a asentir gestualmente y finalmente todos acabaron llegando a una especie de acuerdo fundamental.

Mi propósito aquí no es sugerir remedios para las adicciones sexuales, sino solo decir que considero fundamental la solución bíblica; sin embargo, sugiero que los psicólogos son especialmente útiles en el diagnóstico, análisis y seguimiento de este tipo de problemas, pero también que les resultaba incómodo hablar de "pecado". No querían parecer "poco profesionales" ni ser relegados a la categoría de ciertos psicólogos y pastores que piensan que la psicología no tiene nada que ofrecer al mundo cristiano. Su deseo de mantenerse respetables (que no es malo cuando se expresa debidamente) les llevó a eludir el mensaje bíblico. Menciono esto porque sé que este es un problema para los psicólogos cristianos, y conste que tengo un gran respeto por esta profesión (¡se da el caso que mi esposa es psicóloga!). Lo que veo aquí es una sutil presión para que se utilicen los términos de un modo tan escrupuloso que, en ocasiones, se genera una reticencia a usar la palabra "pecado" que usa la Biblia, la cual a continuación promete también el perdón a quienes renuncian a él. Por ello, en su interés por proteger la integridad de su disciplina y mantener su respetabilidad dentro de su campo, y sabiendo que para muchos problemas no es efectivo plantear una cura rápida (entregarse a Cristo o al Espíritu Santo),[14] los psicólogos cristianos ejercen una sutil presión sobre los demás y sobre ellos mismos de tal manera que a veces acaban negándose a declarar la verdad del evangelio.

En el contexto de Gálatas 4:21-31, quiero hacer esta observación: cuando los psicólogos cristianos están dispuestos a presentar voluntariamente la verdad del evangelio como fundamento de la salud mental y emocional y sienten una oposición a lo que están haciendo, experimentarán también la verdad de las palabras de Pablo. Estos confirmarán la veracidad del evangelio viendo la oposición de quienes no confían en Dios.

La presión manifiesta es más fácil de detectar pero quizá más difícil de aceptar. Hace poco tuve una conversación con un hombre que me contó que se había casado con una mujer luterana habiendo él sido católico, y de lo distintas que eran ambas Iglesias. Me siguió explicando, un poco bravucón, que había "corregido" a su nuevo pastor tras escucharle predicar sobre la salvación solo en Cristo. Me dijo que se había acercado al pastor y le había informado de que no pensaba seguir escuchando este rollo de "un solo camino a la salvación". Acto seguido, continuó con una breve disertación sobre lo erróneo de que los cristianos, o cualquier otra persona, creyeran conocer la verdad y la idea de que Dios aceptaría solo a los cristianos. A medida que iba hablando se iba acalorando. Entonces me miró y dijo: "No me digas que solo los cristianos van a ir al cielo. Esto no es cristiano. ¿Tú no creerás esto, no Scot?".

He de reconocer que no quería convertirme en objeto de otra diatriba. Tampoco sentía que fuera el mejor momento para entrar en un extenso debate sobre la verdad, la revelación de Dios en Cristo y lo que era o no "cristiano". Para aquel hombre significaba "ser amable, tolerante y lleno de buenas obras" pero, desde luego, no tenía nada que ver con ser ortodoxo. Sin embargo le dije: "Amigo, yo creo en Jesucristo, y la Biblia enseña que Dios *solo* nos acepta por medio de él". Me sentí incómodo (como cualquiera que hubiera hablado con él sobre este tema), pero también sentí una sensación de alivio, puesto que declarar las buenas nuevas de Cristo nos aporta este sentido de liberación. Sentí que lo importante no era si le caía bien o no, si me aceptaba o no, sino seguir Cristo. Eso no

---

14. Estoy convencido de que esto es lo que sucede. Para muchos problemas, se hacen necesarias largas sesiones con un terapeuta, explorando nuestra historia personal y el análisis de ciertas emociones y problemas. Pero creo también que el Evangelio de Jesucristo y el poder del Espíritu son el fundamento de la salud emocional y mental. ¡Esto es lo que significa creer en el cristianismo!

quiere decir que no valorara (y siga valorando) su amistad. En posteriores conversaciones con él llegué a entender que aquella postura era una reacción (exagerada) a un desafortunado pasado (en que se le enseñó que solo los católicos eran verdaderos cristianos) y que él se consideraba creyente y cristiano. Al principio no estaba convencido de que aquel hombre fuera cristiano (al menos en un sentido ortodoxo) y experimenté la presión que vive cada seguidor de Cristo: posicionarse a favor de Cristo en medio de las presiones por negar la verdad del evangelio.

Una vez más quiero hacer la misma observación; cuando un cristiano defiende los intereses del evangelio y desarrolla con audacia su verdad, experimentará la verdad de las palabras de Pablo: aquellos que siguen a Cristo sufrirán persecución. Es decir, para el cristiano, la experiencia de la oposición es una confirmación de la verdad del evangelio. No es que la experiencia lo confirme, sino que el evangelio se confirma a sí mismo por medio de la oposición.

Cuando vivimos este tipo de experiencias, hemos de aprender a mirarlas como lo hacían los primeros cristianos. (1) Hemos de darnos cuenta de que estamos siguiendo los pasos de Jesús. Para los perseguidos es alentador saber que están siendo tratados como lo fue Jesús. (2) Hemos de recordar que el pueblo de Dios siempre ha experimentado oposición. ¿Quiénes nos creemos para suponer que podemos vivir en obediencia y no pasar por la misma experiencia de oposición que quienes nos han precedido? (3) Podemos anclar nuestra confianza en la esperanza de la resurrección y la vindicación final de Dios. Suceda lo que suceda en el presente, sabemos que finalmente Dios va a arreglar las cosas. Esto incluye nuestra resurrección y una gloriosa eternidad en la presencia de Dios. Esta esperanza debe animar nuestro espíritu cuando afrontamos oposición al evangelio.

Hemos de volver, no obstante, a nuestras observaciones iniciales sobre la *ausencia de persecución* en una buena parte del mundo cristiano moderno. Este hecho tiene una base: el deseo de aceptación. Pablo habló exactamente contra este deseo en Gálatas 1:10, que es exactamente el que fundamentaba a los judaizantes: ser aceptados cuando regresaran a Jerusalén. Este deseo es tan intenso en nuestro mundo que contamina nuestra disposición de seguir a Cristo. Sin duda, nuestro deseo de aceptación actúa contra la oportunidad de confirmar nuestra fe haciéndonos objeto de oposición. En su valioso libro, *Fuera del salero: para servir al mundo*,[15] Becky Pippert establece una distinción entre ser "detestables"

---

15. Becky Pippert, *Fuera del salero: para servir al mundo* (Buenos Aires: Certeza, 1989), esp. 15-31 de la edición en inglés.

y ser "ofensivos" en nuestra relación con el mundo. Pippert sostiene correctamente que no debemos ser detestables, pero que ser ofensivos es normal. Esta autora afirma: "Si alguien fue culpable de ser ofensivo, fue Jesús, no yo. La idea de ser el único camino a Dios, es *suya*, no mía". Y concluye una imaginaria conversación con un no creyente con este pensamiento: "Sé perfectamente que Jesús dijo muchas cosas estrictas, ¿y no es acaso sorprendente? ¿No sería fascinante estudiarle para descubrir por qué hizo unas afirmaciones tan elevadas sobre sí mismo?".[16]

El evangelio, debidamente entendido y presentado de manera persuasiva, es ofensivo para un ser humano pecaminoso. No hay forma de evitarlo. Ser seguidor de Cristo conlleva un inevitable conflicto, y esto significa ser ofensivo. No deberíamos eludir la oportunidad de expresar el evangelio; de hecho, no es a nosotros a quien se rechaza (Mt 10:40-42). La experiencia de la oposición supone la confirmación de que, simplemente, se nos trata del mismo modo que a nuestros fieles hermanos y hermanas a lo largo de la historia. El pueblo de Dios ha sufrido oposición desde el primer día. "así también sucede ahora", escribió Pablo (Gá 4:29)

---

16. *Ibíd.*, 27 de la edición en inglés.

Gálatas 5:1-12

Cristo nos libertó para que vivamos en libertad. Por lo tanto, manténganse firmes y no se sometan nuevamente al yugo de esclavitud.

² Escuchen bien: yo, Pablo, les digo que si se hacen circuncidar, Cristo no les servirá de nada. ³ De nuevo declaro que todo el que se hace circuncidar está obligado a practicar toda la ley. ⁴ Aquellos de entre ustedes que tratan de ser justificados por la ley, han roto con Cristo; han caído de la gracia. ⁵ Nosotros, en cambio, por obra del Espíritu y mediante la fe, aguardamos con ansias la justicia que es nuestra esperanza. ⁶ En Cristo Jesús de nada vale estar o no estar circuncidados; lo que vale es la fe que actúa mediante el amor.

⁷ Ustedes estaban corriendo bien. ¿Quién los estorbó para que dejaran de obedecer a la verdad? ⁸ Tal instigación no puede venir de Dios, que es quien los ha llamado.

⁹ «Un poco de levadura fermenta toda la masa». ¹⁰ Yo por mi parte confío en el Señor que ustedes no pensarán de otra manera. El que los está perturbando será castigado, sea quien sea. ¹¹ Hermanos, si es verdad que yo todavía predico la circuncisión, ¿por qué se me sigue persiguiendo? Si tal fuera mi predicación, la cruz no ofendería tanto. ¹² ¡Ojalá que esos instigadores acabaran por mutilarse del todo!

Sentido Original

El llamamiento a la libertad del versículo 1 es la esencia del mensaje de Pablo a los gálatas. El propósito de la obra de Cristo era liberar a los judíos de la maldición de la ley y permitir que también los gentiles disfrutaran de la misma liberación rompiendo las cadenas que les ataban a la desobediencia y al pecado. No se puede exagerar la trascendencia que tiene en esta carta la idea de la "libertad". Dentro de la estructura general de Gálatas, con este pasaje comienza una sección fundamental. En la primera sección (1:10–2:21), Pablo ha intentado demostrar la legitimidad de su mensaje estableciendo su independencia, mientras que en la segunda (caps. 3-4) ha tenido en mente la misma demostración utilizando argumentos teológicos. En esta última sección (5:1–6:10), Pablo aplica su mensaje a la situación de los gálatas. Han contraído un virus espiritual, un infeccioso concepto, a saber, que Dios no nos acepta hasta que, además de habernos entregado a Jesucristo, nos rendimos también a la observancia de la ley mosaica. Pablo presenta el antídoto: cuando alguien se convierte a Jesucristo, se aleja de Moisés y comienza a vivir bajo el dominio de Cristo y del Espíritu, quien ha sido enviado por el Padre a su corazón. Quienes son de Cristo, sostiene Pablo, son libres de la ley.

Hay que señalar que Pablo no ha unido artificialmente los capítulos 5-6 a un polémico tratado con el que no tiene una conexión evidente.[1] Si bien es cierto que los capítulos 1-4 subrayan el problema del legalismo mosaico y los capítulos 5-6 ponen de relieve la necesidad de no utilizar la libertad como excusa para el pecado, hay más conexión entre ellos de lo que parece a simple vista. Hay dos asuntos que permean la Epístola a los Gálatas de principio a fin: ¿quién es el verdadero pueblo de Dios (Israel o la iglesia)? ¿Y cómo deberían sus miembros gobernar sus vidas (obedeciendo a Moisés o siguiendo al Espíritu)? Pablo sostiene que la respuesta a estas dos preguntas es: "la iglesia" y "siguiendo al Espíritu". Esta última conclusión creó un problema a los oponentes judaizantes del apóstol, y su acusación era sin duda que, al decir que el pueblo de Dios debía seguir al Espíritu en lugar de guardar la ley, Pablo no estaba dirigiendo adecuadamente a los gálatas. Los judaizantes cuestionaban la ética cristiana esencial del apóstol y se planteaban si el Espíritu era suficiente y adecuado para la dirección moral y para luchar contra la "carne". Sin embargo, el mensaje de Pablo evita precisamente este problema: aunque los cristianos han de vivir en el Espíritu y no bajo la ley, *el poder del Espíritu de Dios* debe llevarles a una vida más elevada en cuanto a santidad y amor que a quienes viven en el judaísmo. Volviendo a nuestra analogía, el argumento es que quienes trabajan con ordenadores deben ser más efectivos que aquellos que siguen tecleando sus documentos en máquinas de escribir tradicionales.

Esta última sección de Gálatas comienza con la declaración de una tesis sobre la libertad (v. 1), que Pablo aplica luego a varias cuestiones: (1) la circuncisión (vv. 2-12), (2) la libertad cristiana (vv. 13-15), (3) la carne y el Espíritu (vv. 16-26), (4) llevar cargas (6:1-5), (5) compartir (v. 6), (6) sembrar (v. 7), y (7) hacer el bien (vv. 8-12). En este capítulo consideraremos la tesis (5:1) y su aplicación a la práctica de la circuncisión (vv. 2-12). En la sección siguiente analizaremos el segundo asunto y el tercero.

---

1. Este punto de vista sobre el libro ha sido admirablemente demostrado por J. M. G. Barclay, *Obeying the Truth: A Study of Paul's Ethics in Galatians* (Edimburgo: T & T Clark, 1988).

La tesis: libres por fin (5:1)

Esta tesis tiene dos elementos: La declaración de libertad (v. 1a) y la implicación de la libertad (v. 1b). En otras palabras, eres libre; por tanto, no te dejes atrapar por la ley mosaica.

La construcción de este versículo en el original griego expresa las cosas de un modo más contundente de lo que se refleja en la traducción de la NVI. Siguiendo el orden de las palabras griegas, la traducción sería: "Para libertad Cristo les hizo libres". En el original hay solo cuatro palabras: (en orden) "libertad", "ustedes", "Cristo" e "hizo libres". La primera y la última palabra de la frase (un sustantivo y un verbo), que en griego señalan el énfasis, tienen que ver con la libertad. El verbo está en aoristo, y no nos dice cuándo o cómo fueron liberados, solo *que* lo fueron. Su enfoque principal está en *el hecho de haber sido finalmente liberados*.

Todo lo que aprendemos en este pasaje y en toda la epístola, en última instancia, depende de nuestra correcta comprensión del término *libertad* en esta carta. Como ha dicho H. D. Betz: "Por ello [...] el concepto teológico de 'libertad' es central y resume la situación del cristiano ante Dios y en este mundo. Es el concepto esencial que subyace en el argumento de Pablo a lo largo de la carta".[2] Vamos, pues, a desarrollar un estudio de la libertad en Gálatas y en las demás cartas de Pablo.[3]

En primer lugar, hemos de observar que "ser libre" *es una relación con Dios*: en la presencia de Dios somos "libres" de la maldición de la ley (*cf.* 3:10-14; 5:1, 13) y de un "estatus de pecado" (Ro 6:18, 20, 22; 8:2) de manera que podemos vivir como "hijos libres" (Gá 4:21-31). En segundo lugar, "ser libres" es *fruto de la muerte de Jesucristo:* éramos cautivos del pecado y de la ley, pero la muerte de Cristo nos redimió de la maldición de esta última (2:4; 3:13; 5:1; *cf.* Jn 8:36). El lenguaje de la "libertad" está relacionado con el de la "redención" (*cf.* 1:4; 3:13; 4:5).[4] En tercer lugar, *la vida en el Espíritu de Dios* es "ser libre": "Ahora bien, el Señor es el Espíritu; y donde está el Espíritu del Señor, allí hay libertad" (2Co 3-17). Más adelante, Pablo une estas tres ideas en Romanos 8:2: "... pues por medio de él [Cristo Jesús] la ley del Espíritu de vida me ha liberado de la

---

2. H. D. Betz, *Galatians*, 255.
3. 14 Ver J. Blunck, "Freedom", en *NIDNTT*, 1:715-21; R. N. Longenecker, *Paul, Apostle of Liberty: The Origin and Nature of Paul's Christianity* (ed. reimp.; Grand Rapids: Baker, 1976), 156-208; J. R. W. Stott, *El cristiano contemporáneo*, 43-53.
4. Hay un excelente estudio sobre la conexión entre redención y libertad en E. J. Epp, "Paul's Diverse Imageries of the Human Situation and His Unifying Theme of Freedom", en *Unity and Diversity in New Testament Theology: Essays in Honor of George E. Ladd*, ed. R. A. Guelich (Grand Rapids: Eerdmans, 1978), 100-116.

ley del pecado y de la muerte". En el tema de la libertad no llegamos a ninguna parte hasta comprender que esta es, de principio a fin, una *obra de Dios en nuestras vidas a través de Cristo Jesús y en el Espíritu Santo*. La libertad no consiste en hacernos libres para ser lo que queramos (es decir, egocentrismo); ni tampoco es alguna forma de "autodescubrimiento" o "autenticación" propia (que, son otras formas de egocentrismo), sino una incorporación a la vida de Dios, que él nos imparte por medio de Cristo y nos permite disfrutar en el Espíritu.

Podríamos decir que estas tres primeras ideas sobre la libertad representan su "dimensión teológica".[5] Pasamos ahora a sus "dimensiones humanas". En cuarto lugar, la libertad tiene una dimensión que podemos llamar *polémica*. La libertad es algo que los cristianos conocen, disfrutan y experimentan, y que los judaizantes no han conocido ni pueden conocer, en tanto no abandonen su vínculo con la ley de Moisés (2:4; 4:21-31; 5-1). Este es un importante acento de la carta a los Gálatas. Los judaizantes habían irrumpido en el panorama gálata predicando la revelación de Dios por medio de Moisés y estaban argumentando que los cristianos gálatas tenían que sujetarse a la ley de Moisés para perfeccionar su relación con Dios. Pablo devuelve rápidamente la andanada: la ley de Moisés estuvo vigente durante un periodo limitado de tiempo (hasta Cristo) y para un propósito limitado (revelar el pecado); los gálatas no deben, pues, sujetarse a la ley, sino rendirse a Cristo y vivir en el Espíritu. Esto les convierte en "hijos maduros" (3:26–4:7) que tienen al Espíritu (4:7) y pueden vivir en la libertad de los adultos. La libertad de los adultos implica que ya no tienen que vivir bajo la tutela de un supervisor (4:1-7). En Gálatas, esta libertad tiene un decidido enfoque polémico: es algo que los judaizantes intentan robar.

En quinto lugar, hemos de observar que, para Pablo, "ser libre" es una realidad *personal y existencial en el sentido de ser liberado para ser lo que Dios quiere que seamos y hacer lo que él quiere que hagamos*. Esta categoría es algo moderna, pero creo que es ahí donde Pablo está llegando.[6] El apóstol enseña que la libertad en Cristo consiste en ser liberado del

---

5. La idea grecorromana normal de "libertad" aludía más a menudo a la liberación de los vicios o placeres en el sentido de que la persona se hacía "dueña de su vida". No tenía nada que ver con la idea paulina de libertad, que la entiende como una obra de la gracia divina. Ver citas y observaciones en A. J. Malherbe, *Moral Exhortation, a GrecoRoman Sourcebook* (Library of Early Christianity; Filadelfia: Westminster, 1986), 158-59.

6. Así lo entienden también R. N. Longenecker, *Paul, Apostle of Liberty*, 171-73; H. N. Ridderbos, *El pensamiento del apóstol Pablo*, trad. de Juan van der Velde (Grand Rapids: Libros Desafío, 2000), pp. 258-65, 288-93 de la traducción inglesa; J. R. W. Stott, *El cristiano contemporáneo*, 49-53.

poder del pecado y la muerte (Ro 6:7, 18, 22; 8-2). Esta idea de "pecado" es aquella esclavitud que lleva a los pecadores a sentirse encadenados a pecar en su voluntad y en su conciencia. Estas cadenas han sido rotas y esta experiencia solo puede describirse como una liberación personal (que deja libre a la persona para hacer lo que Dios quiere). En 5:16-26 encontramos una descripción de lo que sucede en la vida interior de una persona (y en sus relaciones externas) cuando el Espíritu asume las riendas de su vida. Creo que esta "debe ser" nuestra categoría. "Ser libre" es ser liberado "para ser" lo que Dios quiere que seamos. Aunque la ley es algo que nos ata a nuestra naturaleza pecaminosa, los pecadores están también encadenados al pecado por fuerzas espirituales fuera de su control; "ser libre" comporta también la ruptura de estas cadenas (Ef 6:10-18; Col 2:15). En general, podemos decir que "ser libre" es la emancipación del espíritu de una persona de aquello que la ata al pecado y a la fealdad, para hacer y ser lo que Dios quiere y para disfrutar la clase de vida que Dios nos da a este lado de la eternidad.

Pero, paradójicamente, esta libertad *de* es al mismo tiempo una libertad *para*. No somos liberados para hacer lo que queremos, sino lo que está bien, y para ser lo que debemos ser. En la idea cristiana de libertad hay ciertas limitaciones específicas. El gran pastor, Helmut Thielike, expresa esto agudamente cuando dice que la "verdadera libertad (la libertad 'de llegar a ser lo que hemos de ser') debe definirse, por otra parte, como una forma específica de servidumbre u obligación, en una palabra, como aquello que uno *debe* hacer. La verdadera libertad es una servidumbre y nada más".[7] Por esta razón, aquellos que han sido liberados se han convertido en esclavos de Cristo (1Co 7-22; Ef 2:11-13. 6:6), de Dios (Ro 6:22) y de la justicia (v. 18).

Por último, "ser libres" tiene *implicaciones de orden social*. Aquellos a quienes Dios ha liberado por medio de Cristo, y en el Espíritu son los que viven esta vida de libertad amando a los demás (Gá 5:6, 13-15) y desarrollando relaciones personales caracterizadas por rasgos como la benevolencia y bondad (vv. 22-24). Creo que esta libertad es la que apoya la conclusión de Pablo en el sentido de que en Cristo no hay judío ni griego, esclavo ni libre, hombre ni mujer (3:28): quienes viven en libertad han aprendido a ignorar las barreras impuestas por las convenciones sociales para seguir la voluntad de Dios (ver también, 1Co 9:19-23). Aunque las cartas y vida de Pablo dejan claro que el apóstol no tenía un plan político

---

7. H. Thielicke, *The Freedom of the Christian Man: A Christian Confrontation with the Secular Gods*, trad. inglesa de J. W. Doberstein (Grand Rapids: Baker, 1975), 14.

para aplicar su idea de libertad, parece razonable que lo que él creía como verdadero en su relación con Dios y con otras personas (libertad) se desarrollaría en el modo en que los cristianos veían su relación con el mundo más amplio. Por ello, opino que los modernos conceptos de "libertad", "derechos civiles" y "libertad" están profundamente en deuda con la noción paulina de libertad y son, de uno u otro modo, una extensión de este concepto. Aquellos que han sido liberados quieren que la libertad se extienda a todas las dimensiones de la vida.

En pocas palabras, para Pablo, la "libertad" es la esencia misma del evangelio: Dios nos libera por medio de Cristo y en el Espíritu, para que podamos amar a Dios y a los demás. E. J. Epp ha descrito admirablemente la amplitud de la libertad en el pensamiento de Pablo:

> Las implicaciones de esta libertad cristiana, tal como la desarrolla Pablo, son enormes en su alcance y repercusiones, pero esencialmente él ve la libertad como una realidad que se lleva a cabo en el acontecimiento de Cristo y a través de él, que ha destruido el poder del pecado y ha neutralizado la hostilidad individual hacia Dios; que ha cubierto al mismo tiempo la culpa y manchas del pecado y ha borrado el pasado; que ha doblegado totalmente toda esclavitud externa al yo, a las convenciones religiosas, a los poderes del mal y a las fuerzas cósmicas; y que ha triunfado sobre todas las fuerzas que dominan a la humanidad, incluida la propia mortalidad. Pero esta es solo una cara de la moneda paulina ("¿libertad *de* qué?"); está también el significativo aspecto del "*para* qué" de esta libertad, y este multifacético acento de Pablo, aunque puede declararse con gran sencillez, es infinitamente complejo en su desarrollo: los cristianos son ahora libres para obedecer a Dios de manera radical sirviendo a sus semejantes en amor desinteresado.[8]

La *implicación* de que Cristo nos haya liberado es el aspecto negativo de la carta a los Gálatas: "Por lo tanto, manténganse firmes y no se sometan nuevamente al yugo de esclavitud" (v. 1b). Esto hace referencia o bien (1) a los cristianos judíos que volvían de nuevo al yugo de la ley mosaica como elemento rector de la vida, o (2) a cristianos gentiles que han sido liberados en Cristo de una forma de esclavitud (del pecado como paganos) y que están ahora volviendo a otra forma de esclavitud (al judaísmo sin

---

8. E. J. Epp, "Paul's Diverse Imageries of the Human Situation and His Unifying Theme of Freedom", 114.

Cristo). La evidencia de 4:8-9 parece favorecer la segunda interpretación. Lo que aprendemos del comentario de Pablo en este pasaje es que la libertad ha de conservarse, protegerse de cualquier contaminación y renovarse en todo momento.

Aplicación de la tesis a la circuncisión (vv. 2-12)

Pablo aplica ahora su tesis de que el cristiano es una persona verdaderamente libre al asunto de la circuncisión, la cuestión más evidente que afrontaban los gálatas. ¿Seguirán el evangelio sin ley de Pablo o sucumbirán a la enseñanza de los judaizantes, que combinaba el evangelio de Jesucristo con el mensaje de Moisés? Pablo comienza con una afirmación (v. 2) y después la explica (vv. 3-6). A continuación aplica su mensaje de libertad a los gálatas (vv. 7-12).

La afirmación (v. 2). Por su condición de apóstol (1:1), Pablo les dice: "Escuchen bien: yo, Pablo...". En sus palabras hay dos ideas que requieren consideración: ¿qué significa "si se hacen circuncidar, Cristo no les servirá de nada"?

La expresión "si se hacen circuncidar" no alude simplemente al rito de la circuncisión que se llevaba a cabo en varones judíos o gentiles. Pablo dirá en el versículo 6 que "de nada vale estar o no estar circuncidados". Para el apóstol ambas cuestiones son irrelevantes. Sin embargo, aquí parece sostener que la circuncisión sí es relevante. ¿Por qué? En primer lugar, Pablo utiliza la voz media, lo cual expresa la idea de "someterse al rito de una manera personal". La cuestión aquí no es la circuncisión en sí; lo que molesta a Pablo es *la razón por la que se circuncidan o quieren circuncidarse*. Si, *por la influencia de los judaizantes*, los gálatas siguen adelante con la circuncisión, en el acto de someterse al rito (de ahí la voz media), estarán afirmando toda una serie de cosas: que piensan que Cristo es insuficiente, que el Espíritu no es una buena guía para la vida, que deben obedecer a Moisés para ser aceptados por Dios y hacerse judíos para ser sus hijos. Es a esto a lo que Pablo responde en nuestra carta: no a la circuncisión en sí, sino a esta cuando se lleva a cabo como una confesión de fe en la ley mosaica y a la superioridad de la nación judía (*cf.* Ro 2:25).

Pablo explica, por tanto, las repercusiones de esta conducta: "Cristo no les servirá de nada". En esta misma línea, en 2:21 declaró que, si la justicia se obtuviera mediante la ley, la venida de Cristo habría sido en vano; del mismo modo, si confiesan su fe en Moisés por medio de la circuncisión, Cristo no tiene entonces ningún valor para ellos. Es decir, Cristo no les libertará de la presente era de maldad (1:4) o de la maldición de la ley

(3:13), ni les hará herederos de la promesa de Abraham para aquellos que creen (3:6-9, 19-25; 3:26–4:7).

La explicación (vv. 3-6). Pablo tiene ahora que apoyar su declaración de que "Cristo no les servirá de nada" y explicar un poco el sentido de estas palabras. El apóstol plantea tres puntos: si ahora se someten a la ley, (1) estarán obligados a guardarla toda, (2) quedarán separados de Cristo y de la gracia y (3) dejarán lo que realmente cuenta: la fe.

(1) *Estarán obligados a guardar toda la ley* (v. 3). La expresión, "de nuevo" alude a la afirmación del versículo 2, no a una declaración anterior sobre la ley que Pablo hubiera hecho. Al optar por la ley de Moisés, los gálatas se pondrían bajo la obligación de guardar en su totalidad los términos mosaicos. El apóstol plantea una amenaza: asumir que la ley implica la obligación de guardarla en su totalidad, y *esto quiere decir eliminar a Cristo*.[9] Esta expresión no es distinta de los otros términos que Pablo ha utilizado para aludir a quienes están "bajo la ley": los tales están bajo esclavitud (2:4; 4:1-7; 5:1) bajo una maldición (3:10-14), encerrados (3:22-23), bajo el control del pecado (3:22), sujetos a un pedagogo (3:24), a los principios elementales (4:3, 9) y convertidos en meros descendientes de Ismael (4:21-31). El fundamento del argumento que desarrolla aquí es de carácter histórico (la ley forma parte de una era anterior, "la era de la máquina de escribir"), social (la nación judía no es el único grupo en el que Dios está obrando) y hermenéutico (debidamente entendida, la ley no produce la aceptación de Dios). Con su decisión se ponen bajo la obligación de guardar toda la ley, lo cual significa condenación: *lo único que ofrece la ley*.

Dudo mucho que la idea de Pablo fuera que, al optar por la ley, se pusieran bajo la obligación de cumplirla sin fallos (y que si lo hacían experimentarían la aceptación de Dios). Ningún judío creía que para ser aceptable a Dios hubiera que ser inmaculado, ya que la propia ley ofrecía el remedio para quienes no vivían debidamente, a saber, el sistema expiatorio. No hay nada en la Epístola a los Gálatas que haga pensar que Pablo creyera que los judíos tenían que obedecer la ley de manera impecable para que Dios les aceptara. Lo que dice Gálatas es que optar por la ley

---

9. Esta observación procede de un estudio técnico de E. P. Sanders, *Paul, the Law, and the Jewish People* (Filadelfia: Fortress, 1983), esp. 27-29. Sanders observa correctamente que el punto de vista tradicional del versículo 3 asume dos cuestiones que no declaran ni Pablo ni ningún judío. Estas suposiciones tienen que ver con obedecer la ley (la segunda y la tercera son falsas): (1) hay que guardarla completamente; (2) la ley no se puede guardar; (3) no hay perdón por las transgresiones; (4) por tanto, aceptar la ley lleva, necesariamente, a ser maldito.

es entender mal su función (3:19-25); es posicionarse en una era inferior, bajo un sistema inferior y en la convicción de que la obra de Dios sigue siendo de carácter nacionalista. Tengo, pues, la impresión de que el término "obligado" significa "maldito", puesto que esto es lo único que la ley puede hacer por una persona (3:19-25).

(2) *Quedarán separados de Cristo y de la gracia* (v. 4). Pablo expresa de nuevo su idea sobre la "obligación" de la ley. Que el apóstol reitere este asunto muestra que el punto de vista tradicional sobre el versículo 3 no es correcto. Esta reiteración es una mera declaración de que *quienes optan*[10] *por el sistema de la ley se excluyen del sistema de Cristo y de la gracia.* Dicho de otro modo, están escogiendo otra manera de acceder a la aceptación de Dios (la ley de Moisés), un camino que no conseguirá el objetivo deseado. La cuestión es, pues, en qué sistema se apoyan, es decir, cómo acepta Dios a las personas y cómo ha de vivir el pueblo de Dios.

El versículo 4 plantea una cuestión sensible para muchos. ¿Está Pablo diciendo en este versículo que al romper con Cristo y caer "de la gracia" estos convertidos gálatas han perdido la salvación? En primer lugar, quiero decir que, en este texto, Pablo no está pensando en categorías individuales, sino en términos de sistemas: el sistema de la ley de Moisés no resultará en la aceptación de Dios sino en una maldición; esta aceptación se produce por medio de la gracia, es decir, el sistema de Cristo. En segundo lugar, las expresiones son idénticas: romper con Cristo es lo mismo que caer de la gracia. En tercer lugar, al expresar estas dos ideas, se plantea inevitablemente el asunto de la pérdida de la salvación. Reconozco que, aunque el versículo no trata directamente de este asunto, sí se suscita en el momento en que se piensa en la persona que opta por la circuncisión. ¿Cuáles son las implicaciones de este versículo para esta decisión?

Ningún intérprete serio de la Biblia sostiene un punto de vista sobre este importante tema apelando a un solo versículo (p. ej., al de Gá 5:4 que estamos comentando). Este asunto requiere un exhaustivo análisis de dos temas bíblicos: la protección de su pueblo por parte de Dios y la responsabilidad humana ante él. No hay que estudiar solo los pasajes que tratan

---

10. No deberíamos subrayar excesivamente el uso del término "tratar de" que usa la NVI para concluir que Pablo está aquí en contra del "esfuerzo". La palabra "tratar de" no está en el griego original; el texto consigna solo el verbo *dikaiousthe* ("ustedes son justificados"). Puesto que está en presente, muchos concluyen que es también "conativo" (es decir, que expresa esfuerzo o empeño) y por ello lo traducen, "tratan de ser justificados por la ley". Aunque es cierto que la acción puede ser "conativa", lo que se subraya no es la idea de "tratar de". El tiempo presente se utiliza, más bien, para aludir a una acción que todavía no se ha realizado. Pablo ve a los gálatas en un período de decisión o puede que de transición y habla a su situación desde su improvisada tribuna.

sobre la certeza (p. ej., Ro 5:1; 8:28-39; 1Co 1:8-9; 2Co 5:5), sino también aquellos que parecen implicar una posibilidad de caer (1Co 9:27; Gá 5:4; Col 1:21-23; Heb 6:4-6; 10:19-39).[11]

Para quienes tienen la idea de que la salvación no se puede perder (calvinistas), el versículo 4 describe a una persona que nunca se ha comprometido completamente con Cristo o que no ha experimentado una fe auténtica y salvífica.[12] Para quienes piensan que la salvación puede perderse (arminianos), este versículo habla de aquellos convertidos gálatas que, si optan por la ley de Moisés, caen de su relación con Dios en Cristo y pierden, así, la salvación.[13] Personalmente creo que la enseñanza general del Nuevo Testamento presupone que los cristianos perseverarán; hay muchas declaraciones sobre la certeza que pueden tener de su destino final. Pero pienso también que existen suficientes pasajes "perturbadores" como para pensar que la apostasía es una posibilidad real y que esta puede hacer a la persona acreedora de "perder la salvación".[14] Quiero, no obstante, hacer un comentario de orden teológico y pastoral. Desde un punto de vista teológico, creo que *el único pecado que puede cercenar la relación de un cristiano con Dios por medio de Cristo es el pecado de la apostasía*. La apostasía es una acción violenta por parte de un cristiano que declara renunciar a su relación con Cristo y se niega a sujetarse a la voluntad de Dios. Una acción de este tipo no es casual o inconsciente, sino plenamente intencionada y deliberada, que la persona asume con arrogancia. Desde una óptica pastoral, estoy plenamente convencido de que la persona que se pregunta si ha cometido o no este pecado, es porque no lo ha cometido. Quien ha apostatado sabe que lo ha hecho y se jacta de ello con arrogancia.

(3) *Van a perder lo que realmente cuenta: la fe* (vv. 5-6). Si los convertidos gálatas optan por la ley de Moisés y expresan esta elección

---

11. Dos libros, uno de cada posición, pero ambos plenamente documentados, son: I. H. Marshall, *Kept by the Power of God: A Study of Perseverance and Falling Away* (Minneapolis: Bethany Fellowship, Inc., 1969), y J. M. Gundry Volf, *Paul and Perseverance: Staying In and Falling Away* (Louisville: Westminster/John Knox Press, 1990).
12. Esta es la idea de W. Hendriksen, *Exposición de Gálatas*, 37-39, 196 de la edición en inglés.
13. I. H. Marshall, *Kept by the Power of God*, 110. El autor afirma: "La sumisión a la circuncisión indicaba un cese de la fe en Cristo —y añade—, era la expresión de un acto de repudio de la gracia de Dios manifestada en Cristo".
14. He escrito un ensayo completo sobre los datos que encontramos en Hebreos; se trata de un estudio técnico, pero creo que cualquiera que quiera llegar a la esencia de estas cuestiones podrá utilizarlos con provecho. Ver "The Warning Passages of Hebrews: A Formal Analysis and Theological Conclusions", *Trinity Journal* 13 (1992): 21-59. En este ensayo trabajo con los datos de Hebreos sobre cuatro temas: los receptores, el pecado que se describe, las exhortaciones y las consecuencias del pecado.

sometiéndose a la circuncisión, van dejar a un lado lo realmente importante: la fe que mostraron en un principio (3:1-5). Pablo asume aquí las conclusiones de su primer argumento: absolutamente todas sus experiencias de bendición habían sido resultado de la fe, no de la observancia de la ley. Los gálatas, experimentarán maldición porque, "por obra del Espíritu y mediante la fe, aguardamos con ansias la justicia que es nuestra esperanza"[15]. Lo que "cuenta es la fe"; la circuncisión no tiene nada que ver (*cf.* 6:15; 1Co 7:18-19). Y esta fe "actúa por medio del amor" (Gá 5:6): el tema que Pablo desarrolla en los versículos 13-15.

Se ha dicho que los versículos 5-6 son un magistral resumen de toda la carta, y yo estoy totalmente de acuerdo. En este breve pasaje se habla de (1) la fe, (2) el Espíritu de Dios, (3) la justificación, (4) la esperanza futura, (5) el amor y (6) la polémica sobre la circuncisión. Estos son los asuntos de que nos habla Gálatas.

La aplicación (vv. 7-12). Estos versículos no están estrechamente organizados, sino que en ellos el apóstol adopta distintas direcciones. Pablo resume su teología, su ética y también sus exhortaciones pastorales.

Utilizando una metáfora del mundo del atletismo, Pablo se pregunta quién ha estorbado, o cortado el paso, a los gálatas para que dejen de "obedecer la verdad" (v. 7). Los corredores de la antigüedad no corrían en una pista ovalada y dividida en calles como en nuestro tiempo; lo que se hacía era poner un poste a una determinada distancia y los corredores tenían que llegar hasta él y regresar. Si un corredor se cruzaba delante de otro, especialmente en los últimos metros antes de llegar al poste, le hacía tropezar o le obligaba a aminorar el ritmo.[16] Pablo compara las actividades de los judaizantes con este tipo de práctica antideportiva: estaban estorbando el progreso de los gálatas hacia su meta final y haciéndoles reducir el ritmo de la marcha. Aunque Pablo pregunta "¿quién?", sabe perfectamente quiénes son y no necesita ninguna respuesta (*cf.* 3:1).

---

15. Esta futura adquisición de justicia (se trata de la misma palabra griega que se traduce "justificación") muestra que Pablo sabe que el cristiano solo ha iniciado el camino de la salvación. Aunque cree que ya estamos justificados (Ro 5:1), sabe que la plena justificación aguarda todavía al creyente (Gá 5:5). Sobre este asunto, ver especialmente G. E. Ladd, *A Theology of the New Testament* (Grand Rapids: Eerdmans, 1974), 441-43.

16. Sobre las competiciones de atletismo en el mundo antiguo, ver especialmente H. A. Harris, *Greek Athletics and the Jews* (Cardiff: University of Wales Press, 1976); C. E. DeVries, "Paul's 'Cutting' Remarks about a Race: Galatians 5:1-12", en *Current Issues in Biblical and Patristic Interpretation: Studies in Honor of Merrill C. Tenney Presented by His Former Students*, ed. G. F. Hawthorne (Grand Rapids: Eerdmans, 1975), 115-20.

A continuación Pablo evalúa esta clase de actividad (vv. 8-9), declarando que no proviene de Dios y que, aun en pequeñas proporciones, producirá grandes problemas. Pablo relaciona de nuevo al mensajero con quien le envía (*cf.* 1:1; Mt 10:40-42): puesto que el mensaje de los judaizantes no proviene de Dios (a diferencia del de Pablo), tampoco su actividad es de Dios.

A continuación, Pablo expresa su confianza pastoral (v. 10a): "Yo por mi parte confío en el Señor que ustedes no pensarán de otra manera". Posiblemente, el apóstol nos perdonaría por preguntar si estas palabras tienen un sentido más retórico y pastoral que riguroso. Pablo ha expresado en varias ocasiones una seria preocupación por los gálatas; sin embargo, aquí parece albergar otra idea sobre ellos: piensa que van a escucharle, a olvidarse de los judaizantes y a seguir en el camino de Cristo y el Espíritu. Personalmente opino que, aunque Pablo tenía confianza en sus lectores, cuando ponderaba los problemas desde otros ángulos perdía esta confianza. Por ello, es probable que esta afirmación ocupe un lugar estratégico en toda la carta: se expresa en términos positivos para ayudarles a tomar una buena decisión.[17]

Su confianza en los gálatas significa que Pablo puede advertir a los judaizantes del juicio final que acabarán experimentando (v. 10b).[18] La mayoría de los comentaristas observan que, aunque Pablo utiliza el singular ("sea quien sea"), se trata de una expresión "genérica" y detrás del problema hay más de una persona (ver 1:7; 5:12).

Pablo responde de repente a una de las críticas que los judaizantes han venido haciendo (v. 11): la expresión, "si es verdad que yo todavía[19] predico la circuncisión" solo tiene sentido si los judaizantes argumentaban que Pablo exigía la circuncisión. El contexto y términos de esta afirmación solo podemos conjeturarlos. Personalmente pienso que los judaizantes sostenían que, aunque Pablo no había llegado a pedir a los gálatas que se circuncidaran, lo habría hecho si hubiera podido quedarse más tiempo

---

17. Hay un análisis de estos pasajes paulinos en S. N. Olson, "Pauline Expressions of Confidence in His Addressees", *Catholic Biblical Quarterly* 47 (1985): 282-95. Otros pasajes como este son Romanos 15:14; 2 Corintios 7:4, 16; 9:1-2; 2 Tesalonicenses 3:4; Filemón 21.
18. Que se trata de condenación queda claro cuando leemos 2 Corintios 11:15 y 1 Tesalonicenses 2:16 junto a Gálatas 1:8-9.
19. Esto puede hacer referencia o bien al tiempo anterior a la conversión cuando Pablo exigía la circuncisión a quienes querían unirse al judaísmo (*cf.* Hch 9:1-3), o a un supuesto (pero irreal) periodo tras su conversión y antes de su ministerio a los gentiles en que el apóstol esperaba que los convertidos se circuncidaran, o a la aparente ambivalencia que él podía mantener sobre este asunto (*cf.* Hch 16:1-3; 1Co 9:20; Gá 5:6).

para enseñarles "todo el consejo de Dios". De haber sido así habría llegado a la necesidad de obedecer la ley. Así pues, ellos habrían declarado que el mensaje de Pablo era tan nacionalista como el suyo, solo que el apóstol lo iba desarrollando de un modo más progresivo. Su tarea era, pues, completar lo que Pablo dejaba atrás y supervisar que todo quedara en orden.

En su respuesta, Pablo expresa su frecuente suposición de que son los perseguidos quienes tienen la razón (ver comentarios sobre 4:21-31). Y, puesto que él está siendo perseguido *por los judíos*, la razón ha de estar de su lado. Si predicara la circuncisión, la cruz de Cristo sería innecesaria (2:21; 5:2). Esta "ofensa", afirma, sigue estando ahí, y es la razón por la que se me persigue. Pablo niega categóricamente que alguna vez haya predicado la circuncisión; para él el evangelio y la circuncisión son alternativas incompatibles para definir al pueblo de Dios.

Finalmente, Pablo insta sarcásticamente a los judaizantes a que vayan hasta el fondo (v. 12). ¡Si quieren participar de este purificador acto de la circuncisión, deberían llegar hasta el final y hacerse eunucos! Un erudito ha aludido sardónicamente a algunos comentarios del apóstol en los versículos 1-12 como "los incisivos comentarios de Pablo": los judaizantes están interesados en "cortar alrededor de" (el sentido literal de la palabra griega que se traduce como circuncisión), mientras que sus comentarios sobre "cortar el paso" a quienes corren pueden aplicarse ahora a sus comentarios más sarcásticos del versículo 12 sobre "cortar sin miedo" y hacerse eunucos.[20] Categorizar a los judaizantes con los eunucos es una forma de menospreciarles y desacreditarles. Los eunucos son "separados" del pueblo judío (Dt 23:1). ¿Tiene acaso Pablo en mente tal exclusión?

Con esta nota agria Pablo termina la primera aplicación de su idea principal: estar en Cristo es vivir en libertad. Vivir en libertad significa no estar atrapado en la ley mosaica, que demandaba la circuncisión.

En esta sección hay muchas cuestiones susceptibles de aplicación, demasiadas. He combinado la maravillosa afirmación de Pablo sobre la libertad (v. 1) con su primera aplicación (vv. 2-12). Aunque la declaración de su tesis alude únicamente a la idea de libertad, cuando se trata de encontrar aplicaciones surgen varios posibles itinerarios que podemos recorrer. Podríamos hablar de analogías con la

---

20. Ver C. E. DeVries, "Paul's 'Cutting' Remarks about a Race: Galatians 5:1-12".

circuncisión, explorar equivalencias de ritos que tienen un valor simbólico parecido: un rito de ingreso que demuestra lo que uno confiesa y la idea de un grupo sobre cómo se es aceptado por Dios (el bautismo, subir a la plataforma, levantar la mano en una reunión, etc.). También podríamos considerar las implicaciones de adoptar un sistema aparte de Cristo o explorar analogías de la apostasía gálata. Podríamos encontrar métodos de oponentes que intentan "estorbarnos" y lo infecciosos que tales métodos pueden llegar a ser para la iglesia. Podríamos incluso plantear aplicaciones siguiendo el método de Pablo para responder a sus oponentes. ¿Justifica, entonces, el sarcasmo el versículo 12? Aunque cada una de tales cuestiones puede ser útil para estudiar este pasaje, yo me centraré particularmente en la libertad, puesto que se trata de la idea general de la carta de Pablo y del fundamento para las aplicaciones que siguen. Pasemos, pues, al tema de la libertad.

Antes de poder aplicar el mensaje de la libertad a nuestras vidas, hemos de entender hacia dónde apunta Pablo y cómo se entiende o define la libertad en nuestro mundo. Quiero comenzar con esta última cuestión,[21] analizando tres nociones de libertad en nuestra sociedad: libertad individual, libertad social y libertad psicológica personal. No pretendo afirmar que estos tres sentidos de libertad sean exhaustivos ni mutuamente excluyentes. Aquellos que buscan libertad "individual", por ejemplo, pueden estar también interesados en la libertad "psicológica". Sin embargo, estos tres sentidos son característicos de cómo nuestra cultura piensa sobre sí misma y de la clase de ideas que plantea cuando se la interpela sobre la libertad.

Antes he mencionado que los jóvenes suelen sentir un inmenso alivio cuando se independizan, si en su vida familiar sus padres mostraron una excesiva preocupación. Viéndose ahora liberados de las normativas de sus padres, estos jóvenes sienten "libertad"; no están ya sujetos a una hora determinada para llegar a casa, no tienen que llamar para cambiar de planes o para pedir permiso o dar cuenta de adónde van y con quién. Pueden hacer lo que quieran y cuando quieran. Así es como muchos estudiantes universitarios (o jóvenes que se emancipan) definen la libertad. Para ellos, libertad significa tener un control absoluto de la propia vida, *una libertad individual*. En la mayoría de los casos, esto equivale a mero egocentrismo o narcisismo.

---

21. Puede hallarse un tremendo estudio sobre la libertad trazando el tema de la "emancipación" a lo largo de la obra *Great Books of the Western World*. El bosquejo que Mortimer Adler hace de este tema y sus muchas alusiones en *Great Books* puede encontrarse en *The Great Ideas: A Syntopicon of Great Books of the Western World*, ed. M. Alder y W. Gorman (Chicago: Encyclopaedia Britannica, Inc., 1952), 991-1012.

Me apresuro a añadir que los jóvenes no son los únicos que entienden así la libertad. El equipo de estudiosos de Robert Bellah ha analizado el problema del individualismo en la sociedad norteamericana en un ámbito mucho más amplio. Especialmente los adultos de nuestra sociedad están atrapados en el mito del individuo: el individuo es la principal forma de realidad. El individualismo, se argumenta, surgió de una idea bíblica y cívica sobre la responsabilidad hacia los demás. Pero la erosión de estas dos amarras ha hecho libertino al individuo occidental. Bellah y otros sostienen ahora (correctamente creo) que este tipo de individualismo "también debilita los propios significados que dan contenido y sustancia al ideal de la dignidad individual"; y sigue diciendo: "... hemos de hacer, pues, frente a un gran obstáculo. El individualismo moderno parece producir una forma de vida que es inviable tanto desde una óptica individual como social...".[22] Para estas personas, la libertad consiste en "hacer lo que quiero" y es lo mismo que "encontrarse a uno mismo".

Dicho de otro modo, es independencia, autonomía y soberanía personal. Desde una óptica teológica, esta definición de la propia ambición personal huele a una profunda pecaminosidad. Este punto de vista de la vida define la libertad como una ausencia de limitaciones y la presencia de autosuficiencia y poder. Mortimer Adler se pregunta, no obstante: "La verdadera cuestión parece ser de carácter metafísico. ¿Puede, acaso, algo finito ser absolutamente independiente?". Y sigue diciendo que "Dios tiene la libertad de la autonomía que no puede pertenecer a las cosas finitas".[23] Adler está en lo cierto. Lo que a menudo genera esta clase de libertad no es más que orgullo humano y el intento de hacernos como Dios asumiendo que podemos ser absolutamente independientes, autosuficientes y autónomos.

Una manifestación de este tipo de individualismo es la búsqueda de "independencia económica", lo cual con frecuencia no es sino una expresión económica del deseo de ser independientes del resto de la sociedad y la

---

22. Robert Bellah, et al., *Hábitos del corazón* (Madrid: Alianza Universidad, 1989), 144 del original en inglés. Ver especialmente las pp. 55-84, 142-63. Ver también la obra de su equipo, *Individualism and Commitment in American Life: Readings on the Themes of Habits of the Heart* (Nueva York: Harper & Row, 1987), 51-95. Creo que la obra de Bellah, *Hábitos del corazón*, es una lectura obligatoria para cualquiera que quiera entender la sociedad occidental contemporánea.

23. M. Adler, "Liberty", en *The Great Ideas: A Syntopicon of the Great Books of the Western World*, volumen 1, en *Great Books of the Western World* (Chicago: Encyclopaedia Brittanica, 1952), 2:993. En *Great Books*, hay buen ejemplo de esto en J. S. Mill, *On Liberty*, 43, 263-323, donde este autor analiza especialmente la idea de la libertad política, pero lo hace sobre el fundamento de un concepto altamente egocéntrico (ver especialmente 293-302).

demostración al mundo (que rara vez muestra algún interés) de que uno tiene éxito. En todo esto, el lenguaje del deber para con nuestro prójimo o para con la voluntad de Dios no va a poder hablarle a una persona que solo ve libertad en hacer lo que quiere o en encontrarse a uno mismo. Esta clase de individualismo está creando y determinando el propio destino; por ello, el típico adulto occidental está inmerso en una crisis moral, social y religiosa.

Después de estudiar las aspiraciones de varias personas a las que entrevistó para su estudio social, Bellah lo resume todo diciendo:

> El de la libertad es quizá el valor norteamericano más resonante y en el que se cree más profundamente. En cierto modo, este valor define el bien tanto en el ámbito personal como en la vida política. No obstante, la libertad acaba definiéndose en términos de que los demás me dejen tranquilo y no me impongan sus valores, ideas o estilos de vida, y que nadie ejerza sobre mí ninguna autoridad arbitraria en el ámbito del trabajo, la familia o la vida política. Para los norteamericanos es mucho más difícil definir lo que sí puede hacerse con esta libertad.

Bellah concluye, "En cierto modo [...] la libertad de que se me deje tranquilo es una libertad que implica estar solo".[24]

Para otras personas, "libertad" significa el *derribo de estructuras sociales* que se perciben como opresivas o como obstáculos para la igualdad y la justicia. Estas cosas están bien como metas y la libertad implica sin duda trabajar para la erradicación de las injusticias sociales.[25] Hay muchos políticos cuya meta exclusiva en la vida es trabajar para esta clase de libertad y deberíamos agradecer sus esfuerzos a nuestro favor. Entre estas injusticias están las cuestiones medioambientales que generan tensión en las sociedades, los prejuicios raciales que determinan las políticas públicas, la discriminación sexual que influye en la escala salarial y el imperialismo internacional que puede impedir el desarrollo de ciertos países o forzar el descenso económico de las naciones más débiles. Es importante enfrentarse a tales injusticias y el trabajo por la libertad en estas áreas es completamente positivo.

---

24. Robert Bellah, et al., *Hábitos del corazón*, p. 23 el original en inglés.
25. Sobre el panorama estadounidense, recomiendo leer los ideales políticos que configuran nuestros puntos de vista tal como los expuso M. J. Adler, *We Hold These Truths: Understanding the Ideas and Ideals of the Constitution* (Nueva York: Macmillan, 1987), esp. 51-61 (sobre la felicidad) y 123-30 (sobre la libertad).

Muchas veces hay, sin embargo, un desequilibrio. La lucha por la justicia social es, para muchos, un sinónimo de la lucha de Dios contra los poderes demoniacos, y el establecimiento de la justicia social se percibe como la salvación de Dios. Esta lucha puede producirse en las esferas sociales, raciales y de género; y cada una de ellas es una lucha. El más elocuente, y citado portavoz de esta "teología de la liberación" es Gustavo Gutiérrez. Este erudito latinoamericano entiende que hay tres niveles de liberación: la aspiración social de los oprimidos, la aspiración humana de desarrollar un nuevo hombre y una nueva sociedad y la espiritual de ser liberado del pecado por medio de Cristo. Gutiérrez va incluso más allá: "No se trata, sin embargo, de tres procesos paralelos o que se suceden cronológicamente; estamos ante tres niveles de significación de un proceso único y complejo que encuentra su sentido profundo y su plena realización en la obra salvadora de Cristo".[26] Pienso que pocos lectores estarían en desacuerdo con estas palabras. Pero el problema es que pocos de quienes siguen a Gutiérrez aplican en realidad la importancia del "sentido más profundo" y equiparan los procesos social y humano con el espiritual. Es evidente que la libertad social no es el único aspecto de la noción paulina de libertad, y la concepción de los teólogos de la liberación y otros activistas es demasiado materialista para aceptar toda la variedad de datos bíblicos sobre este asunto.

Hay todavía otra percepción de la libertad que es esencialmente individualista, a saber, la libertad de la realización personal.[27] Esta puede implicar la libertad de no conformarse a las expectativas familiares o a las normas sociales predominantes, o de la dependencia psicológica o física de malos hábitos o drogas, o al proceso de entender plenamente el propio potencial. Me refiero aquí a lo que podríamos llamar *libertad psicológica*. Una vez más, Robert Bellah capta con gran lucidez el espíritu de esta visión de libertad cuando describe a "Margaret":

> Para Margaret, como para otras personas influenciadas por los modernos ideales psicológicos, ser libre no es meramente que los demás los dejen tranquilos; es también, en cierto modo, ser tú mismo, en el sentido de que has definido quién eres, por

---

[26]. Gustavo Gutiérrez, *Teología de la liberación* (7a ed.; Salamanca: Sígueme, 1972). Cito de la página 62, pero al lector se le remite a la sección más extensa (pp. 19-62).

[27]. En psicología, este punto de vista sobre la "libertad" se relaciona particularmente con Carl R. Rogers. R. J. Corsini, ed., *Current Psychotherapies* (3a ed.; Itasca, Ill.: F. E. Peacock, 1984), 142-95 presenta un resumen de esta "terapia centrada en la persona".

ti mismo lo que quieres de la vida, libre en lo posible de las demandas de la familia, amigos o sociedad.[28]

No me opongo a que seamos psicológicamente independientes de nuestros padres, adicciones o pasados para llegar a ser adultos "individuados" o personalmente responsables. Para muchos, sin embargo, el proceso de crecimiento personal por el que se convierten en individuos que piensan por sí mismos, o el proceso de analizar el propio pasado (con los serios obstáculos que pueden surgir) representa la esencia de la libertad y la meta de la vida. Es de esencial importancia que cada individuo pueda mirarse en un espejo, reconocer quién es y aceptarse. Esto es conocernos a nosotros mismos, pero no la libertad bíblica. El conocimiento de uno mismo es solo un paso para llegar a saber quiénes somos delante de Dios y quiénes podemos llegar a ser por medio de Cristo y en el Espíritu. Igual que la mera eliminación de los prejuicios raciales no es el Milenio, la salud mental y psicológica tampoco es sinónima de libertad bíblica. La Biblia ve la salud psicológica como resultado de entender quiénes somos (pecadores), rendir nuestros egos a Jesús (conversión) y transformarnos en lo que Dios quiere (cristianos obedientes). Naturalmente, para algunos, el proceso de conseguir la salud psicológica puede ser turbulento y temporalmente devastador; merece, por tanto, una atención especial. No obstante, sostengo que la libertad psicológica no es la meta de la gracia de Dios, sino su fruto.

Todos los modelos de libertad que hemos mencionado y que están de moda en la sociedad de nuestro tiempo forman parte de lo que la Biblia define como libertad. Pero nos equivocaremos si equiparamos estos modelos con el llamamiento de Pablo a la libertad. Para situarnos y ver hacia dónde nos dirigimos hemos de recordarnos a nosotros mismos cómo podemos aplicar debidamente la idea paulina de libertad: en primer lugar hemos de examinar lo que el apóstol quiso decir en su contexto, para ver, después, lo que esto significa en nuestros días y poder, por último, integrar el mensaje de Pablo en nuestra sociedad, informando a nuestra cultura y corrigiéndola. Hemos presentado el punto de vista de Pablo y esbozado brevemente tres conceptos de libertad en nuestra sociedad. En la próxima sección plantearemos algunas aplicaciones.

Antes de proseguir, hemos de recordar el breve bosquejo de la idea de libertad según las cartas de Pablo. Para el apóstol, la libertad

---

28. Robert Bellah, et al., *Hábitos del corazón*, 23 del original en inglés.

tiene dos dimensiones, una *teológica* y una *humana*. La dimensión teológica consiste en una relación personal con Dios por medio de Cristo y en el Espíritu, y la humana tiene un aspecto personal y otro social. Pablo subrayó el asunto de la libertad de la maldición de la ley y el de la libertad de todas las personas para entrar a formar parte de la familia de Dios (3:28). Hemos también de recordar lo que hemos dicho sobre cómo se percibe la libertad en nuestra sociedad, que puede entenderse como algo individual, social o psicológico.

Hemos de entender que el punto de vista de Pablo sobre la libertad no es idéntico al de nuestra sociedad. De hecho, en ocasiones son casi contrarios. Para el apóstol, libertad significa "sujeción a Dios y a su voluntad", mientras que para el hombre moderno quiere decir hacer lo que quiere; para Pablo, la libertad comienza únicamente con una relación con Dios por medio de Cristo y en el Espíritu, mientras que para el hombre moderno libertad significa que se le deje tranquilo; para Pablo, las libertades individual, social y psicológica representan el glorioso desarrollo de lo que Dios puede hacer en una persona por medio de Cristo y en el Espíritu, mientras que para el hombre moderno estas formas de libertad son la meta determinante de la vida; mientras que para el apóstol libertad es *inter*dependencia, para el hombre moderno significa *in*dependencia. Dicho de otro modo, no podemos aplicar la libertad en Pablo a nuestra sociedad hasta que no vemos que el concepto del apóstol está en conflicto con el del hombre moderno. Esto nos obliga a tomar una decisión: "Solo tenemos que escoger entre servir al Padre, lo cual nos hace libres, y servir a los poderes de este mundo, que nos esclaviza".[29]

¿Cómo, pues, aplicamos esto? En primer lugar, las personas deben ver *de qué* han de ser libres antes de poder serlo. El mensaje de Pablo es que estamos atados a la ley y a la maldición que esta conlleva, al pecado, al yo y a un mundo de maldad. Gálatas 1:4 es el primer comentario de Pablo sobre la libertad en esta carta: "Jesucristo dio su vida por nuestros pecados para rescatarnos de este mundo malvado". En este versículo encontramos los cuatro aspectos: La ley está implícita en el pecado, el yo en las palabras "nuestros" y "nos rescató" y el mundo se menciona explícitamente en la expresión "este mundo malvado". Nadie es "bíblicamente libre" hasta que no reconoce que está esclavizado al pecado, al yo y al mundo. No tiene mucho sentido decirle a un prisionero que vive encerrado en un exuberante centro vacacional —donde juega al golf durante el día y sale de fiesta por la noche bailando y emborrachándose con mujeres— que necesita

---

29. H. Thielicke, *The Freedom of the Christian Man*, 28.

ser liberado, si tiene constantemente a su alcance aquellas cosas que más disfruta. Si, por el contrario, sus mayores deseos están fuera de donde se encuentra, sí puede ser liberado de su privación para llevarlos a cabo. Del mismo modo, no tiene sentido decirle a alguien que necesita ser libre del pecado si la persona en cuestión no se da cuenta de lo terrible de su estado. Como dice John Stott: "En cambio, la verdadera libertad es liberación de mi propio y necio yo, con el fin de vivir responsablemente en amor para con Dios y los demás".[30]

Dicho de otro modo: no podemos aplicar libertad a nuestro mundo si no proclamamos el evangelio en él. Esto significa que no podemos proclamar nuestro mensaje de libertad hasta haber anunciado la realidad del pecado. El gran teólogo, Agustín, dijo en una ocasión: "La voluntad es, pues, verdaderamente libre, cuando no es esclava de vicios y pecados".[31]

En segundo lugar, hemos de explicar a nuestro mundo cuál es el *objetivo* de la liberación por medio de Cristo y en el Espíritu. Las personas son liberadas para servir a Dios, seguir a Jesús y vivir en el Espíritu. De nuevo, esto no es lo que quiere nuestra sociedad, pero es exactamente lo que desea el verdadero cristiano. Las personas de nuestro tiempo quieren que se las deje tranquilas, que se derriben las barreras sociales y encontrarse a sí mismas. Jesús quiere que estemos, no a nuestro aire, sino *con él y con su pueblo*, derribar las barreras de nuestra sociedad *como un reflejo del amor de Dios en nuestros corazones* y que nos encontremos a nosotros mismos *en nuestra autonegación delante de Dios*. Como afirma Thielike: "Para los cristianos, la libertad, en contraste con la esclavitud bajo la ley, surge como consecuencia del poder que se les da para ser hijos de Dios responsables y para aprender a querer lo que quiere Dios. La libertad se convierte aquí en la espontaneidad sin trabas del amor".[32] Y Mortimer Adler añade: "El hombre no puede ser más libre que cuando consigue, con la ayuda de Dios, someterse en amor al reino de Dios".[33]

¿Cuál será el aspecto de esta libertad cuando la encontramos? La persona verdaderamente libre es alguien que (1) confía en Dios y le ama y obedece por medio de Cristo y en el Espíritu, (2) ama y sirve a los demás y (3) vive delante de Dios con una conciencia limpia a medida que va creciendo delante de él en santidad y amor. Estoy, pues, de acuerdo con la idea de nuestro tiempo en el sentido de que la libertad tiene al menos tres dimensiones. Hemos de ser individualmente libres (para poder ser *quien*

---

30. J. R. W. Stott, *El cristiano contemporáneo*, 52.
31. Augustine, *La ciudad de Dios*, 14.11.
32. H. Thielicke, *The Freedom of the Christian Man*, 15.
33. M. J. Adler, "Liberty", 995.

Dios quiere que seamos), socialmente libres (para que *todos* puedan ver la gloria de Dios) y libres en el sentido psicológico (para poder *relacionarnos* con Dios y con los demás de un modo transparente y genuino).

Podemos conseguir este triple sentido de libertad por medio de Cristo y en el Espíritu. (1) Hemos de ser muy honestos delante de Dios con respecto a nosotros mismos. La Biblia lo llama confesión. Mientras no nos enfrentemos a lo que somos realmente (personas pecaminosas e imperfectas que vivimos en el constante dolor de nuestra imperfección), no podremos ser libres. No se trata de una "confesión solidaria" (yo, junto a todos los demás, soy pecador) sino de una "confesión solitaria" (aunque fuera el único, soy pecador). Cuando nos acercamos a Dios en sus propios términos, admitiendo quiénes somos realmente, accedemos a su libertad. (2) Hemos de acercarnos a Dios honestamente, confiando en lo que él quiere que confiemos: la persona de Jesucristo. Solo entonces experimentaremos la libertad que Dios quiere que vivamos. Jesucristo es el camino que Dios abre para que accedamos a la libertad, un camino que él abrió por medio de su muerte, derribando barreras y limpiándonos del pecado y de la imperfección. Cuando confiamos en aquel que Dios "designó para que confiemos en él", descubrimos la libertad de Dios. (3) Después hemos de "vivir en el Espíritu". Dios ha establecido su Espíritu como medio para ser renovados, sanados y perfeccionados. El Espíritu anima nuestras vidas delante de Dios para que podamos ser y hacer lo que él quiere que seamos y hagamos.

Cuando nos acercamos a Dios y vivimos delante de él por medio de Cristo y en el Espíritu, vivimos en libertad y nos suceden tres cosas. En el plano personal, somos liberados de nuestro pecado y de nuestro desafortunado pasado (aunque puede ser necesaria una cierta terapia y tiempo para que la sanación se lleve a cabo), somos liberados para servir a los demás de modo que caen las barreras sociales y nos convertimos en lo que siempre quisimos ser aunque sin saber exactamente qué era. De este modo, llegamos a ser libres psicológica, social e individualmente. Estas personas no se alarman por las invasiones legalistas, los imperialismos culturales, los prejuicios raciales y las fijaciones denominacionales, convencidos como están de que en el Espíritu y por medio de Cristo pueden vivir victoriosamente en medio de estas cosas.

Pero estas tres dimensiones de libertad contrastan con nuestra sociedad en sus manifestaciones reales. Consideremos el asunto de "la libertad individual". Para nuestra sociedad, ser libre como individuos es que "se nos deje tranquilos" o "encontrarnos a nosotros mismos", pero el cristiano no lo entiende de este modo. El creyente sabe que no ha sido liberado por Dios, por medio de Cristo y en el Espíritu, para convertirse en una isla fría y solitaria, flotando en medio de las aguas de vida; para él, libertad personal significa entender cuál es el lugar que nos corresponde delante de Dios y de los demás. No encontramos nuestra identidad cuando nos descubrimos a nosotros mismos, sino cuando conocemos a Dios y aprendemos a relacionarnos con los demás como hijos de Dios. Por supuesto, los cristianos experimentan una liberación individual, pero solo para poder formar parte de una comunidad. La libertad cristiana no busca aislamiento, sino comunión.

Aunque el cristiano se manifiesta ante la clínica abortista junto al activista social no cristiano, o comparte con él la defensa de las mismas causas delante de los tribunales de justicia, su idea de la libertad social no es la misma. El cristiano quiere que se haga justicia porque Dios es justo, no porque la justicia sea una realidad metafísica; el creyente quiere erradicar la discriminación sexual, no porque sea un "filántropo", sino porque en el evangelio de Jesucristo "no hay [...] hombre ni mujer". Y por ello toda implicación activa por parte de un cristiano es un testimonio del impacto social del evangelio de Jesucristo. Para el cristiano, la justicia social no es un fin en sí misma, sino un medio para afirmar la obra de Dios.

Los cristianos han sido liberados psicológicamente para poder desarrollar una saludable relación con Dios, con los demás y consigo mismos. Pongo en último lugar al individuo porque la Biblia trastoca por completo los valores de nuestra sociedad. El descubrimiento de uno mismo es solo una de las tres razones por las que Dios nos libera. Dios se deleita de manera especial cuando ve a su pueblo desarrollar relaciones personales sanas. Pero vemos de nuevo que la libertad siempre tiene un *objetivo*, en este caso el de relacionarse con Dios, con uno mismo y con los demás. No es una libertad para vivir solo pendientes de nosotros mismos, con una actitud egocéntrica y autocomplaciente, sino la del Espíritu de Dios que infunde a nuestra alma la ternura de su ser para que seamos sanados en nuestra relación con Dios y con los demás.

Lo que Pablo quiere es que podamos desarrollar una capacidad de mitigar al máximo los efectos sobre la libertad en nuestro mundo. ¿Qué cosas nos estorban para vivir en la libertad de Cristo? ¿Qué retiene nuestra libertad en el Espíritu? Puede que lo más evidente para todos nosotros sean los *hábitos sociales*. ¿Por qué apartan la mayoría de las iglesias locales un periodo de entre cuarenta y cinco minutos y una hora para la reunión del domingo por la mañana? Sospecho que se trata de costumbres sociales, hábitos que se han generado tras años de hacer frente a la necesidad de llegar a casa a tiempo para que "el asado no se queme", para poder comer antes de que comience el partido de fútbol, salir al campo con la familia, o desarrollar cualquier otra actividad que se haya planeado. ¿Pero hasta qué punto serían una molestia y un engorro estas convenciones sociales si el Espíritu de Dios irrumpiera, de repente, en una reunión y creara un sentido renovado de la santidad de Dios y la comunión del Espíritu? ¿Hasta qué punto? Posiblemente, algunos insistirían en cumplir tales convenciones y el resultado sería la asfixia de la buena obra de Dios.

Personalmente, creo que cualquier cosa que afecte negativamente a la libertad del Espíritu de Dios debe ser erradicada. Necesitamos reuniones en horarios que no estén determinados por convenciones sociales, congregaciones que no estén segregadas por cuestiones de raza, iglesias que no estén restringidas por el trasfondo cultural de sus miembros y ministerios que no estén limitados por la identidad sexual. Es necesario que todo lo que hagamos esté guiado por el Espíritu de Dios; y donde está el Espíritu del Señor, allí hay libertad.

Todo el mensaje de Pablo en Gálatas puede ahora resumirse así: "¡Seamos libres, por medio de Cristo y en el Espíritu! Cuando nos acercamos a Dios por medio de Cristo y en el Espíritu, somos por fin libres. ¡Gracias al Dios Todopoderoso! Somos por fin libres".[34]

---

34. Son palabras parecidas a las grabadas en la lápida de Martin Luther King, Jr., quien en su muerte descubrió que era finalmente libre de la opresión de los prejuicios raciales. Aquí utilizo sus palabras en memoria de su gran obra, pero con un enfoque distinto. Sus palabras proceden de un canto espiritual y las utilizó públicamente en su discurso del Lincoln Memorial. Ver "I have a dream", en *A Testament of Hope: The Essential Writings of Martin Luther King, Jr.*, ed. J. M. Washington (San Francisco: Harper & Row, 1986), 217-20 (las palabras utilizadas están en p. 220).

Gálatas 5:13-26

Les hablo así, hermanos, porque ustedes han sido llamados a ser libres; pero no se valgan de esa libertad para dar rienda suelta a sus pasiones.[1] Más bien sírvanse unos a otros con amor. **14** En efecto, toda la ley se resume en un solo mandamiento: «Ama a tu prójimo como a ti mismo». **15** Pero si siguen mordiéndose y devorándose, tengan cuidado, no sea que acaben por destruirse unos a otros.

16 Así que les digo: Vivan por el Espíritu, y no seguirán los deseos de la naturaleza pecaminosa. **17** Porque ésta desea lo que es contrario al Espíritu, y el Espíritu desea lo que es contrario a ella. Los dos se oponen entre sí, de modo que ustedes no pueden hacer lo que quieren. **18** Pero si los guía el Espíritu, no están bajo la ley.

19 Las obras[2] de la naturaleza pecaminosa se conocen bien: inmoralidad sexual, impureza y libertinaje; **20** idolatría y brujería; odio, discordia, celos, arrebatos de ira, rivalidades, disensiones, sectarismos **21** y envidia; borracheras, orgías, y otras cosas parecidas. Les advierto ahora, como antes lo hice, que los que practican tales cosas no heredarán el reino de Dios.

22 En cambio, el fruto del Espíritu es amor, alegría, paz, paciencia, amabilidad, bondad, fidelidad, **23** humildad y dominio propio. No hay ley que condene estas cosas. **24** Los que son de Cristo Jesús han crucificado la naturaleza pecaminosa, con sus pasiones y deseos. **25** Si el Espíritu nos da vida, andemos guiados por el Espíritu. **26** No dejemos que la vanidad nos lleve a irritarnos y a envidiarnos unos a otros.

Pablo ha demostrado que la aceptación de Dios se basa en la fe en Cristo, no en las obras de la ley —y ha expresado toda clase de argumentos para explicarlo— ha

---

1. En este pasaje, la NVI traduce sistemáticamente el término griego *sarx* con otras expresiones como "pasiones" o "naturaleza pecaminosa". La traducción más corriente de esta palabra es "carne", y así deberíamos leerla aquí, puesto que "carne" y "Espíritu" son dos términos emblemáticos que aluden a las dos eras. Por otra parte, la palabra "carne" tiene connotaciones que no están presentes en las expresiones "naturaleza pecaminosa" o "pasiones", como la conexión con la ley y la circuncisión y su vínculo con la era que ha sido eclipsada por el regreso de Cristo. Ver J. M. G. Barclay, *Obeying the Truth*, 110-19, 203-9, 227-28.
2. La NIV prefiere utilizar la palabra "hechos" para traducir el término *erga*; este término se traduce normalmente como "obras" [así la vierte la NVI. N. del T.].

expuesto que la vida de fe en Jesucristo y en el Espíritu se caracteriza por la *libertad* (5:1), libertad especialmente de la ley y su maldición. Después ha mostrado lo que significaba esta libertad con respecto a la circuncisión (vv. 2-12), subrayando especialmente que someterse a este rito era lo mismo que abandonar a Jesucristo y la gracia de Dios. Pablo aplica ahora la doctrina de la libertad al asunto de luchar contra la "carne" (la palabra griega que se utiliza es *sarx*, que la NVI traduce como "naturaleza pecaminosa"; a lo largo de este capítulo nosotros usaremos el término "carne"). El antídoto para la carne no es obedecer la ley de Moisés, sino vivir en el Espíritu. Lo que caracteriza al pueblo de Dios, arguye Pablo, no es la ley, sino el Espíritu de Dios. Así es como se definen y viven: en el Espíritu. Mientras que los capítulos 1-4 pueden describirse como "vida por medio de Cristo", la sección que comprende los capítulos 5-6 encajarían bajo el epígrafe "vida en el Espíritu".

La sección que tenemos delante de nosotros tiene que ver con la importancia de la libertad para combatir la carne. Puede dividirse en cuatro unidades. (1) Pablo nos llama a *vivir libres de la carne* (vv. 13-15): vivir en libertad significa no consentir la carne sino vivir en amor (*cf.* v. 6). (2) El apóstol repite su llamamiento a la libertad mediante una llamada a *la vida en el Espíritu, en contra de la carne* (vv. 16-18). (3) Pablo *da detalles sobre la vida en la carne* (vv. 19-21). (4) Pablo *da detalles sobre la vida en el Espíritu* (vv. 22-26).

Antes de analizar más a fondo estos versículos, quiero esbozar el trasfondo de esta sección, lo cual haré bajo dos temas distintos: (1) el problema de los judaizantes con el punto de vista paulino de la vida en el Espíritu y, (2) el contexto rabínico de la idea del apóstol acerca de cómo luchar contra la carne.

(1) ¿Cuál era el problema de los judaizantes con el punto de vista de Pablo sobre vivir ante Dios viviendo "en el Espíritu"? Algunos han argumentado que Gálatas trata con dos problemas distintos que enfrentaban las iglesias de esa región. Uno de ellos era el legalismo, que Pablo trata en los capítulos 1-4, y el otro era un problema de libertinaje, antinomianismo o abierta inmoralidad como opción para la vida cristiana. En la sección anterior he explicado que es muy improbable que Pablo esté argumentando contra un grupo de personas en las primeras dos terceras partes del libro para dirigirse después a un grupo distinto en la última. Esta estructura del libro dejaría al primer grupo sin aplicación y al segundo sin teología.

Pablo no procede de este modo. Por otra parte, no es difícil entender cómo pueden ensamblarse estas dos cuestiones.

Los judaizantes, sospecho, afirmaban que los convertidos gálatas tenían que adoptar toda la ley para ser aceptados por Dios, porque haciéndolo expresaban su confianza en toda su revelación y adquirían una adecuada guía moral (la ley). Tengo la sospecha de que los convertidos gálatas se sentían especialmente atraídos por este último punto. H. D. Betz lo expresa acertadamente cuando dice: "A falta de un código de leyes, ¿cómo deberíamos tratar con la transgresión?";[3] y J. M. G. Barclay añade: "Sin ninguna ley para distinguir el bien del mal, y sin rituales para tratar con las transgresiones y ofrecerles certeza, su seguridad y confianza en sí mismos eran un tanto vacilantes".[4] Los judaizantes tenían una clara respuesta a esto: asuman el yugo de la ley. Al adoptar estas leyes, los gálatas adquirían, pues, una identidad social y se convertían en prosélitos judíos, integrados en el judaísmo, una religión reconocida por la ley romana.

Los judaizantes, pues, sostendrían (sugiero) que Pablo estaba enseñando un evangelio abreviado (Jesús sin Moisés) para llamar la atención y conseguir el interés inicial de su audiencia; sin embargo, de haber permanecido con ellos más tiempo, les habría catequizado en la ley de Moisés. Así que ahora tenían que aceptar la ley para concluir el trabajo de Pablo entre ellos. Creo que otro de sus argumentos era que, si lo pensaban bien, los gálatas verían que "la vida en el Espíritu" era, por sí misma, profundamente insuficiente. En primer lugar, esta llevaría rápidamente a la inmoralidad y nunca conseguiría hacer frente a las fuerzas de la carne en sus vidas. Pero si adoptaban la ley, todo se solucionaría: no habría inmoralidad ni problemas con la carne y Dios les aceptaría plenamente (¡y por supuesto, serían también aceptados por los dirigentes de Jerusalén y los nacionalistas!). Creo que estos eran los principales argumentos de los judaizantes. Los gálatas se estaban tragando el anzuelo y el acento que Pablo pone en las facciones en 5:13-26 me lleva a pensar que estos versículos pretenden abordar especialmente las disensiones y el espíritu partidista (cf. 5:15, 26, y 20-21). De la conversación "telefónica" que Pablo mantiene con los judaizantes solo escuchamos lo que dice el apóstol, pero es suficiente para entender lo que decían los otros interlocutores.

(2) Una de las cuestiones que los judaizantes esgrimían contra Pablo era el asunto de la carne. Los moralistas del judaísmo habían pensado detenidamente sobre cómo había que guardarse de las fuerzas de la carne

---

3. H. D. Betz, *Galatians*, 273.
4. J. M. G. Barclay, *Obeying the Truth*, 71.

y, aunque se han encontrado muy pocos datos fehacientes sobre esta cuestión, sí tenemos importante información de algunos rabinos de periodos posteriores que puede arrojar luz sobre la respuesta de Pablo. ¿Cómo entendían los judíos, y especialmente los rabinos, la lucha con la carne del judío obediente?[5] Todos los moralistas, tanto judíos como grecorromanos, reconocían la tendencia humana hacia el pecado y sabían que se producían transgresiones. Lo deseable era tener la capacidad de luchar contra estas inclinaciones a pecar. Los rabinos aseveraban que cada ser humano tenía dos deseos: el *yetser tob* y el *yetser hara* (el buen impulso y el malo). Esta idea se encuentra en un texto no rabínico posiblemente anterior al tiempo de Pablo: "Si el alma quiere seguir el *buen camino*,[6] todas sus obras las hace en justicia y se arrepiente inmediatamente de cualquier pecado que cometa" (*Testamento de Aser* 1:6). Los rabinos estaban convencidos de que esta batalla se libraba en el corazón y que el *yetser hara* ejercía una atracción hacia los pecados de naturaleza sexual y la idolatría (obsérvese el acento en los vv. 19-21). Los rabinos afirmaban también —y esto es más importante— que "el principal medio de protección contra los malos impulsos era el estudio de la Torá" y el arrepentimiento.[7] Por otra parte, algunos rabinos pensaban que en la era venidera los impulsos hacia la inmoralidad sexual y la idolatría serían destruidos. ¿No es acaso probable que Pablo esté diciendo que la "era venidera" ha llegado con Cristo y que, en la cruz, este mal impulso (es decir, la carne) había sido aniquilado (v. 24)?

Varias cosas confluyen aquí y, en mi opinión, ofrecen una imagen más exacta del contexto social y religioso desde el que se expresa Pablo. Los convertidos gálatas se sentían inseguros sobre cuestiones morales y en particular sobre cómo luchar contra la carne. Entendiendo que la ley de Moisés es la guía moral de Dios, los judaizantes enseñaban que esta capacitaba a los convertidos gálatas para luchar contra la carne. Pablo sostiene que Dios *ya* ha destruido la carne y provisto el medio para vivir según sus valores morales, a saber, su Espíritu Santo. Pablo entiende que, del mismo modo que Jesús era el cumplimiento de la ley, el Espíritu la sustituye (y cumple) en tanto que instrumento para la guía moral. En otras palabras, para el cristiano, el Espíritu toma el lugar de la ley. Este es el contexto

---

5. El tratamiento más corriente de esta cuestión puede encontrarse en W. D. Davies, *Paul and Rabbinic Judaism: Some Rabbinic Elements in Pauline Theology* (4ª ed.; Filadelfia: Fortress, 1980), 17-35; en este asunto estoy muy en deuda con su obra.
6. El texto original no consigna la palabra "camino", sino solo "buen". Puede inferirse que la idea era también la del "buen impulso".
7. W. D. Davies, *Paul and Rabbinic Judaism*, 22-23 (la cita procede de p. 22).

histórico de la aplicación que Pablo hace de la idea de libertad de la batalla con la carne.

Llamamiento a una vida de libertad de la carne (vv. 13-15)

Si mis anteriores suposiciones son esencialmente correctas, entonces el llamamiento de Pablo a una vida de libertad que no se entrega a la carne apunta a la afirmación judaizante de que la vida aparte de la ley siempre lleva a la indulgencia. Pablo sostiene que una vida de libertad es una vida de amor a los demás (¡la esencia de la ley!) y no a dejarse llevar por la carne. Por tanto, esta llamada a la libertad (v. 13) reitera de nuevo la anterior (v. 1), pero plantea otro tipo de implicaciones. Mientras que antes la libertad no llevaba a la circuncisión, ahora no lleva a abandonarse a la carne.

Tras su llamamiento a la libertad (v. 13a), Pablo ordena sus pensamientos en un quiasmo:

A. No utilicen la libertad como ocasión para *la carne* (v. 13b).
B. utilícenla para *el amor* (v. 13c)
B.´ *El amor* es el resumen de los mandamientos (v. 14)
A.´ *La carne* se expresa en las disensiones y peleas que hay entre ellos (v. 15)

Para facilitar la explicación, vamos a hablar primero de la carne y después del amor.

La crítica de los judaizantes al apoyo incondicional de Pablo a "la ética de la libertad y del Espíritu" es que esta puede generar autoindulgencia, conducta anárquica y una vida totalmente fuera de la ley de Moisés. Pero Pablo insiste en que la libertad no debe utilizarse "para dar rienda suelta a sus pasiones" (gr. *aphormen*) humanas. Esta expresión griega que se traduce como "dar rienda suelta" a las propias pasiones es metafórica y pintoresca. A veces se traduce como "dar ocasión a" (RSV), "tomar como excusa para" (NEW CENTURY VERSION), o "ser base de operaciones para" (THE NEW TRANSLATION). Inicialmente, este término aludía, en el argot militar, a la "base de operaciones" de un ejército o al "punto de partida" de una maniobra militar, pero también adquirió un sentido metafórico de "oportunidad", "pretexto" u "ocasión".[8] Pablo la utiliza en otros pasajes para referirse al pecado que aprovecha la ocasión para pecar (Ro 7:8, 11),

---

8. Ver la exposición de J. P. Louw y E. A. Nida, *Greek-English Lexicon of the New Testament Based on Semantic Domains* (Nueva York: United Bible Societies, 1988), 1.247-48, donde este término se clasifica bajo el dominio semántico de "Problemas, Penurias, Alivio, Circunstancias Favorables" con el subdominio de "Circunstancias Favorables o Estado". Enumeran palabras como "paz", "calma", "verdaderamente favorable", "oportunidad favorable o buena ocasión" y "tener éxito".

o para aludir a una oportunidad para jactarse (2Co 5:12), compararse con otros (11:12) o para que Satanás encuentre ocasión para culpar a la comunidad (1Ti 5:14). Un papiro consigna las palabras de una mujer que, escribiéndole a su padre, dice: "Nunca desaprovecho la *oportunidad* de escribirte sobre mi salud y la de mi familia".[9] Aunque los creyentes son libres, esta libertad no debe convertirse en una plataforma para vivir de manera pecaminosa.

Una vez más, vivir "en la carne" es esencialmente vivir fuera del ámbito del Espíritu de Dios. El concepto de "carne" no implica necesariamente esfuerzo (aunque ello pueda estar implícito), sino más bien una vida que es meramente humana. La idea de la "carne" queda, pues, muy unida a la de vivir "bajo la ley" porque, como explica Pablo a lo largo de su carta (ver en 3:19-25), permitir que la propia vida sea gobernada por la ley es decidir no vivir bajo el gobierno del Espíritu. La carne y la ley pertenecen a un periodo pasado que ha dado paso a la nueva era caracterizada por Cristo y el Espíritu. Por otra parte, en nuestro tiempo hemos de entender que cuando Pablo habla de "carne", no está pensando principalmente en términos del "cuerpo" y su inferioridad en comparación con el aspecto espiritual de la naturaleza humana. Esta no es una noción bíblica, sino platónica. Pablo tiene en mente a la "persona total que vive fuera de la voluntad de Dios y apartada de su influencia orientadora por medio del Espíritu".[10]

Como antes hemos dicho, el versículo 13b se corresponde con el 15: dar rienda suelta a la carne promueve disensiones internas. De hecho, el versículo 15 es una oración gramatical en la que el aspecto condicional se cumple con un imperativo. Pablo dice literalmente: "Si siguen mordiéndose y devorándose unos a otros, tengan cuidado o acabarán destruyéndose mutuamente". Técnicamente, Pablo podría haber dicho: "Si siguen mordiéndose y devorándose unos a otros, acabarán destruyéndose mutuamente". La añadidura de la cláusula, "tengan cuidado o", pone el acento, emocionalmente, en el pecado. El problema de los gálatas es típicamente humano: en los debates entre las personas, los egos entran en acción y al poco tiempo la cuestión adquiere tintes personales: deja de ser *cuál* es la verdad y se convierte en *quién* tiene la razón.

En Galacia esto era un importante problema: había muchas luchas internas, como demuestra un rápido resumen de 5:1-6:10. En 5:1-12 vemos que, aparentemente, los gálatas tenían que decidirse por uno de los grupos

---

9. BGU II. 632.11. La traducción es mía a partir de J. H. Moulton and G. Milligan, *The Vocabulary of the Greek Testament* (Grand Rapids: Eerdmans, 1930), 99.
10. Hay una hermosa exposición de esto en R. N. Longenecker, *Galatians*, 239-41.

y la facción judaizante requería la circuncisión como condición indispensable. En estos mismos versículos aparecen los instigadores (vv. 7-10) y las falsas acusaciones contra Pablo (v. 11). En los versículos 13-26 se detecta un acento en las facciones y las disputas: entre ellos había tensiones de una gran intensidad (v. 15). El lenguaje de conflicto que encontramos en los versículos 16-18 refleja posiblemente los conflictos que había dentro de las iglesias. En la lista de pecados que Pablo consigna en los versículos 19-21, el apóstol subraya los que son de carácter interpersonal (de los quince pecados que se enumeran, ocho tienen que ver con las relaciones interpersonales); asimismo, su acento en "el fruto del Espíritu" tiene claramente que ver con las relaciones interpersonales (vv. 22-23). Al final de su enumeración, Pablo alude también al conflicto cuando dice: "No dejemos que la vanidad nos lleve a irritarnos y a envidiarnos unos a otros" (v. 26). En el capítulo 6 encontramos referencias a la soberbia (6:1-5), la tacañería (v. 6) y el pensar en los demás (vv. 7-10).

La imagen que mejor refleja la situación de las iglesias gálatas no es tanto la de una encrucijada de caminos en la que Pablo toma uno de ellos y los judaizantes otro distinto, mientras hacen señas a los viajeros para que les sigan a medida que van llegando a la intersección, sino más bien la de un teatro en cuyo escenario Pablo y los judaizantes acaban de presentar sus argumentos, y donde los creyentes gálatas se pelean entre sí formando diferentes grupos liderados por cabecillas arrogantes y vocingleros que reivindican victorias intrascendentes. Es un ambiente de rivalidades en el que varias congregaciones domésticas no se hablan entre ellas, quienes se han circuncidado muestran un repulsivo orgullo espiritual (¡se creen mejores que los demás!) y en el que dentro de cada comunidad se transmiten sus propias consignas internas. Se trata de una imagen triste porque han adoptado el patrón de permitir que su libertad se convierta en una plataforma para gratificar a la carne.

Pablo responde a esta situación explicando que su libertad debe ser una razón para servirse los unos a los otros en amor. Aunque no puedo abrir un largo paréntesis sobre el "amor" en la teología paulina, sí quiero resumir las tres principales líneas de su enseñanza. Para Pablo, el amor (1) lo define la voluntaria entrega de su vida en sacrificio expiatorio por parte de Cristo (2:20), (2) está inspirado por el Espíritu de Dios (5:22-23) y (3) se expresa en la práctica del bien y en el ámbito de las relaciones personales dentro de la sociedad y muy especialmente en la iglesia (5:13-14; 6:10).[11]

---

11. No hay mejor estudio bíblico sobre el amor que el de L. L. Morris, *Testaments of Love: A Study of Love in the Bible* (Grand Rapids: Eerdmans, 1981).

En este pasaje, Pablo dice dos cosas sobre el amor: (1) los gálatas han de "servirse los unos a los otros" en amor y (2) toda la ley de Moisés se resume en el mandamiento de Levítico 19:18: "Ama a tu prójimo como a ti mismo". No hay duda de que, en la carta a los Gálatas, Pablo trata la ley de Moisés como algo obsoleto, pero lo es porque ha sido cumplida. Él les dice que su deseo de tener directrices morales es la mejor directriz. Si viven en el Espíritu, les escribe, tendrán amor (5:22) y vivir en amor es mucho mejor que la ley, porque el primero es el cumplimiento de la segunda (v. 14). Del mismo modo que los ordenadores personales, con sus programas de texto, son el cumplimiento de las antiguas máquinas de escribir, vivir en el Espíritu y en amor es el cumplimiento de la vida bajo la ley de Moisés.

Toda la ética de Pablo puede resumirse bajo tres simples expresiones: los gálatas han de vivir en amor (vv. 6, 13), en el Espíritu (v. 22) o bajo la ley de Cristo (6:2). Las tres son una misma cosa, y cada una de ellas representa el cumplimiento de la ley de Moisés (y es mejor que ella). El apóstol condensa aquí la voluntad de Dios con respecto a nuestra relación con los demás en la palabra "amor". Pero este amor al que se refiere Pablo no es pasión. Se trata del amor de Dios para nosotros que nos cambia para que podamos servirnos los unos a los otros.

Leon Morris afirma: "Quiero, pues, decir, primeramente, que solo conocemos el amor en el sentido neotestamentario porque lo vemos en la cruz y, en segundo lugar, que cuando entendemos este amor somos afectados por él".[12] Este es el amor del que habla Pablo: el amor de Dios por nosotros en Cristo (2:20) nos permite ser llenos de su Espíritu, quien luego produce los frutos de su amor en nuestra relación con los demás. Puesto que es el Espíritu de Dios quien despierta el amor en nuestros corazones, no es algo que podamos reivindicar como propio. Amar a los demás no es algo que podamos conseguir por medio de la disciplina, sino un milagro. Y, como Pablo sabe bien, el amor actúa como dinamizador de las relaciones humanas. Morris termina su libro con una pregunta: "¿Dónde puede encontrarse un sistema que actúe mejor que el del amor cristiano?"[13]

Llamamiento a una vida en el Espíritu y en contra de la carne (vv. 16-18)

Tras explicar que la libertad no es una excusa para gratificar la carne, Pablo clarifica lo que quiere decir cuando habla de una vida de libertad.

---

12. *Ibíd.*, 276.
13. *Ibíd.*, 279.

Esta vida, afirma, es vivir en el Espíritu. Se trata, sin embargo, de una guerra, una guerra entre el Espíritu y la carne, que no es una "lucha psicológica personal" o "un conflicto interno del alma", sino como ha dicho E. P. Sanders, "esta guerra [...] tiene que ver con el poder al que uno pertenece, en cuerpo y alma".[14] Estos poderes son "la carne" y "el Espíritu".

Una vez más, Pablo dispone sus pensamientos por medio de un quiasmo:

  A. Vivan por el *Espíritu* y escaparán de la carne (v. 16)
    B. El *conflicto* es entre la carne y el Espíritu (v. 17a)
    B.´ Este *conflicto* impide hacer la voluntad de Dios (v. 17b)
  A.´ Sean guiados por el *Espíritu* y escaparán de la ley (v. 18)

Esta estructura permite una pronta comprensión de este pasaje. Pablo trata aquí con opuestos. Cuando una persona vive en el Espíritu de Dios, escapa del poder de la carne (v. 17a) y de la ley (5:18).[15] Una vez más, Pablo conecta la ley con la carne y con la era anterior (3:3; 4:21-31; 6:12-13). Pero esta vida del Espíritu es una lucha, una batalla por la voluntad de Dios, y quienes la libran reconocen que carne y Espíritu se oponen entre sí. Cuando alguien vive en la carne, no hace lo que quiere el Espíritu de Dios.

En general vemos aquí algo esencialmente importante en cuanto al modo en que Pablo describe la vida cristiana. Es vida en el Espíritu, la vida de una persona entregada al completo control del Espíritu Santo. Pero vemos también aquí que a esta vida no se accede mediante la disciplina o haciendo acopio de energía. No se trata de reunir todas nuestras fuerzas por la mañana y cargar con la vida llenos de decidida determinación. La vida cristiana es más bien una existencia de sistemática rendición al Espíritu.

¿Qué es la vida carnal? (vv. 19-21)

Pablo pasa a explicar lo que quiere decir cuando habla de "vida en la carne" y "vida en el Espíritu", y lo hace dando una lista de las realidades que acompañan a ambas cosas. Las listas de vicios y virtudes eran muy comunes entre los maestros de moral del mundo antiguo y quiero

---

14. E. P. Sanders, *Paul and Palestinian Judaism: A Comparison of Patterns of Religion* (Filadelfia: Fortress, 1977), 553-54.
15. Estar "bajo la ley" significa (1) vivir bajo ella como principio rector de la vida; es decir, orientar toda la vida alrededor de la ley de Moisés. (2) Significa también estar bajo la maldición de la ley (3:13) y sus poderes reveladores del pecado y esclavizantes (3:19-25). Es decir, cuando alguien vive bajo el Espíritu, tal persona es liberada de la crueldad y malevolencia de la ley y no se le van a pedir responsabilidades según sus demandas.

presentar algunos paralelismos de tales enumeraciones en las cartas de Pablo que probablemente los lectores tendrán interés en examinar: 2 Corintios 6:1-10; 8:1-7; Efesios 4:1-10; Filipenses 4:8-9; Colosenses 3:12-17; 1 Timoteo 1:9; 6:4-6; 2 Timoteo 3:2-4; Tito 3:3.[16] Estas listas no se utilizaban como códigos legales, sino para describir personas o ideas.

Y lo que es más importante, estas listas de obras de la carne y fruto del Espíritu no son enumeraciones abstractas ni exhaustivas, sino más bien determinadas por el contexto. *En un trasfondo de conflicto eclesial, el observador encontrará que la carne se manifestará en cosas como un espíritu divisivo y, cuando el Espíritu está en control, producirá frutos como el amor y la paciencia.* En otras palabras, interpretaremos incorrectamente estas listas si las consideramos fuera de su contexto y pretendemos que son enumeraciones completas de las obras de la carne o el fruto del Espíritu. Estas son el tipo de cosas que Pablo quiere subrayar porque lo que le preocupa es el conflicto. De haber escrito a los efesios, habría consignado otros elementos en ambas listas.

Pablo divide "las obras de la carne" en cuatro áreas que no podemos analizar ahora en detalle:[17]

(1) pecados sexuales: "inmoralidad sexual, impureza y libertinaje";

(2) pecados religiosos: "idolatría y brujería";

(3) pecados de orden social: "odio, discordia, celos, arrebatos de ira, rivalidades, disensiones, sectarismos y envidia";

(4) pecados relacionados con la bebida: "borracheras, orgías, y otras cosas parecidas".

Estas cuatro áreas son típicos problemas de exceso. El tercer grupo (los pecados de orden social que la carne generaba entre ellos) parece ser el que Pablo quiere subrayar especialmente, porque consigna más detalles que de los demás. La carne destruye la comunión, la unidad y la santidad. Y lo más importante, y que recuerda las palabras de Jesús, es la última frase de Pablo: "... los que practican tales cosas no heredarán el reino de Dios" (v. 21). Que alguien haya hecho una profesión de fe, tenido una experiencia carismática o experimentado un gran sufrimiento no significa nada *si tal persona vive en la carne* (cf. Mt 7:15-27; 2Co 5:10; Stg 2:14-26). La posición final que las personas tienen delante de Dios,

---

16. Ver también, A. J. Malherbe, *Moral Exhortation, A Greco-Roman Sourcebook* (Library of Early Christianity; Filadelfia: Westminster Press, 1986), 138-41.
17. Así lo entiende J. R. W. Stott, *Only One Way*, 147-48; hay detallados comentarios sobre cada manifestación de la carne en R. N. Longenecker, *Galatians*, 254-57, quien, con otros muchos, entiende que esta enumeración es aleatoria y caótica (ver pp. 253-54).

sostiene Pablo, está directamente relacionada con el hecho de si viven en la carne o en el Espíritu.

¿Qué es la vida en el Espíritu? (vv. 22-26)

La lista del "fruto del Espíritu" no parece tener ningún orden específico, aunque algunos proponen lo contrario; en este sentido J. R. W. Stott ve en estas nueve virtudes tres grupos de tres actitudes hacia Dios, los demás y uno mismo, mientras que J. B. Lightfoot ve disposiciones de la mente, cualidades que gobiernan las relaciones humanas.[18] Hemos de comentar los términos *fruto* y *amor*, pero no podemos dedicarnos a analizar en detalle cada palabra.

Pablo describe los efectos de la "carne" mediante el término *"obras"*, mientras que los del Espíritu los presenta como "fruto". La primera palabra está en plural, mientras que la última está en singular. ¿Hay algo significativo en este cambio de palabras o de número? Cabe observar sobre todo que en Gálatas Pablo ha relacionado el término obras con ciertos aspectos negativos y que, probablemente, se deleita en relacionar las "obras" de la carne con las "obras de la ley" (2:16; 3:2, 5, 10). Con el cambio de término para hablar de "fruto" del Espíritu, el apóstol concita una imagen distinta, y pasa de aludir a la responsabilidad humana para referirse a la capacitación de Dios. La imagen del fruto lleva consigo un cierto sentido de pasividad; es el Espíritu de Dios quien produce estas realidades que crecen en la vida del cristiano.

Sin embargo, aunque esta podría ser una de las razones para el cambio de términos, está claro que, para Pablo, también el mal produce su fruto (6:8) y considera que el cristiano es responsable de permitir que el Espíritu esté operativo en su vida. Obsérvese que Pablo traslada al cristiano la responsabilidad del fruto del Espíritu: "han crucificado la carne" (v. 24), "andemos también por el Espíritu" (v. 25), y "no nos hagamos vanagloriosos" (v. 26), por no hablar de los versículos 13, 16 y 18. Es posible que la *unidad* del fruto se subraye por medio del singular mientras que la *caótica multitud* de los pecados de la carne se represente mediante un sustantivo plural. Por otra parte, el término "fruto" puede entenderse como un plural colectivo; en este caso, no habría nada significativo en el cambio al singular.

Aunque para Pablo el "amor" no es el único "fruto" del Espíritu, sí es el más importante (*cf.* vv. 6, 13-14; también Ro 5:5; 1Co 13; Col 3:14).[19] El

---

18. J. R. W. Stott, *Only One Way*, 148-49; J. B. Lightfoot, *Galatians*, 212-13. R. N. Longenecker (*Galatians*, 260) cree que estas virtudes no están dispuestas en orden.
19. Ver J. R. W. Stott, *El cristiano contemporáneo*, 141-44; sobre el fruto del Espíritu ver pp. 141-51.

amor resume las demandas de la ley de Dios (Gá 5:14), permanece para siempre (1Co 13:13) y unifica todas las virtudes de la vida (Col 3:14). Un aspecto fundamental de la idea de Pablo, no obstante, es que el amor procede del Espíritu de Dios (*cf.* Ro 5:5). Por otra parte, al analizar esta lista observamos que este fruto es la antítesis de las obras de la carne. Mientras que estas últimas destruyen la comunión, el Espíritu crea aquí comunión, unidad y santidad.

Como si quisiera resumir todo lo que quiere decir, Pablo explica que (1) quienes se han entregado a Jesucristo "han crucificado la carne" y, por tanto, no deberían participar de las obras de la carne (v. 24); (2) quienes han recibido la vida de Dios por medio de Cristo y el Espíritu (*cf.* 2:20; Ro 8:9-11) deben proceder según las órdenes del Espíritu (Gá 5:25); y (3) quienes viven en la libertad del Espíritu no deben vanagloriarse y enfrentarse entre sí (v. 26). Una vez más, acabamos con lo que Pablo subraya en este contexto: el espíritu divisivo de los gálatas.

No conozco a ningún padre cristiano, líder de jóvenes o pastor que crea seriamente que, en los versículos 16-26, Pablo esté enseñando que el único fundamento de la ética cristiana sea la dependencia del Espíritu y una vida de libertad en él. En toda mi vida (en el momento de publicar este libro tengo cuarenta años, de los cuales casi veinticinco de ellos los he pasado activamente involucrado en el movimiento evangélico y más allá), solo he conocido a una persona que haya expresado este punto de vista de Pablo de manera categórica y, para él, práctica. Esta persona fue F. F. Bruce y, junto con mi familia, tuve el privilegio de pasar una tarde con él mientras vivimos en Nottingham durante mi doctorado. El doctor Bruce nos invitó a su casa, y mi familia y yo nos trasladamos en coche hasta Buxton, donde pasamos una tarde con él y su esposa. Me pasé casi todo el trayecto pensando qué podría preguntarle a un erudito cuyo trabajo ha sido aclamado como uno de los mejores de nuestro siglo. Me habían advertido que el profesor Bruce era un hombre silencioso y modesto y que podía ser difícil conseguir una conversación fluida. De manera que me preparé, mentalmente, algunas preguntas. Salió a recibirnos antes de que bajáramos del auto, nos acomodó en su casa con gran calidez y nos presentó a su esposa; por mi parte, yo les presenté a mi esposa y a nuestros dos hijos Laura y Lukas.

Después de intercambiar algunos cumplidos y tomar un té ligero, entendí que habíamos entrado en un tiempo de "preguntas y respuestas".

Comencé con algunas preguntas de calentamiento sobre su trabajo en aquel momento (acababa de terminar sus comentarios a Gálatas y Filipenses) y sobre lo que pensaba de algunas de las cuestiones con las que yo estaba trabajando (la actividad misionera judía). A continuación le hice la pregunta que más quería que respondiera. Le pregunté sobre el papel de las mujeres en la iglesia. Mi pregunta fue algo así: "Profesor Bruce, cree usted que las mujeres deberían ser ordenadas al ministerio?". Su respuesta la recordaré siempre. El profesor dijo: "El asunto de la ordenación no me preocupa mucho. Pero lo que puedo decir sobre el ejercicio de los ministerios de las mujeres en la iglesia, es esto: *estoy a favor de cualquiera cosa que traiga libertad en la iglesia. Estoy a favor de cualquier cosa que traiga la libertad del Espíritu a la iglesia de Dios*". En aquel momento, su respuesta me pareció muy imprecisa, llena de vacíos, de problemas y de interrogantes sin responder. Sin embargo, al reflexionar más tarde me he ido dando cuenta de que mi perplejidad no estaba justificada. Su respuesta es *muy bíblica, muy paulina y muy parecida a lo que dice Gálatas*. De hecho, su respuesta se parece tanto a la de Gálatas que ha de ser correcta.[20]

Lo que estoy diciendo es esto: aunque el comentario del profesor Bruce es poco frecuente, coincide con el punto de vista de Pablo sobre la esencia de la vida cristiana. Es una idea con la que pocos están dispuestos a vivir. ¿Cómo podemos condenar a los gálatas por no estar dispuestos a vivir según el punto de vista ético de Pablo si nosotros tenemos el mismo problema? ¿Cómo podemos acusar a los gálatas de credulidad y de abrazar un sistema claramente inferior, cuando nosotros no vivimos ni estamos dispuestos a vivir con la idea paulina de una libertad cristiana ilimitada? ¿Somos acaso culpables de "legalismo" como lo eran ellos? ¿Es que queremos quizá, también como ellos, directrices legales y ley mosaica? Se trata de cuestiones que merece la pena ponderar.

En primer lugar hemos de estar convencidos de que el Espíritu Santo es guía suficiente para nuestra vida moral delante de Dios. Hemos de entender cabalmente la bondad de Dios al impartirnos el Espíritu Santo como

---

20. Poco antes de esta conversación el profesor Bruce había publicado un estudio sobre las cartas de Pablo que en Inglaterra se tituló, *Paul: Apostle of the Free Spirit*; en los Estados Unidos, este libro salió en una edición titulada *Paul: Apostle of the Heart Set Free* (Grand Rapids: Eerdmans, 1978). Bruce me dijo en aquella conversación que no estaba satisfecho con el título estadounidense porque, para él, la libertad era algo que estaba relacionado con el Espíritu de Dios, y que no era una mera experiencia del corazón. Que él titulara su libro con la expresión "Free Spirit" (Espíritu libre) confirma mi impresión de que, para el profesor Bruce, la libertad y el Espíritu eran la esencia de la vida cristiana. Cualquiera que lea sus memorias personales verá lo mismo; ver su obra *In Retrospect: Remembrance of Things Past* (Grand Rapids: Eerdmans, 1980).

segura guía a la santidad y al amor. Para ello hemos de leer Gálatas de nuevo con una mente abierta, y hacer después lo mismo con las demás cartas de Pablo (esto tiene realmente mucha lógica si Gálatas es la primera de las cartas de Pablo), para ver lo que el apóstol tiene en mente cuando habla de "vivir en el Espíritu de libertad".

Por otra parte, no es que Pablo no pudiera apelar a reglas y normativas: el apóstol hubiera podido recurrir a Moisés o incluso a Jesús para plantear ciertas directrices morales. Podría haber apelado a pasajes como el Sermón del Monte (Mt 5-7) o a textos veterotestamentarios específicos (p. ej., Lv 11:44-45: "Sean, pues, santos, porque yo soy santo"). Sin embargo, no lo hizo y sabía que de este modo estaba renunciando a tales opciones. Pablo no veía las enseñanzas de Jesús como nuevas leyes[21] ni apelaría a la ley de Moisés como vinculante para el cristiano. El apóstol describiría la esencia de la vida cristiana como "libertad en el Espíritu".

Por supuesto, Pablo sabía que, cuando alguien era controlado por el Espíritu, tal persona era santa y vivía en amor. Sabía, por tanto, que una persona que viviera en el Espíritu confirmaría las directrices morales del Antiguo Testamento y las enseñanzas de Jesús sobre la santidad, la justicia y la compasión. Es importante que recordemos esto. La afirmación de Pablo en el sentido de que la ley de Moisés no puede condenar a nadie que viva en el Espíritu muestra que él sabía que la vida en el Espíritu no conduciría ni podía conducir a la anarquía moral (*cf.* v. 23). Sin embargo, aun con esta importante salvedad, Pablo subrayó que la verdadera vida ante Dios era una vida en el Espíritu y de libertad espiritual. La pregunta que se nos plantea es directa: ¿es la nuestra una ética de la libertad en el Espíritu o se parece mucho más a la de los invasores judaizantes? Comenzamos a aplicar este texto hoy cuando respondemos "sí" a la siguiente pregunta: ¿es el Espíritu de Dios una guía suficiente para la vida cristiana? Si has respondido "sí", pasas entonces a la siguiente ronda.

Otra forma de enfocar este asunto es preguntarnos si pensamos que todo lo "bueno" que hay en nosotros es o no fruto de la gracia de Dios. ¿Nos atribuimos el mérito de nuestra capacidad para pensar, andar, escribir, hablar, relacionarnos con los demás o crear imaginativamente? ¿Pensamos que la enorme cantidad de energía que invertimos en nuestras vocaciones y pasatiempos, en nuestras actividades y relaciones personales proviene de nosotros mismos? Si es así, no estamos del lado de Pablo. Según el apóstol, todo, de arriba abajo y de principio a fin, es por la fe, en el

---

21. Un buen libro en este sentido, aunque no siempre fácil de leer, es A. E. Harvey, *Strenuous Commands: The Ethic of Jesus* (Filadelfia: Trinity Press International, 1990).

Espíritu y por medio de Cristo. La enseñanza de Pablo sobre el Espíritu solo se entiende claramente como una extensión de este principio esencial: nuestro guía moral es el Espíritu porque todo lo bueno que hay en nuestra vida es fruto de la obra de Dios a favor nuestro. Cito a F. F. Bruce en otro contexto:

> Puede entenderse que la carta a los Gálatas está tan dedicada a la justificación por la fe que se pase por alto su enseñanza sobre el Espíritu Santo. De hecho, su enseñanza sobre el Espíritu Santo está tan entretejida con la cuestión de la justificación por la fe que una cosa no puede entenderse sin la otra, del mismo modo que, en la vida real, la gracia de Dios que justifica tampoco puede experimentarse aparte del Espíritu.[22]

Para facilitar la aplicación de este asunto, sería bueno tener delante de nosotros un breve resumen del Espíritu en Gálatas, tanto desde una óptica teológica como social.[23] (1) El cristiano recibe el Espíritu de Dios en la conversión (3:2, 3, 5, 14; 5:25), y entre los gálatas esto se evidenció por medio de experiencias carismáticas (ver comentarios sobre 3:1-5). Esta experiencia hace del convertido un "hijo de Dios" que puede llamar *Abba* a Dios (4:6). De hecho, todo el Antiguo Testamento parece mirar hacia delante, a la recepción del Espíritu dentro del plan universal de Dios (3:13-14). Vivir en el Espíritu es vivir en la era en que Dios inaugura su reino.[24] (2) Aquellos que están "en el Espíritu" son perseguidos por quienes viven en la "carne" (3:4; 4:29). (3) Quienes están "en el Espíritu" aguardan con esperanza el establecimiento de la justicia de Dios y la declaración de su propia justificación (5:5). (4) Aquellos que están "en el Espíritu" son victoriosos sobre "las obras de la carne" (vv. 16-18, 19-21) y viven, por ello, una vida llena de la manifestación del Espíritu (vv. 22-23). Para que esta victoria se produzca, los cristianos solo tienen que sujetarse al Espíritu o vivir en consonancia con él (v. 25; *cf.* 6:8).

---

22. F. F. Bruce, "The Spirit in the Letter to the Galatians", en *Essays on Apostolic Themes: Studies in Honor of Howard M. Ervin Presented to Him by Colleagues and Friends on his SixtyFifth Birthday*, ed. P. Elbert (Peabody, Mass.: Hendrickson, 1985), 36-48 (cita de la p. 36).
23. M. Green, *Creo en el Espíritu Santo* (Miami: Caribe, 1977) es un tratamiento general del Espíritu desde una óptica práctica y ligeramente carismática (¡y anglicana!). Nunca he visto nada parecido al resumen de dos páginas de todo lo que enseña el Nuevo Testamento que presenta D. F. Wells, *God the Evangelist: How the Holy Spirit Works to Bring Men and Women to Faith* (Grand Rapids: Eerdmans, 1987), 7-8.
24. Ver especialmente, G. E. Ladd, "The Holy Spirit in Galatians", en *Current Issues in Biblical and Patristic Interpretation: Studies in Honor of Merrill C. Tenney Presented by His Former Students*, ed. G. F. Hawthorne (Grand Rapids: Eerdmans, 1975), 211-16.

Para Pablo, pues, "la vida en el Espíritu" comienza en la conversión con la recepción de este como un don, se desarrolla sustentada por el mismo Espíritu y aguarda el establecimiento final del reino de Dios. Todo ello se lleva a cabo en el Espíritu. "Si la descripción de Pablo como 'el apóstol del Espíritu libre' aparecida en el título de un libro de reciente publicación es correcta, a Gálatas puede llamársele, con igual justicia, la *epístola* del Espíritu libre".[25]

Hago aquí una pausa para reconocer un cierto desaliento, y es que cuando considero la lista de virtudes que representa el fruto del Espíritu y las enseñanzas sobre el Espíritu Santo en vista de toda la carta, me siento un tanto desconcertado en cuanto a la iglesia. ¿Cómo podemos confesar a Jesucristo y la comunión del Espíritu y vivir con tanta tensión en el mundo cristiano? ¿Por qué está la iglesia cristiana tan herida y dividida por cuestiones de teología y de práctica? ¿Por qué sabemos tanto de personalidades y tan poco de Cristo? ¿Por qué tantas personas argumentan que la iglesia está llena de hipócritas, de disensiones y de denominacionalismo? Naturalmente, soy consciente de que quienes viven en la carne usarán cualquier argumento posible contra la verdad del Espíritu (porque la luz y la oscuridad no pueden mezclarse; *cf.* Jn 3:19-21). Aun así, este argumento de la hipocresía y división de la iglesia resulta en ocasiones convincente y doloroso. ¿Cómo es que los cristianos afirman tener el Espíritu pero muestran tan poco de su poder y su amor? ¿Por qué pretenden los cristianos vivir en el Espíritu pero pasan tanto tiempo "fuera de sintonía" con él? Pido a Dios que renueve la obra de su Espíritu y que utilice este capítulo para este propósito.

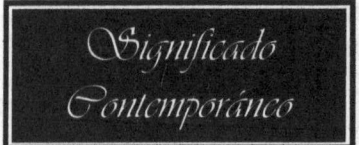

Quiero comenzar este apartado con un poco de irresistible humor sobre el contexto social de esta epístola. Recientemente, uno de mis estudiantes me dio un libro titulado *The Garimus File: A Back-Door Look at the New Testament* (El expediente Garimus: una mirada clandestina al Nuevo Testamento), de Gary Stanley, un autor evidentemente ingenioso.[26] Para comunicar el mensaje del Nuevo Testamento a los jóvenes de nuestro tiempo, el autor presenta la carta a los Gálatas imaginando los grafitis que los distintos partidos y facciones

---

25. F. F. Bruce, "The Spirit in the Letter to the Galatians", 48.
26. Gary Stanley, *The Garimus File: A Back-Door Look at the New Testament*, ilustrado por John Hawk (San Bernardino, Calif.: Here's Life Publishers, 1983). Doy gracias a Cheryl Hatch, la estudiante que me dio este libro, por lo mucho que lo he disfrutado.

de Galacia habrían escrito en las paredes de sus ciudades.[27] Cito algunas de sus imaginarias (pero agudas) pintadas. Una de ellas dice: "Los únicos gentiles buenos son los circuncidados". Junto a este comentario un cristiano escribe: "Abraham era gentil", pero un judaizante complementó esta frase escribiendo al lado: "Sí, pero estaba circuncidado". Un paulinista toma la palabra (¡o el *spray*!) y añade: "¿Y qué?" (*cf.* Gá 5:6-21). En otro lugar del muro dice: "LARGA VIDA A LA LEY", que un cristiano corrige para que diga: "¡Larga vida a la vida!", a lo cual un deprimido añade: "¡La vida es un asco!". Bajo esta frase, un cristiano escribe: "Lo que es un asco es la ley"; una frase que corrige, a su vez, un judaizante: "¡Los gentiles son un asco!" En otra parte de la pared dice: "Los judíos son los mejores" (una frase escrita obviamente por un judío circuncidado). Un cristiano escribe: "La gracia no es barata, pero es gratis", a lo cual alguien, puede que un judaizante, responde: "Nada es gratis".

Alguien escribe un poema sobre Pablo:

Un joven llamado Saulo
Se cambió el nombre a Pablo.
Esto no le hizo apóstol ni nada asombroso,
Solo un tipo con mucho rostro.

Junto a estas pintadas hay una serie de frases sobre la libertad: "¡Líbérenme!", "Cerveza gratis (libre)" (tachado para poner "Nada es libre"), "La libertad es un mito", y "Una promesa es una promesa" (aludiendo a la idea de Pablo sobre el pacto de Dios con Abraham). Otra pintada dice: "El mejor fruto es el de la vid (fermentado)" a lo cual alguien añadió: "¡Amén!" (*cf.* 5:22-23). Hay un dibujo de un pez cogido por la boca con un anzuelo y una pintada que dice: "los tontos muerden el anzuelo". Este comentario procede del sector judaizante y alude a los que han quedado supuestamente enganchados en el evangelio que predicaba Pablo (representado aquí por el símbolo del pez).

Stanley tiene una gran imaginación; pero es también bastante exacto por lo que respecta a la clase de consignas que podrían haberse intercambiado en Galacia. En cuanto al contexto y al tono, estas consignas captan con bastante acierto la atmósfera de Galacia. Creo que pensar en las pintadas que las diferentes facciones gálatas podrían haber plasmado en las paredes de las ciudades en que vivían es una forma creativa de aplicar Gálatas. Este método nos fuerza a pensar tanto en el mensaje como en frases pegadizas que condensan distintos puntos de vista relativos a la situación. Este

---

27. *Ibíd.*, 28-29.

procedimiento podría aplicarse también a los demás capítulos de Gálatas y a otros libros relacionados con conflictos.

Tenemos ante nosotros varias opciones para la aplicación de este pasaje. El acercamiento más común a este texto consiste en considerar las dimensiones individuales del fruto del Espíritu y hacer de esta lista una especie de guía para el desarrollo caracterológico. Este acercamiento enumera las nueve virtudes e invierte tal vez una semana en cada una de ellas para ver si las personas mejoran su carácter cristiano practicando la presencia de estas características. Puesto que muchos otros han seguido este acercamiento, no es necesario que lo repitamos en este apartado; y aunque se trata de un planteamiento excelente, estoy también convencido de que está ligeramente equivocado. Repitiendo lo que ya se ha dicho antes, esta lista del fruto del Espíritu no es exhaustiva, sino que está determinada por el contexto. Se trata de una importante serie de virtudes para una iglesia que está llena de conflictos (¡la cuestión clave que subyace tras toda la carta!).

Por otra parte, el Espíritu se manifiesta de otras muchas formas en las vidas de los individuos y de la iglesia. ¿Acaso el Espíritu Santo no produce también santidad, justicia y rectitud, por nombrar solo algunas otras virtudes? Y sin duda hay otras manifestaciones de la carne aparte de las que aquí se enumeran. No es necesario que agote este comentario. Aunque es provechoso considerar si el fruto del Espíritu está o no presente en nuestras vidas, creo que es también importante ver lo que el Espíritu está haciendo en nuestra vida y entenderlo también como su fruto.

Podríamos explorar asimismo la idea de la vida cristiana como una batalla. La mayoría de nosotros tenemos algunas cicatrices de guerra y somos, por ello, conscientes de los peligros de seguir al Señor. En Gálatas 5:16-18 se habla muy claramente de este asunto. Podríamos "agrupar" toda la imaginería militar de Pablo sobre el conflicto ético (como Ef 6:10-18) y extraer las "estrategias para la guerra ética de Pablo". No deberíamos excluir la tentación de Jesús de este estudio (Mt 4:1-10).

En esta sección nos concentraremos en la "mediación de conflictos en la iglesia" y el acercamiento de Pablo a esta cuestión. Naturalmente, no estamos hablando de lo mismo que los modernos sociólogos, psicólogos y administradores, pero se trata de cuestiones parecidas y las enseñanzas de Pablo son más que adecuadas para resolver la mayoría de los problemas. Y, por supuesto, hemos de simplificar (lo cual no es necesariamente negativo) porque aquí Pablo aborda estas cuestiones con sencillez. Nuestras aplicaciones no pueden ser una taxonomía de cada conflicto que encontramos en la Biblia, analizando cómo actuaron en cada caso las personas involucradas y lo que sobre cada caso dice la Palabra de Dios. Estamos estudiando Gálatas y, con respecto a este asunto, solo un pasaje; creo, sin embargo, que las directrices que aquí establece Pablo son profundamente importantes para tratar los conflictos en la iglesia. Si escucháramos menos a los sociólogos y más lo que dice la Biblia, seguramente avanzaríamos más en nuestros conflictos.[28]

Por otra parte, hemos de entender la naturaleza del conflicto que bullía en Galacia: tenía una dimensión teológica (¿por medio de Cristo o por medio de la ley?); social (¿judíos o gentiles?); de género (¿hombres o mujeres?); y estaba sin duda relacionado con la influencia que ejercían varias personalidades. Estas tensiones habían producido facciones dentro de las iglesias gálatas, unas facciones agriamente enfrentadas entre sí. Esta es la situación que había cuando Pablo escribió Gálatas. Su solución era *vivir en el Espíritu.*

En nuestros días encontramos situaciones de conflicto entre cónyuges, padres e hijos, denominaciones y distintos grupos en las iglesias locales (por nombrar solo unos pocos). ¿Es la enseñanza de Pablo pertinente para tales conflictos de nuestro tiempo? Creo que sí. ¿Pero cómo?

En primer lugar, los equipos de mediación siempre nos recuerdan que, cuando hay tensión, lo más importante es comenzar *clarificando las cuestiones de fondo*. Esto es lo que Pablo hace en la carta: explica los problemas que les confrontan, tanto en el ámbito teológico como en el social. Este punto no deriva de la teoría sociológica; es mero sentido común que se aplica a cada conflicto que se resuelve. Es así como solucionamos los problemas con nuestros hijos, en el ámbito del trabajo, con nuestros cónyuges o en la iglesia. Pablo no conocía ninguna teoría sobre "gestión de conflictos", pero sí que tenía que poner todas las opciones sobre la mesa para entender cuál de ellas escoger. Creo que Gálatas puede verse como una carta que pretende explicar las opciones (aunque de manera muy persuasiva) y clarificar las cuestiones que confrontaban a las iglesias gálatas.

En segundo lugar, no sirve de nada hablar de la suficiencia del Espíritu como guía moral si no estamos de acuerdo en que este es quien ha de dirigir nuestras vidas. Hemos de ponernos de acuerdo en esto. A no ser que ambas partes se *detengan* y *recuerden la suficiencia del Espíritu*, no habrá progreso. Este es el paso más difícil para quienes pretenden hallar la paz

---

28. Sin embargo, el meollo del asunto está en las personas y sus egos, no en teorías sobre cómo resolver el problema. Los problemas pueden resolverse cuando se desea una resolución; no obstante, cuando falta esta voluntad, por muchas teorías que se apliquen es imposible solucionar los conflictos.

y para aquellos que ejercen de mediadores. ¿Por qué? Por cuanto con este reconocimiento se produce la intuición de que la respuesta arrollará al propio egocentrismo o punto de vista. Esto lo vemos en los debates teológicos: si un teólogo admite haber estado equivocado, sabe que se verá en un aprieto y tendrá que cambiar muchas de sus ideas (¡que podrían haberle dado notoriedad!). La historia de la iglesia no menciona a muchos teólogos que hayan cambiado públicamente de opinión y creo que la principal razón de ello ha sido la obstinación de sus egos. Esto ha producido un gran sufrimiento a la iglesia. Se trata de algo tan fuera de lo común que, recientemente, una revista introdujo el artículo de un erudito con un comentario editorial que decía sobre él: "se le conoce por cambiar de opinión".

Este mismo problema afecta a los matrimonios y a los grupos de las iglesias. Si un grupo eclesial admite voluntariamente que quien ha de guiar una determinada situación es el Espíritu, está con ello renunciando a su poder para tomar la decisión en cuestión. A las personas que tienen un interés personal (expresión que solemos utilizar para referirnos al "deseo de poder") no les gusta someter sus decisiones a otro. Por otra parte, rendirse al Espíritu significa entregar voluntariamente el asunto al Dios de la Biblia y a su Palabra. Tales personas saben, con frecuencia, lo que la Biblia dice sobre sus argumentos y deseos personales. Y, a menudo, saben también que están parcialmente equivocados.

En otras palabras, la gestión del conflicto no va a ninguna parte hasta que las partes aceptan la esencia de la solución, a saber, el reconocimiento de que quien ha de dirigir el asunto es el Espíritu de Dios. Lo que quiere el Espíritu es lo que todos —deseen lo que deseen— han de querer.

En tercer lugar, las partes han de *hacer un alto* y *analizar lo que la Biblia enseña sobre el asunto en cuestión*. Naturalmente, soy consciente de que la Biblia no habla de todos los aspectos de la vida, pero sí de muchas de las cosas que nos dividen. No habla del color de la moqueta que han de utilizar las iglesias locales, o del Tratado de Mastricht dentro del debate de la economía europea. Pero sí se pronuncia claramente *sobre las disensiones y divisiones dentro de la iglesia*. No importa cuál pueda ser el asunto; en la iglesia cristiana no hay lugar para el espíritu divisivo y las luchas internas. Así, aunque podamos disentir sobre el modelo de órgano que hemos de comprar (y su precio) o sobre determinadas cuestiones teológicas secundarias, no podemos suscitar disputas al respecto. Hemos de someternos a esta palabra del Señor: "Pero el fruto del Espíritu es [...] paz" (v. 22); y donde está el Espíritu del Señor allí hay, no solo libertad (2Co 3:17), sino también paz. Asimismo, sabemos que en situaciones de conflicto el Espíritu no está obrando del modo en que Dios desea. Entre los cristianos debe haber paz y alegría, bondad y benevolencia, pero muchas veces estas cosas no están presentes. Cuando las partes se sujetan a estas virtudes del Espíritu, puede entonces producirse un verdadero progreso. Las luchas se detienen, y esto es un importante avance al margen de cuál sea el resultado.

En cuarto lugar, las partes han de *detener su proceder y confiar que la dirección del Señor es suficiente*. Aquí me refiero a la disposición de las partes a llamar a un árbitro (sea la Biblia, un amigo, un consejo eclesial o cualquier otro mediador), escuchar al Espíritu y confiar que la solución que se presenta es la que Dios quiere. El hombre moderno tiene aquí un enorme problema. El mundo occidental está embelesado con su individualismo y su libertad (ver exposición de la libertad en las secciones "Construyendo Puentes" y "Significado Contemporáneo" de 5:1-12); a las personas les es, pues, muy difícil (algunos dirían que imposible) permitir que otros tomen decisiones por ellas.

Sí, en ocasiones la mediación puede ir en contra de nuestros deseos. ¿Pero de verdad creemos que siempre tenemos razón? Hemos de adoptar siempre nuestras posiciones con la posibilidad de estar equivocados. Hemos de concentrarnos siempre en lo *que* es correcto y no en *quién* tiene la razón, y no hemos de pretender tenerla siempre nosotros. Al someternos a la decisión de un mediador (¡y, les guste o no a los gálatas, Pablo interviene aquí como un mediador!), hemos de ejercer la confianza. Esta confianza está, en última instancia, depositada en la dirección del Espíritu de Dios. ¿Creemos que el Espíritu es una guía moral suficiente?

En el párrafo anterior he expresado mi convicción de que Dios nos guía por medio de su Espíritu. He mencionado también varias formas en que se produce esta guía. Ahora me gustaría añadir algún detalle más al respecto. Creo que el Espíritu del Señor nos guía normalmente de una de estas cuatro maneras: por medio de las circunstancias, de otros cristianos, de la Biblia y de la oración, la intuición espiritual o ambas cosas. No es extraño que quienes están siendo discipulados quieran ser como la persona que les está formando, de modo que si esa persona ha estado en el seminario también ellos quieran ir. En Trinity tenemos a muchos estudiantes cuyo primer impulso para ir al seminario vino del deseo de imitar a su líder. Tampoco es extraño que aquellas iglesias que hacen mucho hincapié en las misiones vean levantarse muchos misioneros entre ellas. En otras palabras, Dios utiliza muchas veces las circunstancias para guiarnos. No obstante, en situaciones de conflictos eclesiales, Dios suele utilizar como instrumentos de su Espíritu a otros cristianos, la Biblia y la oración. La cuestión, sin embargo, sigue siendo la misma: ¿creemos realmente que el Espíritu de Dios es una guía suficiente?

El espíritu divisivo es erróneo por su incompatibilidad con el Espíritu que trae comunión y paz. Es posible que me esté extralimitando, pero quiero aventurar una idea sobre denominacionalismo. Soy plenamente consciente de la gran diversidad de personas y puntos de vista. Estoy absolutamente convencido de que nuestras mentes humanas son falibles e incapaces, por tanto, de hacer valoraciones infalibles sobre muchas cosas. De modo que en ocasiones "vemos oscuramente". Nuestra falibilidad ha dado origen a las denominaciones.

Pero, dicho esto, sigo pensando que existen demasiadas denominaciones y excesivas divisiones en la iglesia. Hay demasiadas facciones porque hay poca confianza en el Espíritu de Dios y poca vida en él. A Dios no le gusta que su pueblo se divida por cuestiones insignificantes. Sugiero que las iglesias no deberían dividirse por la cuestión del bautismo de infantes o adultos; podemos disentir al respecto, pero no creo que se trate de un asunto tan crucial que impida que Dios acepte a ambos grupos. Quiero también sugerir que el asunto de la música (contemporánea o clásica) tampoco es base suficiente para la división; también en esto podemos disentir, pero deberíamos ser lo suficientemente maduros como para vivir juntos, aprender los unos de los otros y crecer en nuestra apreciación de los distintos dones que Dios imparte a su pueblo. ¿Cómo podemos dividirnos por cuestiones que tienen un sólido apoyo en la Biblia, las tradiciones de la iglesia y el mover de Dios entre su pueblo? Naturalmente, creo que deberíamos apartarnos de alguien que diga que Jesucristo no es el medio por el que Dios nos acepta. Pero no considero que debamos dividirnos por cuestiones menores ni altercar por asuntos en desacuerdo. Hemos de decir "sí" al debate, la argumentación, la discusión y el desacuerdo; pero un "no" rotundo a los altercados, disputas y provocaciones.

En Galacia había enormes disputas entre los creyentes porque habían entregado sus vidas a la carne en el nombre de la libertad. Habían comenzado a devorarse los unos a los otros en su deseo de poder y control. Se le había dado a la carne la supremacía. Pablo entró en este terrible conflicto y legó un mensaje y una carta a los cristianos gálatas que ha seguido teniendo su impacto hasta el día de hoy. Este mensaje es que, cuando el pueblo de Dios vive en el Espíritu de libertad, no contiende entre sí, sino que más bien da gloria al Dios que quiere que disfruten la comunión que él ha prometido. Esto procede del Espíritu.

Gálatas 6:1-10

Hermanos, si alguien es sorprendido en pecado, ustedes que son espirituales deben restaurarlo con una actitud humilde. Pero cuídese cada uno, porque también puede ser tentado. ² Ayúdense unos a otros a llevar sus cargas, y así cumplirán la ley de Cristo. ³ Si alguien cree ser algo, cuando en realidad no es nada, se engaña a sí mismo. ⁴ Cada cual examine su propia conducta; y si tiene algo de qué presumir, que no se compare con nadie. ⁵ Que cada uno cargue con su propia responsabilidad.

⁶ El que recibe instrucción en la palabra de Dios, comparta todo lo bueno con quien le enseña.

⁷ No se engañen: de Dios nadie se burla. Cada uno cosecha lo que siembra. ⁸ El que siembra para agradar a su naturaleza pecaminosa, de esa misma naturaleza cosechará destrucción; el que siembra para agradar al Espíritu, del Espíritu cosechará vida eterna. No nos cansemos de hacer el bien, porque a su debido tiempo cosecharemos si no nos damos por vencidos. ¹⁰ Por lo tanto, siempre que tengamos la oportunidad, hagamos bien a todos, y en especial a los de la familia de la fe.

Sentido Original

Si en un principio fue difícil encontrar una relación directa y significativa entre 5:1-26 y la situación de Galacia, es incluso más difícil hallarla cuando se trata de 6:1-10. En este pasaje encontramos lo que parecen ser cuatro ideas aleatorias (llevar cargas, compartir con quienes nos enseñan, sembrar y cosechar, y hacer el bien), tanto es así que estas cuatro ideas no solo parecen desconectadas entre sí, sino también de la situación de Galacia. ¿Pero es realmente así? Creo que no. Un minucioso examen de estos versículos confirma las palabras de John Barclay sobre esta cuestión: "Podemos también concluir con seguridad que estas máximas no son en modo alguno irrelevantes para las iglesias gálatas, sino que pretenden atender sus problemas generales de disputas y divisiones".[1] Lo que encontramos, pues, aquí es una interacción entre los temas de la responsabilidad personal y la rendición de cuentas (en el contexto de los conflictos comunitarios).

---

1. J. M. G. Barclay, *Obeying the Truth*, 167. Ver también, el resumen de las opciones en R. N. Longenecker, *Galatians*, 269-71.

Lo que me gustaría añadir es que estos dos temas están arraigados en el llamamiento de Pablo a la libertad (5:1, 13). Recordemos que, en este pasaje, el apóstol aludía a la libertad de la ley, que esta libertad era un tanto inquietante para los convertidos, que deseaban tener algún tipo de directriz moral, que los judaizantes sostenían que sin la ley de Moisés los gálatas se verían inmersos en una gran confusión moral, que estas cuestiones habían dividido considerablemente a los gálatas, y que Pablo había respondido a ello con la llamada restricción de la libertad: esta no es una licencia para el pecado (v. 13) sino una oportunidad para el amor (vv. 13-14). Esta vida de libertad es vida en el Espíritu (vv. 13-26). En esta sección, Pablo ofrece algunas *ilustraciones concretas de lo que significa vivir como un cristiano dentro de una comunidad cuando esta es dirigida por la libertad del Espíritu.*

Naturalmente, Pablo aplica esta noción de "libertad en el Espíritu" a más de una cuestión, pero todas ellas se relacionan con el contexto gálata de conflictos y con los dos temas que hemos mencionado. El desarrollo de estos versículos parece ser el siguiente: puesto que vivir en la libertad del Espíritu excluye la altivez (5:26), las personas espirituales han de llevar con humildad las cargas de sus hermanos (6:1-5), hasta el punto de apoyar económicamente a sus maestros (v. 6) y reconocer que Dios les hará responsables del modo en que han tratado a los demás (vv. 6-10). Los pormenores de la relación que hay entre estas ideas y las divisiones acaecidas en Galacia se expresarán en los párrafos siguientes.

Las personas espirituales han de llevar las cargas los unos de los otros (vv. 1-5)

Quiero comenzar intentando organizar estos versículos, que quizá representen la sección más difícil por lo que respecta al flujo de las ideas. Pablo comienza planteando *un problema: la restauración de un hermano sorprendido en pecado* (v. 1). A esto le sigue el principio subyacente para resolver el problema, a saber, que las personas espirituales (es decir, quienes "viven en el Espíritu") han de ser responsables y ocuparse unos de otros (v. 2). Los tres versículos siguientes aluden al *problema del orgullo* (vv. 3-5). Durante la tarea de restaurar a otros, las personas espirituales pueden ser tentadas por el orgullo (*cf.* v. 1b). Tras insistir en que deben ayudarse mutuamente a llevar sus cargas (v. 2), Pablo vuelve a su idea sobre ser tentado y plantea el hecho de que, durante el proceso de la restauración, alguien puede mantener una idea incorrecta sobre sí mismo (v. 3). La solución a esto es sencilla: uno debe examinar las propias acciones y ver si está o no viviendo "en el Espíritu" (v. 4a). Cuando se trata de evaluar la propia posición delante de Dios no debemos compararnos con otras personas (v. 4b). Esto lleva a Pablo a presentar otro principio que subyace bajo lo que quiere decir sobre el orgullo: en última instancia, todo ser humano deberá dar cuentas a Dios de acuerdo con cómo ha vivido (v. 5). Hacer esto significa hacerse personalmente responsable.

El problema: la restauración de un hermano sorprendido en pecado (v. 1). Cuando Pablo desea obtener la atención especial de sus lectores, les llama "hermanos" (3:15; 4:12; 5:11). Este lenguaje lleva también implícita una reclamación: al llamarles "hermanos", asumo que van a vivir como Dios quiere, y esto significa "vivir en el Espíritu". Un problema que a veces surge entre quienes viven en una comunidad que se esfuerza por vivir en el Espíritu es que alguien cae en pecado o comienza a manifestar "las obras de la carne" (5:19-21).[2]

En esta situación, la comunidad ha de asumir la responsabilidad de restaurar a tal persona, porque es así como los miembros de una familia se expresan el amor los unos a los otros. Pero lo que Pablo pretende subrayar aquí no es la *necesidad* de esta restauración, sino la *forma* de proceder. Su acento está en la expresión "con una actitud humilde"; aunque se trata de una buena traducción de la frase *en pneumati praütetos* (lit., "en el espíritu de humildad"), esta oculta la palabra clave "espíritu". Estoy convencido de que Pablo está aquí conectando esta expresión con el "fruto del Espíritu" en 5:23 ("humildad"); el apóstol pide a los gálatas que restauren (*cf.* 1Co 1:10) al hermano que ha pecado, bajo la influencia del "Espíritu que imparte humildad".[3] La humildad y la benevolencia son cruciales para la restauración, y solo los espirituales, aquellos que están sujetos al Espíritu, deberían llevarla a cabo. "Una de las razones por las que solo los cristianos espirituales deberían intentar el ministerio de la restauración es que solo ellos son amables".[4]

---

2. Pablo utiliza aquí un término para aludir al "pecado" que se relaciona normalmente con la transgresión de la ley (*paraptoma*).

3. No estoy contra la idea de que la expresión "actitud humilde (lit. 'en espíritu de humildad')" signifique solo "amablemente" o "en humildad" y que Pablo no tenga en mente al Espíritu Santo; no obstante, veo difícil eludir una conexión con 5:23 y, en vista del marcado acento que Pablo pone en Gálatas sobre el Espíritu Santo, creo que mi interpretación del texto es más satisfactoria. Obsérvese que Pablo se dirige a quienes son "espirituales" (6:1), a aquellos que "viven en el Espíritu" y no bajo la ley; se dirige, pues, a aquellos de Galacia que no han sucumbido a los judaizantes. Ver F. F. Bruce, *Galatians*, 260.

4. J. R. W. Stott, *Only One Way*, 161-62.

Sin embargo, quienes se involucran en esta tarea de la restauración han de tener cuidado porque también ellos pueden ser tentados (v. 1b). Como he dicho antes, creo que se trata de una tentación al orgullo, como indican los versículos 3-4, que siguen desarrollando el argumento de Pablo. Aunque algunos han defendido que el hermano restaurador habría sido tentado a cometer el mismo pecado que el que había caído, esa no parece una opción tan probable como la que hemos presentado aquí.[5] En cualquier caso, este es el problema que Pablo está remarcando: su principal preocupación no es el hermano que ha pecado sino el que desea restaurarle.

Aunque solo es una conjetura, creo que la controversia judaizante creó problemas de soberbia entre los dirigentes de Galacia. Evidentemente, quienes se ocupaban de la restauración de los pecadores lo estaban haciendo poniéndose como ejemplos y hablando de su bondad y, posiblemente, de su adhesión a Moisés. Al llevar a cabo la restauración de esta manera, se comparaban con aquellos que no estaban desarrollando este ministerio (*cf.* v. 4). Esto sugiere que los judaizantes habían conseguido una cierta superioridad de influencia en las iglesias contando con algunos aliados entre los dirigentes.

El principio: amor mutuo (v. 2). Bajo lo que dice Pablo sobre restaurar a los caídos "en el espíritu de benevolencia" está la base de este tipo de conducta: la "ley de Cristo" que es vivir en el amor del Espíritu[6] (*cf.* 5: 6, 14, 22; Stg 1:25; 2:12), significa amar al hermano caído llevando su carga para ayudarle en su camino. La expresión "ley de Cristo" es sorprendente en su formulación, puesto que Pablo ha invertido mucho tiempo para descartar la ley como guía para el cristiano. No obstante, decir que los cristianos están bajo la "ley de Cristo" y no bajo "la ley de Moisés" es del todo razonable, cuando entendemos que "la ley de Cristo" no es sino (1) sumisión a las enseñanzas de Jesús que cumplen la ley (Mt 5:17-20) y (2) vida en el Espíritu, que es esencialmente una vida en amor y que cumple por sí sola la ley de Moisés (Gá 5:6, 14, 18, 22). La ley del cristiano es seguir a Jesús, es decir, vivir en sumisión al Espíritu.[7]

Un ejemplo concreto de seguir la ley de Cristo es llevar la carga de un hermano o una hermana. Pablo está aquí dirigiéndose a quienes se

---

5. Así lo entiende también J. M. G. Barclay, *Obeying the Truth*, 158.
6. *Cf.* en este versículo H. D. Betz, *Galatians*, 299-301.
7. Acerca de este asunto, ver D. J. Moo, "The Law of Moses or the Law of Christ", en *Continuity and Discontinuity: Perspectives on the Relationship Between the Old and New Testaments. Essays in Honor of S. Lewis Johnson, Jr.*, ed. J. S. Feinberg (Westchester, Ill.: Crossway, 1988), 208-17; R. N. Longenecker, *Galatians*, 275-76. Así lo entiende también J. M. G. Barclay, *Obeying the Truth*, 158.

esfuerzan en restaurar a otros y por ello hemos de ver que tales personas no se limitan a señalar problemas y pecados, sino que asumen la responsabilidad de ayudar a quienes los padecen a liberarse de ellos. En este pasaje descubrimos el tema paulino de la responsabilidad mutua. Cuando el cristiano ve a un hermano o hermana que tropieza en el pecado, no pasa de largo como el levita y el fariseo de la parábola de Jesús (Lc 10:25-37). Sino que, como el samaritano, se acerca a él o a ella "con una actitud humilde", hace lo que puede y trata el problema con esta persona hasta que aprende a vivir "en el Espíritu".

El principio, pues, esencial de la restauración es el amor mutuo. Los cristianos son responsables unos de otros, y el amor de Dios que reciben por medio del Espíritu les lleva a sobrellevar las cargas de sus hermanos cuando estas son demasiado pesadas.

El problema del orgullo (vv. 3-5). Como ya hemos dicho, el problema que está en la mente de Pablo cuando trata la restauración es el orgullo por parte del restaurador. El orgullo es impropio (v. 3) y toda persona que pretende restaurar a otra debe analizarse a sí misma (v. 4a) y no compararse favorable o desfavorablemente con los demás, en especial con el hermano o la hermana que han pecado (v. 4b). En el último análisis, cada ser humano es responsable delante de Dios por lo que ha hecho (v. 5).

En este asunto, solo quiero hacer un comentario sobre la tensión existente entre llevar los unos las cargas de los otros (la palabra griega que se utiliza es *ta bare*; v. 2) y llevar cada uno su propia carga (en griego *to idion phortion*; v. 5). No se trata de una contradicción, sino de las dos caras de una misma moneda. Los cristianos han de ayudarse los unos a los otros en las luchas de la vida, pero en el ámbito personal, cada uno tendrá también que responder personalmente ante Dios. Parte de esta responsabilidad individual consiste en llevar las cargas de otras personas. Delante de Dios no podemos encontrar motivos para justificarnos a nosotros mismos comparándonos con otros. En otros pasajes de las cartas paulinas (*cf.* Ro 2:6-16; 14:12; 1Co 3:8; 4:1-5; 2Co 5:10) se enseña que Dios juzgará a los cristianos según sus obras, acciones y motivos.

Las personas espirituales deben sostener a los maestros (v. 6)

Tras considerar el problema de un hermano que ha caído en pecado y el proceso de su restauración sin caer en la trampa del orgullo, Pablo concluye con un principio: cada ser humano ha de comparecer ante Dios y asumir su responsabilidad personal. Pero esto plantea un problema que

Pablo conocía muy bien: aquellos que son maestros de plena dedicación no pueden vivir de un modo totalmente independiente; necesitan el apoyo económico de otras personas. Pablo matiza ahora su idea de que cada uno debe cargar con su propia responsabilidad añadiendo una excepción para los maestros: estos necesitan apoyo porque no siempre pueden llevar su propia carga. Este versículo es, pues, poco más que un comentario parentético (una nota marginal, por así decirlo, que no es fácil de discernir).

Lo único que no está completamente claro es si Pablo está o no pensando en el compartir de recursos económicos. La inmensa mayoría de comentaristas piensan que sí, y yo estoy de acuerdo. En otros pasajes, Pablo habla del derecho de quienes ministran la palabra a ser retribuidos con apoyo económico (*cf.* 1Co 9:14; 2Co 11:7-12; Fil 4:10-19; 1Ts 2:6, 9; 1Ti 5:17-18), aunque él mismo rechazó este tipo de ayuda (1Co 9:12-18; 2Co 11:7-12; Fil 4:10-20; 1Ts 2:9; 2Ts 3:6-13). Pablo se inspiró en las propias enseñanzas de Jesús (Mt 10:10 paral.; Lc 10:7). F. F. Bruce lo expresa de manera sucinta: "... el maestro libera a su alumno de la ignorancia, y este ha de liberar a aquél de la preocupación".[8]

Esta breve afirmación representa una revelación sobre la enseñanza y los maestros cristianos en la iglesia primitiva, cuya principal responsabilidad era transmitir a sus congregaciones las tradiciones de los apóstoles e interpretarlas.[9] Aquí descubrimos que los maestros trabajaban a todo tiempo en su ministerio para poder estudiar y enseñar de manera efectiva. Al parecer, había una falta de consideración por parte de la comunidad cristiana hasta el punto de que los estudiantes no se ocupaban de las necesidades materiales de los maestros. Esta forma ruda y desconsiderada de tratar a los preceptores era inconsistente con "la vida en el Espíritu" (5:22-23). Podemos conjeturar que esta falta de respeto era una secuela de la controversia judaizante: es posible que los maestros formaran parte del sector paulino de las iglesias y fueran ahora ninguneados por el sector judaizante. Esta división no sería un resultado sorprendente.

Las personas espirituales son responsables delante de Dios (vv. 7-10)

Tras el paréntesis del versículo 6, Pablo presenta el fundamento de las instrucciones que da dado en el 5, a saber, que las personas tendrán que

---

8. F. F. Bruce, *Galatians*, 263.
9. Hay un compendio de los datos en J. D. G. Dunn, *Jesus and the Spirit: A Study of the Religious and Charismatic Experience of Jesus and the First Christians as Reflected in the New Testament.* (Filadelfia: Westminster, 1975), 282-84.

rendir cuentas a Dios. Su argumento aquí es claro: puesto que hemos de dar cuentas a Dios, hemos de vivir ahora delante de él, y esto significa vivir en el Espíritu. Dicho de otro modo, hemos de hacer bien a todas las personas, especialmente a los creyentes, que bien podrían haber sido descuidados por quienes habían quedado atrapados en las divisiones de Galacia.

El versículo 8 evidencia que la antítesis de la carne y el Espíritu ha estado en la mente de Pablo desde que, en el versículo 1, comenzó a desarrollar estas instrucciones. Lo que vemos aquí es una actitud divisiva que estaba llevando al rechazo de los hermanos y hermanas que pecaban, a un liderazgo arrogante, a que se establecieran comparaciones entre la espiritualidad de unos y otros, y a un trato completamente injusto de los maestros. Estas conductas no son sino una expresión de las "obras de la carne" (5:19-21).

Pablo plantea, pues, el fundamento más sólido que puede presentarse: Dios es el Juez,[10] y nadie puede burlarse de él. Pablo sabe que "la indiferencia moral no sería, en Dios, perfección, sino imperfección".[11] Si alguien vive para la carne "cosechará destrucción" (condenación); si alguien vive "para el Espíritu" "cosechará vida eterna". Lo que Pablo está diciendo es lo que yo mismo he afirmado ya en numerosas ocasiones en este libro: aunque las obras no nos salvan, nadie se salva sin obras. ¿Por qué? Muy sencillo, porque las obras son los seguros indicadores del estado del corazón, orientación y posición ante Dios de las personas. Todos los juicios que se mencionan en la Biblia se llevan a cabo según las obras (*cf.* Mt 7:13-27; 16:27; 22:1-14; 25:1-46; 2Co 5:10; Ap 20:11-15). La posición final de una persona delante de Dios la decidirá su relación con Jesucristo, revelada por sus obras. Aunque es absolutamente cierto que la base de nuestra aceptación es el sacrificio de Jesucristo a nuestro favor, nuestra conexión con este sacrificio se produce mediante una fe que se expresa en muchas buenas obras a lo largo de la vida de una persona.

Así pues, Pablo habla de "hacer el bien", puesto que eso es lo que significa sembrar para "agradar al Espíritu". No deberíamos cansarnos de hacer el bien porque, repite Pablo, nuestro juicio se basa en esto ("a su debido tiempo cosecharemos si no nos damos por vencidos"; v. 9). Pablo sostiene, por tanto, que el cristiano ha de hacer bien "a todos", independientemente de cuál sea su cultura, nación o género (3:28). Pero las obras

---

10. Ver J. I. Packer, *Knowing God* (Downers Grove: InterVarsity Press, 1973), 125-33.
11. *Ibíd.*, 130

de misericordia del cristiano están especialmente (aunque no de manera exclusiva) dirigidas a "los de la familia de la fe".

En resumidas cuentas, Pablo entreteje dos ideas muy fundamentales para la ética cristiana: la responsabilidad mutua y la responsabilidad personal. De hecho, John Barclay considera que el impulso estructural que subyace tras esta sección es la alternancia de dos temas.[12] Barclay habla, sin embargo, de unas ideas algo distintas, invirtiendo los objetos de los sustantivos (rendición personal de cuentas a Dios y responsabilidad corporativa ante los demás). Yo cambiaré sus ideas a mis términos para facilitar la comprensión. Su estructura (solo cambiada en los términos) es:

Encabezamiento: (5:25-26)
  A. Responsabilidad mutua (6:1a)
    B. Responsabilidad personal (v. 1b)
  A. Responsabilidad mutua (v. 2)
    B. Responsabilidad personal (vv. 3-5)
  A. Responsabilidad mutua (v. 6)
    B. Responsabilidad personal (vv. 7-8)
  A. Responsabilidad mutua (vv. 9-10)

Antes de lanzarse a su mundo con los mensajes de la responsabilidad personal y la mutua, el lector de la Biblia ha de tener una firme comprensión de los puntos esenciales de este texto y de lo que significaba cuando Pablo lo redactó. Esto implica una cuidadosa definición del texto en su contexto y de lo que Pablo quería decir cuando hablaba de cosas tan cruciales como "responsabilidad mutua" "responsabilidad personal" y "vida en el Espíritu". Para hacer esto hemos de leer sus cartas y el libro de los Hechos con el propósito de ver cómo aplicaba exactamente sus ideas el apóstol. No seríamos justos con Pablo si tomáramos sus términos (p. ej., "ayúdense unos a otros a llevar sus cargas"), los convirtiéramos en los nuestros ("sean responsables unos de otros") y comenzáramos entonces a inferir lo que significa en nuestro tiempo responsabilidad mutua cuando nuestras aplicaciones no son las mismas que las del apóstol. La fiel aplicación de la Escritura exige paciencia y arduo trabajo: la paciencia del mucho estudio personal para responder nuestras preguntas sobre la aplicación y el arduo trabajo del análisis en grupo a fin de asimilar todo lo necesario para concluir la tarea.

---

12. J. M. G. Barclay, *Obeying the Truth*, 146-77, esp. 147-55.

En este apartado quiero explorar un poco más a fondo este acercamiento. En el nombre de la *responsabilidad mutua* se han cometido muchos abusos. Algunos han trasladado este principio a las comunidades cristianas (tendemos a utilizar aquí el término "comunas"), y han culpabilizado a la inmensa mayoría de las iglesias cristianas. Pero esto es sin duda erróneo puesto que, como puede ver cualquier lector, Pablo no estableció comunidades donde hubiera una completa comunidad de bienes y posesiones. Naturalmente, una *posible aplicación* del concepto de la responsabilidad mutua es plantear una vida en comunidad con creyentes que comparten sus posesiones y hacen así un esfuerzo de equipo en su testimonio a favor de la actividad salvífica de Dios.

Por otra parte, considero que lugares como *Reba Place Fellowship* en Evanston, IL, *Sojourners Fellowship* en Washington, D.C., y *Jubilee Fellowship* de Germantown en Filadelfia, PA., son inspiradores, alentadores y desafiantes ejemplos.[13] Ciertamente, su simplicidad, su enfoque sobre las cosas eternas y su saludable atmósfera relacional desafían la normal complejidad capitalista occidental con su acento en las cosas materiales y su atrofia de las relaciones personales. Por otra parte, pretender que esta forma de vida comunitaria sea el *único* modelo bíblico es sencillamente erróneo, porque el texto de la Biblia permite inferir otros paradigmas. De acuerdo, este estilo de vida puede fundamentarse en principios bíblicos y quienes así lo decidan pueden vivir efectivamente para el reino de Dios de esta forma; pero este estilo de vida no es el único que describe el modo en que vivían los primeros cristianos. De hecho, estoy dispuesto a argumentar que este estilo de vida era ciertamente anormal en el mundo antiguo y poco común entre los cristianos.

Sin embargo, no es mi propósito ni deseo refutar este estilo de vida, ya que lo considero saludable y efectivo. Quiero más bien señalar que pretender que este estilo de vida está arraigado en la idea bíblica de la mutua responsabilidad no es riguroso por cuanto no concuerda con la clase de comunidades que Pablo dejó atrás allí donde enseñó esta ética de, "ayúdense unos a otros a llevar sus cargas". En honor a la verdad, debo señalar que estas comunidades no basan su existencia y conceptos

---

13. Para una descripción de los principios bíblicos que actúan detrás de estas comunidades, recomiendo leer R. J. Sider, ed., *Living More Simply: Biblical Principles and Practical Models* (Downers Grove, Ill.: InterVarsity Press, 1980). Este libro es una colección de capítulos cortos y amenos sobre principios bíblicos y las diferentes maneras en que se han aplicado. Hay capítulos sobre la simplicidad en la familia y sobre cómo ser más bíblicos económicamente en la vida profesional.

en Gálatas 6:1-10, sino en textos como Mateo 6:25-34, Lucas 9:57-62, Hechos 2:43-47, 4:32-5:11, 2 Corintios 8-9, Efesios 4:28 y 1 Timoteo 6:9-10. Tampoco quiero sugerir que su único fundamento sea este sentir de responsabilidad mutua, aunque estoy convencido de que se trata de un aspecto fundamental para sus ideas. Lo que pretendo, más bien, en esta sección es señalar una posible aplicación errónea (el estilo de vida comunitario es obligatorio) de una idea bíblica (la responsabilidad mutua) y señalar que la forma más segura de aplicar correctamente este principio es ver cómo lo hace Pablo. Más adelante exploraremos la forma que puede adoptar en nuestro mundo la responsabilidad mutua de los cristianos.

Otra lectura típica de este pasaje, que se centra especialmente en los versículos 4-5, 7-10, analiza las implicaciones de la *responsabilidad personal*. Pablo dice aquí que cada uno debe analizar sus acciones para asegurarse de que no le mueve el orgullo, habla también de que cada uno ha de llevar su propia carga, y de la correspondencia entre la vida y las acciones de cada persona para su evaluación final por parte de Dios. Esto ha llevado a algunos a una idea occidental de individualismo personal, puesto que no se ha tenido en cuenta el contexto. Para estas personas, Pablo está diciendo que solo son responsables ante Dios; que los pastores no tienen el derecho de inquirir sobre su pasado, presente o planes para el futuro; que la religión es un asunto exclusivamente privado, como las convicciones políticas o la vida sexual;[14] y que, puesto que solo han de dar cuentas a Dios, han de vivir por su cuenta. Y vemos una vez más una interpretación que es esencialmente sana en un principio, pero que luego se tuerce porque descuida dos cosas: el contexto más amplio (donde la responsabilidad personal ante Dios está enmarcada por una responsabilidad mutua) y la forma en que vivió, de hecho, el propio Pablo.

Por mencionar un solo ejemplo: aunque Pablo mantenía con vehemencia su independencia en cuanto a su sentido del llamamiento y a su percepción del evangelio (ver caps. 1-2), estaba también dispuesto a someter sus ideas y llamamiento al juicio de las iglesias para ver si estaba o no corriendo en vano. Pablo dice: "... me reuní [para explicarles el contenido esencial de su evangelio] en privado con los que eran reconocidos como dirigentes [a quienes Pablo estaba dispuesto a ignorar si era necesario: *cf.* 2:6], y les expliqué el evangelio que predico entre los gentiles, para que todo mi esfuerzo no fuera en vano" (2:2). A continuación, el apóstol dice, creo que con alegría, que estos mismos dirigentes "nos dieron la mano a Bernabé

---

14. Ver la inteligente descripción de este asunto en O. Guiness, *The Gravedigger File* (Downers Grove, Ill.: InterVarsity Press, 1983), 71-89.

y a mí en señal de compañerismo" (v. 9). Una vez más, un principio (responsabilidad personal) debe entenderse en el contexto y en los términos de las realidades de la vida, que es como Pablo lo aplicó.

Estos dos temas, la responsabilidad mutua y la responsabilidad personal, pugnan contra un importante rasgo de la vida occidental que ya hemos considerado, a saber, el individualismo.[15] La responsabilidad mutua nos fuerza a muchos a abandonar nuestro sentido de independencia y a acercarnos a los demás. Hace que nos levantemos y digamos: "No cabe duda de que soy prójimo de mis semejantes y debo ser sociable". Conduce a la persona a abandonar el impulso natural (moderno) de dejar a todos a su aire y la lleva a invadir la vida de los demás. Este sentido de mutua responsabilidad nos fuerza también, como prójimos que somos, a permitir que nuestra vida esté lo suficientemente abierta a los demás como para que pueda ser invadida, nos compele a ser un prójimo en el verdadero sentido de la palabra. Ser prójimo significa tanto ser sociable como receptivo a la cordialidad.

Por otra parte, el mensaje de Pablo pugna asimismo contra la tenacidad de tantos occidentales con respecto a su responsabilidad personal. Aunque todos afirmamos que se trata de un derecho inalienable, nos fuerza a afrontar el hecho de que, aunque ciertamente somos individuos, no vivimos solos. Somos personas necesitadas de comunidad, de otras personas y de comunión. Ser humano es relacionarse con Dios y con los demás. Nuestra responsabilidad personal ante Dios no nos releva de nuestra responsabilidad ante los demás ni nos sitúa en una isla desierta para vivir una vida solitaria. Son problemas occidentales que hemos de afrontar, y el mensaje de Pablo—una responsabilidad mutua que no niega la personal y una responsabilidad personal que incluye una responsabilidad mutua— interpela solemnemente a nuestro mundo.

Quiero hacer una observación más con respecto a la responsabilidad personal. En nuestra cultura hemos desarrollado una aguda conciencia de los orígenes y causas de nuestra conducta. Soy consciente, por ejemplo, de que ciertos aspectos de mi personalidad proceden de lo que aprendí de mi padre y de mi madre; soy también consciente de que mis dos hijos reflejan algunos rasgos (tanto buenos como malos) de mi carácter. Esta es una percepción común en nuestro tiempo. Sin embargo, en este proceso *aparece a veces una excusa implícita* para justificar algunos rasgos de nuestra personalidad o conducta. "No puedo evitarlo —puede que diga

---

15. Ver exposición anterior, pp. 254-55.

alguien—, porque he sido educado de esta manera". O "No me culparías si conocieras mi pasado". Hemos de asentir aquí a la obvia realidad de que lo que hacemos y lo que somos es el resultado de lo que otros nos han hecho, y no podemos dejar de reconocer que no somos los únicos responsables de determinados aspectos negativos de nuestro carácter. Pero lo que enseña la Biblia es que *somos personalmente responsables de todo lo que somos y hacemos, al margen de causas subyacentes y de los problemas que podamos tener*. Esto lleva, naturalmente, a toda una línea de aplicación: instar a las personas a aceptar la responsabilidad de todo lo que hacen y son. Pablo enseña, en este sentido, que cada uno ha de asumir "su propia responsabilidad".

Aunque Pablo pone claramente el énfasis en la responsabilidad mutua y la responsabilidad personal —y más adelante hablaré más de estos temas— el apóstol hace aquí otros comentarios que pueden aplicarse directamente a nuestro tiempo. Por ejemplo, el versículo 6 exhorta al alumno a compartir sus recursos económicos con su maestro. No se trata ni de una sugerencia ni de un mandamiento, pero es, no obstante, un principio que Pablo aplicó ampliamente. En la aplicación de este principio, John Stott habla significativamente de dos peligros: abusos por parte de los ministros y abusos por parte de las congregaciones.[16]

Sobre los abusos de los ministros, aunque Pablo exhortó a los estudiantes a compartir para el sostenimiento de sus maestros (*cf.* también 1Co 9:14; 1Ti 5:17), él mismo se negó personalmente a aceptar sus ofrendas (1Co 9:12-18; 2Co 11:7-12; Fil 4:10-20; 1Ts 2:9; 2Ts 3:6-13), para poder predicar el evangelio sin ningún tipo de obstáculo. Por mi parte, veo dos posibles excesos, uno de tipo económico y otro relativo al carácter. Desde un punto de vista económico, Pablo no estaba sugiriendo que los maestros/ ministros pudieran demandar salarios y retribuciones. Podían esperar que se supliesen sus necesidades, pero no imponer políticas económicas con respecto a su sustento. Sus directrices se dirigen a estudiantes y congregaciones para que las obedezcan, no a los ministros para que exijan su cumplimiento. Por lo que respecta al problema de carácter, Stott sostiene que, a menudo, los ministros que viven del apoyo económico de otros devienen perezosos y descuidan sus deberes. Puede encontrárseles con demasiada

---

16. J. R. W. Stott, *Only One Way*, 167-69.

frecuencia en el campo de golf, o de vacaciones, o descargando en otros su carga de trabajo apelando a las bondades de delegar responsabilidades o de un "ministerio laico".

La otra esfera de abusos es la que tiene que ver con la congregación y puede adoptar varias formas. La congregación o el consejo de la iglesia pueden tener el sentimiento de que ellos son los contratantes y, por ello, pensar que pueden controlar el ministerio del maestro. "Puesto que 'quien paga manda', creen tener esta prerrogativa".[17] Es también posible que quieran controlar la manera en que el ministro gasta el dinero. Sin embargo, aunque creo firmemente que los ministros han de responder de sus gastos, considero también que estos deben ser sabios en el uso de sus recursos y objeto de confianza en estas cuestiones. Puede que un ministro quiera ser socio de varios clubs de golf, otro puede considerar pertinente comprarse un nuevo vehículo, mientras que un tercero puede gastar más dinero en ropa; cada uno de ellos tendrá distintas aficiones e intereses. (Por cierto, el hobby de John Stott es la observación de aves, una fascinación que ha ocupado a muchos otros, y a la que yo mismo me declaro aficionado). Una última área de abusos por parte de las congregaciones podría derivarse de un sentido de haber cumplido. Algunos miembros de la iglesia actúan como si su aportación al salario del ministro les eximiera de cualquier otra obligación en los ministerios de la congregación. Se comportan (aunque supongo que nunca lo confesarían) como si este fuera su "ministerio": creen que ya han cumplido.

¿Pero qué hay de los principales temas de este pasaje: la *responsabilidad mutua* y la *responsabilidad personal*? No se me ocurre un ejemplo mejor para combinar estos dos temas que mediante una breve referencia a la vida y escritos de Dietrich Bonhoeffer. Su historia merece ser contada con cierto detalle. Bonhoeffer, hijo de un famoso psiquiatra de la Universidad de Berlín, estudió teología en Tubinga y Berlín y finalmente obtuvo un empleo como profesor de Teología en Berlín. Esto sucedió en 1933, cuando la popularidad y poder de Hitler estaban en ascenso. Bonhoeffer veía a Hitler como un demente obcecado y destructivo, y por ello se opuso a él. Su oposición le forzó a abandonar Alemania para pastorear dos congregaciones alemanas en Londres. En esta época recibió la llamada de la Iglesia Confesante de Alemania (las iglesias luteranas que se oponían al plan de Hitler) para dirigir un seminario ilegal que formaría pastores para el ministerio dentro de esta iglesia.

---

17. *Ibíd.*, 169.

Decidió regresar a Alemania y atender un pequeño grupo de estudiantes en Zingst. Más adelante hubieron de reubicarse en Finkenwalde, donde estudiaban, vivían y adoraban juntos. Después de escribir tres de sus libros más famosos en este contexto (*Vida en comunidad, El seguimiento* y *Los salmos, el libro de oración en la Biblia: una introducción*),[18] Las autoridades nazis cerraron el seminario y prohibieron escribir a Bonhoeffer. Una breve visita a los Estados Unidos cautivó a muchos a este lado del Atlántico, pero él sabía que su llamamiento era regresar a Alemania y luchar contra el *Führer*. Bonhoeffer volvió a su país para colaborar con la resistencia y lo hizo hablando en grupos clandestinos y escribiendo cosas que más adelante se publicarían. Pero el 5 de abril del 1943 fue detenido junto con otros miembros de su familia que formaban parte de la resistencia. Cumplió su reclusión en las prisiones de Tegel, Buchenwald, Schönberg y, finalmente, Flossenburg, donde fue ahorcado. El día antes de su ejecución había dado un sermón sobre el texto de Isaías: "Por sus heridas hemos sido sanados". Bonhoeffer murió como testimonio de la concreta responsabilidad necesaria para el cristiano así como del compromiso que este debe asumir para con los demás.

El libro donde describe y define cómo han de vivir los cristianos es *Vida en comunidad*. Hasta el día de hoy, este profundo librito ha agitado a muchos lectores confrontándoles con las implicaciones de la comunión cristiana. Mi gastado ejemplar, roto y lleno de marcas y notas, me ha llevado a muchas reflexiones profundas sobre las relaciones personales y ha sido una constante fuente de desafíos. Los dos primeros capítulos hablan de la "La comunidad" y del "El día en común". Mi deseo sería consignar todo el contenido de estos capítulos, así que tendré que reprimir mi impulso citador.

Antes de aludir a las palabras de Bonhoeffer, quiero citar el comentario de Eberhard Bethge sobre su asistencia a las clases de aquel:

> Para los nuevos, las primeras clases en Zingst eran una experiencia impresionante. De repente se daban cuenta de que no estaban allí para aprender meras técnicas de predicación y enseñanza, sino que tenían que ser iniciados en algo que

---

[18]. Me baso para esto en la introducción de *Vida en comunidad*, ed. J. W. Doberstein (9a ed.; Salamanca: Sígueme, 2003), 9-13. La biografía definitiva de Bonhoeffer la escribió uno de sus estudiantes: E. Bethge, *Dietrich Bonhoeffer* (San Francisco: Harper and Row, 1970). Hay una maravillosa selección de sus obras en J. DeGruchy, *Dietrich Bonhoeffer: Witness to Jesus Christ* (San Francisco: Collins, 1988). Otra biografía conmovedora y algo más breve es la de E. Robertson, *The Shame and the Sacrifice: The Life and Martyrdom of Dietrich Bonhoeffer* (Nueva York: Collier Books, 1988).

representaba unos requisitos absolutamente revolucionarios para tales actividades.[19]

El curso esencial para sus estudiantes giraba alrededor de sus asombrosas conferencias sobre discipulado, hoy publicadas con el título *El seguimiento*.[20]

Aquí hay, pues, un muestreo de los inspiradores pensamientos de Bonhoeffer sobre la comunidad en su libro, *Vida en comunidad*. El fundamento para la comunidad cristiana y para la responsabilidad es Jesucristo. "Por eso, a quien le haya sido concedido experimentar esta gracia extraordinaria de la vida comunitaria ¡que alabe a Dios [...] y confiese que es una gracia, sólo gracia!".[21] "Sólo mediante Jesucristo nos es posible ser hermanos unos de otros".[22] "Lo que verdaderamente fundamenta nuestra comunidad, no es lo que nosotros podamos ser en nosotros mismos, con nuestra vida interior y nuestra piedad, sino aquello que somos por el poder de Cristo".[23]

Pero Bonhoeffer conocía las realidades de la vida en comunidad, y sabía que ella implicaría desilusiones, frustraciones e indignación. Por ello, argumenta, hemos de deshacernos de cualquier fantasía sobre un estado ideal de vida comunitaria. "Por tanto, la verdadera comunidad cristiana nace cuando, dejándonos de ensueños, nos abrimos a la realidad que nos ha sido dada".[24] Queda, pues, claro que la comunión cristiana no es un amor humano corriente y no es posible aparte del Espíritu de Dios. Bonhoeffer afirma: "El amor psíquico [...] esclaviza, encadena y paraliza al hombre; el otro [el amor espiritual] le hace *libre* bajo la autoridad de la palabra".[25] Y concluye: "Más que la experiencia de la fraternidad cristiana, lo que nos mantiene unidos es la fe firme y segura que tenemos en esa fraternidad".[26]

Las ásperas realidades de la vida en comunidad llevaron a Bonhoeffer a escribir un capítulo titulado "El día en común". Para sus estudiantes estableció que "La vida en común bajo la autoridad de la palabra comienza

---

19. E. Bethge, *Dietrich Bonhoeffer*, 369.
20. Este es el libro más profundo que he leído sobre el cristianismo: *El seguimiento: el valor de la gracia*, trad. de R. Fuller (Nueva York: Macmillan, 1963).
21. *Vida en comunidad*, 12.
22. *Ibíd.*, 17.
23. *Ibíd.*, 25.
24. *Ibíd.*, 21.
25. *Ibíd.*, 28.
26. *Ibíd.*, 31.

con un acto común al comenzar el día".[27] Y por ello, "al comienzo de nuestra jornada, debemos acallar todos los pensamientos y palabras inútiles, y dirigir nuestra primera palabra y nuestro primer pensamiento a aquel a quien pertenece toda nuestra vida.".[28] Esta adoración "común" (en el propio título del libro) consta de la lectura de la Escritura, el canto de himnos de la iglesia y la oración. Después de esto, el cristiano ha de ponerse a trabajar, algo que, sin embargo, debe hacer en constante comunión con Dios. "Conseguida su unidad, la jornada del cristiano toma un carácter de orden y disciplina".[29] Más adelante, Bonhoeffer dirá que la vida en comunidad implica los ministerios de no juzgar, la mansedumbre ante Dios y los demás, escuchar, ayudar, llevar las cargas los unos de los otros, proclamarnos la palabra mutuamente y la autoridad del servicio.

Aunque puede que nuestra experiencia sea distinta de la de Bonhoeffer (¿quién de nosotros vive en este clase de comunidad?), los principios que expone conservan su fuerza. Los cristianos forman una comunidad, una verdadera comunidad de personas pecaminosas unidas a Dios por medio de Cristo y en el Espíritu y dicha comunidad es su nueva vida. Han de vivir responsablemente delante de Dios en libertad pero asumiendo también una responsabilidad mutua. Han confrontarse los unos a los otros porque "Nada puede ser más cruel que esa forma de indulgencia que abandona al prójimo en su pecado. Y nada puede ser más caritativo que la seria reprimenda que le saca de su vida culpable".[30] Bonhoeffer murió como mártir de Jesucristo por cuanto vivió responsablemente delante de Dios y sostenido por la comunión de la mutua responsabilidad.[31]

Quiero acabar aquí con algunos pensamientos sobre la importancia fundamental para nuestra fe y ética de considerar a Dios como juez. C. S. Lewis comenzó sus famosos discursos radiofónicos con esta idea como algo que está implícito en todo lo que podamos considerar. Oculta en la conciencia de cada ser humano está la noción de que hemos de hacer

---

27. *Ibíd.*, 35.
28. *Ibíd.*, 36.
29. *Ibíd.*, 63.
30. *Ibíd.*, 107.
31. Durante la edición de este capítulo, uno de mis antiguos estudiantes, Evi Haüselmann, quien ahora sirve fervientemente al Señor en Suiza, me mandó una recopilación, recientemente publicada, de las cartas que se escribieron Dietrich Bonhoeffer y su novia, Maria von Wedemeyer, mientras él estaba en la cárcel. Estas cartas, muchas de las cuales no se conocían, arrojaron un nuevo rayo de luz sobre la vida de Bonhoeffer. Otro libro que merece una lectura detenida es, *Dietrich Bonhoeffer: A Life in Pictures*, ed. E. Bethge, et al. (Filadelfia: Fortress, 1986).

ciertas cosas pero no siempre las hacemos.³² Este sentido de "imperativo moral" conlleva un conocimiento innato del juicio de Dios y funciona para motivar a todos los humanos a vivir debidamente. Algunos dirán que hacemos el bien porque es bueno y correcto y los demás lo merecemos; a esto se le llama altruismo. La ética cristiana tiene, supongo, un elemento de altruismo, pero es esencialmente erróneo pensar que el estilo de vida cristiano se basa en una forma de altruismo. El fundamento de la conducta cristiana está más bien en la gracia de Dios que nos despierta, su amor que nos mueve a la acción y su santidad que fortalece nuestra determinación de obedecerle. Y tras cada una de estas cosas está el hecho de que Dios será nuestro juez, que todos daremos cuenta ante él de todo lo que hayamos hecho en el cuerpo, y que Dios es completamente honesto y totalmente justo.

Este pensamiento es incómodo para muchos. "¿Cómo puede un Dios de amor castigar?", preguntan. La respuesta una vez más es el contexto. En la Biblia, el Dios de amor es también un Dios completamente santo y que nunca actuará de manera contraria a su naturaleza santa y amorosa. El único fundamento, pues, para la aceptación de Dios está en su método: su Hijo, Jesucristo, expresó el amor de Dios muriendo por nosotros, una muerte necesaria porque Dios es santo (Ro 3:21-25 habla de esto). Esto significa que en la cruz se expresan tanto la justicia de Dios como su amor.

El mensaje de Pablo en este pasaje es que Dios nos juzgará *justamente*. Esto debería crear temor, un temor santo, por nuestra parte. C. S. Lewis comentó en una ocasión que "lo que tememos es precisamente que este juicio sea mucho más justo de lo que podamos sobrellevar".³³ Lo será, pero, lejos de asustarnos, el concepto de ser juzgados debe llevarnos a confiar aún más en Cristo y a adoptar una confiada posición delante de Dios, sabiendo que hemos hecho lo que Dios nos ha llamado a hacer, no de un modo perfecto (esto nunca se le demanda al cristiano), pero sí con honestidad e integridad.

Y Pablo dice que Dios nos juzgará *sobre la base de si hemos vivido* "en el Espíritu" o "en la carne". Esto significa, como ya he dicho antes, que el juicio final, el que determinará nuestra entrada en la bendición de Dios, se basa en nuestras obras. Por supuesto —y aún a riesgo de ser pesado quiero ser enfático— la base de nuestra aceptación es lo que Cristo ha hecho por nosotros. Sin embargo, en su evaluación de si estamos o no unidos a

---

32. Ver C. S. Lewis, *Mero Cristianismo* (Madrid: Rialp, 1995).
33. C. S. Lewis, *Christian Reflections*, ed. W. Hooper (Grand Rapids: Eerdmans, 1967), 123.

Cristo, Dios se limitará explorar la evidencia de nuestras vidas: ¿qué es lo que muestra, una vida "en el Espíritu" o "en la carne"? Aquellos que viven "en el Espíritu" lo hacen por medio de la fe y la obediencia, mientras que quienes viven "en la carne" mostrarán una abundancia de pecados de su paso por la tierra.

El juicio de Dios es, pues, una fuerza motivadora para el cristiano. Un día, cada uno de nosotros comparecerá delante de Dios. Comprender esto nos hace distintos y cambia nuestra vida, o debería hacerlo. No se cómo sucederá esto (y quienes afirman saberlo "saben demasiado", porque saben más de lo que Dios ha dicho), pero sí sé que todos tendremos que dar cuentas y "el que siembra para agradar a su naturaleza pecaminosa, de esa misma naturaleza cosechará destrucción; el que siembra para agradar al Espíritu, del Espíritu cosechará vida eterna" (v. 8). No desfiguremos esta demanda de Dios sobre nuestras vidas minimizando el juicio; detrás del juicio hay un Dios santo y amoroso que siempre obrará de acuerdo con su amor y santidad. Para un Dios así, el juicio es inevitable.

Gálatas 6:11-18

Miren que les escribo de mi puño y letra, ¡y con letras bien grandes!

12 Los que tratan de obligarlos a ustedes a circuncidarse lo hacen únicamente para dar una buena impresión[1] y evitar ser perseguidos por causa de la cruz de Cristo. **13** Ni siquiera esos que están circuncidados obedecen la ley; lo que pasa es que quieren obligarlos a circuncidarse para luego jactarse de la señal que ustedes llevarían en el cuerpo. **14** En cuanto a mí, jamás se me ocurra jactarme de otra cosa sino de la cruz de nuestro Señor Jesucristo, por quien el mundo ha sido crucificado para mí, y yo para el mundo. **15** Para nada cuenta estar o no estar circuncidados; lo que importa es ser parte de una nueva creación. **16** Paz y misericordia desciendan sobre todos los que siguen esta norma, y[2] sobre el Israel de Dios.

17 Por lo demás, que nadie me cause más problemas, porque yo llevo en el cuerpo las cicatrices de Jesús.

18 Hermanos, que la gracia de nuestro Señor Jesucristo sea con el espíritu de cada uno de ustedes. Amén.

Sentido Original

La mayoría de los lectores de la Biblia pasan por alto los finales de las cartas porque piensan que ya han leído lo importante, entienden que las conclusiones epistolares son pasajes meramente convencionales (¿por qué analizar frases como "Le saluda atentamente" cuando se trata de un tópico que usa todo el mundo?), o porque están pensando ya en comenzar a leer el siguiente libro. Aunque no puede negarse la naturaleza convencional de los finales de las epístolas, en el caso de Pablo no se ciñen a la norma.

La conclusión de Gálatas es importante para entender la carta de Pablo, puesto que en ella (como en la Introducción; 1:1-9) el apóstol subraya sus puntos más importantes. De hecho, Hans Dieter Betz sostiene que la conclusión de Gálatas es "muy importante para su interpretación, ya que contiene las claves interpretativas para la comprensión de las principales preocupaciones de Pablo en el conjunto de la carta y deberían utilizarse

---

1. Una traducción más literal de la expresión que se vierte como "dar una buena impresión" es "dar una buena impresión en la carne". Ver la nota marginal en la NIV sobre el texto de 5:13.
2. Otra opción sería traducir como "es decir", identificando al primer grupo con el segundo.

como llave hermenéutica de las intenciones del apóstol".³ No sé si podemos llegar tan lejos, pero lo cierto es que un sorprendente número de eruditos afirma que la conclusión de Gálatas es especialmente importante para entender la carta. Vamos a considerar por qué.

Tras analizar todas las cartas de Pablo, Richard Longenecker observa siete elementos que aparecen frecuentemente en las conclusiones paulinas.⁴ La siguiente tabla consigna tales elementos con sus referencias en otras cartas paulinas y si están o no presentes en Gálatas.

Elemento	Referencias	Gálatas
Bendición de gracia	Ro 16:20; 1Co 16:23; Ef 6:24	6:18
Saludos	Ro 16:3-16; 2Co 13:12; Col 4:15	ausente
Deseo de paz	Ro 15:33; Ef 6:23; 2Ts 3:16	6:16
Firma	1Co 16:21; Col 4:18; Flm 19	6:11
Resumen final	1Co 16:13-18, 22; 2Co 13:11	6:12-17
Petición de oración	Ro 15:30-32; Ef 6:18-20	ausente
Doxología	Ro 16:25-27; Fil 4:20; 2Ti 4:18	ausente

Como puede observarse en la tabla, la conclusión de Pablo en Gálatas no contiene los saludos, la petición de oración o la sección doxológica que a menudo encontramos en sus otras cartas. Por otra parte, su acento en Gálatas es el "Resumen Final". En ninguna otra carta paulina encontramos este hincapié. La mayoría de los eruditos entienden que esta desviación de su "patrón característico" revela la mano de Pablo y su acento peculiar.⁵ Aunque es cierto que este tipo de desviación puede llevarnos a encontrar un acento, hay que considerar, sin embargo, dos ideas: (1) si Gálatas es la primera carta de Pablo, es entonces erróneo hablar de una "desviación", puesto que, en este punto, el apóstol no había desarrollado todavía ningún patrón para sus cartas; (2) no tiene sentido hablar de "patrones" en el sentido de hábitos establecidos. Aunque la mayoría de las cartas contienen la mayor parte de los elementos, ninguna de ellas los consigna todos y el orden es, aparentemente, aleatorio. Es mejor sugerir que, con el paso del tiempo, los "hábitos" de Pablo se desarrollaron y que solo en sus últimas cartas podemos plantear este asunto en términos de encontrar desviaciones.

---

3. H. D. Betz, *Galatians*, 313.
4. R. N. Longenecker, *Galatians*, 287-88, donde se citan todas las pruebas.
5. Ver *Ibíd.*, 287.

Sea como fuere, cualquier lector puede entender que el interés de Pablo es hacer una última evaluación del asunto de los judaizantes (vv. 12-17). Con esta conclusión, Pablo llega al fondo de la cuestión. Nos encontramos con la categórica oposición del apóstol al nacionalismo de los judaizantes y a su imperialismo cultural. Pablo impugna cualquier presentación del evangelio que no tenga la rendición a Cristo y la vida en el Espíritu como sus rasgos dominantes. Lo único que ahora importa, después de Cristo y el Espíritu, es la "nueva creación".

Pablo termina esta carta, pues, con (1) una firma (v. 11), (2) un resumen final que contiene un último golpe cruzado a los judaizantes (vv. 12-13) junto con una expresión de sus objetivos que contrastan con los de ellos (vv. 14-17), y (3) una bendición con la invocación de la gracia para sus vidas (v. 18). Cada una de estas cosas merece algún comentario.

La firma de Pablo (v. 11)

Ahora que la carta ha llegado a su conclusión formal, Pablo insiste en escribir de su puño y letra. De manera que le pide la pluma a su secretario (amanuense). Era habitual que los escritores de la antigüedad se sirvieran de un secretario cuya formación le permitía escribir con rapidez, pulcritud y en un espacio limitado. Pablo utilizó secretarios en otros casos, y en ocasiones sus conclusiones lo revelan (*cf.* Ro 16:22; 1Co 16:21-22; Col 4:16-18; 2Ts 3:17).

¿Pero qué significa su alusión al tamaño de las letras? Hay tres opciones: (1) Pablo tenía problemas de vista que le dificultaban la escritura (esto supone que 4:13-16 alude a una enfermedad ocular y yo sigo sin estar convencido de que esta sea la mejor manera de entender este pasaje); (2) puesto que Pablo dedicaba mucho tiempo a su oficio, nunca aprendió a escribir bien (esto es bastante improbable ya que muchos concuerdan hoy en que Pablo era un hombre culto y el desarrollo de sus capacidades para escribir habría sido una parte esencial de su educación); (3) Las letras de gran tamaño de Pablo son estilos de la antigüedad equivalentes a nuestras "cursivas" o "negritas". Esta última idea ha parecido pertinente a un extenso número de eruditos de nuestro tiempo. Ya en su día J. B. Lightfoot afirmó que Pablo escribió con grandes letras "para asaltar el ojo y absorber la mente".[6] Podría ser una sabia decisión que los editores de las traducciones del Nuevo Testamento pusieran en cursiva los versículos 11-18.

---

6. Así lo entienden J. B. Lightfoot, *Galatians*, 221; H. D. Betz, *Galatians*, 314; F. F. Bruce, *Galatians*, 268; R. N. Longenecker, *Galatians*, 290. Debe observarse que en aquel periodo de la historia se escribía en mayúsculas, no había espacios de separación entre las palabras y las líneas no se terminaban necesariamente con palabras completas.

Resumen final de la situación por parte de Pablo (vv. 12-17)

Por última vez, Pablo arremete contra los judaizantes evaluando la situación. En este bloque hay dos secciones: la crítica de los judaizantes (vv. 12-13) y su evaluación de sí mismo (vv. 14-17).

Pablo ve cuatro problemas en los judaizantes: (1) su método es la fuerza (v. 12a); (2) les motiva el temor (v. 12b); (3) son culpables de incoherencia (v. 13a); y (4) su meta es alardear (v. 13b). A continuación, se evalúa a sí mismo: (1) revelando su meta (v. 14), (2) reiterando su perspectiva sobre el nacionalismo (vv. 15-16), (3) y declarando la prueba de su corrección: ha sido perseguido (v. 17).

Los problemas de los judaizantes (vv. 12-13). (1) El primer problema de los judaizantes era que seguían el método de la *fuerza* (v. 12a). Mientras que los dirigentes de Jerusalén no "obligaron" a Tito a circuncidarse (2:3), estos judaizantes pretendían forzar a los gálatas a observar este rito para demostrar su compromiso con la ley de Moisés. No es, por supuesto, que los judaizantes estuvieran entrando en las casas bajo amenaza de muerte y llevándose a los hombres por la fuerza a las afueras de la ciudad donde les esperaba el *moshel* con su bisturí. Los judaizantes ejercían una presión tanto psicológica como física, exigiendo ("¡Para ser aceptado por Dios *has de* circuncidarte!") este acto para completar su conversión. Lo hacían de la misma manera que Pedro había estado forzando a otros a observar las leyes alimentarias judías (2:14). Pero, como ha señalado F. F. Bruce, "esto era una mera caza de cabelleras".[7]

He visto ejercer esta clase de presión en nuestro tiempo con el rito de la inmersión de adultos, por parte de pastores, dirigentes y cónyuges para conseguir que algunas personas reconozcan que el bautismo de su infancia fue inadecuado. En ocasiones, he visto que tales personas se han rendido a esta presión solo para eludir la vergüenza social (y lo han hecho violando su propia conciencia al respecto).

Les motivaba el *temor* (v. 12b), un temor a la persecución. Estos judaizantes, procedentes de Jerusalén, eran a su vez objeto de la presión de los judíos y de los partidos cristianos conservadores de origen judío en Jerusalén y Palestina por la vida que llevaban los convertidos de Pablo. Habían sido enviados (o más bien presionados) para poner a los convertidos de Pablo en línea con lo esencial del judaísmo. Y aquí es donde Pablo entra en escena: sus motivos para lo que hacían era "evitar ser perseguidos por causa de la cruz de Cristo". Para Pablo, el temor a la persecución a

---

7. F. F. Bruce, *Galatians*, 270.

manos de los dirigentes judíos de Jerusalén no pesaba mucho en la balanza. Era mucho más importante temer a Dios y servir al Cristo de la cruz. En su claudicación a la presión de los judíos de Jerusalén, Pablo veía una negación del evangelio, y este es el corazón de su carta: el sector judaizante no entendía los efectos de la cruz de Cristo sobre los nacionalismos y la era de la ley. En Cristo, estas cosas habían llegado a su fin y ahora el pueblo de Dios se extendía mucho más allá de la nación judía.

Son culpables de *incoherencia* (v. 13). A modo de digresión, Pablo sostiene que quienes querían imponer la circuncisión como decisiva señal de compromiso con la ley tampoco la observaban coherentemente. No queda aquí claro si los promotores de la circuncisión son el mismo grupo que los "judaizantes". En el comentario de 2:12-13 he defendido que "los partidarios de la circuncisión" no eran los mismos que habían llegado a Galacia "de parte de Jacobo" y es posible que los primeros ni siquiera fueran cristianos. Es posible que fueran judíos celosos que acompañaban a los judaizantes y velaban para que estos hicieran su trabajo. En tal caso, venían como representantes de Jerusalén y eran quienes ejercían presión sobre los cristianos judaizantes. Pero no podemos estar seguros de ello; quizá los de la circuncisión y los judaizantes eran el mismo grupo. En cualquier caso, Pablo les trata del mismo modo porque en última instancia estaban enseñado lo mismo, a saber, que la ley de Moisés era el medio de aceptación de Dios. Enfrentarse a los que estaban presionando a los gálatas o a quienes apremiaban a los judaizantes (que, a su vez, trasladaban esta presión a los gálatas) era lo mismo. Tras todo ello hay una clase de consistencia que el pecado ha hecho deficiente.

A este tipo de argumento se le llama *ad hominem*: una argumentación dirigida a las personas, y que hace del asunto algo de índole personal, no lógica. En sí mismo, el argumento de que la circuncisión es errónea porque quienes la practican no guardan la ley es inadecuado; sin embargo como elemento confirmatorio, es muy efectivo. En una ocasión, el Dr. Johnson, un ingenioso británico que escribió un diccionario, respondió agudamente a la despectiva valoración de una mujer sobre la ciudad de Londres; la mujer había dicho que a su regreso de esta ciudad siempre tenía las uñas sucias, a lo cual Johnson replicó: "A lo mejor, señora, es que se ha rascado usted".[8] Naturalmente, ella habría sido humillada y Johnson se habría reído (y no hablemos de los presentes), pero en realidad no dice nada sobre si merece o no la pena visitar Londres.

---

8. Ese relato procede de D. H. Fischer, *Historians' Fallacies* (San Francisco: Harper and Row, 1970), 292.

Volviendo a nuestro punto, Pablo dice que los partidarios de la circuncisión no eran un buen ejemplo a seguir por cuanto ni siquiera podían confirmar la ley de Moisés en la vida real: eran hipócritas.

(4) Su meta era *alardear* (v. 13b): "quieren obligarlos a circuncidarse para luego jactarse de la señal que ustedes llevarían en el cuerpo".[9] Pablo mete aquí el dedo en la llaga más hondamente aún: su meta en todo aquello era poder regresar a Jerusalén y saborear el premio: el reconocimiento por el éxito obtenido y la alabanza de los judíos nacionalistas. Estos se gloriaban en sus estadísticas, unas estadísticas minuciosamente guardadas sobre el número de convertidos que podían considerar suyos, y sobre su capacidad para persuadir a los gentiles de que aceptaran plenamente el judaísmo. Todo esto exhala el viciado aire del nacionalismo, al que la cruz puso fin cuando Jesucristo tomó sobre sí la maldición de la ley (3:13).

La autoevaluación de Pablo (vv. 14-17). "Por lo que a mí respecta...", parece estar diciendo Pablo. El apóstol rebate el punto de vista de los judaizantes mediante el suyo propio (1) revelando su meta (v. 14), (2) afirmando su perspectiva sobre los nacionalismos (vv. 15-16) y (3) declarando lo que demuestra que tiene razón, a saber, el hecho de ser perseguido (v. 17).

En primer lugar, Pablo *pone de relieve cuál es su meta* (v. 14). Los judaizantes pueden jactarse en la carne, afirma, pero mi jactancia está exclusivamente en la cruz de Cristo. Pablo sabía que, por medio de la cruz, había muerto al mundo y el mundo había muerto a él. El mundo estaba conectado con la ley de Moisés, y por tanto todo el proyecto estaba acabado. Solo nos queda Cristo y gloriarnos en el instrumento que nos libera: la cruz. La única meta de Pablo era gloriarse en la cruz de Cristo, y por ello estaba totalmente dispuesto a aceptar la persecución.

En segundo lugar, el apóstol *expresa su idea sobre el nacionalismo* (vv. 15-16). Lo importante no era, digámoslo otra vez, pertenecer a la nación judía (ser circuncidado) o ser gentil (no ser circuncidado), sino el hecho de que Dios había formado un nuevo pueblo, la iglesia, y que esta es una completa "nueva creación". Esta nueva creación incluye por igual a judíos y gentiles, esclavos y libres, hombres y mujeres (3:28); las distinciones sociales y de género ya no cuentan. La obra de Dios es el principio de la nueva creación, radicalmente distinta del impulso nacionalista y cultural que caracterizaba al judaísmo. La nueva creación se produce por

---

9. No cabe duda de que también se tiene en mente el pedacito de carne que se escinde en la circuncisión.

medio de la fe en el Cristo crucificado (2:15-21), va acompañada por los dones del Espíritu (5:16-26) y termina con la maldición de la ley (3:13, 19-25) y con la vida en la carne (5:19-21).

En el mundo occidental, este principio de la nueva creación se entiende frecuentemente en términos exclusivamente individualistas. Así, el versículo 15 se coteja con los comentarios individualistas de Pablo en otros pasajes (p. ej., Ro 12:2; 2Co 3:18; 4:16; 5:17). Aunque es ciertamente erróneo excluir al individuo de este principio, limitarlo al plano individual sería inexacto. Lo que Pablo está haciendo en este texto es contrastar dos sistemas, el sistema mosaico de la circuncisión y el sistema del mundo gentil de la incircuncisión. El apóstol insiste en que no importa si eres judío o gentil; ahora no hay que entrar en ningún círculo nacional para formar parte del pueblo de Dios. Lo importante es formar parte del nuevo pueblo de Dios, de su nueva creación y de una nueva humanidad. Quiero añadir que determinar el significado de estas cosas es crucial para la aplicación; porque si se trata de una idea puramente individual, la aplicación tendrá que ver con una relación personal con Dios y con la conversión, pero si alude al nuevo pueblo de Dios, la aplicación tendría entonces que abarcar tanto la conversión personal como el imperialismo cultural.

Al comenzar la carta (1:6-9), Pablo había pronunciado una maldición sobre quienes predicaban un evangelio distinto (el evangelio del nacionalismo) y ahora bendice con paz a quienes aceptan esta idea: "Paz y misericordia desciendan sobre todos los que siguen esta norma". ¿A qué "norma" se refiere? ¿Cuál es "la vara de medir"? Pablo alude a la norma del universalismo, el estándar que no tiene en cuenta la nacionalidad de las personas. Aquellos que consideran a las personas en vista de Cristo y de su cruz son el "Israel de Dios".[10]

¿Pero quién es este "Israel de Dios"? ¿Está acaso Pablo repitiendo lo mismo (y "todos los que siguen esta norma" y el "Israel de Dios" son una misma cosa), o está añadiendo un nuevo grupo (y se trata de dos grupos distintos)? La frase griega dice literalmente: "Paz y misericordia desciendan sobre todos los que siguen esta norma, y sobre el Israel de Dios". Esta declaración puede plantearse como un quiasmo:

   A. todos los que siguen esta norma
       B. Paz

---

10. La añadidura de la expresión "de Dios" a "Israel" indica que existe un Israel verdadero y otro falso. El verdadero es el Israel de Dios, mientras que el falso es simplemente Israel.

B.´ Misericordia
A.´ Israel de Dios

En este caso, la expresión "todos los que siguen esta norma" y el "Israel de Dios" son idénticos, igual que "paz" y "misericordia" se agrupan en una síntesis. Según este punto de vista, la iglesia es ahora el "Israel de Dios" (subrayando la continuidad del pacto con Abraham). A fin de cuentas, a la iglesia se la puede llamar "hijos de Abraham" y "la verdadera circuncisión" (3:29; Fil 3:3).[11] Otra posibilidad es que "Israel de Dios" se refiera solo a "cristianos procedentes del judaísmo". Pero esta última idea es contraria al argumento de Pablo, que denuncia claramente cualquier tipo de barreras sociales y nacionalismos. Hay una salida: traducir la "y" que precede a "Israel de Dios" como "especialmente" y entender que hay una especial bendición para los cristianos de origen judío que han aprendido a ver al pueblo de Dios en un sentido mucho más amplio. Esto habría sido difícil para los judíos. Pablo podría, pues, querer decir: "Que la paz y la misericordia de Dios sean sobre todos los que viven de acuerdo con el principio de la nueva creación, en especial sobre los judíos que ven el camino de la libertad del Espíritu y de la ley". Según este criterio, la expresión "Israel de Dios" se referiría a la iglesia, en su conjunto o en su totalidad, incluidos los cristianos procedentes del judaísmo.

Otra idea de este versículo sostiene que se trata del deseo de Pablo. Igual que el apóstol esperaba el día en que "todo Israel" sería salvo (Ro 11:26), aquí expresa su deseo de paz para el verdadero Israel, que algún día volverá a la fe en Cristo. No obstante, pienso personalmente que este punto de vista le pide demasiado a las palabras. Pablo está haciendo un comentario sobre el principio de la nueva creación del versículo 15, y bendice a quienes viven según este criterio.

Se ha propuesto aún otra idea. Puesto que Pablo nunca habla de la iglesia como Israel, es improbable que lo esté haciendo en este texto. Esta expresión debe, pues, aludir a los judíos como tales y Pablo expresa un deseo de bendición sobre su nación. El problema más importante de este punto de vista es que Pablo no ve ninguna bendición, desde luego no la bendición de Dios, sobre nadie fuera de Cristo.

Creo, por tanto, que la mejor opción es ver en este versículo una bendición sobre la iglesia, es decir, sobre todos los que viven de acuerdo con el principio de la nueva creación. Hay una especial bendición para aquellos

---

11. Así lo entiende R. N. Longenecker (*Galatians*, 297-99), quien expone detalladamente el sentido de esta expresión.

judíos ("el Israel de Dios") que han tenido que librar una dura batalla para derribar aquellas barreras que gobernaron sus vidas durante tanto tiempo. Acercándose a Cristo, se han convertido en el verdadero pueblo de Dios.

Finalmente, Pablo *presenta una prueba de que su posición es la correcta, a saber, que está siendo perseguido* (v. 17), un argumento que ya ha utilizado antes (3:4; 4:21-31). La inclusión de este tema en el resumen final de Pablo muestra que se trata de un asunto importante para él. El apóstol afirma que él lleva en su cuerpo "las marcas de Jesús". Aunque algunos han especulado con la posibilidad de que los primeros cristianos hubieran adoptado alguna señal ritual de membresía, un tatuaje o una marca de esclavitud a Cristo, lo más probable es que Pablo esté utilizando esta expresión por las muchas cicatrices de su cuerpo que evidenciaban su persecución por seguir a Cristo (ver 2Co 6:4-6; 11:23-30). Es posible que Pablo se refiera concretamente al relato de Hechos 14:19. Si los judaizantes tenían una marca "física", Pablo tenía marcas mejores y más elocuentes: las señales de la persecución. Es improbable que las "cicatrices de Jesús" que menciona Pablo tengan algo que ver con los cientos de casos de "estigmatización" que se han producido a lo largo de la historia de la iglesia, siendo los más notables los de San Francisco de Asís.[12]

La bendición paulina de gracia (6:18). Pablo termina con una oración que expresa su deseo de gracia para los gálatas. Tras declarar todo lo que quería decir y expresar sentidamente sus emociones, la bendición de Pablo es notablemente calmada y positiva. El apóstol pide que la "gracia" de Dios esté con "su espíritu". Y les llama nuevamente "hermanos". Aunque el término "gracia" es un "adiós" característico del mundo antiguo y hemos de procurar no leer demasiada teología cada vez que aparece, en este versículo me es muy difícil resistirme a la tentación. Tras dedicar toda la carta a explicar las implicaciones universalistas de la fe en Cristo, la finalización de la ley con la muerte de Cristo y la aceptación de Dios al rendirnos a Cristo, no es extraño que en la palabra "gracia" de este versículo veamos más que un simple "adiós".

---

12. Sobre este asunto, ver *The Little Flowers of St. Francis*, trad. de R. Brown (Garden City, N.Y.: Doubleday/Image Books, 1958; en español, *Las florecillas de S. Francisco de Asís* [Madrid: San Pablo, 2008]). El relato original del hermano Ugolino puede encontrarse en las pp. 171-216, y hay una valoración de R. Brown en las pp. 322-24. La inmensa mayoría de los protestantes han explicado estos sangrados espontáneos de manos, pies y cabeza como resultado de la autosugestión.

 Lo que Pablo defiende en este pasaje es "el principio de la nueva creación". ¿Qué significa esto? Pablo cree que Dios nos acepta cuando nos entregamos a Cristo con fe y vivimos, así, en el Espíritu de Dios.

Esta aceptación se extiende a cualquier persona que cree, al margen de cuál sea su raza, género o cultura. Dado el imperialismo cultural de los judaizantes, el acento de Pablo en Gálatas está en la expresión "todo aquel" más que en "cree", aunque en ocasiones también subraya la fe.

Este es el mensaje de Gálatas, y lo hemos visto una y otra vez a lo largo de la carta. La repetición, muestra Pablo, es la clave de todo aprendizaje. Este resumen final lo relaciona todo entre sí; es, pues, apropiado que el lector reflexione sobre lo que se ha dicho, lo unifique y piense una vez más sobre Gálatas en términos generales. Lo que hemos de hacer aquí es explorar de nuevo el mensaje esencial de esta epístola y ver cómo "encaja" en nuestro mundo. Para ello tendremos que resumir su mensaje y el de los judaizantes y examinar una vez más las principales líneas de aplicación y relevancia.

Lo que vemos, pues, es una colisión frontal entre el mensaje de Pablo y el evangelio de los judaizantes. Su mensaje era esencialmente una forma de nacionalismo o imperialismo cultural que se añadía al evangelio, es decir, la necesidad de unirse a la nación judía para hacerse aceptables a Dios. Unirse a la nación judía significaba adoptar la ley de Moisés como directriz moral y medio de aceptación por parte de Dios. Por el contrario, Pablo defendía que Dios acepta a cualquiera que se rinda a su revelación en Cristo, como Abraham se había rendido a su promesa. Lo que Pablo subraya en esta afirmación no es tanto el asunto de la fe como la universalidad que expresa con el término *"todos"*. El apóstol sostenía que, con la venida de Cristo, Dios había introducido una nueva era que eclipsaba la de la ley; el pueblo de Dios ha sido ungido por el Espíritu Santo y todo ha cambiado. No hay distinción alguna por cuestiones de raza, cultura o sexo. Se trata de una "nueva creación".

¿Es el mensaje de Gálatas pertinente para nuestro tiempo? No cabe duda de que sí; es tan nuevo hoy como lo fue en aquel entonces. Aunque en ocasiones tengamos que reducir un pasaje a sus puntos esenciales, seguimos teniendo un mensaje altamente relevante. Cuando entendemos el mensaje esencial de Pablo en su contexto, descubrimos mucho material pertinente para nuestro tiempo. Este contexto es la batalla del siglo I entre dos sistemas religiosos que sostenían respectivamente una aceptación basada únicamente en la rendición a Cristo y otro que postulaba la rendición a Cristo más Moisés; y esta batalla estaba profundamente enmarañada con delimitadores culturales. Para un judío temeroso de Dios era casi imposible plantearse abrazar la verdad de Dios sin seguir la ley de Moisés. Pero Pablo aseveraba enérgicamente que esta había alcanzado su plena realización en Cristo y el Espíritu, y que la herramienta que separaba a judíos y gentiles era ahora un instrumento romo e ineficaz. Lo que Dios valora es "la fe que actúa mediante el amor" y una nueva creación.

Lo relevante para nuestro tiempo es este principio de la nueva creación, que nos lleva a oponernos a todas las distinciones entre las personas y las añadiduras al evangelio. Dije en la Introducción que había varias manifestaciones de estas añadiduras. (1) A veces las personas añaden leyes y regulaciones al evangelio como requisitos para ser aceptados por Dios o para mantenerse en esta posición de aceptación. Ambas cosas son lo mismo. (2) Otros sostienen que para ser completamente bendecidos por Dios o experimentar plenamente la salvación son necesarias ciertas vivencias. (3) Un tercer grupo asume que para ser plenamente aceptados por Dios hemos de recibir una cierta formación. Naturalmente, esto no forma parte de ningún credo escrito porque es, claramente, erróneo. Pero este mensaje sobre la necesidad de educación llega constantemente a quienes se sientan en los bancos de algunas iglesias haciéndoles sentir que no pueden entender su fe si no asisten a un seminario o facultad de posgrado de teología/religión. Estas son tres "añadiduras" al evangelio tan corrientes en nuestro tiempo como en días de Pablo.

(4) Creo que el mensaje de Pablo es también muy pertinente para la cuestión del imperialismo cultural, que ha sido un problema en la obra misionera. Los nativos tienen a menudo la sensación de que los misioneros pretenden reconstruir una determinada zona según los modelos occidentales, intentando que los nuevos creyentes en Cristo se conviertan en cristianos occidentales y esforzándose en que las iglesias locales sean como las de las céntricas intersecciones de las grandes ciudades norteamericanas. Otra forma de considerar la relevancia de Gálatas tiene que ver con el denominacionalismo, que a menudo tiene en sus raíces prejuicios raciales o culturales. Todo esto no es sino imperialismo cultural.

La relevancia de Gálatas viene dada por la medida en que hay quienes añaden reglas y regulaciones al evangelio, sugieren que determinadas experiencias o formación son particularmente importantes para gozar de la plena aceptación de Dios, o que el verdadero cristianismo es blanco, negro, metodista, anabaptista, católico o anglicano. Puesto que hay personas de todas las convicciones que cada día plantean enérgicamente sus puntos de vista, es esencialmente importante que quienes desean ser bíblicos y paulinos entiendan bien la carta a los Gálatas y hagan oír y sentir su mensaje en nuestro mundo.

En esta última sección quiero aplicar el mensaje general de Gálatas a dos situaciones de nuestra sociedad que se dan en un movimiento llamado *reconstruccionismo cristiano,* y en la Iglesia Católica. El reconstruccionismo cristiano, llamado a veces teonomía (ley de Dios), se encuentra hoy en el fundamentalismo protestante y el evangelicalismo. Su impulso esencial es la creencia de que la ley de Moisés es el código divino para el mundo y la sociedad.[13] Por ello, estas personas (con variaciones, por supuesto) pretenden aplicar la ley de Moisés a toda la vida con la idea de reconstruir la sociedad. Sus principales dirigentes, elocuentes en sus presentaciones, han sido R. J. Rushdoony, Greg Bahnsen y Gary North. Estos autores sostienen que la ley ha de aplicarse de un modo exhaustivo y detallado, con una extensa aplicación de la pena de muerte a quienes llevan a cabo actos de sodomía, violaciones del sábado y hasta a niños culpables de ciertas formas de desobediencia a los padres.

En una ocasión me senté en una clase de escuela dominical junto a una pareja que eran teonomistas. Trasladaban aplicaciones directamente de las leyes del Antiguo Testamento, en cuestiones como formas de vestir (prohibición de mezclar distintos materiales en los tejidos), sexualidad y hasta leyes alimentarias (abstinencia de carne de cerdo y camarones). Esto me recuerda al *amish* que discute sobre si los vestidos femeninos deben confeccionarse con corchetes o alfileres (los botones son demasiado modernos). Detrás de todo esto está el deseo de volver a "la época dorada" en lugar de emprender la aventura de permitir que el Espíritu nos guíe a la voluntad de Dios para "nuestro tiempo". (¡Personalmente, me gusta que mi esposa se ponga Dockers, y prefiero los botones y las cremalleras!).

Aparte del temor que se apoderaría de la mayoría de los occidentales ante alguien que se atreviera a sugerir la pena de muerte para los niños desobedientes y planteara su aplicabilidad a nuestra sociedad, y más allá

---

13. Hay un breve resumen en el artículo R. R. Clapp, "Reconstructionism, Christian", en *Dictionary of Christianity in America*, ed. D. G. Reid, et al. (Downers Grove, Ill.: InterVarsity Press, 1990), 977-78.

de la poca viabilidad de aplicar unas leyes pensadas para una sociedad teocrática judía a nuestra modernizada sociedad secular, este movimiento tiene un problema fundamental que el libro de Gálatas pone de relieve.[14] Para mostrar lo perturbadora que puede ser la carta a los Gálatas para algunos integrantes de este movimiento, quiero ilustrarlo a partir de un encuentro que tuve en clase con dos jóvenes reconstruccionistas cristianos. Quiero apresurarme a añadir que soy consciente de que los excesos que hay en el movimiento no deberían presentarse como representativos de él. Pero estos estudiantes me permiten ilustrar la importancia que este movimiento le da a la ley de Moisés.

El curso era un estudio del Nuevo Testamento y el tema de aquel día era precisamente el punto de vista de Jesús sobre la ley, que yo desarrollaba desde la óptica (comúnmente aceptada) de que Jesús consideraba que la ley había alcanzado su cumplimiento con su persona y enseñanzas (Mt 5:17). Con esto quería decir que la ley del Antiguo Testamento era para Jesús un indicador que apuntaba a "días mejores" en los que Dios revelaría a su pueblo su plena voluntad. La implicación de este punto de vista era evidente: en cierto sentido, la ley de Moisés no es ya vinculante para los cristianos. En este punto, los dos estudiantes se me echaron encima por sugerir que había algo erróneo en la ley (lo cual yo no había dicho) y que los cristianos no estaban obligados a guardar la ley de Moisés (lo cual creía entonces y sigo creyendo hoy).

Para responderles fui a Gálatas 3:19-25 argumentando que la ley nunca fue dada para impartir vida, que su propósito era revelar el pecado y agudizar la conciencia de pecado, y que esta se cumplía en el don divino del Espíritu que Dios imparte a su iglesia. Por tanto, seguí argumentando, el cristiano ha de vivir en el Espíritu y no bajo la ley de Moisés como guía moral para la vida cristiana. Estos dos estudiantes se mostraron visiblemente molestos, agitaron la clase durante casi cuarenta y cinco minutos y, en mi opinión, perdieron la capacidad de razonar conmigo sobre el significado de la Escritura porque vieron en la idea que yo enseñaba una total negación de lo que ellos creían. Dejaron claro que, para ellos, la ley de Moisés era para nuestro tiempo y que yo estaba negando la autoridad de la Escritura. Curiosamente, al día siguiente ambos se disculparon por su conducta y se comprometieron a estudiar los textos con más cuidado. Más adelante, uno de ellos me presentó un trabajo sobre el tema que estaba

---

14. Hay una detallada crítica de este movimiento en W. S. Barker y W. R. Godfrey, *Theonomy: A Reformed Critique* (Grand Rapids: Zondervan, 1990).

bien reflexionado y argumentado, aunque todavía falto de consonancia con lo que enseña Gálatas.

La razón por la que menciono esta anécdota es muy simple. Gálatas enseña que, *con la venida de Cristo, la ley de Moisés dejó abruptamente de ser el medio para guiar al pueblo de Dios*. Gálatas enseña también que Dios ha puesto a su Espíritu como segura guía para la moralidad cristiana y que la ley de Moisés debe considerarse ahora como una descripción preliminar de su voluntad para su pueblo que forma parte de una era obsoleta. Utilizando de nuevo mi antigua ilustración, obedecer la ley forma parte de la época de la máquina de escribir; pero esta es la era de los ordenadores y lo que Dios nos pide ahora es que nos rindamos a Cristo y vivamos en el Espíritu.

En mi opinión, los reconstruccionistas cristianos son los judaizantes contemporáneos. En ocasiones, entran en el ámbito de lo herético, aunque no estoy seguro de que esto se aplique necesariamente a este movimiento como tal. Hay diferencias entre los teonomistas y distintas aplicaciones entre quienes están bajo su influencia. Algunos son personas que desean honrar a Dios de corazón, solo que pretenden hacerlo de un modo ligeramente descaminado: ¿qué puede haber de malo en el deseo de agitar nuestra sociedad a favor de la voluntad de Dios? La ley de Moisés no es, repito, contraria a la voluntad de Dios. Otros, no obstante, adoptan una actitud extremista considerando que si alguien no acepta su idea de la ley de Dios está equivocado o, en el mejor de los casos, sostiene una posición muy inferior y se encuentra fuera de la bendición de Dios. Aunque es posible que estas personas prediquen el evangelio de la gracia, de la fe y de Cristo, el mensaje que transmiten realmente es el de un evangelio de Moisés. En estos casos, tales personas se convierten prácticamente en judaizantes contemporáneos.

¿Y qué del *catolicismo romano*? Me he resistido a esta aplicación desde la Introducción por dos razones: (1) Gálatas no trata la cuestión de la "justicia por medio de las obras", que es la acusación principal que muchos evangélicos dirigen a los católicos, y que puede o no estar justificada; y (2) hemos de centrarnos en aplicaciones directamente relacionadas con las cuestiones que Pablo pretendía corregir: el imperialismo y nacionalismo cultural y la demanda de la ley mosaica. ¿Cómo encaja en todo esto el debate entre protestantismo y catolicismo?

En primer lugar, dentro de la Iglesia Católica hay fe genuina. Posiblemente, algunos se sentirán consternados por esta afirmación, mientras que para otros será un asunto trivial, del que ya se ha hablado mucho. Esta reflexión va dirigida al primer grupo. Cualquiera que abra genuinamente la mente a los hechos se dará cuenta, hablando con católicos, que dentro de la Iglesia Católica conviven auténticos cristianos con otros que no lo son (como sucede también en otras denominaciones).

En una ocasión, me dirigía a Indianápolis en un corto vuelo desde Chicago y me senté al lado de un joven de buena presencia. Tenía que prepararme un poco para la conferencia que iba a impartir, de manera que me puse a leer el Nuevo Testamento griego. El joven me preguntó qué estaba leyendo. Decirle a alguien que lo que lees es el Nuevo Testamento (¡en griego!) no es la mejor estrategia para entablar una conversación, pero se lo dije. "¿Qué libro?", me preguntó. "Mateo", respondí yo. "Me encanta el Evangelio de Mateo", repuso él. Se creó una sintonía inmediata entre nosotros porque Mateo es también mi libro preferido. Estuvimos hablando animadamente hasta Indianápolis, pero el tiempo que no pude invertir en la preparación no me importaba. Aquella conversación me permitió saber que aquel joven era un buen estudiante de la Biblia; que se encomendaba cada día a Cristo; que vivía una vida de profunda dependencia del Espíritu Santo; que tenía una disciplinada vida de oración; que participaba en la evangelización; que era uno de los responsables de los jóvenes en su iglesia local; que había ido a Chicago para asistir a unas conferencias para jóvenes; y luego, supe también que era católico. Este último descubrimiento no cambió mi percepción de que era un cristiano fantástico. Cuando nos despedimos, lo hicimos con la bendición "la paz del Señor sea contigo", a lo cual yo respondí, "y con tu espíritu". (¡Había oído suficiente liturgia para responder adecuadamente!) La cuestión es clara: hay verdaderos creyentes en la Iglesia Católica y es contrario al texto de Gálatas pensar que todos los verdaderos creyentes están fuera de este cuerpo. Gálatas nos enseña a evaluar está cuestión sobre la base de la fe en Cristo y la vida en el Espíritu.

Por otra parte, quiero decir que soy protestante y lamento profundamente algunos postulados teológicos que se enseñan en la Iglesia Católica y el impacto que parecen tener sobre muchos de sus feligreses. Aquí es donde aparece la acusación de judaizar. A lo largo de su historia, la Iglesia Católica ha dispuesto un elaborado sistema de acercamiento a Dios; la idea que más me preocupa es que "fuera de la Iglesia no hay salvación/gracia" (*extra ecclesiam nulla conceditur gratia*). Aunque esta postura se modificó a partir del Concilio Vaticano II,[15] hasta hoy sigue formando parte importante del catolicismo romano. Cualquiera que adopte este punto de vista y equipare al pueblo de Dios con la Iglesia Católica es esencialmente un judaizante, ya que esta idea no es más que imperialismo cultural con ropaje religioso. Así como los judaizantes afirmaban que había que hacerse judío para ser plenamente cristiano, ellos sostienen que, para serlo, hay que hacerse católico.

¿Y qué hay del asunto de las "obras"? ¿Creen acaso los católicos que "la salvación es por obras"? No pretendo entrar en una elaborada exposición de la soteriología católica, baste decir que está a menudo en desacuerdo con los principios de la salvación protestante y que podemos, por tanto, afirmar que existe un problema. Pero lo más importante es considerar sobre qué base nos acepta Dios. Según Gálatas, hemos de rendirnos a Cristo y vivir en el Espíritu. Cualquier cosa que sea contraria a esto, o que se añada a ello (aquí no se habla de sustraer), contradice Gálatas y puede llamarse "obras" (pero posiblemente no completamente en consonancia con lo que estas significan en Gálatas). Temo que, en ocasiones, los católicos añaden elementos a este simple mensaje. Para algunos, hay que asistir a la misa semanal, confesar los pecados con regularidad, donar dinero a la Iglesia y/o ser católico para ser plenamente cristiano y ser aceptado por Dios. Cualquiera que enseñe esto se convierte en un moderno judaizante. Pero debo apresurarme a añadir que los católicos no son los únicos cristianos que hacen esto.

El meollo del problema es posiblemente la frecuente percepción por parte de los católicos de que se es salvo por medio de los sacramentos, por la participación dominical en la comunión. Esta percepción (sea o no verdaderamente católica) está ahí y la he encontrado cientos de veces en mis conversaciones con católicos. *Creer que la práctica del sacramento es necesaria para la aceptación de Dios* es una idea contraria al evangelio. No hay ningún problema en participar cada semana de la comunión si esta práctica se entiende como una expresión de la fe en la suficiencia de la obra de Cristo a nuestro favor. Sí es, no obstante, nocivo cuando se piensa que la salvación depende de la participación de los sacramentos. Por tanto, para los católicos, la práctica de los sacramentos (bautismo, confirmación, eucaristía, penitencia, unción de enfermos, matrimonio y

---

15. Quienes quieran leer el documento adecuado pueden ver A. P. Flannery, *Documents of Vatican II* (Grand Rapids: Eerdmans, 1975), document #28 ("The Dogmatic Constitution of the Church"), 350-440.

unción sacerdotal) puede ser una trampa cuando estos se añaden al mensaje del evangelio. ¿Siempre? No. ¿A veces? Sí.

Esta aplicación a la Iglesia Católica ha de verse en perspectiva. Pablo no está más en contra de los excesos de la teología católica que de los de la teología protestante. Lo que importa es que Dios ha actuado a favor nuestro en Cristo, hemos de rendirnos en fe a él y vivir en el Espíritu. Lo importante es que el principio de una nueva creación opera a nuestro favor. No importa si procedemos del ámbito judío, gentil, católico o protestante, ni si somos hombres, mujeres, negros blancos, trabajadores o empresarios. Cristo ha eliminado todas estas distinciones. Lo que ahora importa es la "fe que obra por medio del amor" y la "nueva creación".

¿Quiénes son, pues, los *principales destinatarios de Gálatas en nuestro mundo*? Esta es la mejor pregunta que podemos hacernos. La respuesta no está en un grupo específico, ya sea definido por una religión (judíos, católicos, cristianos reconstruccionistas, bautistas, *amish*), por su género (hombres o mujeres) o por su cultura (norteamericanos, europeos o africanos). No sirve de nada señalar a otras personas, porque el verdadero problema es mucho más sutil. En nuestro tiempo, destinatario de Gálatas lo es *cualquiera que desprecia a Jesucristo como suficiente Salvador y minimiza el poder del Espíritu Santo como guía competente para la vida.* Es una disposición, que a menudo transciende o pone a un lado los propios puntos de vista teológicos, hacia lo que Dios ha hecho por nosotros por medio de Cristo y en el Espíritu. Quien minimiza la suficiencia de Cristo o pasa por alto el poder del Espíritu descubre que el dedo de Pablo le apunta directamente. Siempre que nos sentimos tentados a volver a teclear en esa antigua máquina de escribir por temor a usar el ordenador, somos culpables de la herejía judaizante. Nosotros somos, pues, esos destinatarios.

El mensaje de Pablo es poderoso y liberador. Søren Kierkegaard dijo en una ocasión: "Cristo fue capaz de convertir el agua en vino, pero la iglesia ha conseguido hacer algo más difícil, que es convertir el vino en agua".[16] De esto es de lo que habla la carta de Pablo a los Gálatas: de convertir el agua de la carne en el vino del Espíritu. Gálatas nos desafía a todos nosotros (seamos quienes seamos, vengamos de donde vengamos y sea cual sea nuestro género) a permitir que Dios convierta en vino esa agua dejando que el Espíritu controle nuestras vidas.

---

16. Esta cita procede de D. F. Watson, *I Believe in the Church* (Grand Rapids: Eerdmans, 1978), 13 (cita no documentada de Kierkegaard).

Que la gracia de Dios sea contigo, que el Espíritu de Cristo te llene y que el universalismo de la iglesia te guíe; a través de Cristo y en el Espíritu. Amén.

*Nos agradaría recibir noticias suyas.
Por favor, envíe sus comentarios sobre este libro
a la dirección que aparece a continuación.
Muchas gracias.*

*Vida@zondervan.com
www.editorialvida.com*

www.ingramcontent.com/pod-product-compliance
Lightning Source LLC
Chambersburg PA
CBHW010044090426
42735CB00018B/3380